涨停板战法系列 3

专家论股

借刀斩牛股之酒田战法解析

（修订本）

张华◎著

四川人民出版社

图书在版编目（CIP）数据

借刀斩牛股之酒田战法解析/张华著. —3版（修订本）. —成都：四川人民出版社，2019.6（2022.5重印）
（涨停板战法系列丛书）
ISBN 978-7-220-11362-8

Ⅰ.①借… Ⅱ.①张… Ⅲ.①股票投资-基本知识 Ⅳ.①F830.91

中国版本图书馆CIP数据核字（2019）第079347号

JIEDAO ZHAN NIUGU ZHI JIUTIANZHANFA JIEXI

借刀斩牛股之酒田战法解析

张　华　著

责任编辑	王定宇
封面设计	李其飞
内文设计	戴雨虹
责任校对	李　欣
责任印制	王　俊
出版发行	四川人民出版社（成都三色路238号）
网　　址	http://www.scpph.com
E-mail	scrmcbs@sina.com
新浪微博	@四川人民出版社
微信公众号	四川人民出版社
发行部业务电话	（028）86361653　86361656
防盗版举报电话	（028）86361661
照　　排	四川胜翔数码印务设计有限公司
印　　刷	自贡市华华广告印务有限责任公司
成品尺寸	185mm×260mm
印　　张	22
字　　数	390千
版　　次	2019年6月第3版
印　　次	2022年5月第5次印刷
书　　号	ISBN 978-7-220-11362-8
定　　价	48.00元

这是一本炒股的经典！许多形态会使许多人出现醍醐灌顶般的顿悟！

凡是股民、凡是交易者，最好人手一册，读懂后才可交易！

其中经典的形态最好背熟，在头脑里形成条件反射；看一眼就知道其后的走势；看一眼就会决定买卖！看一眼就会锁定利润！读一部经典，胜过读百家杂书。

没有读过此书，建议：不要炒股！不要交易！否则亏死都不知道是怎么亏死的！读过此书，就会感到只要在股市交易就再也离不开它——它必将成为每一个交易者的终身伴侣。

错过这本炒股的经典，将是交易者的终身遗憾！

·温馨提示·

1. 此书所有实例图形中的阴影部分是涨跌区间统计的数据，也是看图的重点部位，请仔细看看区间统计的起始时间及其所有数据，以便加深理解。

2. 读书时可以将实例在电脑中复盘，放大原图看实例阴影部分K线形态，缩小图形看实例阴影部分K线前后走势图，这样就更能体会到实例阴影部分K线的含义，也必然会理解“波段操作”的真谛。

3. 阅读时可以打开电脑看看实例阴影部分K线的分时图，看看相关K线是如何形成的，看看主力在盘中是如何运作的，这样更能了解主力的操盘手法。

4. 本次修订增添了许多形态的实例图形，但少量形态没有实例，或是近期没有出现过，或是该形态不常出现，比较罕见。修订时遵循宁缺毋滥的原则，绝不滥竽充数。特此说明！

5. 本次修订增添了一个“诱多线”，这是我的新发现，也是酒田战法没有过的形态，加在本书的最后，也就是本书第79种K线形态。

第三版修订前言

炒股能不能赚钱？我的答案是肯定的——能赚钱；但仅限于不到10％的少数人能赚钱。在A股市场，从长时间来看，有80％的人是亏损的，大概有10％的人仅仅打了个平手，能赚钱的仅仅是少数人；若在短时间的牛市，可能有50％的人能赚到钱，而这50％能赚到大钱的那又是极少数了；还有大约50％的人在牛市仅仅打了个平手甚至20％的人还是亏损的！为什么差距有这么大？原因是市场不同，人们信奉的理念不同、掌握的技术不同、纪律的执行力不同，才有了这么巨大的差距。

炒股的关键是“理念、技术、纪律”这三大核心要素。我在《主升浪之巧取豪夺》一书中是这样界定其中所占百分比的：

理念40％＋技术20％＋纪律40％＝成功

首先我们来看理念。许多人对信奉的理念一知半解、移花接木，常常把正确的废话奉为指导思想，导致了选择的道路不同，因而走上了不归之路。什么是正确的废话？比如价值投资，在欧美市场巴菲特用得就很好，但在国内的A股市场，3568只股票（截至2018年12月31日）能找到像“贵州茅台”那样的股票就少得可怜，如果3568只股票（截至2018年12月31）有80％都符合价值投资理论，那么信奉价值投资理论的人至少有60％都是盈利的。话说回来，我们的国防、我们的高科技是不可能靠酒来发展的。酒只是一种消费品，搞不好还会产生大量的腐败分子，那些贪官的家里哪一个没有成箱成箱的高档酒?！靠酒来推动国民经济岂不是天大的笑话！同样，靠酒也推动不了健康的股市。

东西方政治体制不同，市场不同，理念不同，股票涨跌的本质不同。欧美市场是地地道道的资本主义市场经济，而我国则是具有中国特色的社会主义市场经济。哲学上有句名言，“一切以时间条件地点为转移”。国内的A股市场，由于存在“先天不足、后天失调”的弊病，还没有走出“政策市、资金推动市”的怪圈，因而不具备价值投资的环境，如果强制运用，也会不伦不类以失败而告终。什么时候市场环境变了、上市公司不再造假了，再谈价值投资或许才不会误人子弟。

在国内的A股市场，政策具有强大的推动力。

2005年6月6日上证指数跌到998.23点的时候，“股改、汇改、税改”三大改革的政策，造就了一波上涨到6124.04点的大牛市。

在股市尽管融资融券已经推行了很多年，但一直到2015年这一波牛市中才得到了一个淋漓尽致的发展。因为有杠杆，A股市场一鼓作气迈入繁华盛世，沪指从2014年12月31日的收盘点位3234.68点起步，一路扶摇直上，于2015年6月12日站上5178.19点的高位。因为去杠杆，踩踏频发、千股跌停，沪指在两个月的时间里直落2300点，并于2015年8月26日跌至2850.71点；并且跌跌不休直至2018年10月19日的2449.20点的新低。

2017年4月1日，新华通讯社受权发布：中共中央、国务院决定设立河北雄安新区。2017年4月5日（周三），受中共中央、国务院决定设立河北雄安新区消息的影响，雄安概念股开盘集体上演涨停潮，000401冀东水泥、601992金隅股份、600340华夏幸福、000615京汉股份、002342巨力索具、601000唐山港、600266北京城建等逾40只个股纷纷一字封涨停，河北板块个股几乎全线涨停——可见政策大有雷霆之势、万钧之力。

2018年11月5日，首届中国国际进口博览会在上海国家会展中心开幕，习近平主席在演讲中宣布“将在上海证券交易所设立科创板并试点注册制”，这一重磅消息立即引起创投概念中多股呈现直线拉升，截至收盘，创投板块包括钱江生化、南京高科、上海三毛、绿庭投资、弘业股份、乔治白、华金资本、中关村、九鼎投资、复旦复华、鲁信创投、张江高科等在内的20余只个股涨停，同时综艺股份、凤竹股份、杉杉股份等多只个股涨幅超过6%，创投板块整体上涨2.49%，涨幅远超大盘……又一次可见政策的预期也同样具有雷霆之势、万钧之力。

在国内的A股市场，政策利好一出台，资金就粉墨登场并且扮演了领导潮流的角色。

想想看，哪一波主升浪不是资金推动的？哪一只妖股不是资金推动的？哪一个主升浪不是从涨停板开始的？

纵观国内的A股市场，每当政策给力、资金给力，市场就牛气冲天；相反，如果政策不给力、资金不给力，市场就不堪回首。

市场的牛熊与管理层的政策息息相关。众所周知，2017 年是监管的严打年，在 2017 年 6 月 30 日，深圳的×××遭遇了证监会的行政处罚。×××利用资金优势采用连续交易、大额封涨停、拉抬股价等手法操纵多达 37 只个股，构成《证券法》第二百零三条所述的操纵证券市场行为。依据《证券法》，证监会没收×××违法所得 3701 万元，并处以 7403 万元的罚款，合计罚没 1.1 亿元。

2017 年 12 月，证监会对佛山市的×××给予行政处罚。×××控制本人等 12 人名下 28 个证券账户，于 2014 年 1 月至 2016 年 6 月，控制使用账户组，集中资金优势、持股优势，通过大额封涨停、虚假申报并封涨停、盘中拉抬并封涨停等方式，影响桐君阁等 15 只股票的交易价格和交易量，被证监会罚没 8150 万元。

2017 年，游资集体沉默，一部分还在频繁操作的游资甚至直接被市场给消灭了。

2018 年 1 月到 10 月，上证指数从 3587.03 点下跌到 2449.20 点；国内 A 股市场一江春水向东流，市场一片恐慌，散户哀鸿遍野、怨声载道……

2018 年 10 月 30 日，为提升市场信心，证监会发布了三条声明：证监会正在按照国务院金融稳定发展委员会的统一部署，围绕资本市场改革，加快推动以下三方面工作，回应市场关切。

一是提升上市公司质量。加强上市公司治理，规范信息披露和提高透明度，创造条件鼓励上市公司开展回购和并购重组。

二是优化交易监管。减少交易阻力，增强市场流动性。减少对交易环节的不必要干预，让市场对监管有明确预期，让投资者有公平交易的机会。

三是鼓励价值投资。发挥保险、社保、各类证券投资基金和资管产品等机构投资者的作用，引导更多增量中长期资金进入市场。

其中第二条提到：优化交易监管，减少交易阻力，增强市场流动性。减少对交易环节的不必要干预，让市场对监管有明确预期，让投资者有公平交易的机会。

对证监会 230 字的声明，市场的解读是政策变了。

2018 年 11 月 2 日，上交所表示，将不再采用口头提醒等“窗口指导”方式，严格慎用暂停账户交易等监管措施，同时对过度投机炒作等严重扰乱市场秩序的行为，主要以向会员单位发送风险提示函的形式，间接向投资者提示二级市场交易风险。

10 月 30 日，监管层发声“减少对交易环节的不必要干预”，市场认为监管放松了对游资交易的限制，至此，A 股市场的政策底明朗了、股票能大幅上涨了，如 000622

恒立实业从2018年10月19日到11月16日，区间18个交易日连拉阳线，连续14个涨停板，区间涨幅高达319.20%（见下图），成为这波低价超跌“壳资源”行情的龙头。而恒立实业这波“成妖股”之路，首先是监管放松对IPO上会被否企业的并购重组时间限制，导致市场掀起“壳”概念涨停潮，后续湖南省出台股权质押纾困措施，作为湖南股，又被游资接力炒作。恒立实业复牌之后继续涨停。而从其间龙虎榜来看，市场上很多有名的游资营业部都曾上榜。恒立实业成为妖股的龙头，为市场的亢奋情绪树立了标杆。在2018年11月12—13日这两个交易日，沪深两市连续两天出现了100多只个股涨停板，这是2016年以来少有的现象。而在此前根据2016年以来一贯的监管尺度，第一波连板被叫停的高度一般在5连板至6连板之间。诸如2018年的万兴科技、必创科技、诚迈科技、华锋股份、永和智控、盘龙药业等一批大牛股，纷纷在6连板时被喊停——市场资金做多的热情被监管层好心地扼杀了，市场失去了活力。

事实证明，强势推行价值投资，让一花独放，只能把股市搞成一江春水向东流，因为股市是一个虚拟性的市场，与实体经济不一样。实体经济必须务实，虚拟经济应该务虚；只要不是恶意操纵、恶意炒作，就应该允许百花齐放、百家争鸣，这样才能迎来股市的春天。

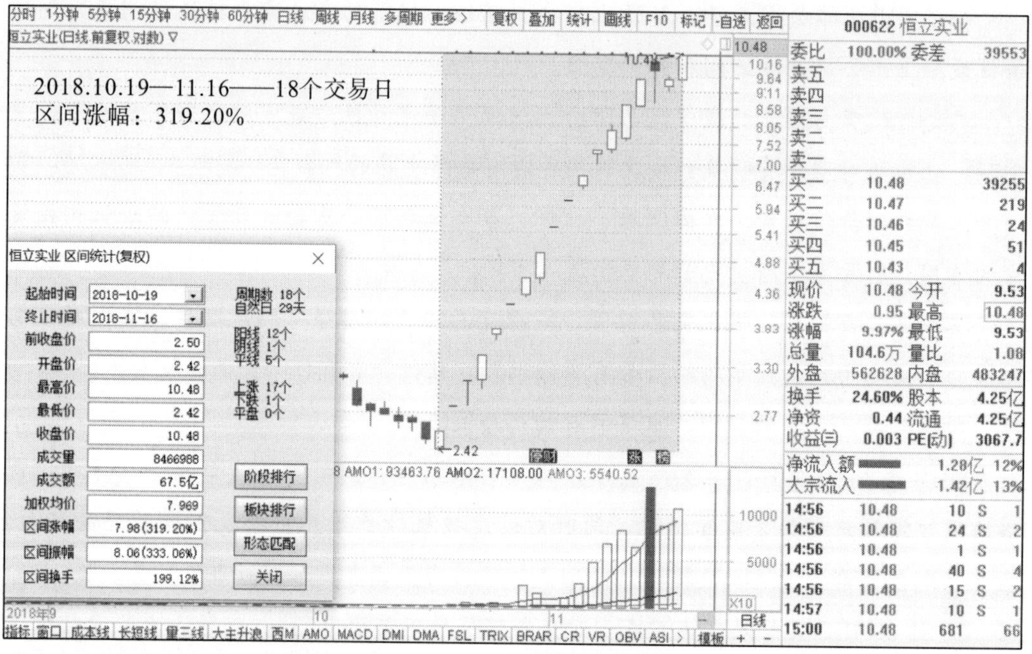

恒立实业走势图

对一江春水向东流的股市，证监会在关键时刻发文，目的就在于以重拾信心、强化信心为重点，向资本市场释放出稳信心、稳预期的强烈信号。

如果政策朝令夕改，同样也会给市场带来剧痛。2018 年 11 月 23 日，在证监会一纸对新的游资带头大哥×××所在的海通证券上海建国西路营业部警示函的杀威棒下，大盘跳空低开低走，倾泻而下收出长阴线，市场游资作鸟兽散。这纸对游资的杀威棒，却宣告了监管态度开始对游资再次转向严格监管。“鼓励交易”与“禁止炒作”前后不到一个月时间。有人戏言，“翻手为云覆手为雨、成也萧何败也萧何”；如果对“鲶鱼效应”都不允许的话，那么市场将会被死鱼熏得臭气冲天、无人问津。

欣慰的是，2018 年 12 月 20 日，国务院金融委召开资本市场改革与发展座谈会：要坚决落实市场化原则，减少对交易的行政干预。会议认为，当前资本市场风险得到较为充分的释放，已经具备长期投资价值，改革面临比较好的有利时机。资本市场改革已经形成高度共识，即将进入一砖一瓦的实施阶段。要坚决落实市场化原则，减少对交易的行政干预。要借鉴国际上通行做法，积极培育中长期投资者，畅通各类资管产品规范进入资本市场的渠道。监管部门要加强与市场沟通，积极倾听市场声音。

政策鼓励交易，资金就敢于进场做多，股市就有了活力；政策禁止炒作，资金就飞快撤出，市场就失去了活力。这就是国内 A 股市场的典型特色，不理解这个特色，就赚不到钱；不理解这个特色，即使是赚了钱，照样要吐出来。

当然了，造成理念不同的原因很多，譬如很多人在看不同的书，接受不同的理念；即使是看同一本书，得出的结论也大有差别，原因是加进了自己的观点。更何况每一本书写作的人不同、倡导的理念不同；有些书是学者写的，有些书是实战家写的，有些书是剽窃拼凑的，有些书是请别人代笔的，有些书是某集团为某种利益而创作的……当你接受了或者认同了某些理念，并把它当成自己的观点来指导操作的时候，就得到了你自己的结果。你自己的结果就告诉了你，你的选择是正确的还是错误的。想想看，连管理层都能随机应变、知错就改，一些人却抱着已经亏损累累的股票、抱着一些看似正确的废话还在执迷不悟——能赚钱吗?

我们再说技术。炒股最重要的技术有三个，就是直线、曲线和 K 线。

直线就是支撑线、压力线，上升的支撑线、下降的压力线、平行的压力线、平行的支撑线都要学会画，它们在某种程度上表示的是一种趋势、一种力量、一种市场的共识。

曲线就是移动平均线，包括济安线、成本均线，它们也是随股价的变动而变动的，取的是某一段时间内的平均值，既是趋势的反映，也是波浪谷峰与谷底的勾勒。

K线一方面是价格表示形态，另一方面是K线的组合形态。K线是日本人发明的，比起美国线要直观、好用。价格形态又是美国人发明的，二者结合在一起则非常直观。在K线里，最经典的是《酒田战法》的78种经典形态，读懂它，结合价格形态、直线、曲线，就能知道价格到顶到底的转折、价格的持续，从而决定自己的操作。《借刀斩牛股之酒田战法解析》就是专门研究K线的，炒股的朋友最好背下它。《借刀斩牛股之79种经典实例》里面就有主要价格形态的介绍。

技术里包含的这些知识，对一个有文化的人、一个理解能力强的人、一个记忆力强的人，大概半年时间就足够了。

最后我们说纪律。纪律考验的是理解力、执行力。理解不了，就谈不上执行；理解了、犹豫了，也照样执行不了。相信每一个稍有操作经验的人都有自己的纪律，关键还是执行不执行的问题。关于炒股的纪律我专门写了第六本书《主升浪之巧取豪夺》，也是牛散的"三大纪律八项注意"，这里就不再赘述。

涨停板战法的重点：一是涨停板的主力，二是主升浪的题材，三是自己的想法。心理学有个著名的ABC理论，A指事件的起因，B是想法，C是事件的结果。相同的A可能导致不同的C，关键就在B。你就是那个关键的B。

我的理念、技术、纪律分散在我已经出版的六本书（《狙击涨停板》《猎取主升浪》《借刀斩牛股之酒田战法解析》《借刀斩牛股之79种经典实例》《主升浪之快马加鞭》《主升浪之巧取豪夺》）之中。我写的书是我学习经典理论的结晶，是我实盘经验的总结。《狙击涨停板》一书于2008年由四川人民出版社出版发行，一上市就受到了广大读者朋友们的喜欢和好评，出版社已经再版两次、重印十几次。曾经有读者问《狙击涨停板》已经出版10年了，还有用吗？我问他学过哲学没有，知道什么是规律吗？他幡然醒悟，并告诉我明白了。规律是什么？规律就是指事物内在的本质的必然的联系，规律在一定的条件下会重复地发挥作用。

《狙击涨停板》揭示了主力运作的规律，揭示了涨停板的位置与性质，揭示了主升浪的秘密——我相信它将伴随着涨停板的交易制度而并存。狙击涨停板是我的原创，一经面世，就受到了不仅仅是读者的追捧，很多不同形式的仿制品也纷纷出笼，更有甚者连《狙击涨停板》的书名也剽窃去了——你一上网就可以看到不同形式的剽窃者在利用狙击涨停板而哗众取宠。我郑重地告诉大家，我从不组织什么QQ群收费平台、微信群收费平台、博客收费等以达到敛财目的。网上假借我的书名——个人欺骗、团伙欺骗很多——凡此种种任何收费的行为，你可以视为骗子，务必提高警惕，防止上当受骗！骗子往往能得逞一时，但绝对不会长久；时间会让上当受骗者觉醒。一旦成千上万的受骗者识破了骗局，他们就会给骗子铸造塑像的，这个塑像不会让人仰望，只会像杭州西湖岳飞墓前的秦桧跪在那里遭受世人的唾骂，甚至连自己的子孙都羞于启齿自己姓秦……

在四川人民出版社编审王定宇女士的再三说服下，这次我做了重新修订，逐字逐句地修订，工作量很大；除做了文字的修改外，在保留原版经典图形的基础上，又选择了其后大量经典的图例；经历了十多年的验证，充分证明了涨停板战法的持久性、实用性。相信这本曾经让许多散户进入百万富翁行列的书照样会在新一轮牛市里给有缘分的读者带来丰厚的回报，预祝你也是下一个百万富翁。

另外，我从千百封信件和QQ留言中选择了我记忆深刻的几封信件和QQ留言截图，希望对大家是一个借鉴。

这些信件和留言截图是他们用“心”来说的，我们也要用“心”来读、来思考；思考一下他人的真情实感，思考一下他人的所失所得，思考一下他人的所迷所悟，从而反思、反省、反悟；如此才能从他人的经历中迎来自己的一次破茧而出的升华，迎来自己炒股生涯一场华丽的蜕变。

要想在股市里赚钱，请静下心来认真地读原著，并对原著中的实例进行复盘验证；用事实来改变自己的交易理念、交易技术、交易纪律才是赢利之道。

我的体会：读书一是要读经典的原著、名著；二是要静心阅读、静心思考；三是要实盘，在实盘中做到知行合一。唯有心静、思考，反省、实盘，才能悟道、才能蜕变升华。

张 华

2019年3月第三版修订于上海·国际财富中心

前 言

读懂K线

同样是看K线炒股，有的人能赢利，有的人却在亏损，原因何在？能赢利的人读懂了K线，亏损的人没有读懂K线，或者说对K线似懂非懂。K线就像一部天书，包含了政治经济、宏观微观等各方面的影响，随着多方、空方的争斗以及力量的大小和心理的转变而变化多端。K线里面的多空较量包含了主力、大户、机构、散户等大大小小力量的操盘痕迹，这些都是要读懂的内容。

看盘时，第一，要看K线的阴阳。阳线表示多方力量大，空方力量小，多方战胜了空方，暗示下一根K线可能仍然是阳线。相反，阴线表示空方的力量大，多方的力量小，暗示下一根K线可能仍然是阴线。K线的阴阳既然表示了多空力量的大小，也表示了多空斗争的胜负，那么，后市的趋势有可能按照惯性原理继续原来的趋势，所以说，K线的阴阳表示趋势的方向。

第二，要看K线实体的长短。实体的长短表示多空双方争斗力量的强弱。长实体表示投入力量强大，短实体表示投入力量比较小；长阳自然是多方的力量强大，长阴自然是空方的力量强大。

如何看K线实体的大小呢？在涨停板规则下，我们可依据涨幅界定阳线实体的大小。

极短阳线——涨升幅度在0.01～1%之间；

小阳线——涨升幅度在1%～3%之间；

中阳线——涨升幅度在3%～5%之间；

大阳线——涨升幅度在5%～10%之间；

超大阳线——涨幅超过10%（首个交易日无涨跌幅限制，以及罕见的从跌停板到涨停板所形成）。

反之，在跌停板规则下，我们可依据跌幅界定阴线实体的大小。

极短阴线——下跌幅度在0.01%～1%之间；

小阴线——下跌幅度在1%～3%之间；

中阴线——下跌幅度在3%～5%之间；

大阴线——下跌幅度在5%～10%之间；

超大阴线——跌幅超过10%（罕见的从涨停板到跌停板所形成）。

依据K线实体的长短，我们就可以判断趋势的强弱。

第三，看K线的长短。我们对多方与空方优势的衡量，也要结合上下影线的长短来判断。一般来说，上影线越长，下影线越短，越有利于空方占优势；反之，上影线越短，下影线越长，越有利于多方占优势。当出现两倍于K线实体以上的长上影线时，则表示强烈的见顶信号。反之，当出现两倍于K线实体以上的长下影线时，则表示强烈的见底信号。当同一根K线出现了上下影线时，如果上下影线相对于实体较短，可以忽略影线的存在；重点要看比较长的影线，因为它表示趋势的转折。

第四，看这根K线的位置，在整个走势形态的底部、中部，还是顶部。不同的部位具有不同的性质。位置决定性质，性质决定成败。在关键的位置还要看清楚主力的骗线行为，欺骗之后将是另一番天地。

第五，看这根K线是谁主导的，是机构主导、游资主导，还是机构和游资共同主导。机构有机构的操盘手法，游资有游资的操盘手法。分不清谁主导了这根K线的形成，也就没有真正地读懂K线。机构包括基金、证券公司、外资、投资公司、投资合伙、有限合伙、信托计划……它们很大程度上是庄股；游资包括私募、个人，还要分一线游资、二线游资、下流游资、无名游资、冒牌游资。一线游资资金雄厚（二三十亿都有），上榜的频率高；下流游资专门坑害技术不高的股民，不要小看它们，资金也是上亿级别；冒牌游资是狐假虎威。许多散户只是追涨杀跌的跟风者。

第六，要看这根K线背后的题材，股票主要是炒预期、炒朦胧、炒想象力。题材越大、主升浪越大；突发的特殊重大事件引发的炒作，如2009年的猪流感、2012年的毒胶囊。能体现国家意志的最新的题材都是市场的首选，如2009年的4万亿投资，2013年的上海自贸，2016年的雄安新区，2018年的创投概念，2019年的5G……都在股市掀起了滔天巨浪！逻辑上都遵循了体现国家的重大政策利好。

以上是我们对一根K线的研判，在实盘分析中，还要考虑K线组合的情况，要综合考虑各根K线的阴阳、高低、上下影线的长短等。无论是两根K线、三根K线乃至多根K线，都是以各根K线的相对位置和阴阳来推测行情。在“多空分界线”一节中，我们将前一根K线分成6个区域，然后依据两根K线的对比，看多空力量的增减。

总之，无论是一根K线，还是两根、三根以至更多的K线，都是对多空双方搏弈的一个描述，也都是由最后一根K线相对于前面K线的位置来判断多空双方力量的大小。《酒田战法解析》中，对一根、两根、三根以至更多的K线形态做了经典的论述。把这些K线的内容读懂了，也无疑读懂了K线这部“天书”。当您读懂了K线、读懂了K线所包含的全部信息，才能摸清主力资金的真正动向，才能掌握主力拉抬打压的真实意图，之后再确定自己加入多方还是空方，最后再去操作也不迟，千万别似懂非懂就去操盘，那样将会付出沉重的代价。

目 录

酒田战法解析（上）

酒田战法解析（中）

酒田战法解析（下）

借刀斩牛股之酒田战法解析（上）

➡ 张华提示

人与人最大的区别就在于思维！思维能产生财富，也可丧失财富！正像“水能载舟，亦能覆舟”一样。黑格尔指出：“真正讲来，只有思维才配称为哲学的仪器或工具。”在股市里失败，最大的原因就在于思维的落后，落后就会亏损。有时候成败只在于一个思维的转变，思维的质量决定了交易的质量。大家在股市这个残酷的市场中投资的时候不妨运用一下“模型思维”，它一定会帮各位开启新的成功之门。

模型思维是把相关内容分类、归纳、总结，找出共性、找到规律，建立模型。掌握一个模型就能解决一类问题。再遇到这类问题，仿佛看到了酸梅就流口水，立刻做出反应，快速解决问题。它的特点：第一，可以化繁为简；第二，可以触类旁通；第三，提高反应速度。

《酒田战法》就是 79 种模型的圣经！

《酒田战法解析》就是抛砖引玉！

炒股是一门艺术，不是一门科学。它是一门反大众心理的艺术，也是一门“借力”的艺术。

开始学习，永不嫌晚！

1. 大阳线：买

| 经典原文 |

【大阳线】是指大幅开低收高的阳线，这是涨势讯号的一种。依照阳线的长短，另有“中阳线”与“小阳线”等。从阳线的长短幅度，可以测出当日的涨势强度。

| 图-大阳线 |

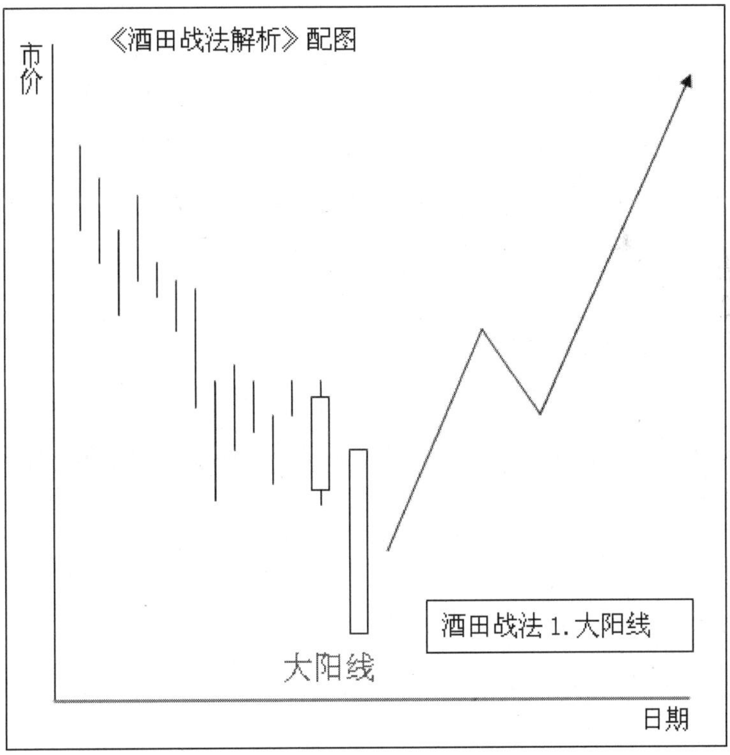

| 张华解析 |

在涨停板规则下，我们可依据涨升的幅度界定阳线的大小。

极短阳线——涨升幅度在 0.01%～1%之间；

小阳线——涨升幅度在1%～3%之间；

中阳线——涨升幅度在3%～5%之间；

大阳线——涨升幅度在5%～10%之间；

超大阳线——涨幅超过10%（首个交易日无涨跌幅限制，以及罕见的从跌停板到涨停板所形成）。

一波长时间的大幅下跌之后，在价格的低位出现了大阳线，通常是趋势改变的标志。阳线涨升的幅度越大，实体越长，动能越强。

如果大阳线伴随着突破半年均量线的成交量，是主力资金入场；

如果大阳线向上突破了8日均线，就是进场买进的关键时刻了。

大阳线之后的走势通常有以下三种：

第一种：大阳线之后股价不调整，甚至跳空上涨，特别是在突发性、实质性利好出现时，股价将会持续地大幅上涨；

第二种：大阳线之后，股价虽然在上涨，但阳线的实体在缩小，上涨的动能在减弱。其后，股价通常会回落调整，调整的支撑位在大阳线的收盘价附近；

第三种：大阳线之后股价没有继续上涨，而是向下调整，调整的支撑位即在大阳线的开盘价附近。

底部的大阳线本身就是一种强势上涨的信号，这个信号是无价之宝，它经常标志着“雄鸡一声天下白”！

一根大阳线，位置不同、含义不同。底部的大阳线、洗盘后的大阳线、突破前高点的大阳线……都是大阳线中的极品，仔细品味才能体会个中滋味。没有实战经验的人很难品出个中滋味。

实例一　000070 特发信息

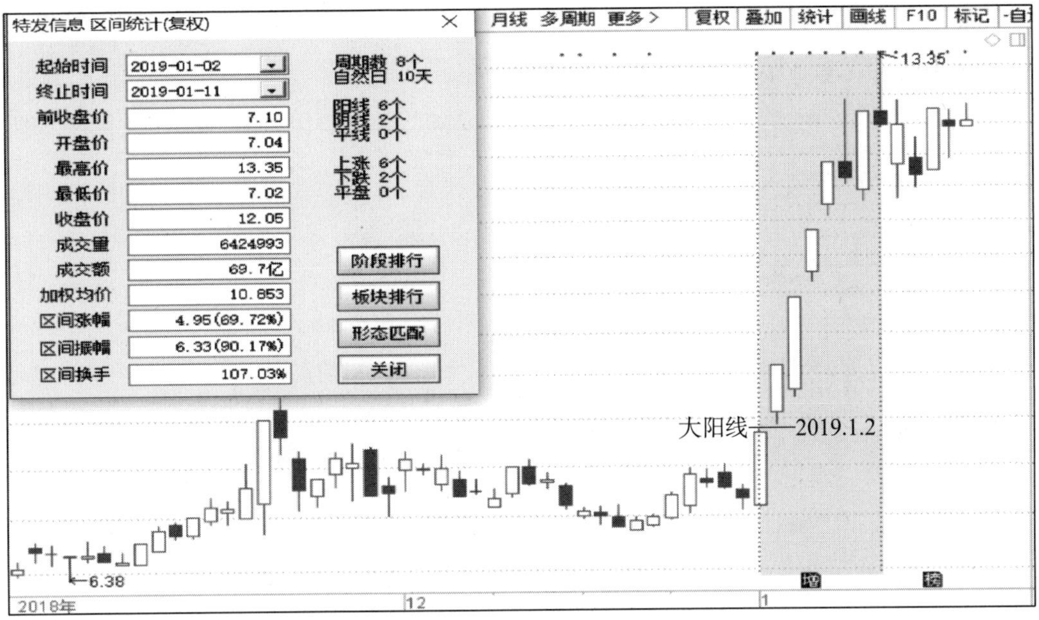

图 1—1　大阳线

实例二　600776 东方通信

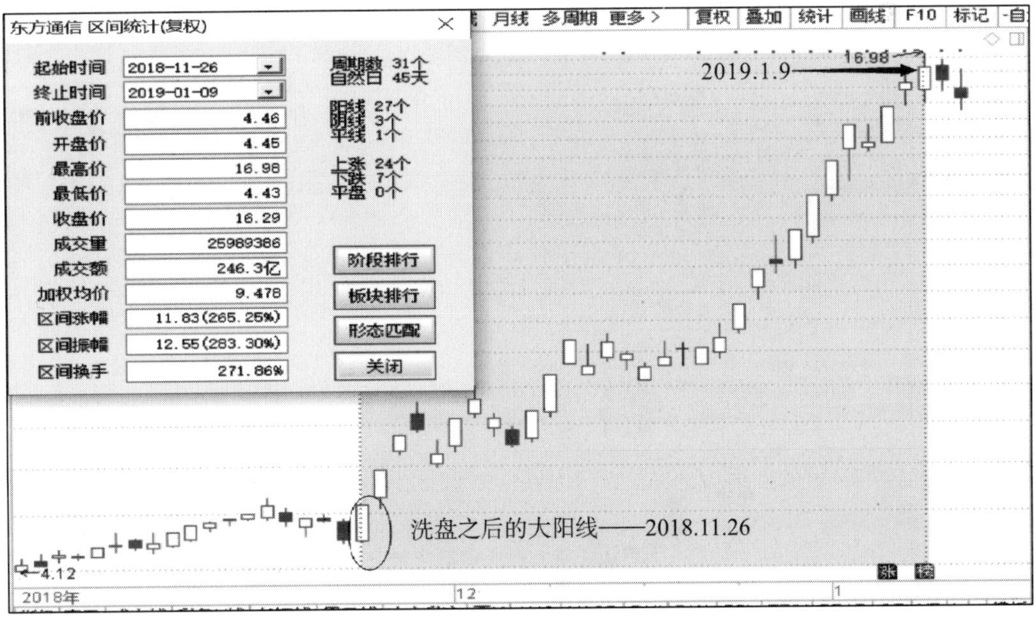

图 1—2　大阳线

实例三　002708 光洋股份

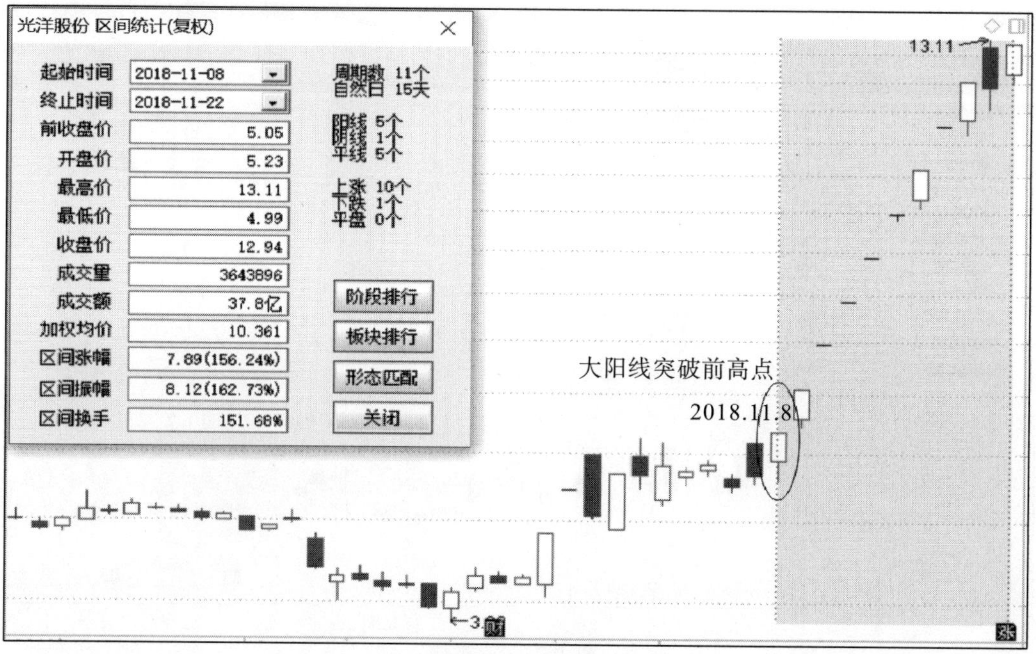

图 1—3　大阳线

实例四　600235 民丰特纸

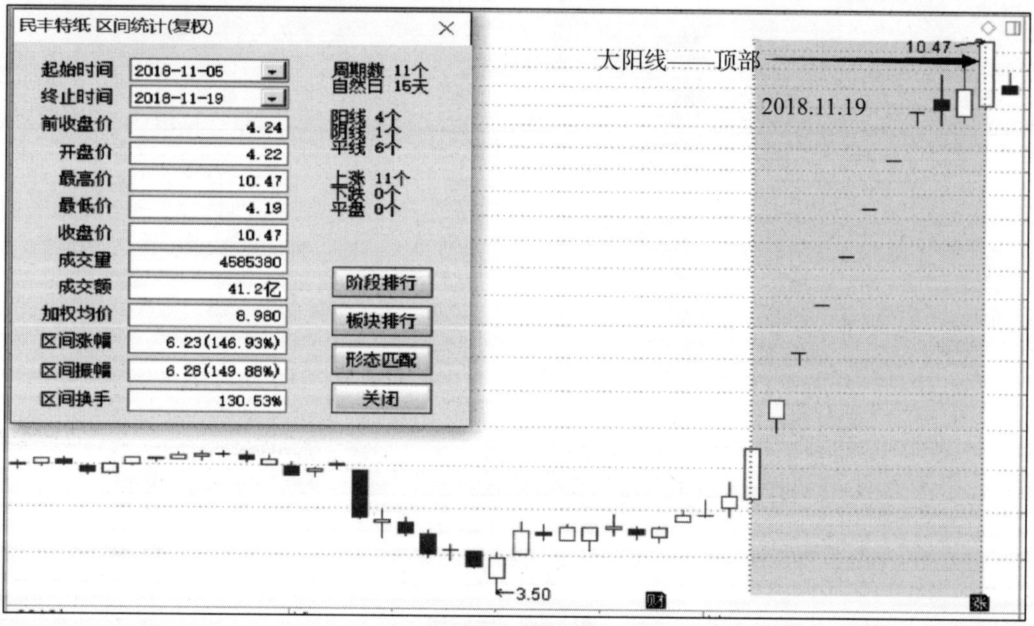

图 1—4　大阳线

2. 大阴线：卖

| 经典原文 |

【大阴线】大幅开高收低，当日以“长黑”收市，这是跌势讯号的一种。依其阴线的长短，另有“中阴线”与“小阴线”等，从阴线的长短幅度可以测出当日的跌势强度。

| 图-大阴线 |

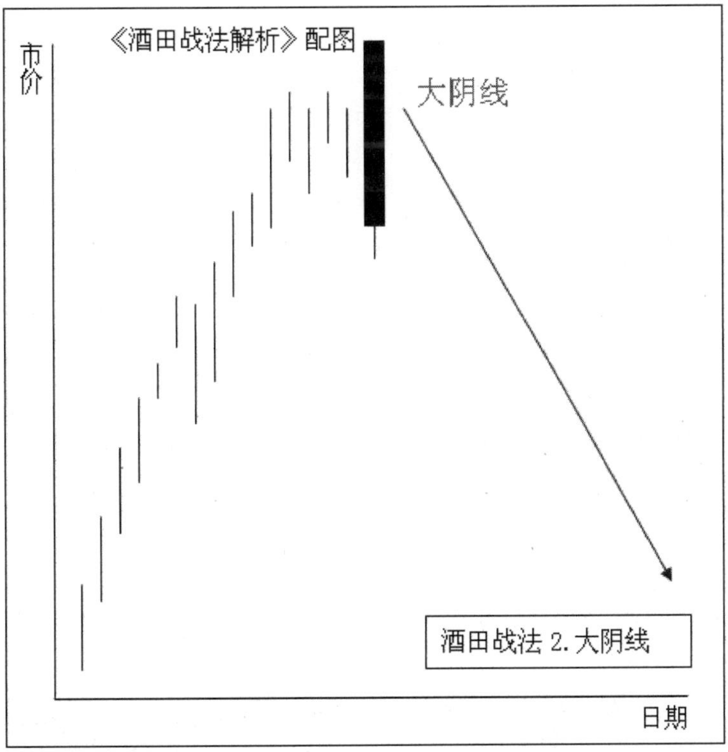

| 张华解析 |

在跌停板规则下，我们可依据下跌的幅度界定阴线的大小。

极短阴线——下跌幅度在0.01%～1%之间；

小阴线——下跌幅度在1%～3%之间；

中阴线——下跌幅度在3%～5%之间；

大阴线——下跌幅度在5%～10%之间；

超大阴线——跌幅超过10%（罕见的从涨停板到跌停板所形成）。

高位出现的大阴线，无疑是主力在出货；大阴线仿佛“黑云压城城欲摧”！

如果大阴线之下对应的是超越前期所有的成交量，那是大主力在出货；这里就是下跌的开始，天量大阴线之后的反弹是最后的逃命机会。城之将破，百姓何存？

如果大阴线向下击穿了8日均线，就是出局的关键时刻了。将价与量结合起来，将价与线结合起来，判断的准确程度会更高。

“大阴线”并非都是出货，强势洗盘的大阴线，反而是逢低买进的机会。

实例一　002708 光洋股份

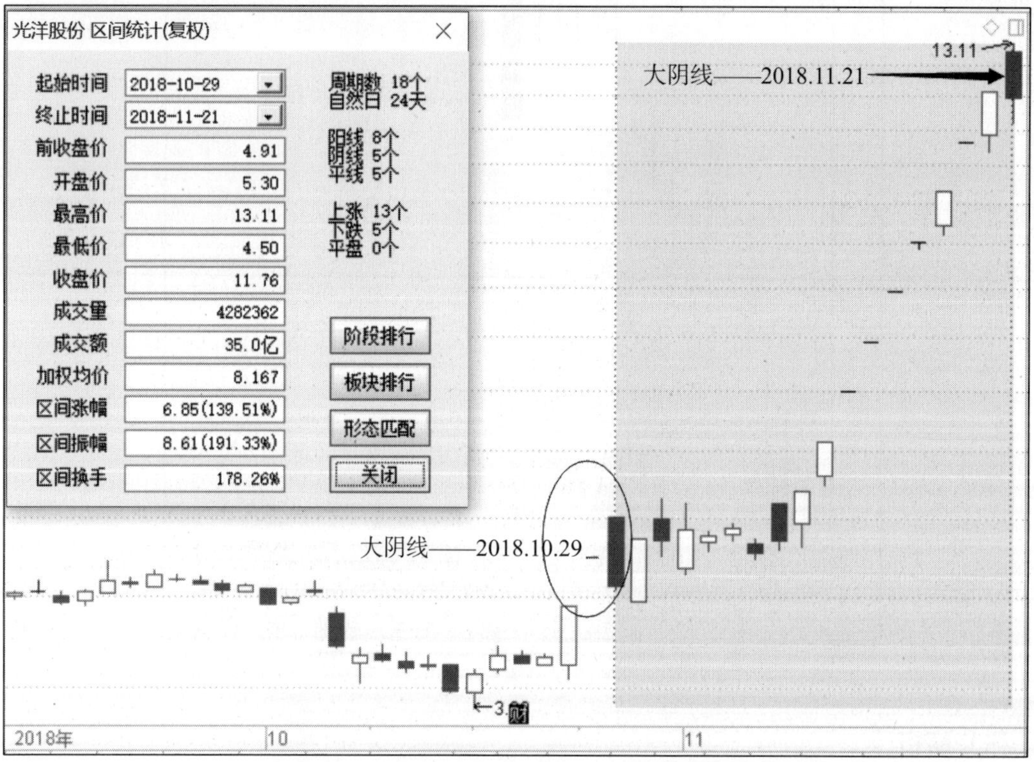

图2—1　大阴线洗盘——上涨——大阴线见顶

实例二　600128 弘业股份

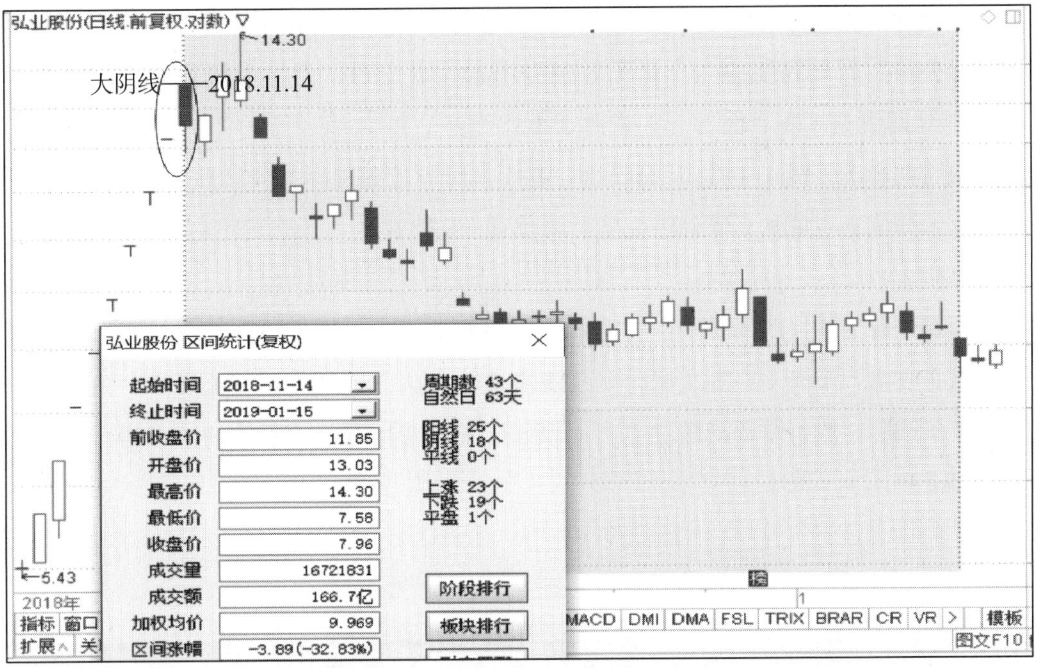

图 2—2　顶部大阴线

实例三　港股 02768 佳源国际控股

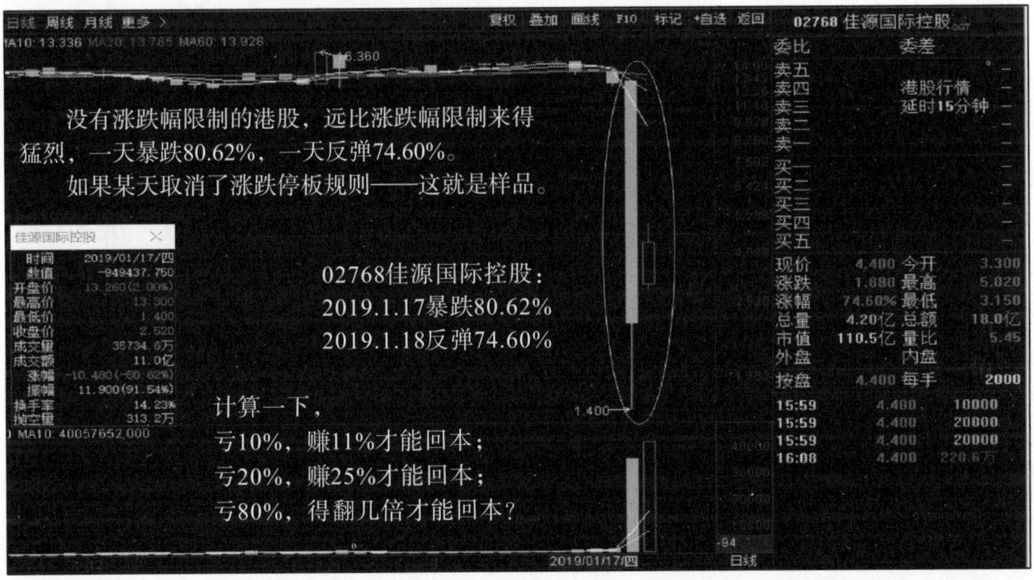

图 2—3—1　没有涨跌幅限制的大阴线

2019年1月17日有消息称，房地产股的美元债务很可能违约，也就是说市场担心那些发行美元债券的房地产股可能无法偿还到期的美元债务，佳源创盛控股（上市公司母公司）当日到期的3.5亿元短融券尚未完成支付，而据彭博报道，该公司于2020年到期债券日内下跌30%，或源于上述传言。

或受此影响，截止1月17日收盘，港股内房股佳源国际控股暴跌80.62%，全天最多跌约9成！市值从326亿港元到后来仅剩63.28亿。一天之内可以说是血流成河，惨不忍睹。

而在佳源国际控股的带动下，港股内房股集体跳水，恒生地产类板块跌幅排名第一。截止收盘，阳光100等小房企个股跌幅超过65%，包括中国物流资产、力高集团和嘉年华国际，股价跌幅均超过10%，甚至连龙湖集团等规模靠前的大型房企，也出现明显下跌。

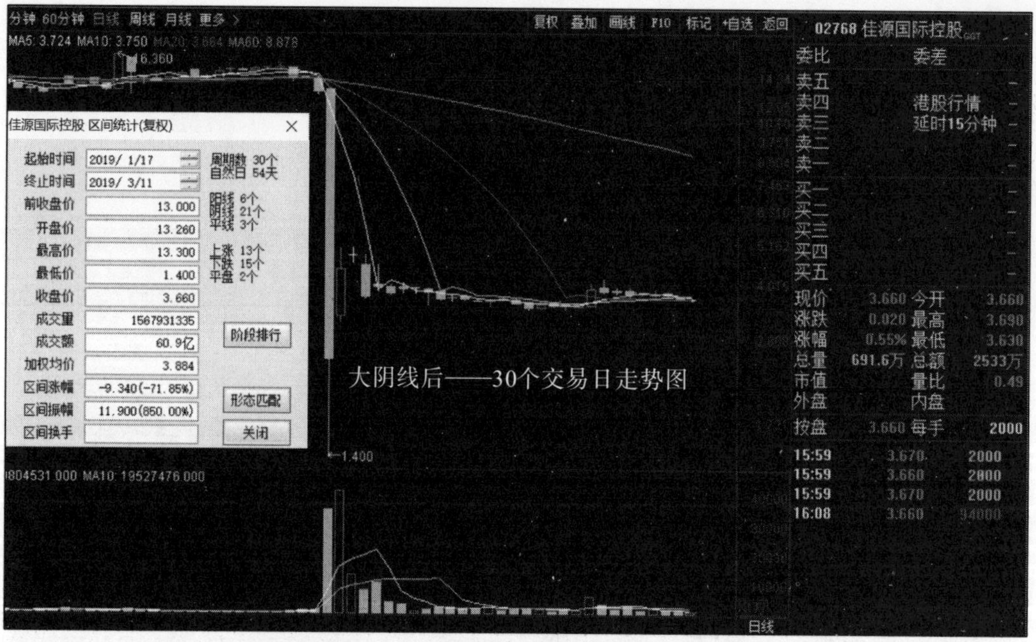

图2—3—2 大阴线后30个交易日走势图

实例四　600624 复旦复华

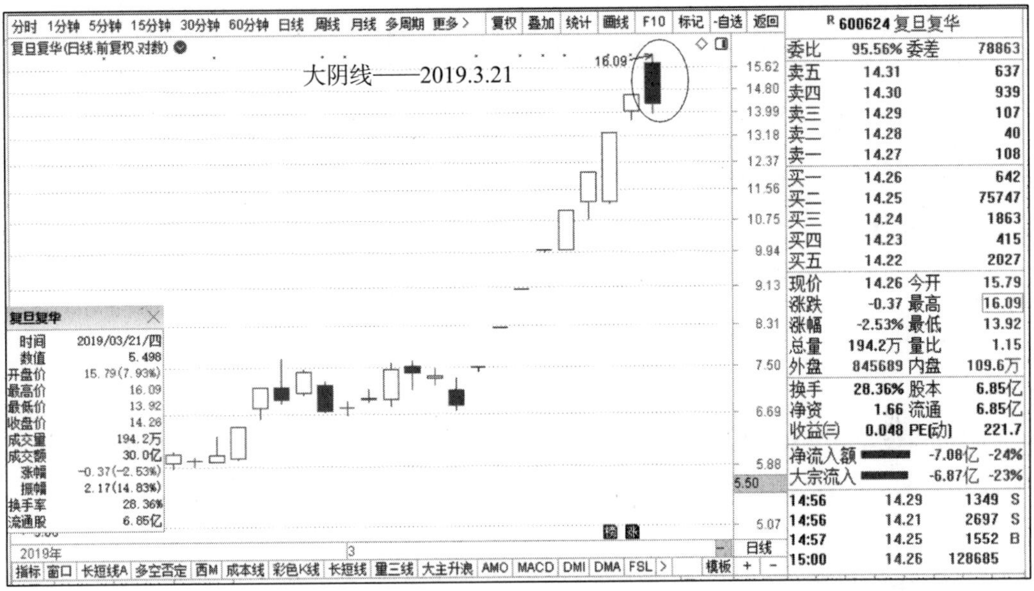

图 2—4—1　顶部大阴线

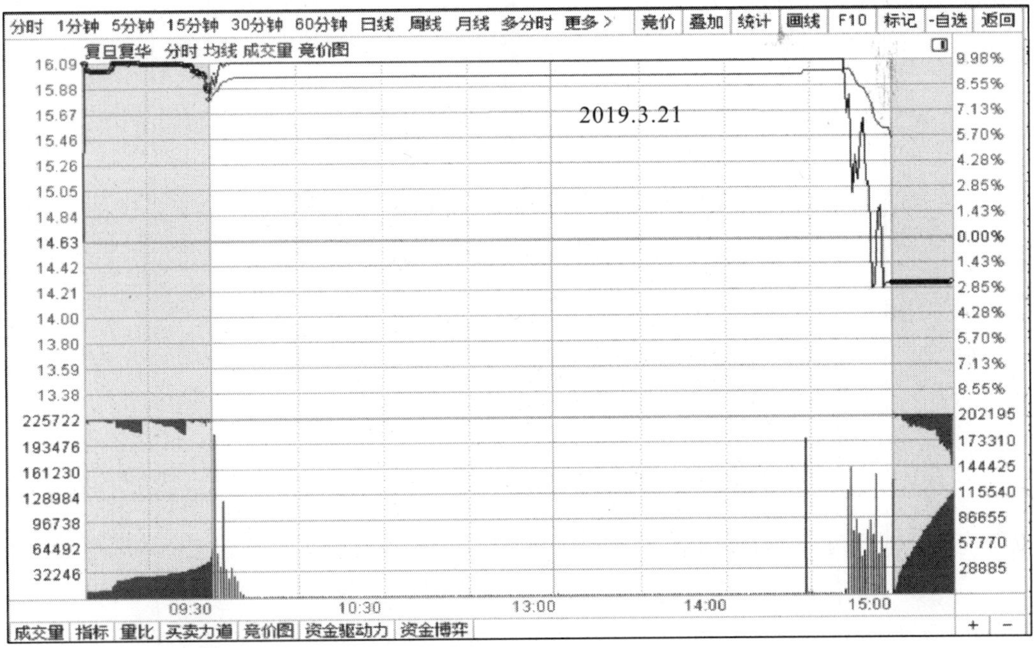

图 2—4—2　顶部大阴线分时图

3. 覆盖线：卖

经典原文

【覆盖线】是接着前日的大阳线之后的开高收低，收在前日阳线之中。如阴线收得越低，表示卖压愈大；如接近前阳线的开盘位置，表示市场卖压甚大，应转买为卖，反手放空。

覆盖线因其阴线几乎覆盖阳线而得名。通常只要阴线伸入阳线的部分超过二分之一，就表示可以转多为空，反手抛售。

图-覆盖线

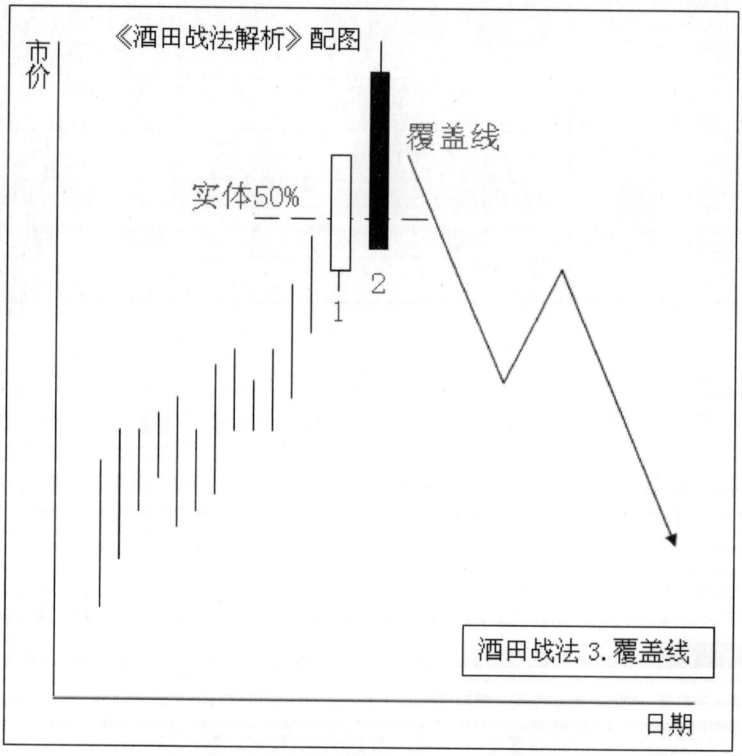

张华解析

覆盖线下跌只要击穿前一日阳线的二分之一，就标志着下跌会继续；

覆盖线在击穿前一日 K 线实体的 50%后，继续向下击穿了 8 日均线，应该毫不犹豫地出局。

如果覆盖线伴随着天量——超过前期最大的成交量，那无疑是大主力在出货；既然主力在出货，那散户就没有必要再持有不动。

在波段顶部成功地卖出股票后，就主动休息几天。不要被这一次胜利冲昏了头脑而在卖出股票后马不停蹄地再次买进，因为，大赔常常跟在大赚之后。

主动休息是养精蓄锐、回避风险的最佳选择。

实例一　002930 宏川智慧

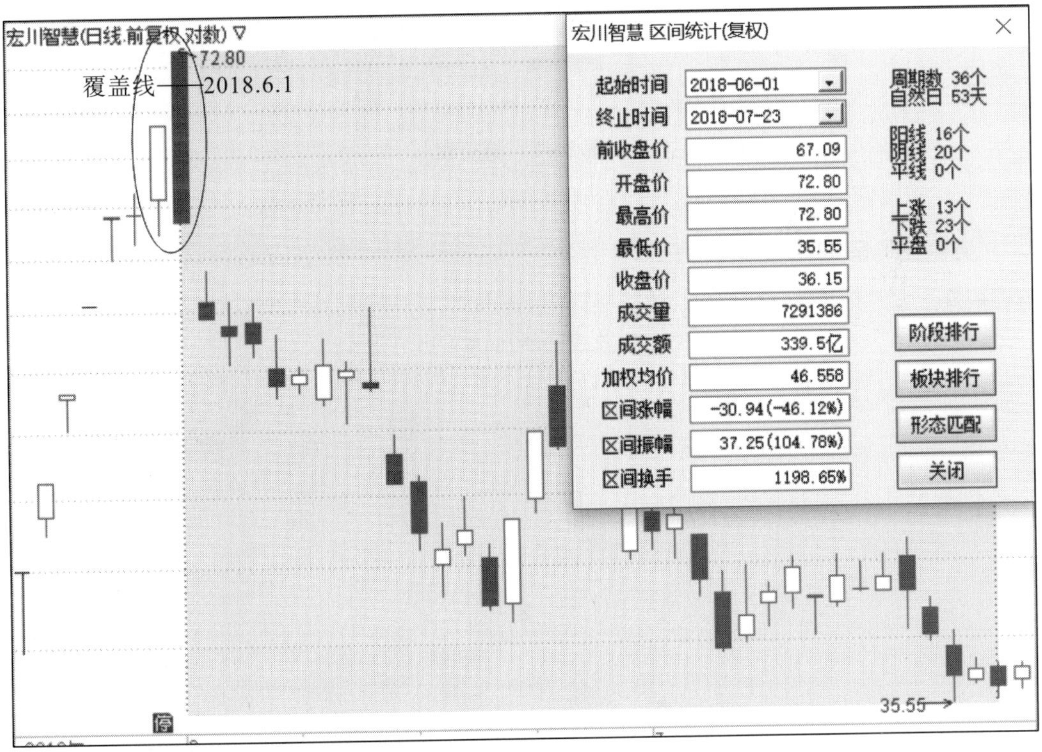

图 3—1　覆盖线

实例二　002054 德美化工

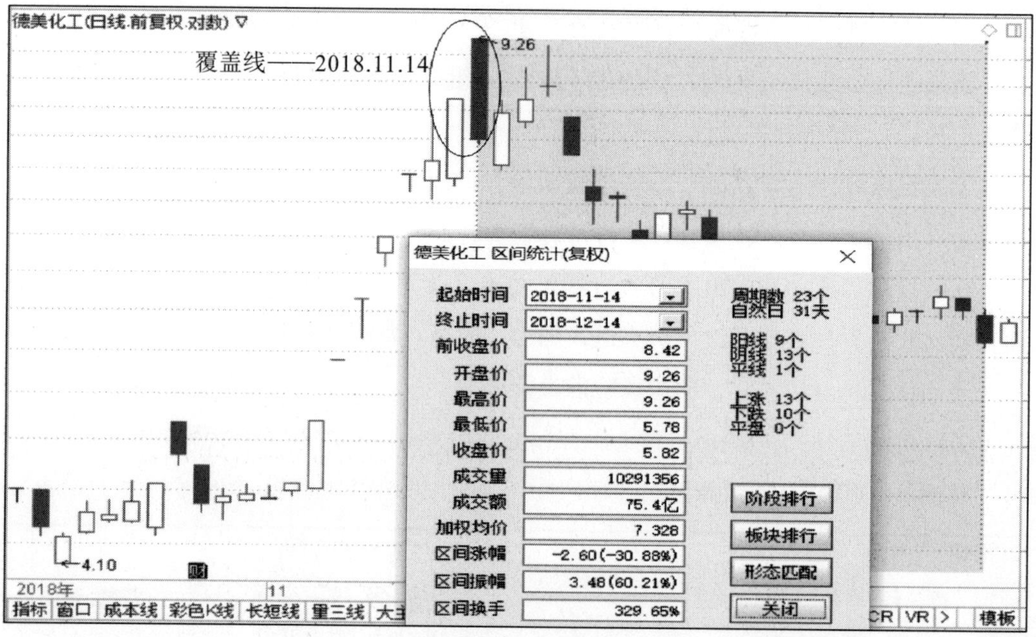

图 3—2　覆盖线

实例三　600218 全柴动力

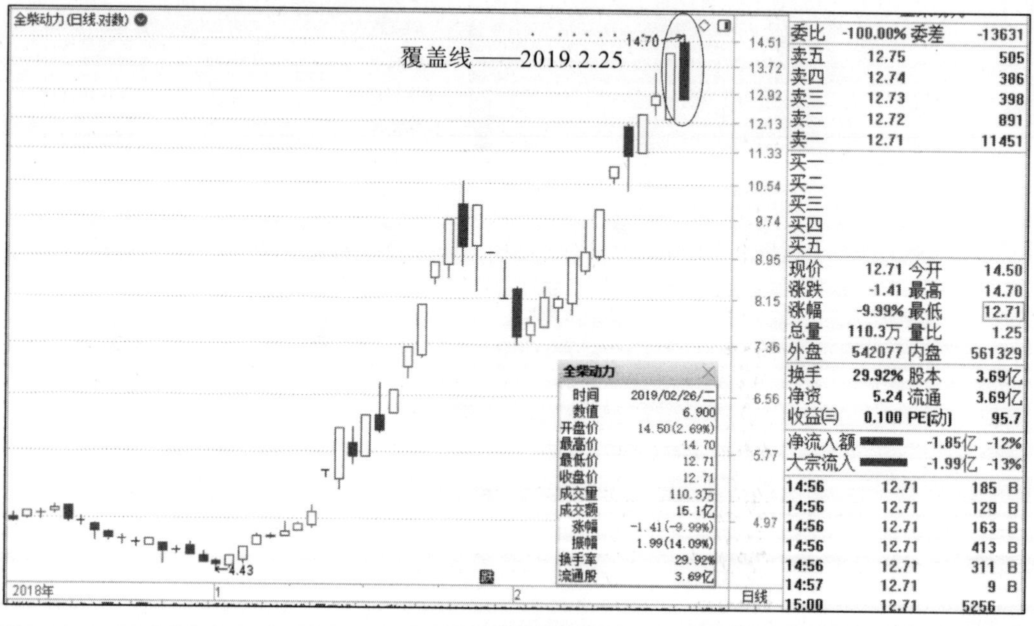

图 3—3　覆盖线

实例四　002234 民和股份

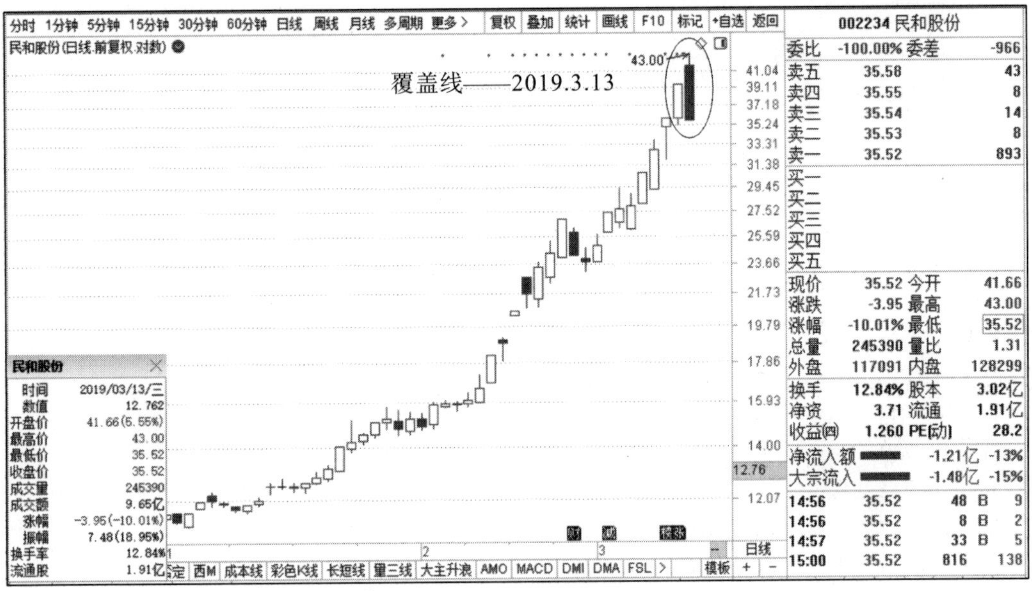

图 3—4　覆盖线

实例五　002565 顺灏股份

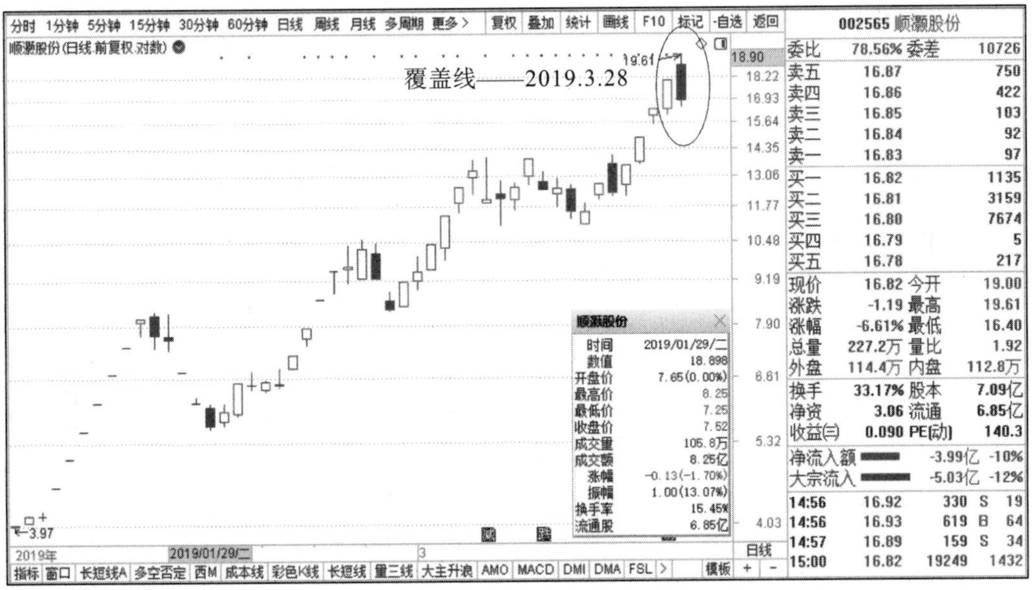

图 3—5—1　覆盖线

图 3—5—2

看盘小技巧

快速拉高：主要指盘中拉买结合推高价格，以明显高于市价的价格申报买入，造成价格瞬间大幅上涨；同时在买入窗口低于市价的某一档位（买二位居多）大量买入申报，造成大单在低位买入的假象，推高股价后迅速撤单。

4. 十字星：暂观

| 经典原文 |

【十字星】是指开、收盘都在同一价位上，但上下方各冒出长短不同的影线，按图中 1、2、3、4 的顺序，其名称分别为“十字星”、“长十字星”、“T 字线”、“倒 T 字线”。十字星与 T 字线、倒 T 字线都是“转换线”，长十字星则是“多空分歧”。

| 图-十字星 |

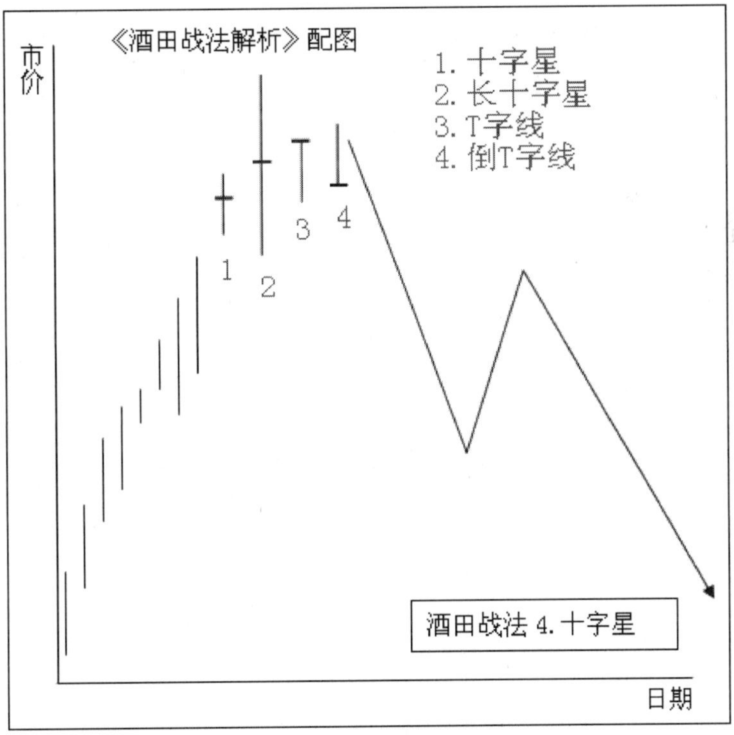

| 张华解析 |

十字星是多空双方力量暂时达到平衡的一种形态，也是盘中主力操纵价格留下的痕迹。分析十字星形态一定要与股价的位置结合起来，看十字星是处在阶段性波段的高位还是低位，也要与次日的价格结合起来。

高位的十字星主力出货的时候多，最好回避。尤其当十字星批量出现的时候，往往预告了板块甚至大盘波段顶部的到来，其后的反弹甚至大阳线，骗线居多，都是卖出的良机。

低位的十字星标志着下跌动能已经衰竭。也要注意上升途中、横向盘整时的十字星，个中含义要多多品味再做结论。

最好的是主力洗盘之后以及最低三突破后的十字星。

这里的“暂观”一般要与下一个交易日结合起来分析。如果下一个交易日突破十字星的最高价，标志着多方的力量大于空方；如果下一个交易日跌破十字星的最低价，标志着空方的力量大于多方。当多空力量的对比之势明确之后再行动，胜算的概率才大。所以时间是你的朋友，冲动是你的敌人！

图中第三种十字星经常是涨停板打开形成的T字板，在这里的涨停板打开，经常是主力拉升前蓄意制造的恐惧与盘中激烈洗盘；如果在上涨途中第一次出现了这种形态，封板之后大幅上涨的概率大。狙击涨停板的三大要素是：资金、技术与胆量。喜欢涨停板的朋友不妨参考一下四川人民出版社2019年2月出版的《狙击涨停板》一书。

实例一　002939 长城证券

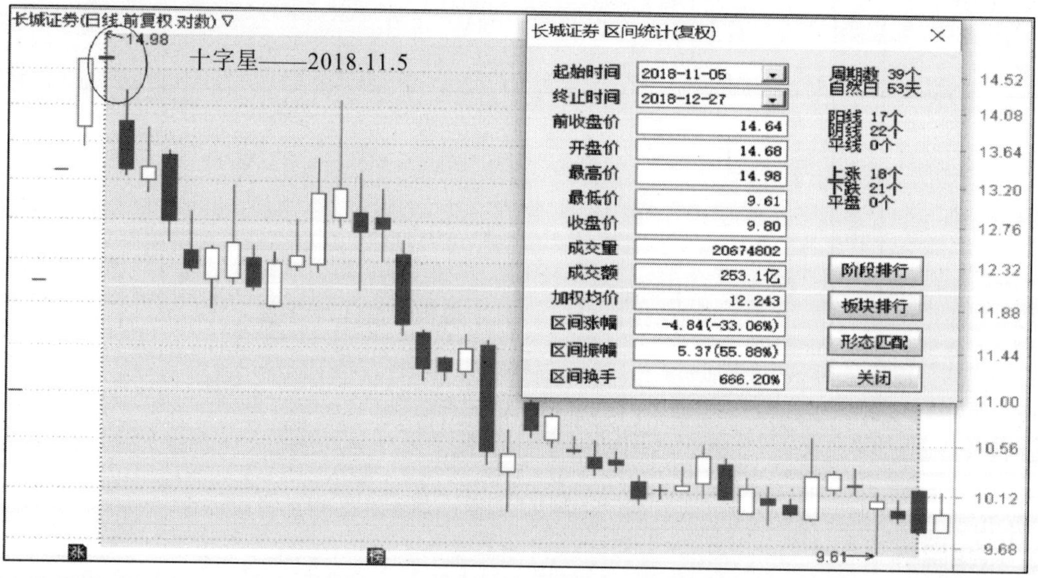

图4—1　十字星

实例二　002931 锋龙股份

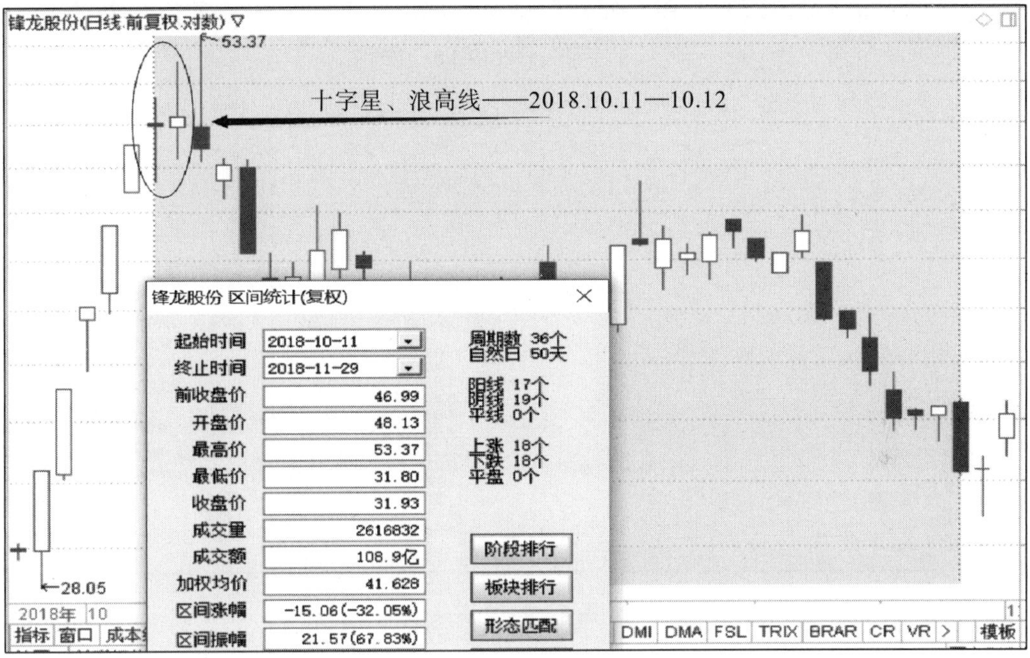

图 4—2　十字星

实例三　600776 东方通信

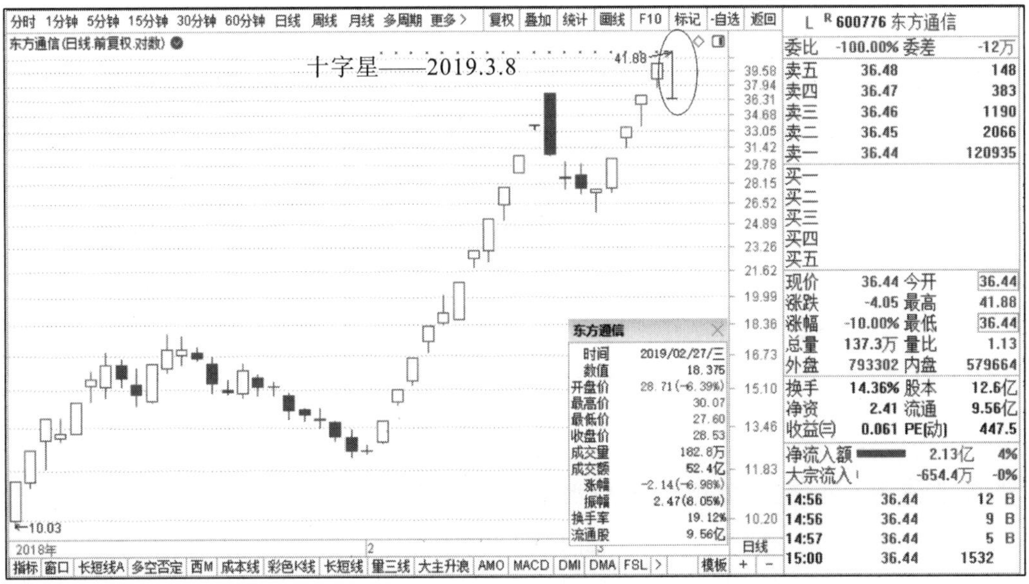

图 4—3　十字星

实例四　601319 中国人保

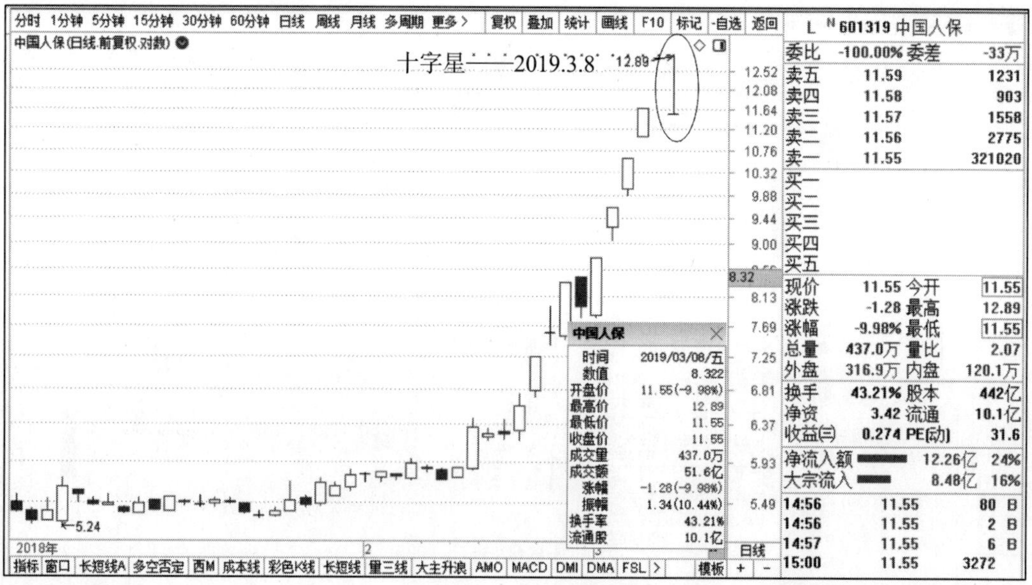

图 4—4　十字星

实例五　601066 中信建投

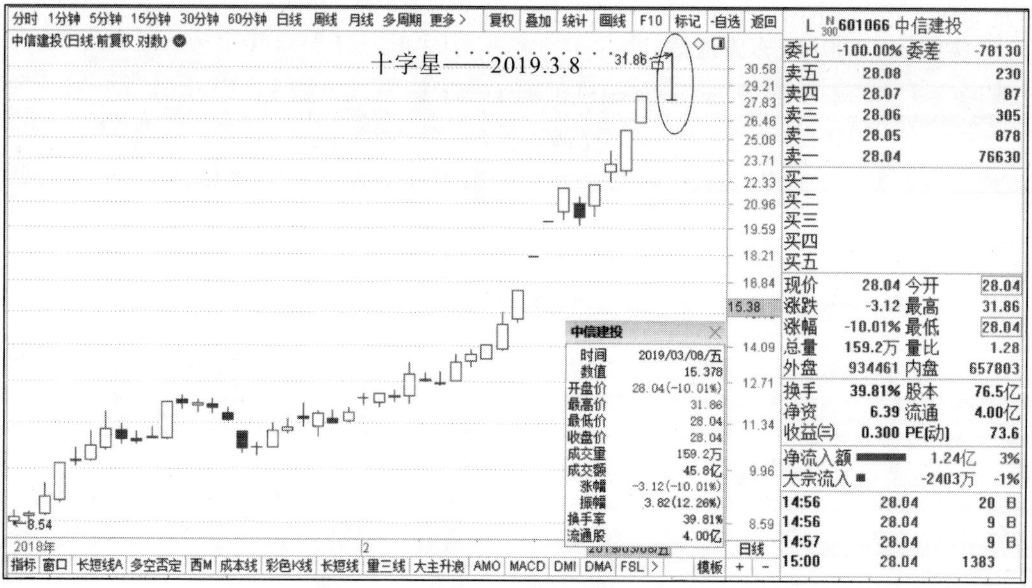

图 4—5　十字星

实例六　600613 神奇制药

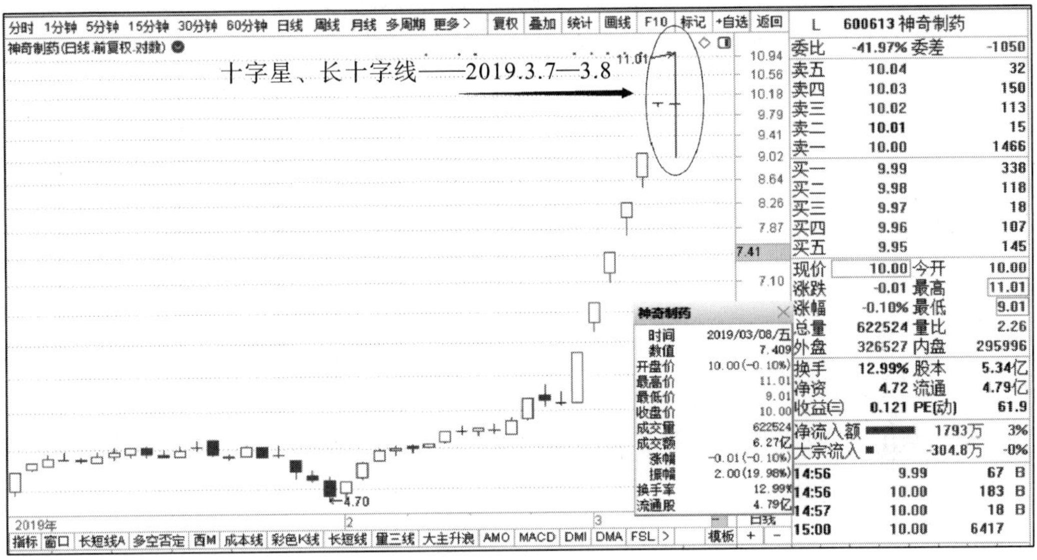

图 4—6　十字星

看盘小技巧

对敲：主要是指交易者在自己实际控制账户之间进行证券交易，通过自买自卖等手段将价格拉高或打低。这种操纵价格的行为属于违法行为。

5. 极短线：暂观

| 经典原文 |

【极短线】是指由超短的阴线或阳线组合成的线型。一般来说，在最没有行情的时候，常会出现这种“极短线”。例如日本期货商品的粗糖和大豆，在最“牛皮”的时候，有时候出现长达一两个月的极短线。这时市场人气最为涣散。极短线如突然出现在一般走势中，表示正处于不明朗的“多空分歧”中。上涨的曙光初现或原走势苗头不对时，该出手时就出手！

| 图-极短线 |

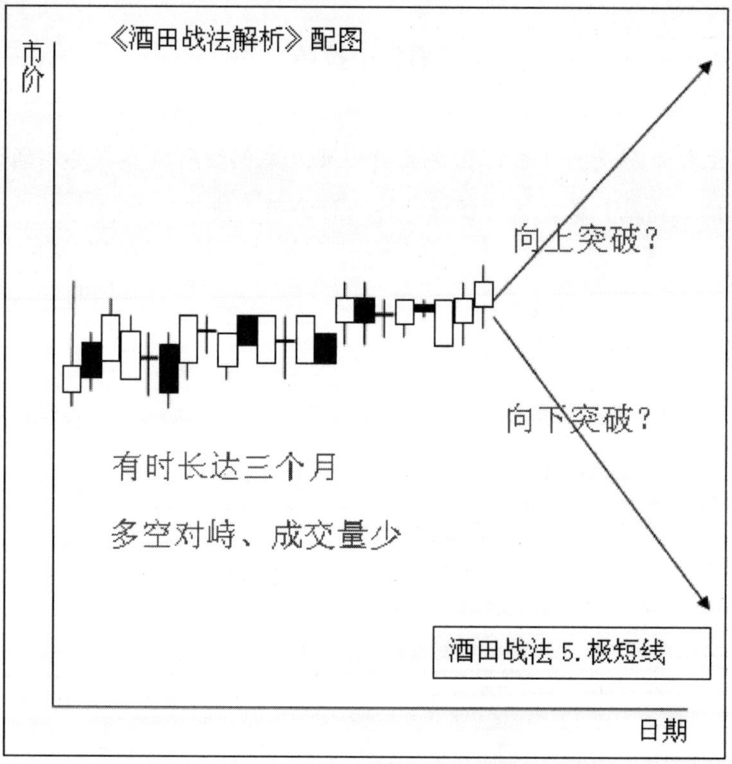

| 张华解析 |

极短线的涨跌幅度都在1%以内，说明多空都很谨慎；

连续的极短线形态标志着横向盘整，盘整也是一种等待；

连续的极短线形态告诉我们：盘整的主力在等待中盘整、在盘整中等待，一旦突破，无论是向上突破或是向下突破，突破后就是急剧地涨、急剧地跌。

盘整考验的是人们的信心。信心是一种心理状态，产生于对潜意识的不断肯定或反复暗示，也就是说，自我暗示能产生或创造信心。

盘整更是考验人们的智慧，高位的盘整风险很大，低位的盘整不要过早参与其中，最好等待突破形态明确之后再行动！

许多人在股市里犯的一个最大的错误，就是在形态没有突破之前按自己的主观愿望交易，总想在突破之前逢低买进，然后被动地等待市场的裁判——其结果往往是等得筋疲力尽，甚至在万般无奈的等待中眼睁睁地错失了市场热点板块上涨的良机。

看盘小技巧

对倒：操作者在约定的时间，以约定的价格和方式在多个账户间相互进行交易。这种多人合谋操纵股价的行为属违法行为。

6. 连续线：买·卖

| 经典原文 |

【连续线】是指前后的几根日线连续上下排列，就是第二天开、收盘都在前日的价幅之内（阴阳线不论），但是中间绝对不开窗，这种排列不论上升或下降都是走稳健步伐的。平时三五根日线连在一起经常可见，有时甚至多达八根或十根。

对于连续线有一简单臆测法：如在天井圈出现连续五根阴阳线夹杂而下，就视为市场将下挫的征兆，而脱出盘档后如连出三根这种线型，而且创新高（低）价时，应迅速获利了结或暂行回补买入。

| 图-连续线 |

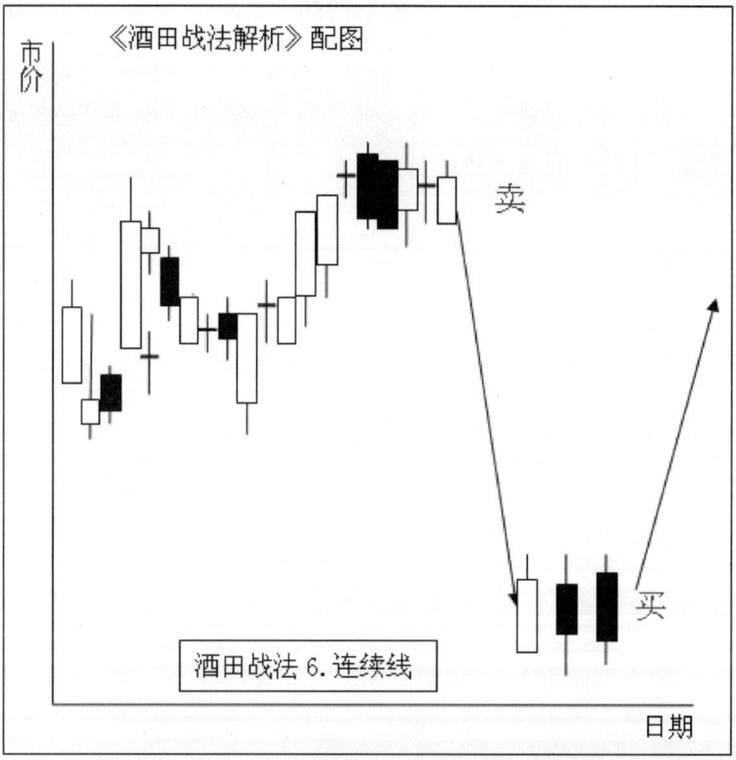

张华解析

连续线的性质与极短线有点接近，都是一种整理形态。不同的是连续线的涨跌幅度大于极短线，说明它的动能强于极短线。

连续线如果出现在阶段性的高位，那是将要下跌的先兆。有时持续的连续线会演变成半圆天井形态。有时在股价见顶之后下跌途中也会出现连续线形态，那是主力维持股价在相对高位引诱别人做多，自己好趁机出货。

反之，连续线如果出现在阶段性的底部，就要随时注意上涨的时机；同时也要随时注意破位后继续下跌。

无论上涨还是下跌，如果涨跌的形态都没有突破 8 日均线，就不要急于行动。等待涨跌的苗头出现或股价突破 8 日均线后再行动才是上策。

实例一　002668 奥马电器

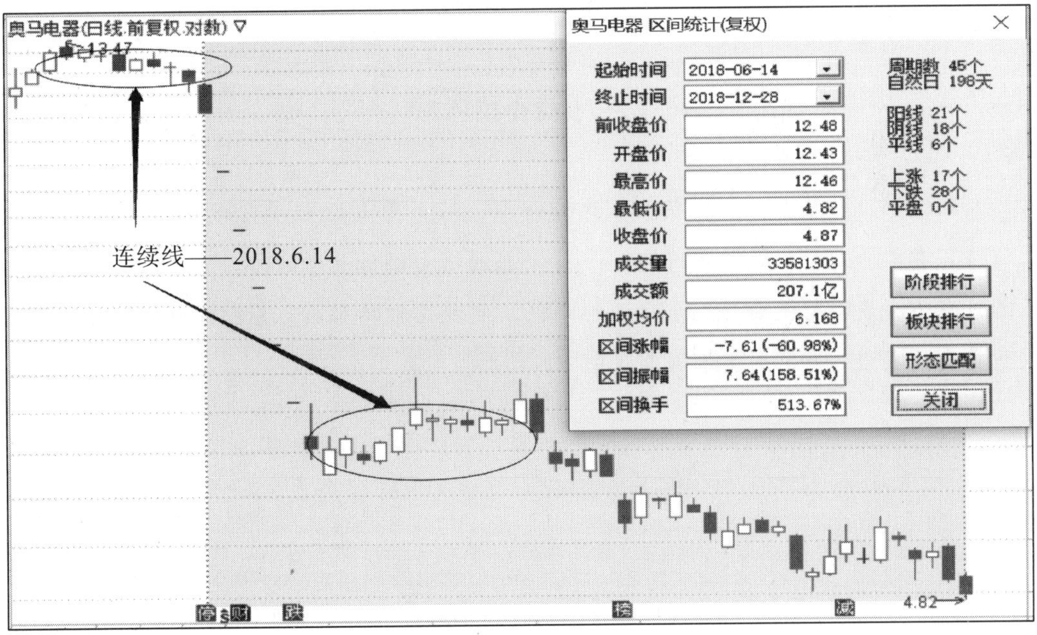

图 6—1　连续线

实例二　600131 岷江水电

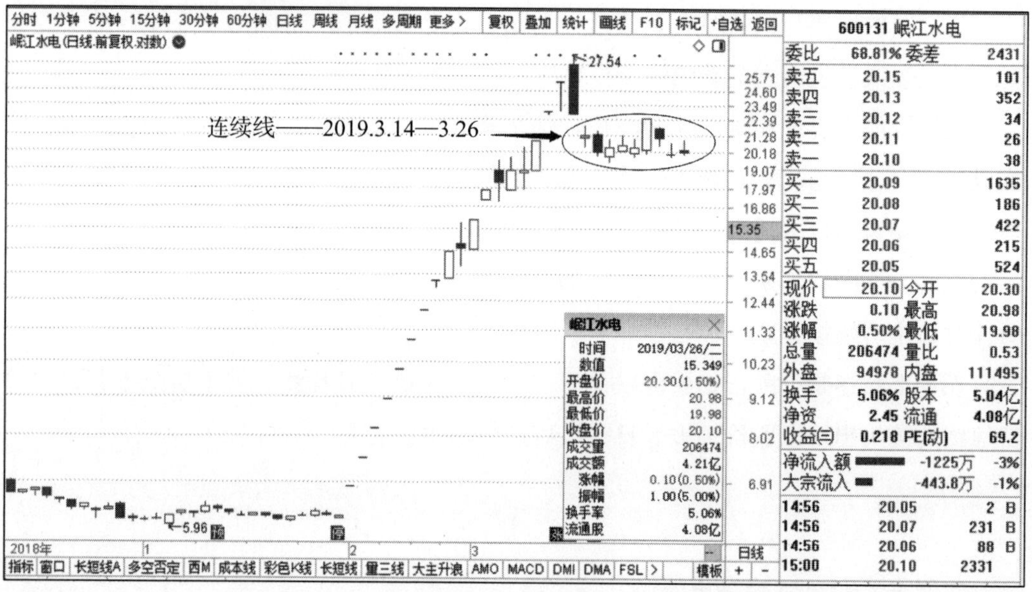

图 6—2　连续线

看盘小技巧

送红包：一般在洗盘后期或上升的初期，从买卖盘的挂单可以发现“送红包”信号。在卖一上挂的是红盘价格，而买一上则是大幅低开的价格；这种低开特征一般是主力在发动行情前给关系户送的红包。发现这种特征后，应该迅速地按卖五的价格高挂买进。实际成交价则是盘中即时价格。

7. 切入线：买·卖

| 经典原文 |

【切入线】是指第二天的阳线开盘切在前一日之最低点（含影线在内），这是“看涨”的讯号；相反，如果阴线开在前日最高点而往下收黑，这是“下挫”的讯号。

切入线是酒田战法的主要线型之一，往往在接切入线之后，随即有大的行情出现。

| 图–切入线 |

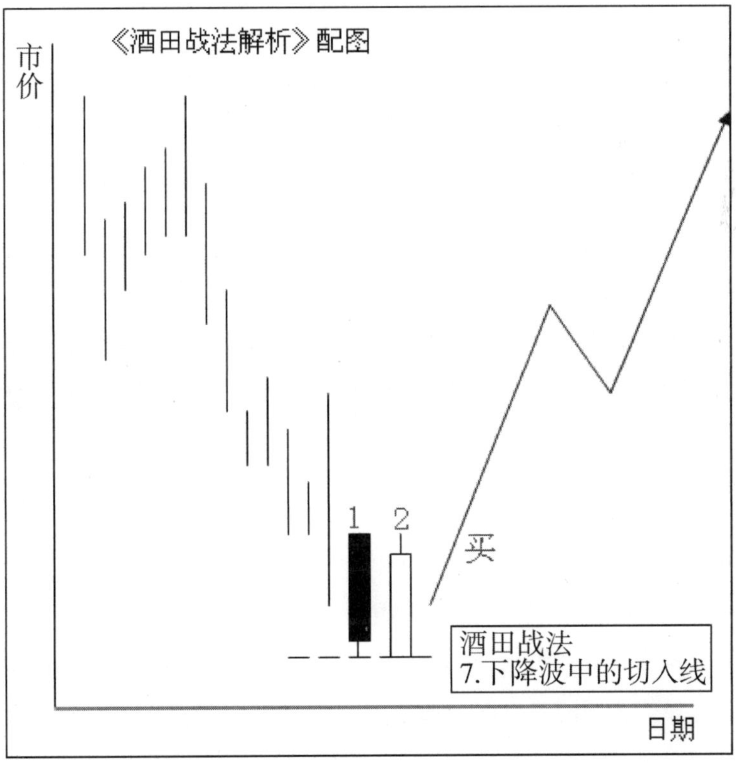

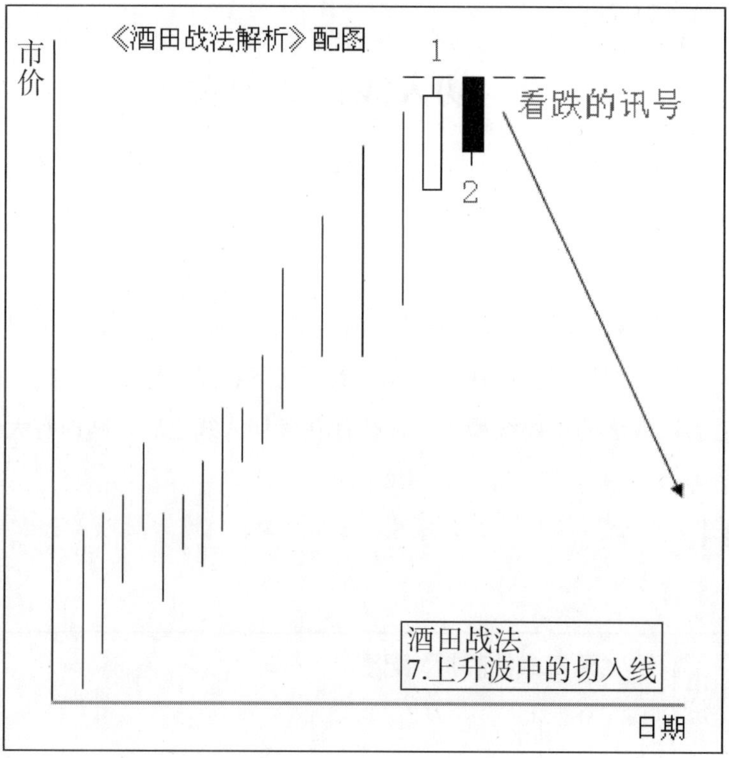

| 张华解析 |

阶段性底部的切入线，类似于小型的 W 底；当在不同的时间出现了同一最低价，这无疑是盘中主力人为操纵的特征，说明盘中的主力不愿意看到再低的价位了，因此，可以看成股价将要上涨，如果成交量同时也有效放大，那么，向上反转的概率就更大了。

阶段性顶部的切入线，类似于小型的 M 头；当在不同的时间出现了同一最高价，说明盘中的主力没有力量再把股价拉高了，因此，可以看成股价将要下跌，如果成交量同时也有效放大，那么，向下反转的概率就更大了。

市场总是或多或少地处于被操纵状态，特别是在关键的价位，可以看到主力操纵价格的痕迹。选择什么样的股票好？选择有主力操纵的股票最好！这样的股票拉升起来就会有大幅的利润。

当你知道股价为何涨跌的那一刹那，你无疑是开悟了。这个开悟，需要的是积累，要知道“积土而为山，积水而为海”。没有一定的积累，是很难开悟的！

实例一　000533 万家乐

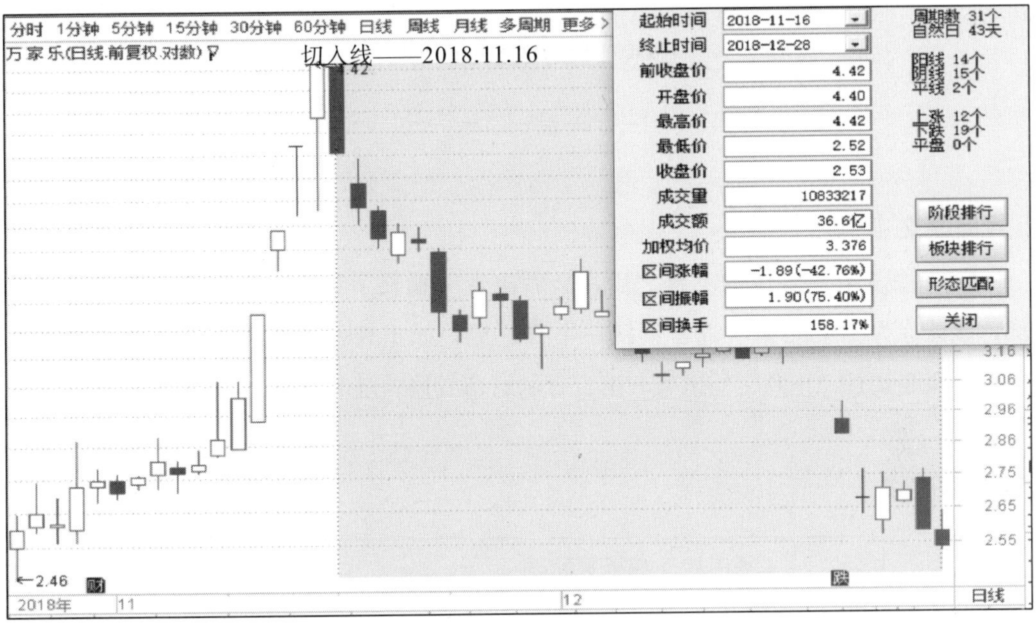

图 7—1　切入线

实例二　002648 猛狮科技

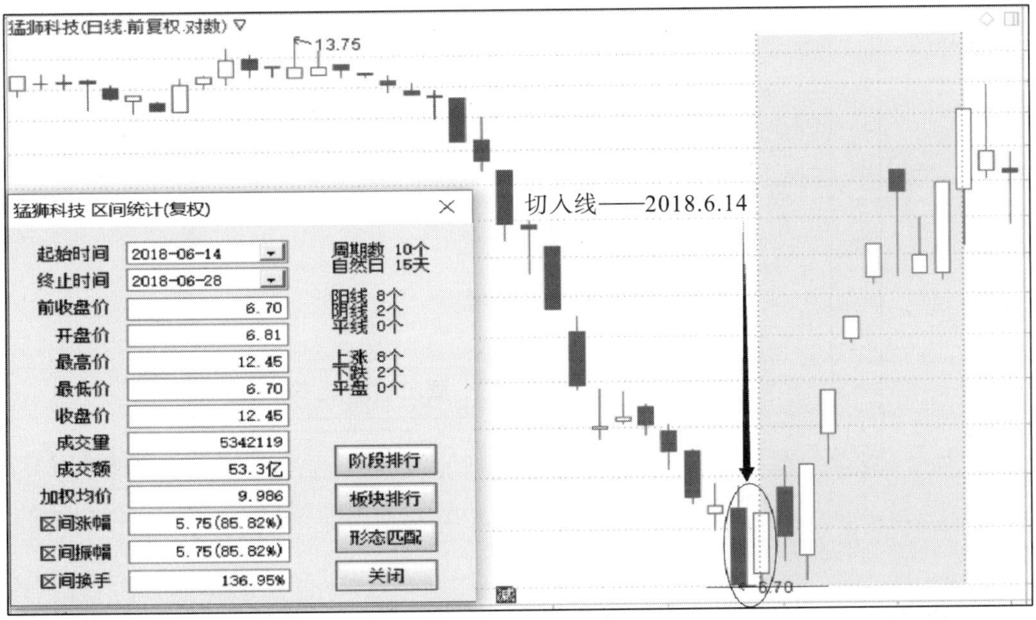

图 7—2　切入线

8. 探底线：买

| 经典原文 |

【探底线】在一连串的下挫之后，最后出现一根长下影线的小阴线，而欲试探底部，就被称为“探底线”。通常下跌一个月之后，如出现此一线型，就有可能反跌为涨。故探底线是“止跌”的讯号，第二日的行市发展得随时留意之。

| 图–探底线 |

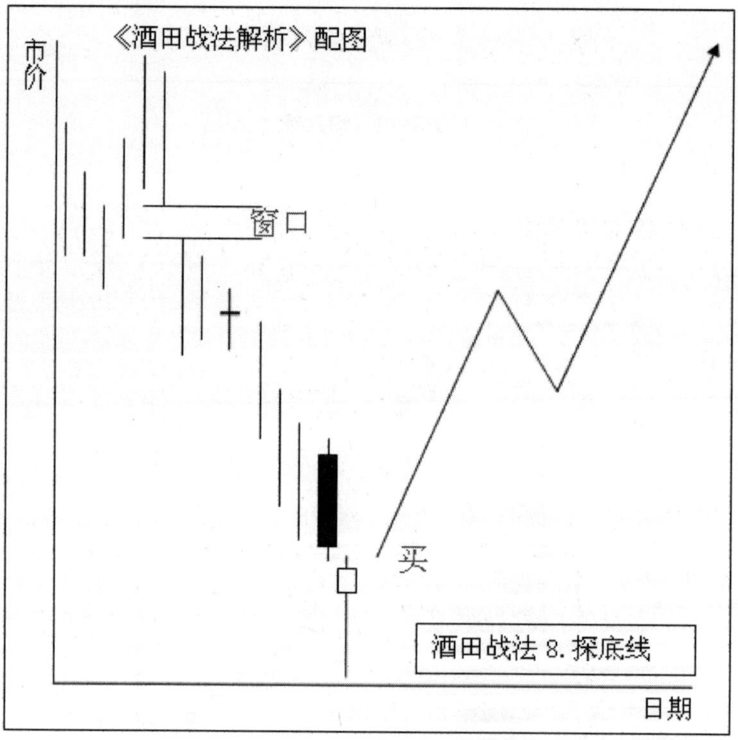

| 张华解析 |

在《日本阴阳线》中，探底线是一种伞状线，宛如一把雨伞，实体的顶部有短短的上影线，实体的下部有长长的下影线，通常大于实体的两倍以上；顶部如果没有短短的上影线，则是另一种形态（下阻线），虽然仅仅是微小的区别，但它反映的是多空双方力量大小的标志。细节往往影响着成败！

探底线有阴有阳，阳线的力度要大于阴线；

无论阴阳，都标志着在这里很难再跌下去了！

盘中股价一路下跌，使人绝望，但行情常常在绝望中产生！

第二天，股价突破探底线的最高价，就是出手的时机了。如果价格向上突破了8日均线，就是进场买进的关键时刻了。

探底线虽然表明的是阶段底部，其后的走势并非直线上冲，很多时候上涨一小波后会折返测试，只要折返测试的最低价在探底线的收盘价之上都是可以逢低布局的良机。

实例一　000050 深天马 A

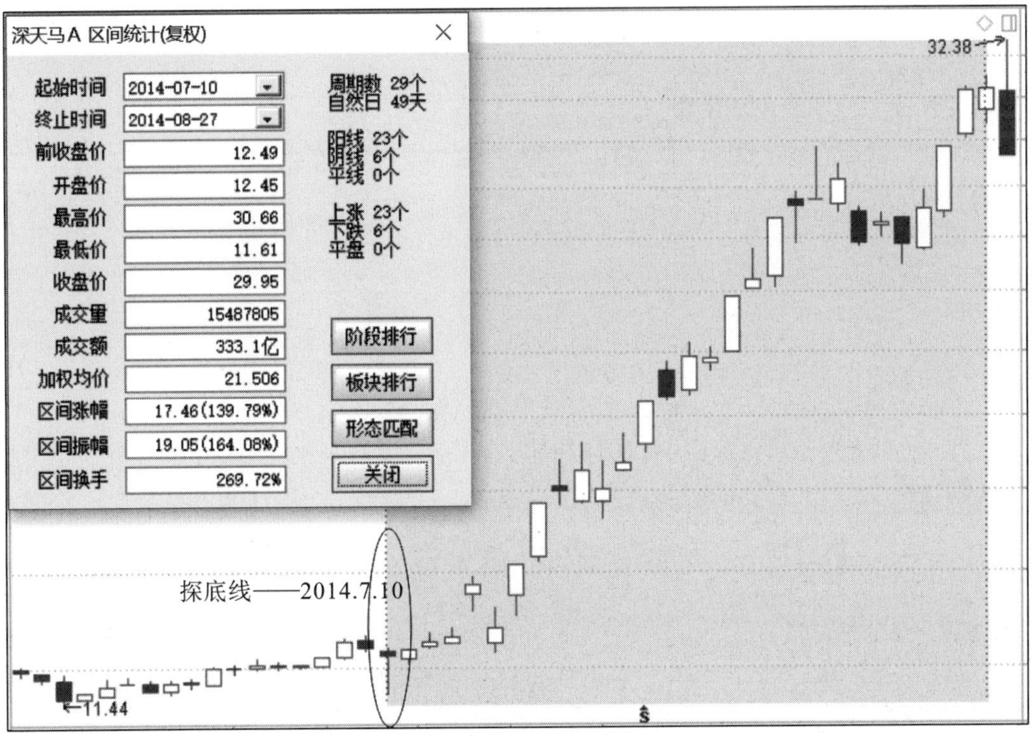

图 8—1　探底线

实例二　300010 立思辰

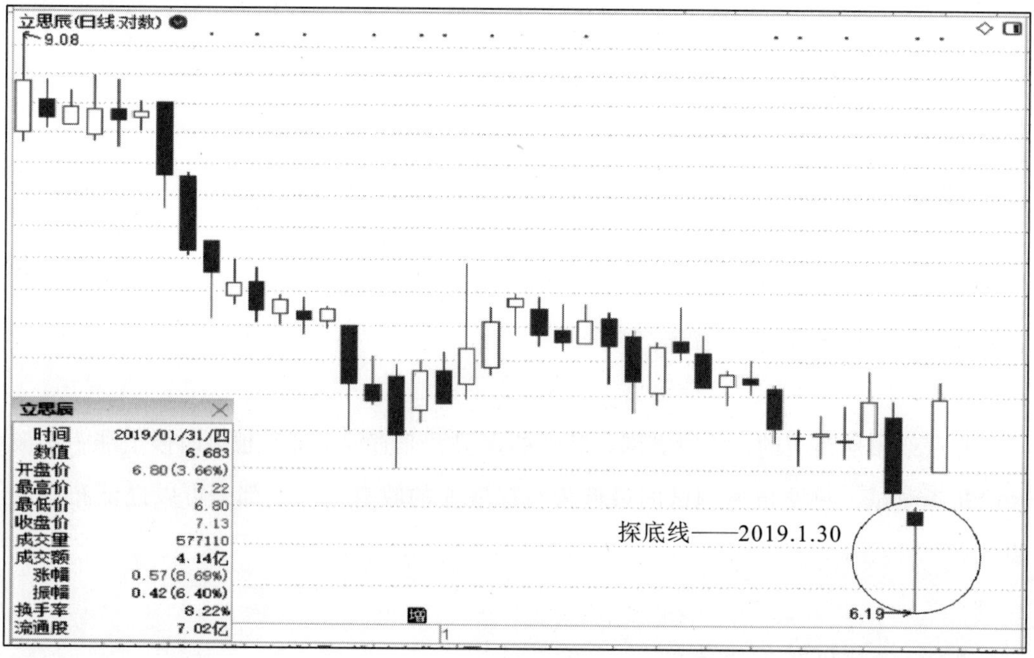

图 8—2　探底线

实例三　000504 南华生物

图 8—3　探底线

9. 三连线：买·卖

| 经典原文 |

【三连线】有“上升三连线”与“下降三连线”的区别（如图中1、2）。在高价圈连续出现三根阳线之后，多头应及时进行获利了结。相反，如果在低价圈之后出现连续的三根阴线，这时空头应暂时回补买入，先获利一段再静观其变。

| 图-三连线 |

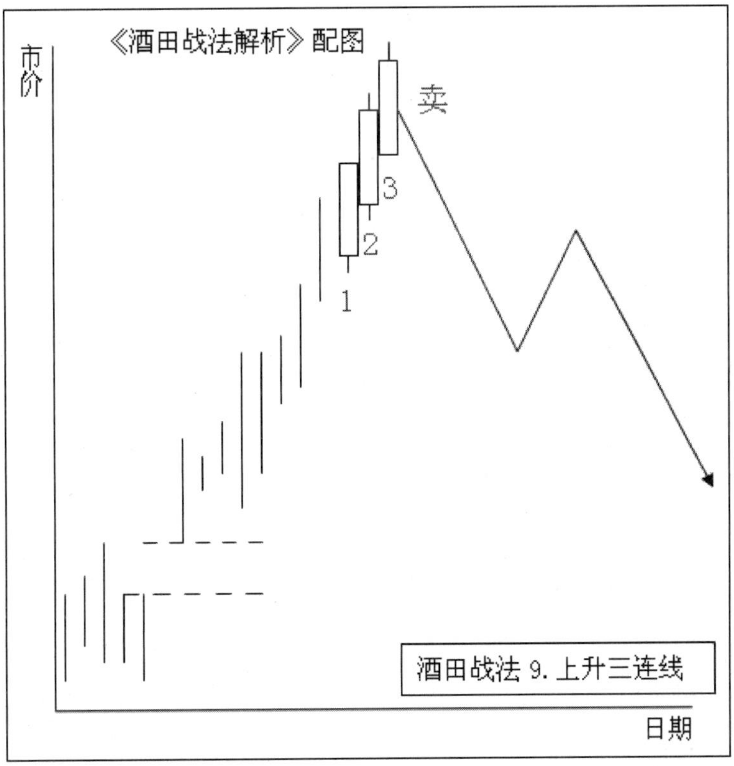

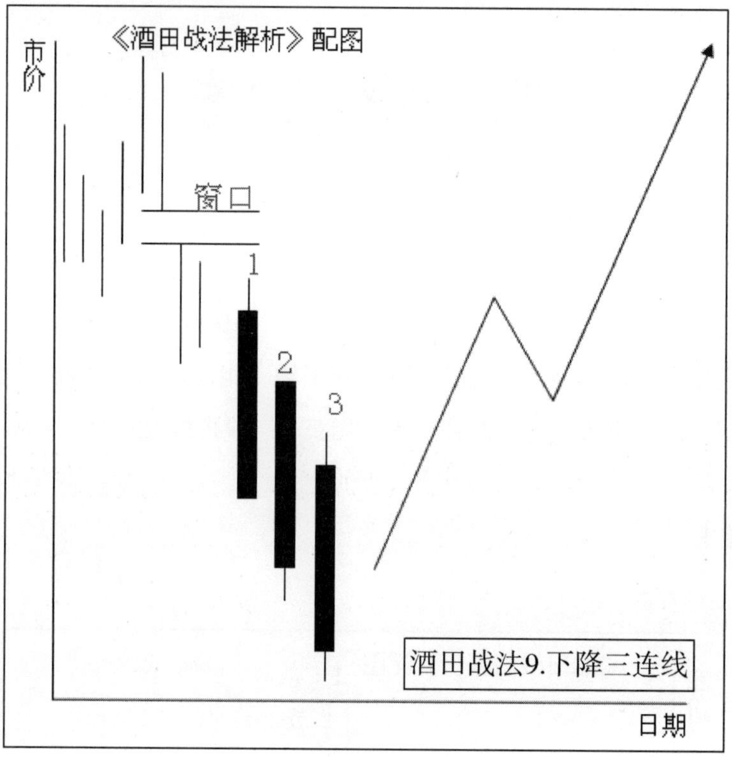

| 张华解析 |

股价经常在犹豫彷徨中上扬！上升三连线，每天低开高走，只要股价突破前一天的高点，就不要急于卖出；只有当股价再也不能创出新高，实体在缩短，上影线在变长时，就要格外谨慎，小心阶段性顶部的到来。

上涨中的市场经常是不理智的，也是疯狂的。

下降三连线却是每天高开低走，不断地再创新低，只要股价能击穿前一天的最低价，就表明空方的力量依然大于多方的力量；在这里没有出现止跌的 K 线，没有出现反转的形态，股价上涨没有突破 8 日均线，就不要急于抄底买进。

炒股要具备智慧和忍耐力，炒股表面上是对社会的挑战，实际上是对自己智慧与毅力最大的挑战！

实例一　300536 农尚环境

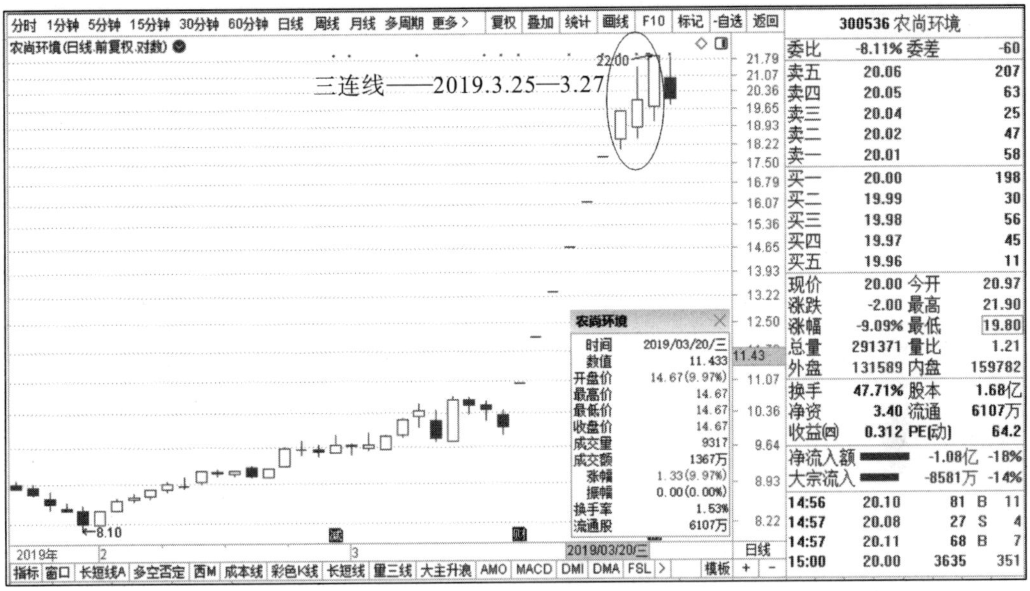

图 9—1　三连线

实例二　002696 百洋股份

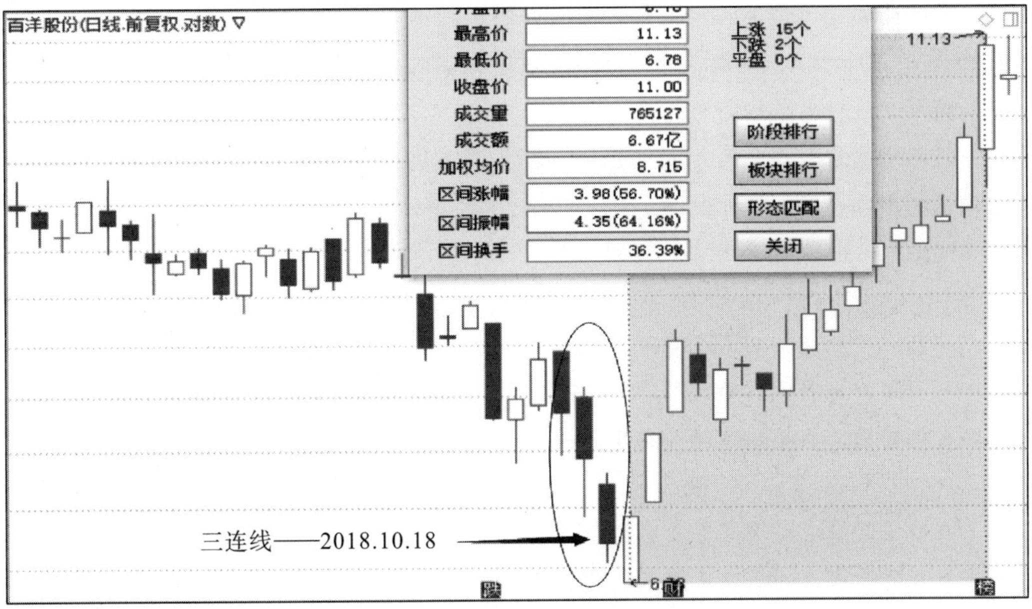

图 9—2　三连线

实例三　300725 药石科技

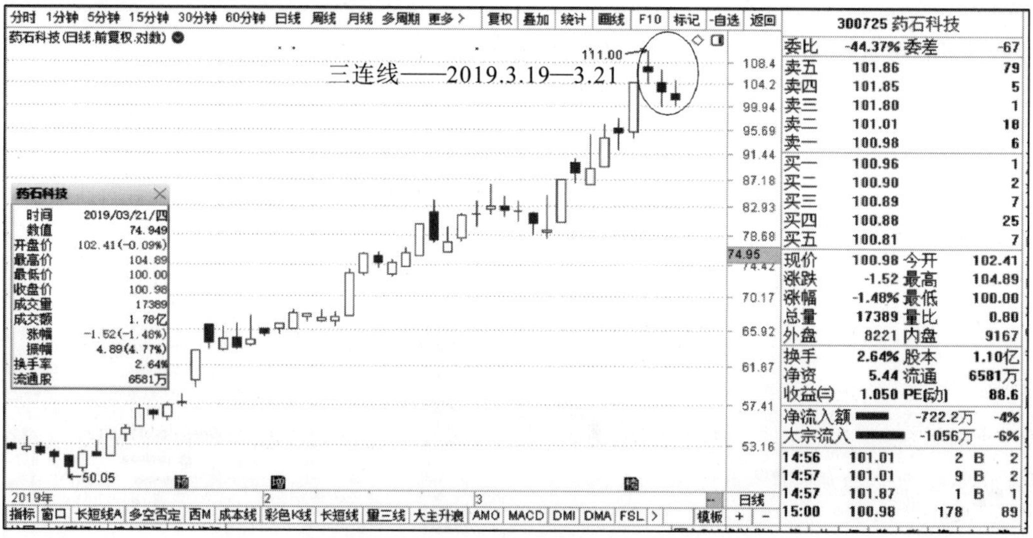

图 9—3　三连线

看盘小技巧

虚假申报：在集合竞价期间虚假申报即在集合竞价开始期间，以明显高于前收盘价格连续大量申报买入，推高虚拟的开盘价，误导其他人买入，自己则在9:15—9:20 集合竞价可以撤单的最后一分钟撤销全部买入申报，此时跟风买入的其他人来不及撤单，最终形成较高的开盘价。

- 集合竞价是指每天开市 9:15—9:25 期间参与的买卖委托单，然后由深圳和上海的主机撮合而形成的开盘价。
- 9:15—9:20 可以挂单也可以撤单；
- 9:20—9:25 只能挂单、不接受撤单；
- 9:25—9:30 不能挂单也不能撤单；
- 因此，操纵价格的人在 9:15—9:20 期间挂大单买进，甚至高到涨停板价，或者挂大单卖出，甚至到跌停，到 9:20 却偷偷地撤单了。

在盘中连续竞价期间虚假申报，主要指连续竞价阶段，通过大笔申报和连续申报手段在行情揭示的有效竞价范围内申报买入，随后撤单的行为。这种行为容易造成买盘活跃的假象，误导其他投资者对股价走势的判断，诱使投资者尤其是中小散户跟风买入。

10．怀抱线：买·卖

| 经典原文 |

【怀抱线】是指第二天的大阳线或大阴线将前日的“小红线”或“小黑线”怀抱住，这是一种极佳的买进讯号或卖出讯号。如在高价圈出现可以抛售；相反，在低价圈出现可以买进。

在长期上升走势中，如最后出现怀抱线，应立即抛售；相反，如果在长期下跌的走势中最后出现了怀抱线，应该是可以买进。

| 图–怀抱线 |

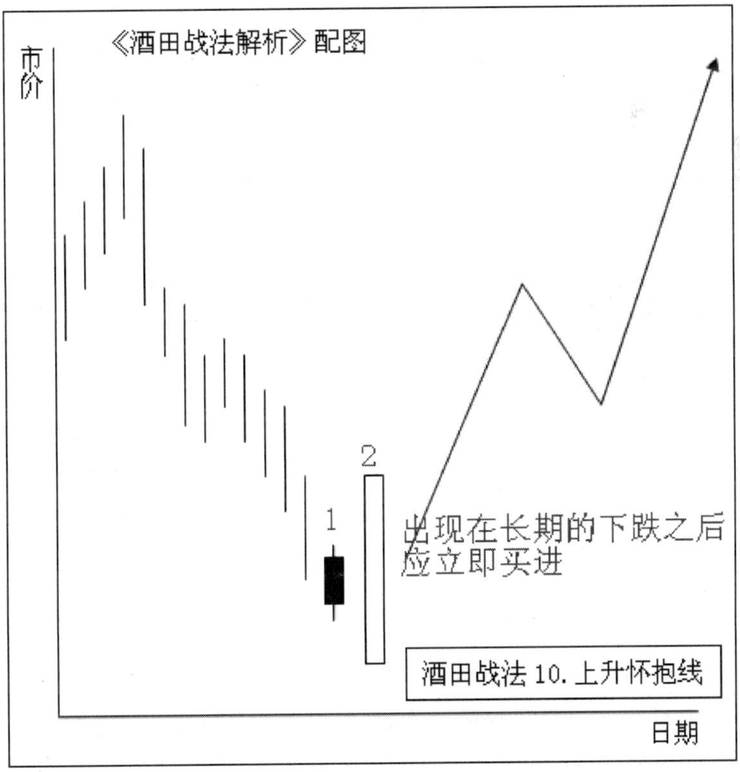

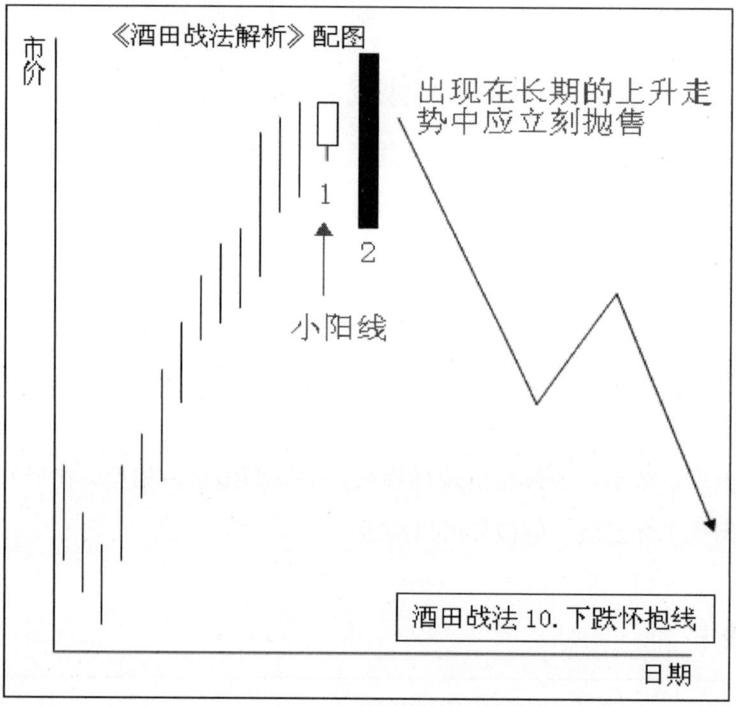

| 张华解析 |

上升怀抱线是可靠的反转形态，无论是大盘还是个股，在较长时间的下跌之后，如果股价低开高走，盘中突破了前一日的最高价，同时伴随着成交量也突破了半年的均量线，那无疑是告诉我们主力的大资金在这里入场了，既然主力入场，那么，我们不妨在怀抱线收盘价附近买进。

注意：底部的怀抱线后，股价的走势有时连续上涨，有时则回撤；回撤仍然要依其收盘价为参考。

顶部的怀抱线有一波见顶，也有的之后有反弹，反弹将是绝佳的卖出机会（见图10—4、10—5—1之后的走势图）。

2019 年 1 月 3 日星期四，美股惨遭血洗，道指收跌超 650 点，苹果大跌近 10%，拖累纳指跌 3.84%。2019 年 1 月 4 日星期五，国内四大指数开盘均跳空低开低走，9:37:14我提示“抄底——大胆抄底”（如图 10—1 所示）。

如果你要去打猎，应该选择猎物集中的地方；没有猎物的地方是打不到猎物的！

同理，如果你要买股票，就要选择主力买进的股票；没有主力买进的股票，不会有大幅的上涨的！

相反，股价在一波上涨之后，如果高开低走，盘中击穿了前一日的最低价，同时伴随着成交量的急剧放大，甚至超过了前期最大的成交量，那无疑是主力在这里出货，既然主力在逃跑，那么我们也要及时出局。主力都走了，你还留下来干什么？

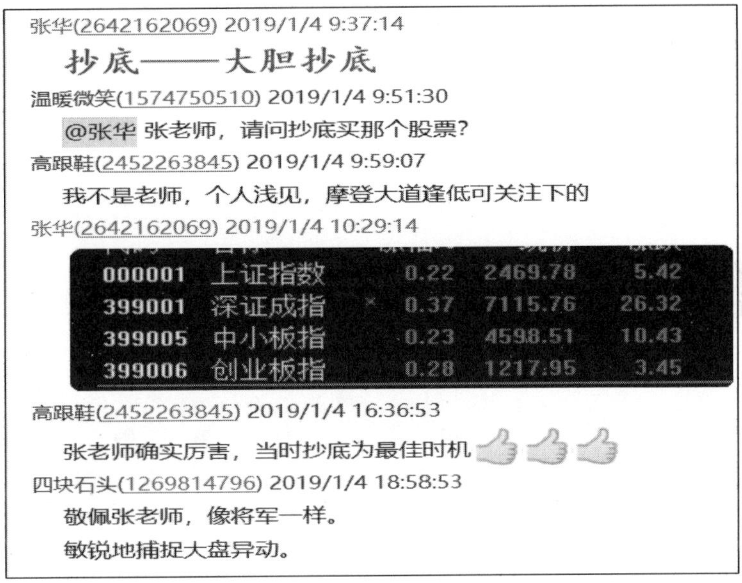

图 10—1 QQ 截图——判断底部

实例一 399001 深证成指

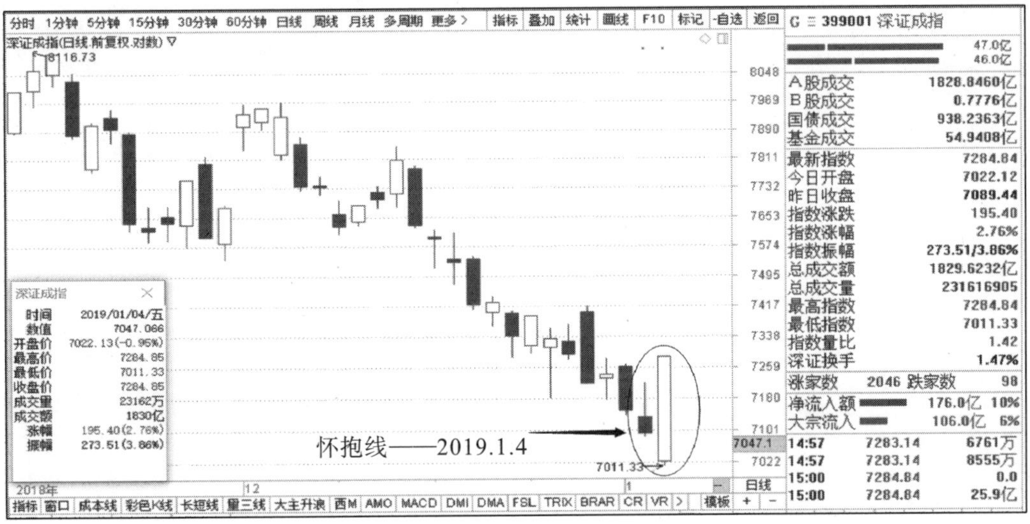

图 10—2 怀抱线

实例二　300080 易成新能

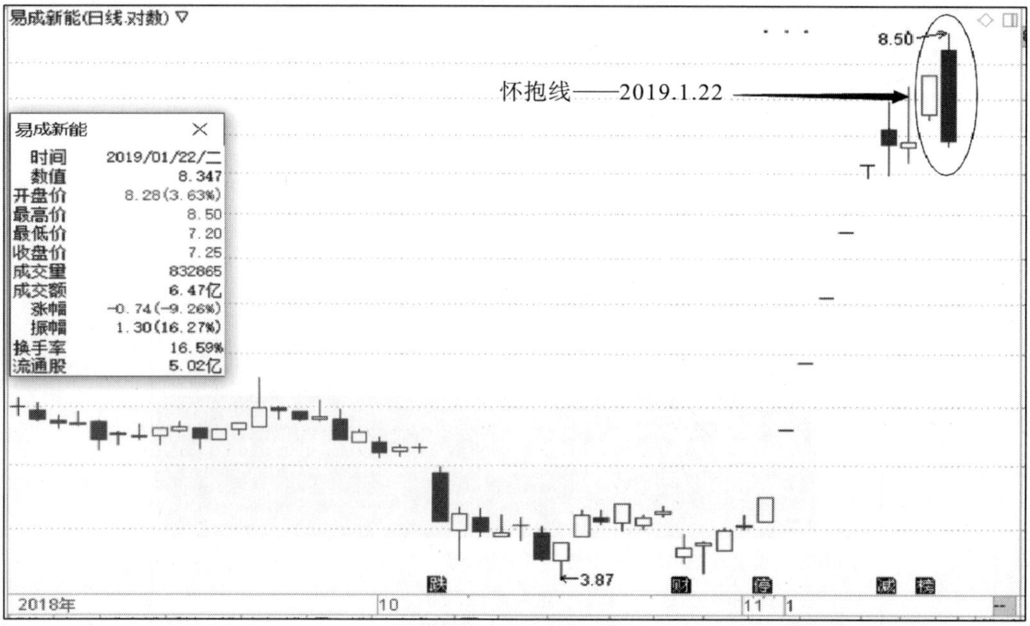

图 10—3　怀抱线

实例三　600756 浪潮软件

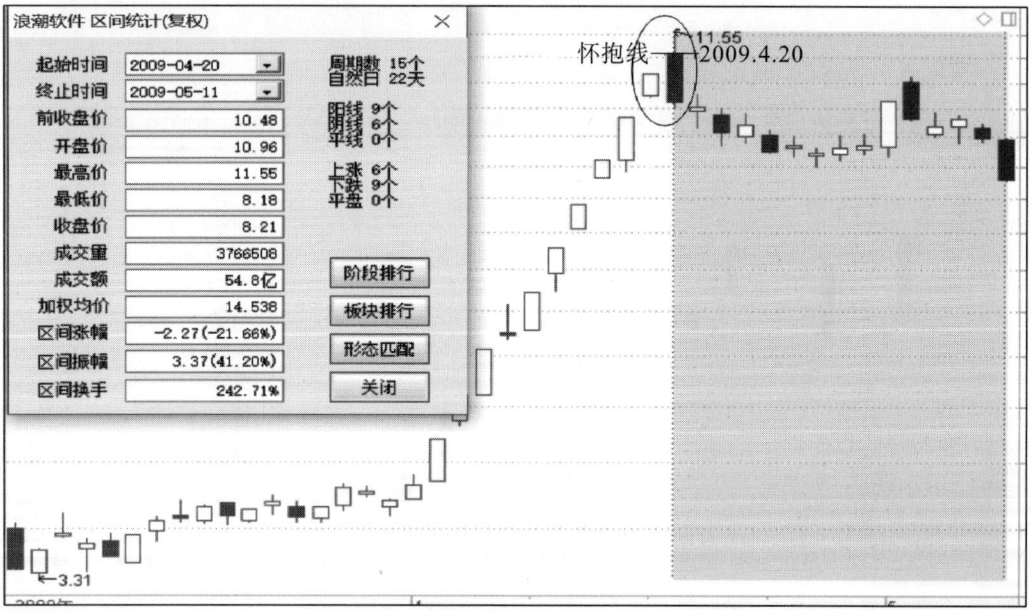

图 10—4　怀抱线

实例四　002243 通产丽星

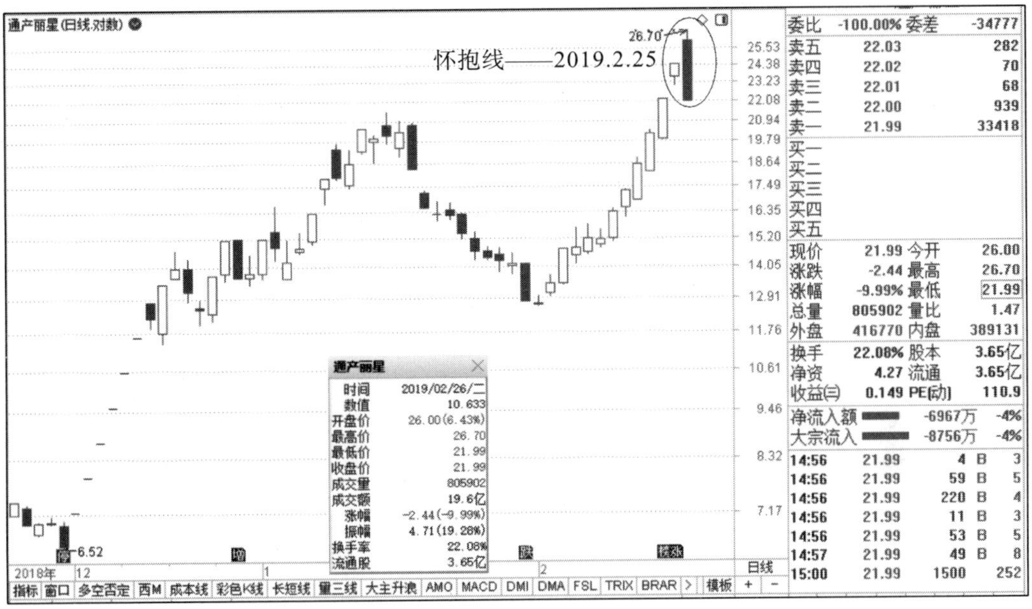

图 10—5—1　怀抱线

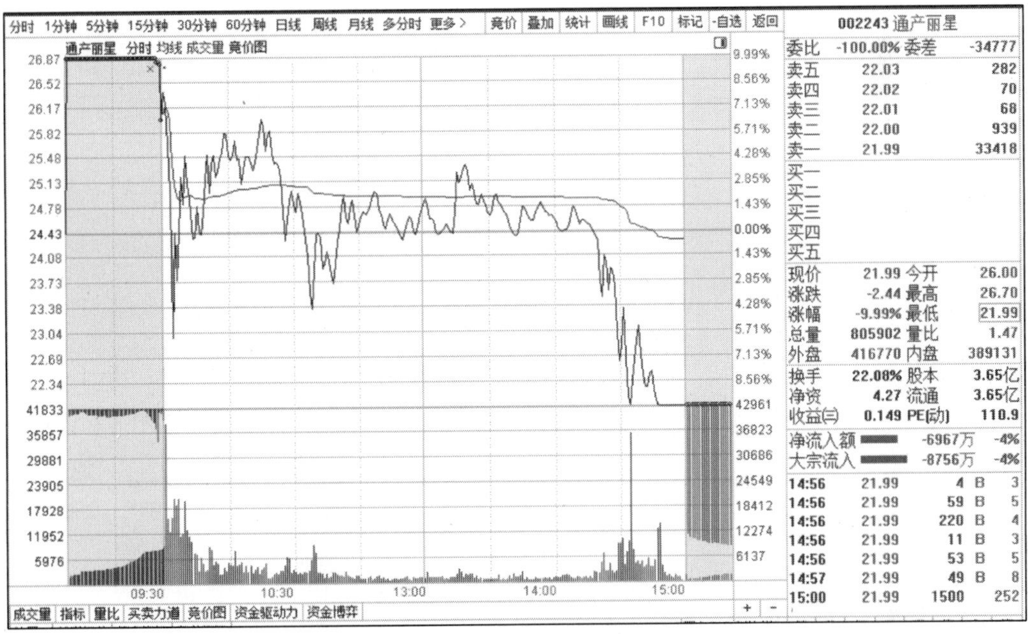

图 10—5—2　怀抱线分时图

实例五 601700 风范股份

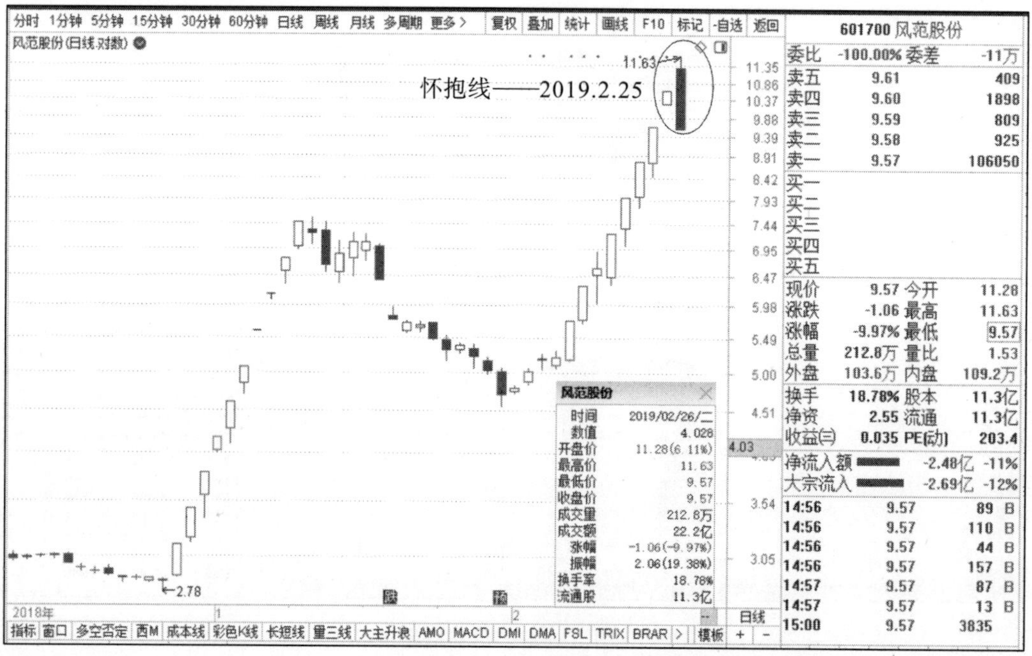

图 10—6—1 怀抱线

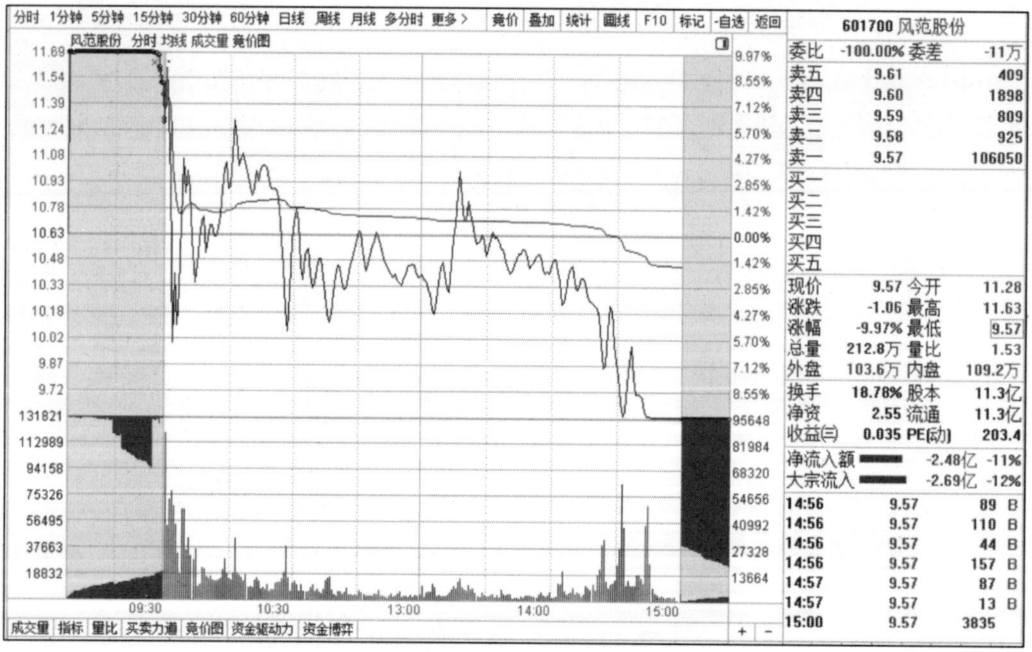

图 10—6—2 怀抱线分时图

实例六　600131 岷江水电

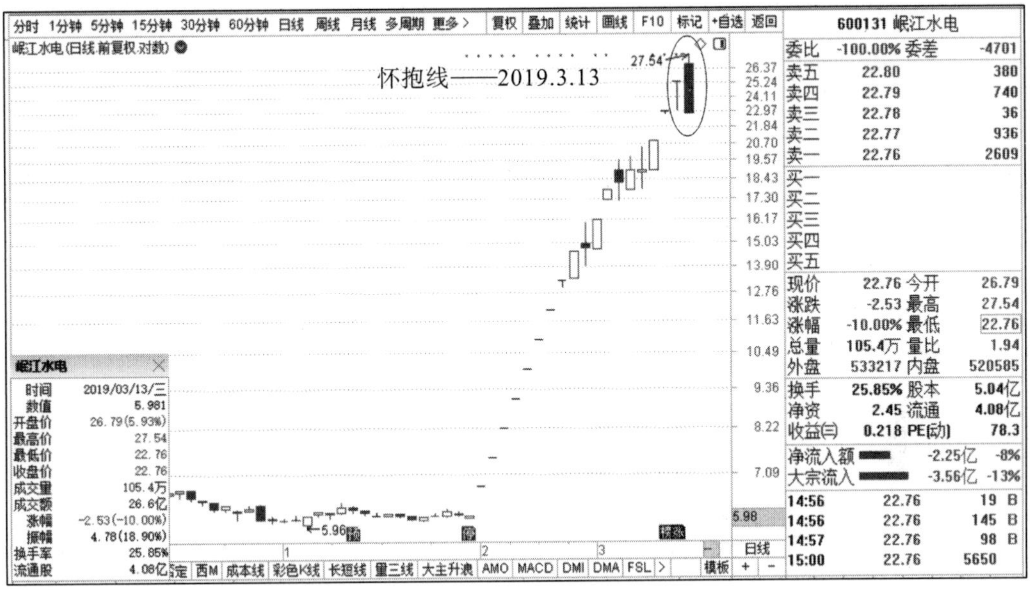

图 10—7　怀抱线

测试自己对这三个波段顶部 K 线形态的认识：

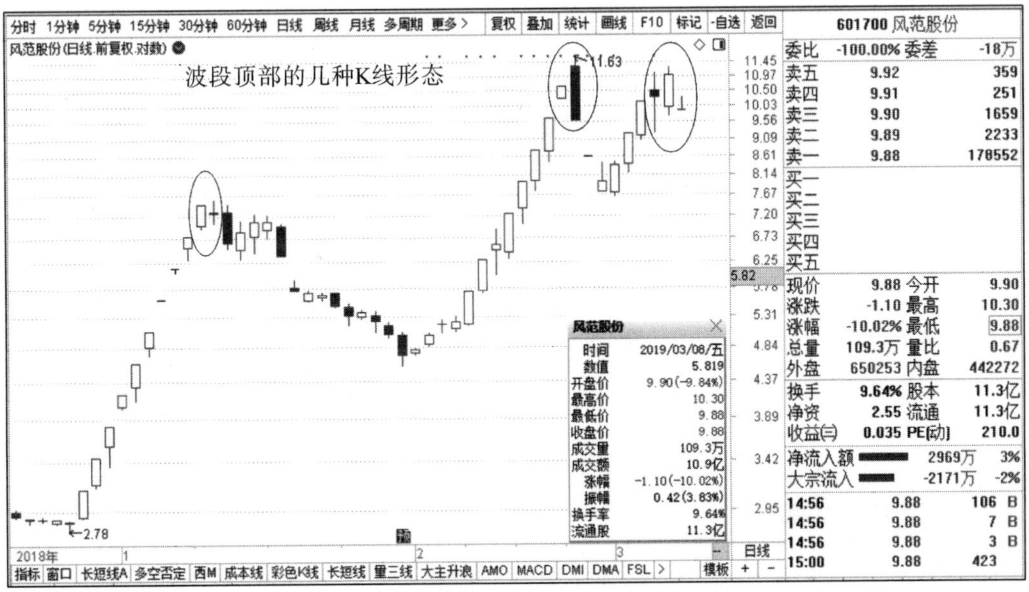

波段顶部 K 线组合形态

趋势线

一、趋势线的含义

股票价格变化的趋势是有方向的，我们用直线将这种趋势表示出来就形成了一条趋势线。

反应价格向上波动发展的趋势线称为上升趋势线；

反应价格向下波动发展的趋势线称为下降趋势线；

反应价格横向发展的波动称为“无趋势”市场。

价格的运动是经常变化的，有时变化小、有时变化大。因此，反应价格运动的趋势线不可能一成不变，而是要随着价格波动的实际形态进行调整。这样，不论价格是上涨还是下跌，在任一发展方向上的趋势线不是只有一条，而是若干条。

研究趋势线的变化特征与方向，结合 K 线反转形态的特征，在交易中顺势而为胜算的概率就大。一些交易者没有看清趋势运行的方向，在逆势中交易，把一些要求在趋势市场条件下的交易系统，运用到没有趋势市场的环境之中去，换句话说，牛市里的交易模式用在熊市里往往会以失败而告终。

二、趋势线的画法

根据两点决定一条直线的原理，在上升趋势中，将两个低点连成一条直线，就得到了上升趋势线；在下降趋势中，将两个高点连成一条直线，就得到了下降趋势线。

标准的趋势线必须由两个以上的高点或低点连接而成，第一个高点或低点必须有效地突破才可以画出标准的趋势线。

画趋势线的目的就是在上升趋势中趁跌买进，所以在趋势线附近提供的支撑边界，正好可以用作买进区域，如趋势线（1）；相反，下降趋势线可以用作阻挡区，当价格反弹受阻时可以卖出，如趋势线（2）。

上升趋势线（1）起支撑作用，是支撑线的一种；

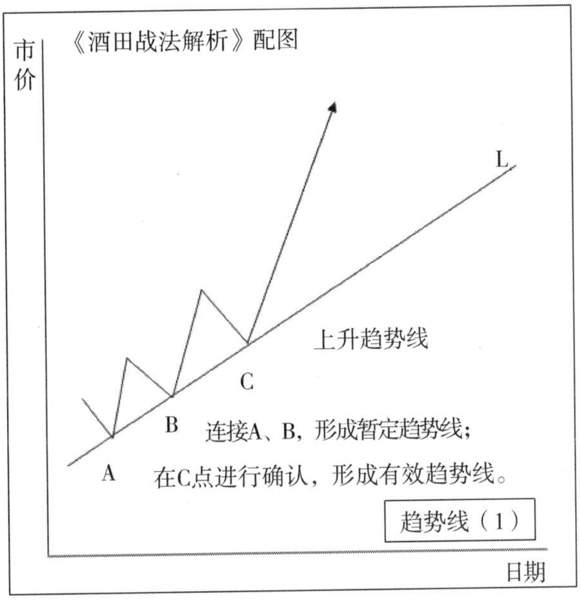

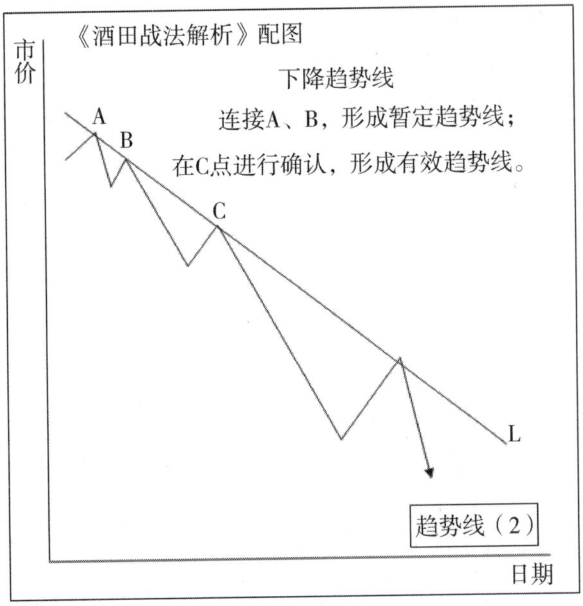

下降趋势线（2）起压力作用，是压力线的一种。

注意：一般来讲，价格触及趋势线的次数越多，其作为趋势线的有效性越能得到确认；但是，价格触及趋势线的次数越多，其价格的趋势却又往往接近尾声。

三、趋势线的作用

第一，对价格今后的变动起支撑与压力的作用；

第二，趋势线有效突破后，价格的运动将会反转；被突破的趋势线，原来的支撑与压力作用将交换角色。换句话说，原来上升趋势线的支撑作用将会变为压力线（3），原来下降趋势线的压力作用将会变为支撑线（4）。

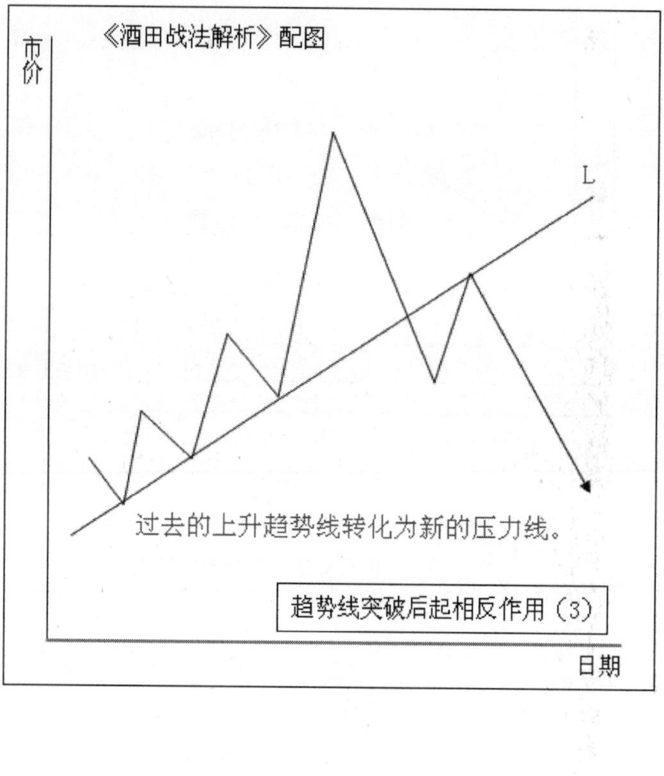

判断趋势线有效突破的标准有两个：

第一，3%的穿越原则，就是收盘价穿过趋势线的幅度超过3%，才能判断为有效突破；

第二，两天原则，就是连续两天收盘于趋势线的另一侧，才能判断为有效突破。

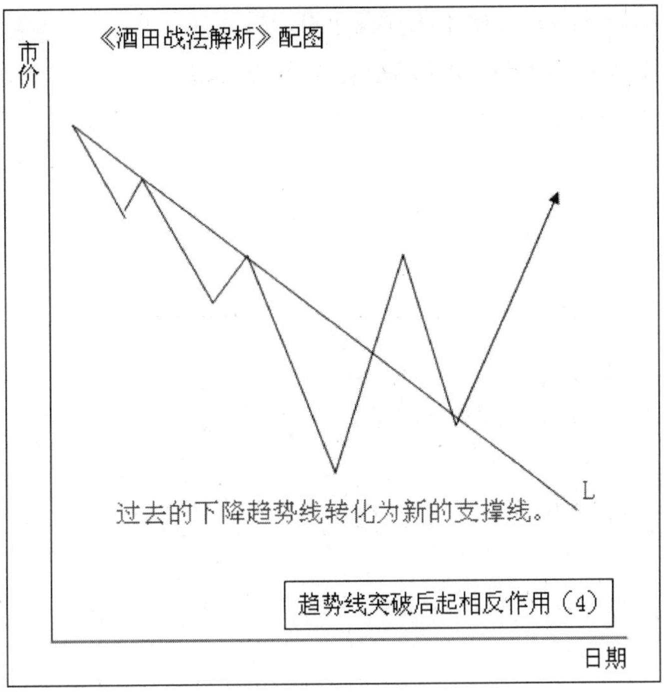
《酒田战法解析》配图
市价
L
过去的下降趋势线转化为新的支撑线。
趋势线突破后起相反作用（4）
日期

四、趋势线的调整

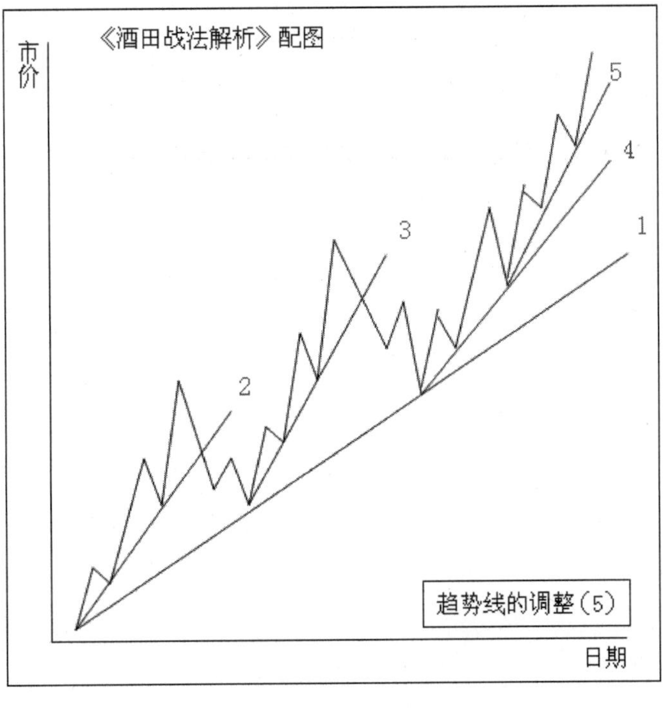
《酒田战法解析》配图
市价
5
4
3
1
2
趋势线的调整（5）
日期

在任一发展方向上的趋势线不是只有一条，而是若干条。在趋势线调整（5）中我们采用不同的趋势线描述了不同等级的上升趋势线。线 1 是主要的上升趋势线，线 2、3、4 是中等的上升趋势线，线 5 是在线 4 这个中等趋势线之中的一次短暂的上升趋势线。如果发现了一只股票的主要上升趋势已经形成，就可采用不同的趋势线来高抛低吸做波段。

看盘小技巧

尾盘快速打压：以明显低于市价的价格申报卖出，导致尾盘股价大幅下跌，给散户造成心理恐慌，让散户卖出；常在洗盘期间出现，次日往往直接复位，直奔涨幅前列。操盘迅速的投资者不妨借主力尾盘打压之机买进，第二天快速获利，但仅限于能读懂主力该手法的投资人。

11. 跳空：买·卖

经典原文

【跳空】英文称为“gap”，是一种剧涨剧跌的讯号，如出现在牛皮档低迷之后，且连出三根时其威力最强。

传统日本K线的“跳空”，有“向上跳空”与“向下跳空”的区别，都是属于急涨急跌的先兆。

一般来说，一种大行情发动时，会出现跳空，如一周内不回补，就可能往上直线蹿升。因此，多头可利用出现跳空之际迅速地低价买入。

如果是向下跳空，就得进行反向抛售！

图–跳空

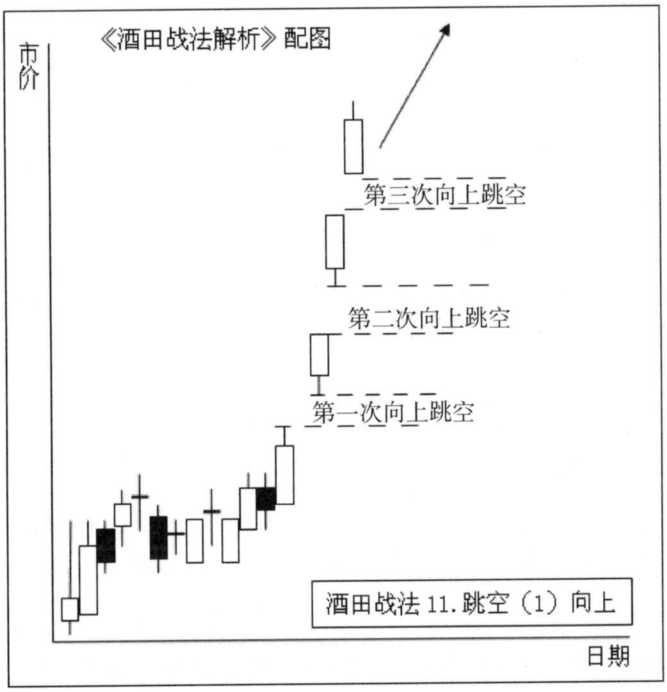

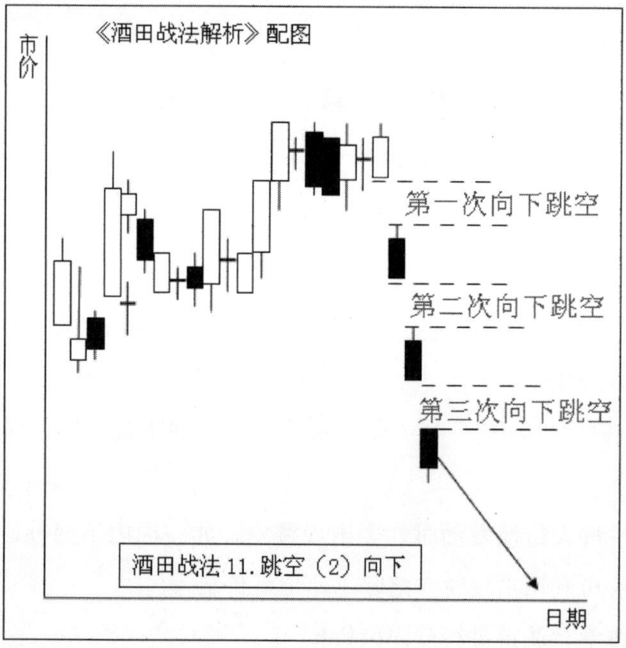

| 张华解析 |

酒田战法中将跳空称为“窗口”。

跳空分为向上的跳空和向下的跳空两种。跳空是一个强烈的信号，需要注意的是一定要做“顺势缺口”，切勿介入与趋势方向相反的跳空缺口。

跳空表明向某个方向运动的力量比较强劲，跳空的缺口愈宽，运动的力量愈大；反之，力量愈小。

缺口是技术分析的重要手段之一。我们经常将跳空缺口分为四种形态：

1. 普通缺口。普通缺口经常出现在股价的整理形态之中；一般的普通缺口经常会在较短的时间内回补，所以普通缺口的意义不大。

2. 突破缺口。价格在整理形态结束时突然以向上或向下的形式向某个方向跳空突破，结束了盘整的局面，这个缺口就叫突破缺口。突破缺口蕴含的动能很强，这里就是爆发点，经常预示着行情的走势将发生重大变化，如果突破的同时伴随着成交量明显的放大，行情的走势必然向突破方向的纵深发展。

3. 持续性缺口。在突破缺口后，价格在沿突破方向的运行途中，再次出现跳空，且3天之内不回补，就可以判断为持续性缺口。持续性缺口是趋势持续的信号，表明价格的变化将继续沿着原方向发展；并且这种变动距离大致等于突破缺口至持续缺口之间的距离，这是持续性缺口的测量功能。

4. 消耗性缺口。消耗性缺口一般发生在趋势的末端，并且在几天之内被封闭，表明这一段行情走势已经接近尾声。向上的消耗性的缺口通常伴随着巨大的成交量。向下的消耗性缺口则伴随着成交量大幅萎缩。

分析跳空缺口，一要比较缺口与实体的大小，缺口越大，实体越短，表示多方（空方）的力量越强；二要比较缺口之间的大小，后一个跳空缺口小于前一个跳空缺口，说明做多（做空）的力量在衰竭；上升趋势时当价格不能再跳空上涨的时候，也就告诉我们，该获利了结了；反之，下降趋势时当价格不能再跳空下跌的时候，也就告诉我们，空方的力量已经衰竭了。

《酒田战法》11 中向上、向下的第一次跳空都属于突破缺口。很显然，在有悖常理的暴涨背后，必然有大资金在操纵，及时地参与向上突破的跳空缺口中，好比“大鹏一日同风起，扶摇直上九万里”。如果你不能在活跃的、大幅波动的涨停板上赢得利润——也就不可能在股市里赚到大钱！集中精力研究涨停板，集中精力研究主升浪，集中精力研究主力的操盘规律，才是股市赢家之道。

实例一　000058 深赛格

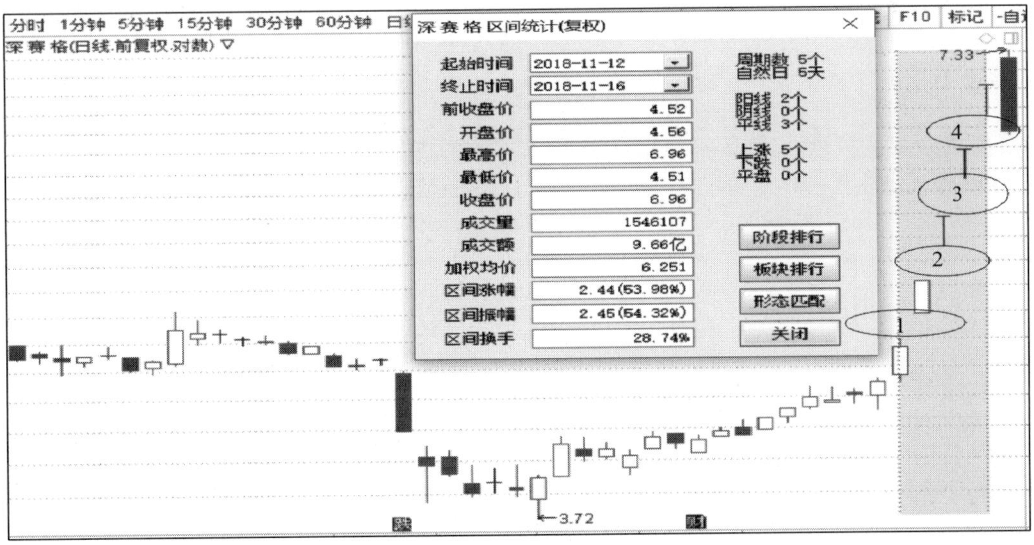

图 11—1　跳空

实例二　300518 盛讯达

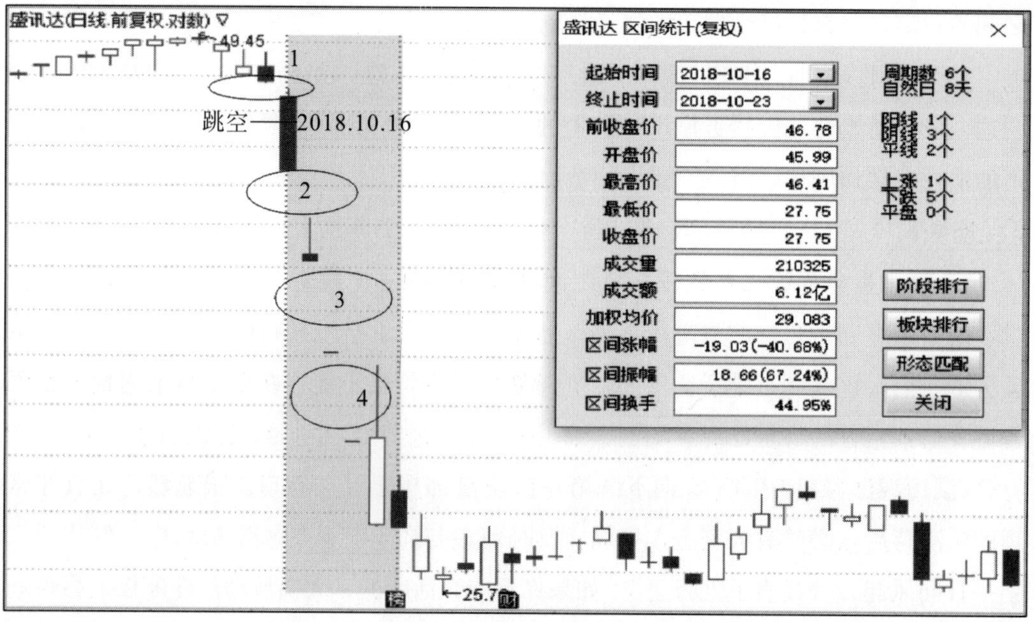

图 11—2　跳空

看盘小技巧

尾盘快速拉升：以明显高于市价的价格申报买入，导致尾盘股价大幅上涨，这是盘中主力在投机取巧，以低成本达到护盘作图的目的，常在顶部出现。主力给散户一点希望，让散户犹豫不卖，为次日的派发拉出空间。投资者千万不要追高买入，可以借机卖出。

12. 孕出线：买

| 经典原文 |

【孕出线】是指第二根日线从第一根日线中孕抱而出，所以得名；第二根K线的交易区间都在前一日的交易区间内。

孕出线又可分成“阳孕阴”与“阴孕阳”两种，它们都是趋势渐弱、动能暂衰的明证。特别是在上升途中的“孕出线”，先出一根大阳线，然后再急剧缩成“小阴线”，抑或在下跌途中原为大阴线，翌日再急剧缩小为“小阳线”，这都是走势渐弱的先兆。

阳孕阴的情况，得看第二天是出开高阳线或开低阴线才能够有所决定。

| 图–孕出线 |

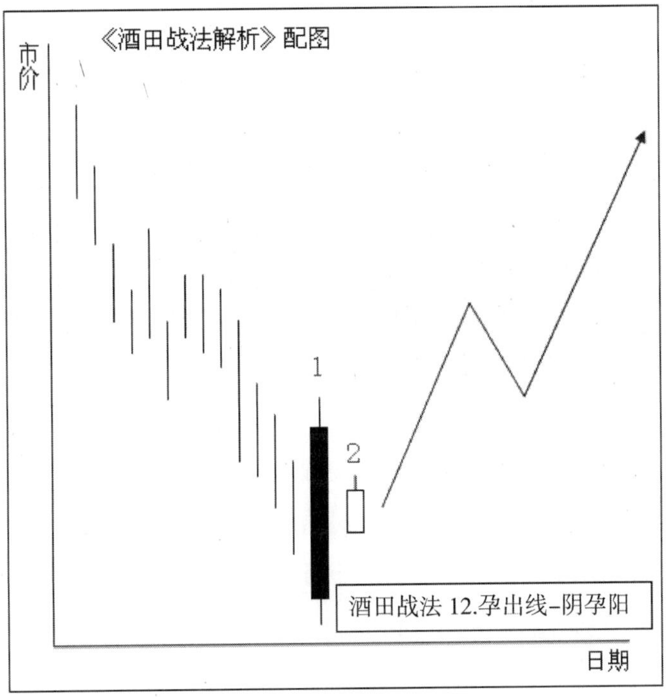

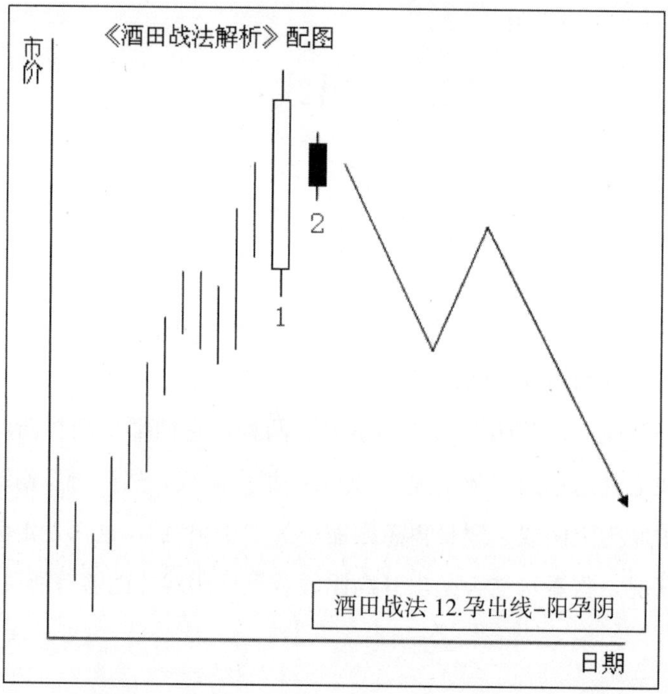

| 张华解析 |

在底部一般是阴孕阳，在顶部一般是阳孕阴。

不论是“阳孕阴”还是“阴孕阳”，都表明维持原来趋势的动能在衰竭，趋势有反转的意向。

在底部需要的是耐心的等待，等待下一个交易日做多力量的进场、对前一个形态的确认；当下一个交易日的最高价突破了孕线形态的最高价，伴随的成交量也大于孕线形态的成交量，这时候进场才是最有把握的。

炒股要有耐心、要有自制力。缺乏耐心、缺乏自制力的人，在操盘中往往表现出冲动、紧张、焦虑、烦躁不安，从而在形态没有确认之前就行动了，其结果常常是刚一操作完就后悔。天下没有卖后悔药的，医治后悔的良药就是宁可错过，不可做错！

相反，在顶部出现孕出线时，就要“宁可信其有，不可信其无”；当天卖出，此后价格向下击穿了 8 日均价，就必须清仓！

实例一　000538 云南白药

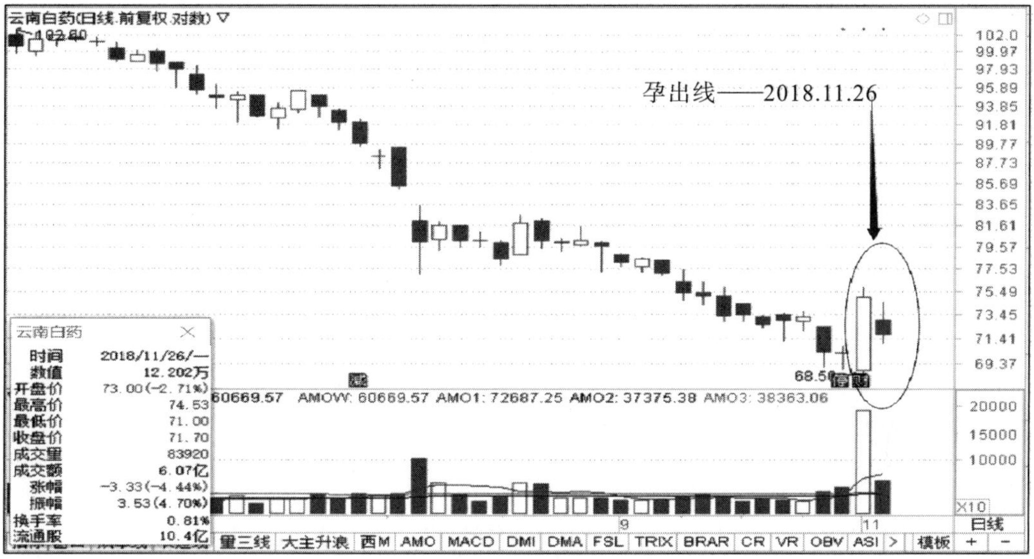

图 12—1　孕出线

实例二　600235 民丰特纸

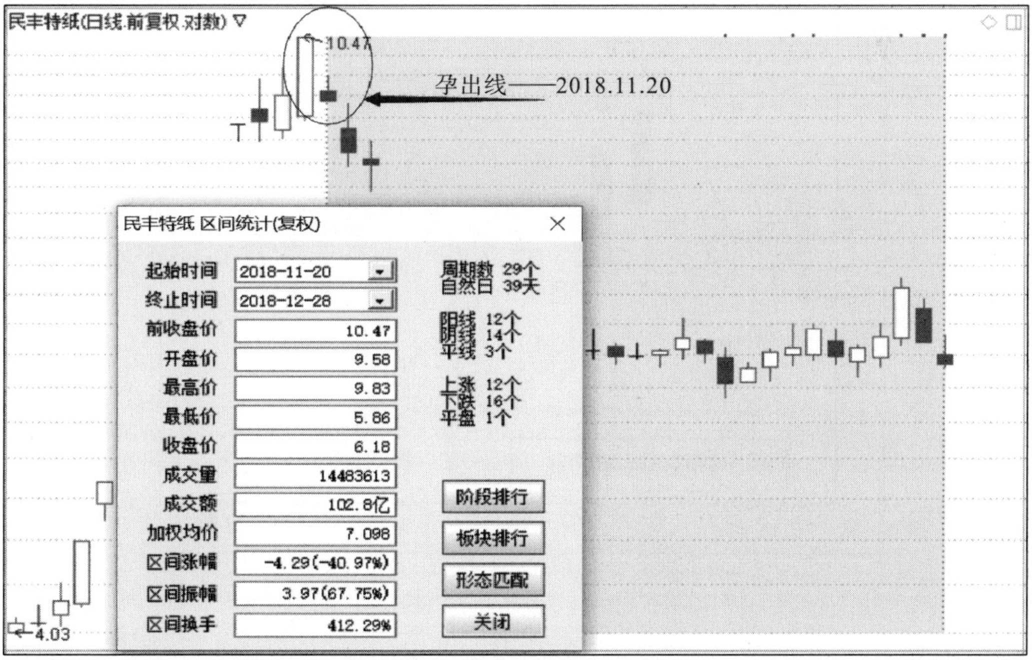

图 12—2　孕出线

13. 迫切线：卖

经典原文

【迫切线】第三根日线开低，却收在第二天阴线的影线之下——两者正好相切，这种线型也是抛售的讯号之一。

图–迫切线

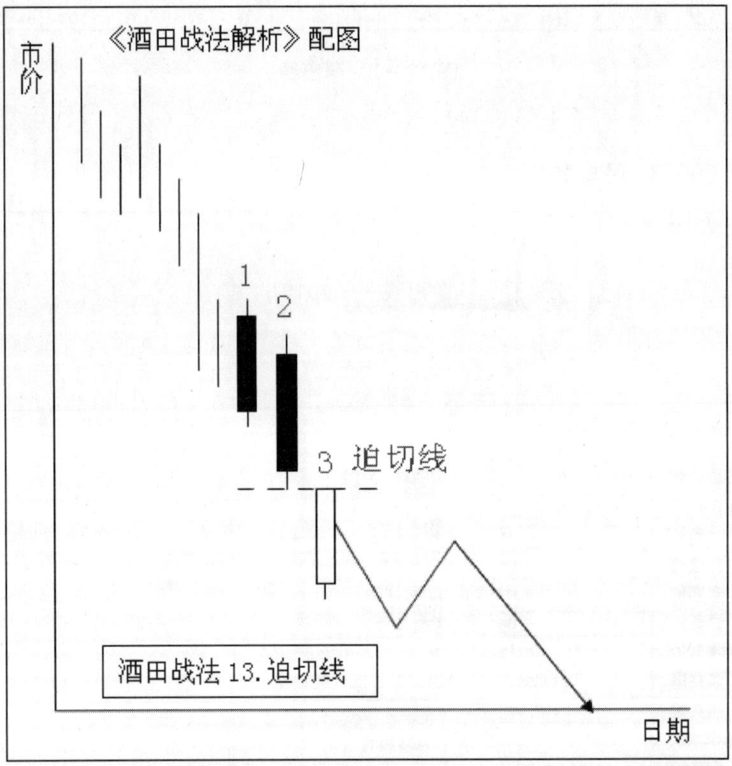

| 张华解析 |

跳空低开却高走，收盘价却与前一个 K 线的最低价相切，这表明做多力量不够，或许就是盘中主力借大盘的势在延缓下跌的速度，给爱抢反弹的投资人一个诱饵，它常常是昙花一现。

知道怎样赢的，叫赢得起；

知道怎样输的，叫输得起；

相反，连输赢都不知其所以然，只能叫菜鸟。

菜鸟最容易上主力骗线的当，是主力最喜欢的猎物。

看盘小技巧

攻击行为：上档卖盘挂出的卖单非常大，但无论挂出多大的卖单也会有相应的大手笔主动性买盘涌入，将挂单吃掉；随后上档又有大手笔卖单挂出，又有买盘将其吃掉；如此反复上扬，具有持续的攻击能力，这是盘中主力主动攻击的行为。

14. 入首线：卖

| 经典原文 |

【入首线】是迫切线的延长，就是第三日的阳线收盘更深入前日的日线之中，从这可看出多空头曾激烈交战过。

如日后走势再往下探位，空头可乘胜追击。

| 图-入首线 |

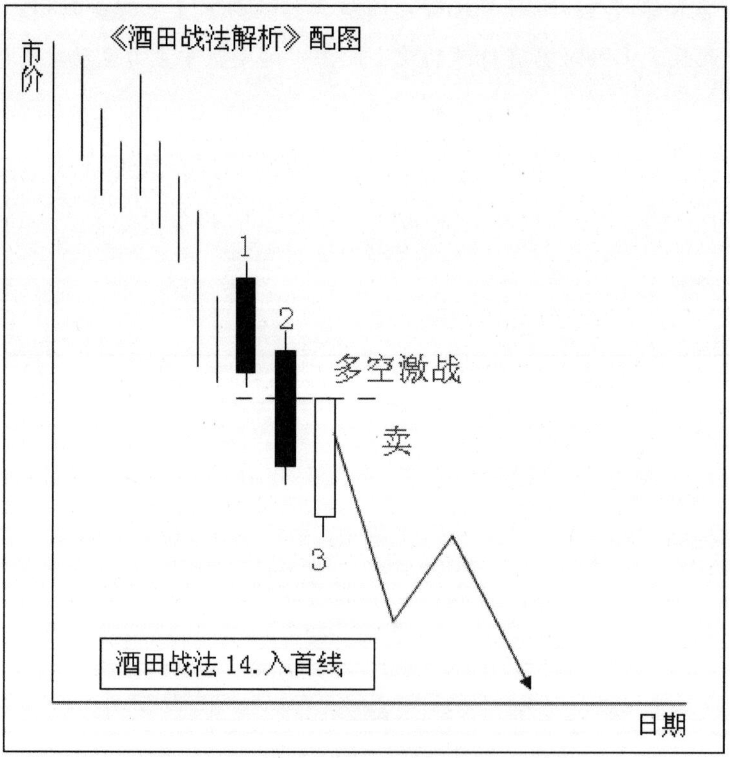

| 张华解析 |

入首线比迫切线的力量强，它已经伸进前一个交易日 K 线的下半部。但请注意，它没有超过前一个交易日 K 线的中心点，这表明做多的力量依然不够强，多方没有战胜空方。

当多方没有战胜空方的时候，持有者应该卖出才好，空仓者应该继续观望。

俗话讲：上一回当，学一回乖。在这种经常低开高走但没有突破前一根 K 线的中心点的形态中，不知你是否“吃一堑，长一智”了？

第一回上当，怪别人太狡猾；

第二回上当，就怪自己太笨了。

那些上过无数当的人不知道醒悟了没有？

实例一　002584 西陇科学

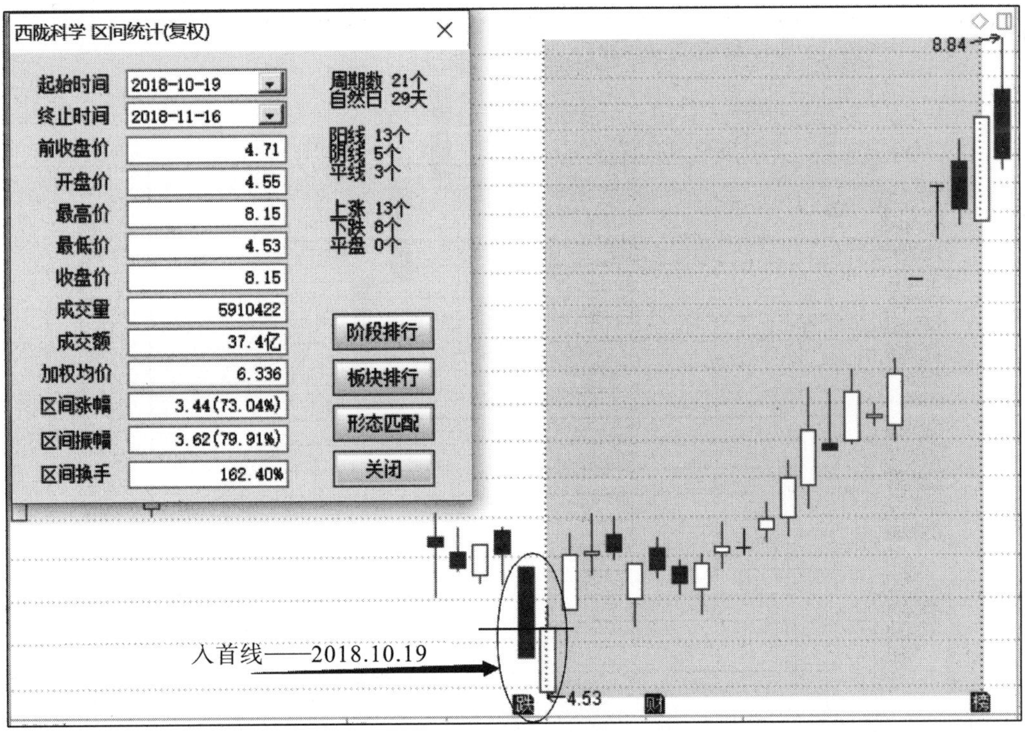

图 14—1　入首线

15. 黑三兵：卖

| 经典原文 |

【黑三兵】它的出现为行情崩落的前兆。如连续一个月的上升走势，在上端出现此一线型时，不久市场就将大幅滑落；甚至随后可能一连下挫一个月以上。黑三兵的相反线型是“红三兵”，它是市场大涨的讯号之一。

| 图-黑三兵 |

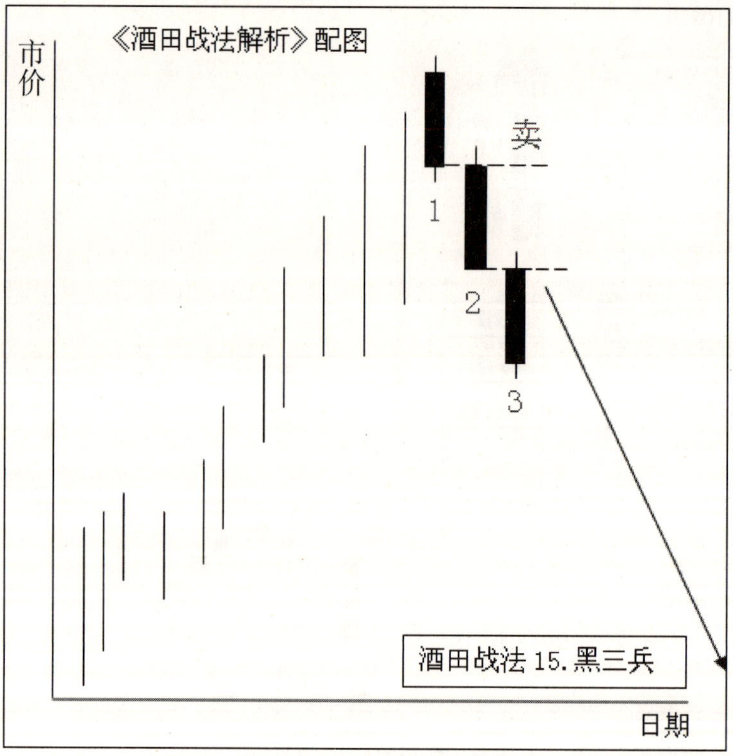

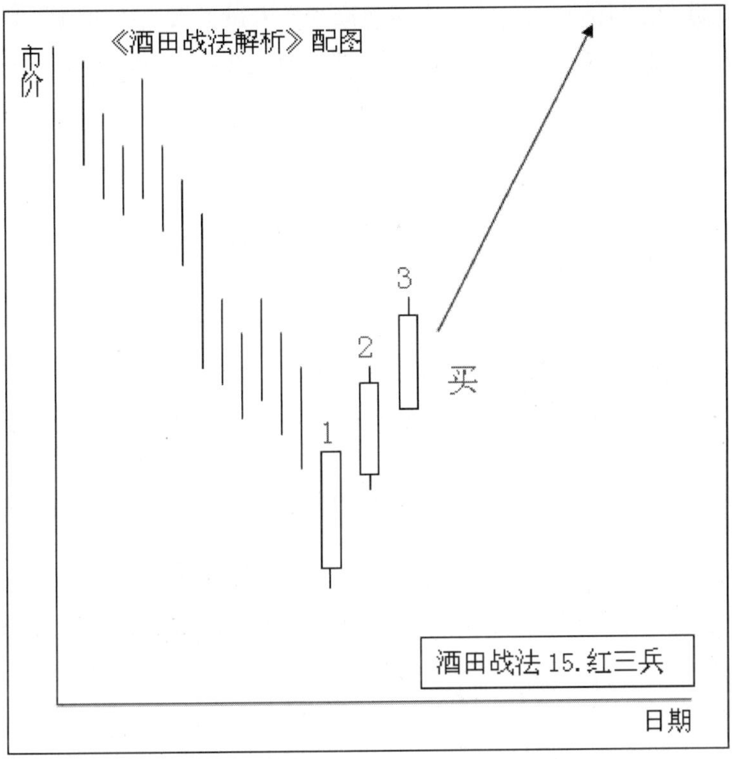

| 张华解析 |

炒股失败最重要的原因是没有学好股市的基本知识、没有学会重要的方法与技术、没有做好必要的研究与准备就进场交易了，以至于明显的 K 线组合形态出现了还不知道如何是好。

底部的红三兵，是先知先觉的主力进场的标志；

顶部的黑三兵，是先知先觉的主力出场的标志。

黑三兵的特征：阴线接连而下，次日的开盘价就是前一天的收盘价。如果前期向上跳空上涨见顶后，其后的黑三兵有可能也会向下跳空下跌。

结合成交量的有效放大，就可以看出是主力在行动。

如果红三兵中的大阳线向上突破了 8 日均线，就是进场追击买进的关键时机。

如果黑三兵在盘中向下击穿了 8 日均线，就是卖出离场的关键时机；黑三兵是股价继续下跌的征兆，如果黑三兵出现在波段的高点，其后价格还会急速下跌。如果黑三兵出现在长期下跌的底部，经常是最后一跌，多是主力故意砸盘和散户恐慌抛售造成的；当散户恐慌抛售的时候，主力却暗自高兴地大量买进，从而出现了放量的形态。

没有人能被打败，是你自己不懂或者似懂非懂，就被主力暗算了。失败并不可怕，可怕的是你接受了失败的现实却还没有找到改变的门路。

实例一　603799 华友钴业

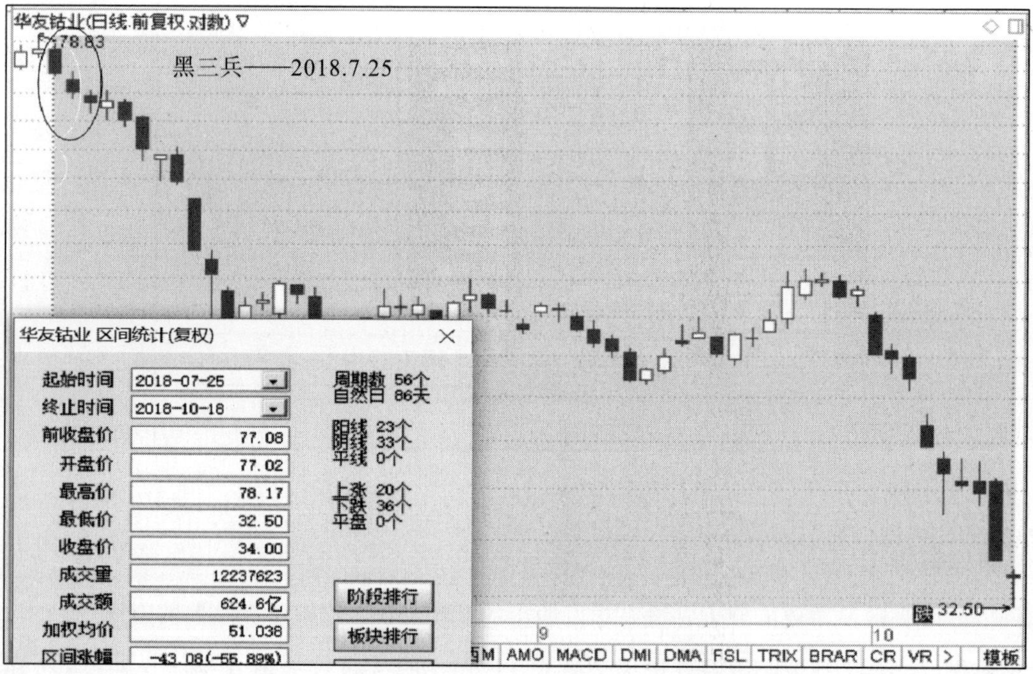

图 15—1　黑三兵

实例二　300645 正元智慧

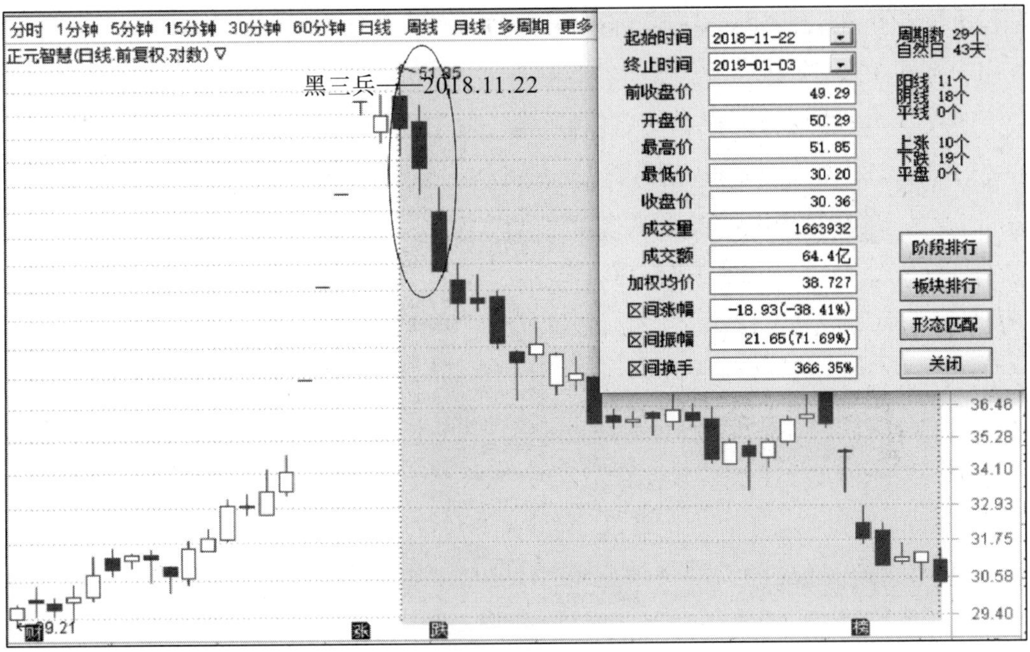

图 15—2　黑三兵

实例三　600536 中国软件

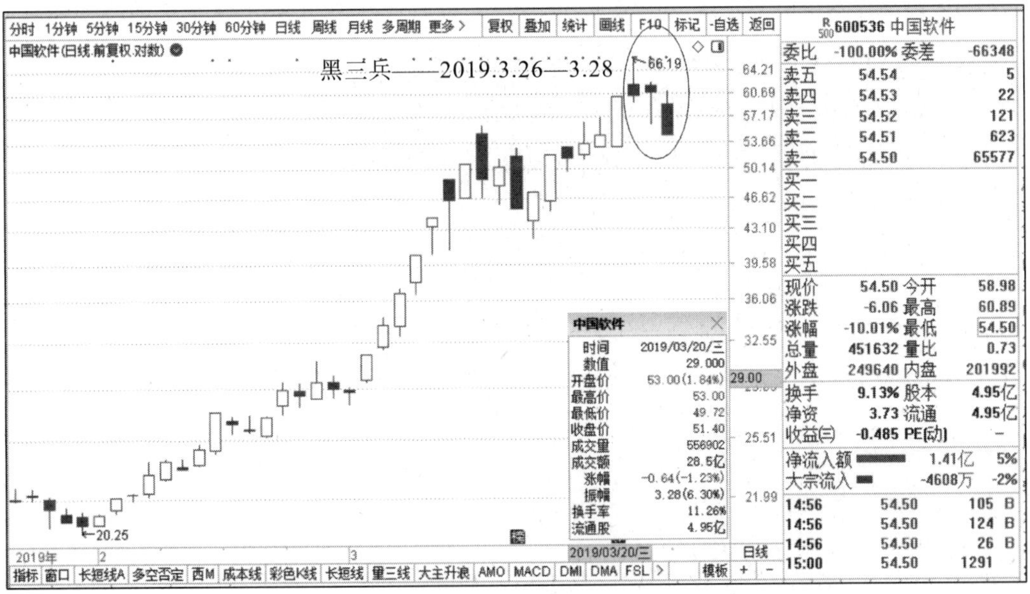

图 15—3　黑三兵

实例四　002733 雄韬股份

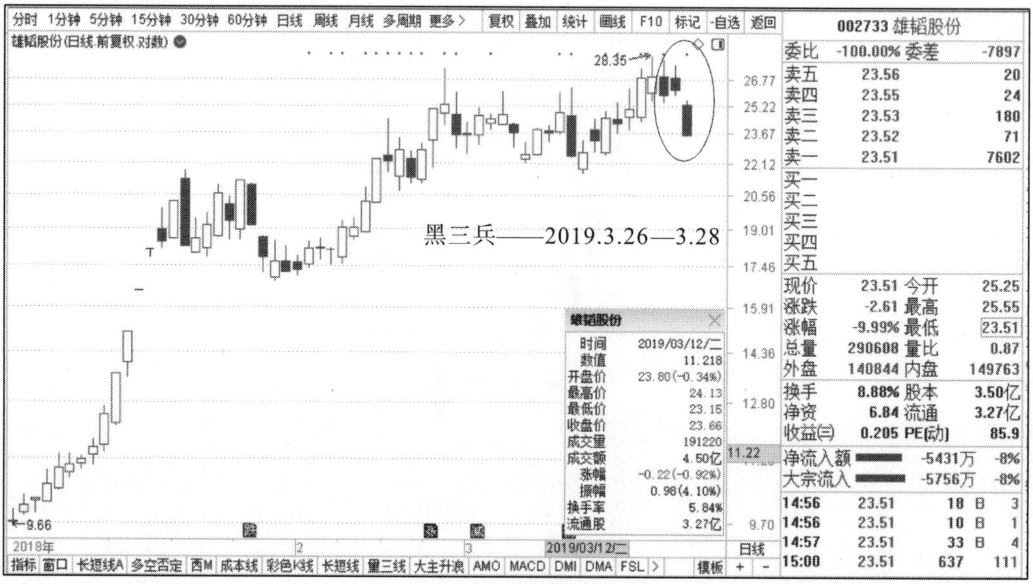

图 15—4　黑三兵

看盘小技巧

定向增发：是向特定对象增发股票。特定对象包括公司控股股东、实际控制人及其控制的企业，与公司业务有关的企业、往来银行，基金管理公司、证券公司、信托投资公司等金融机构。其目的一般是增加产能、新增业务或改善公司经营状况，这对公司来说无疑是件好事。从这个意义上讲，是利好。数据统计结果也显示，定向增发后大多数公司的股价都有所上涨。

16. 二星：卖

经典原文

【二星】是指两根极短线衔接在一起的线型。二星是市场行情转变的征兆。如果图中出现上蹿的连续星线，多头就可以加码买进。

图—二星

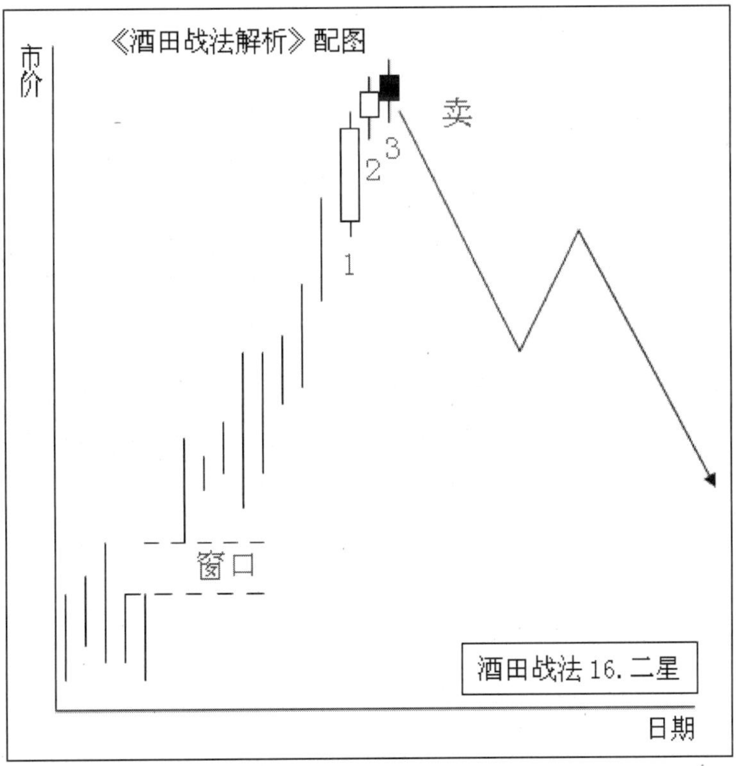

| 张华解析 |

在这里要注意原文可能有误——“如果图中出现上蹿的连续星线，多头就可以加码买进”——这里的“买进”应该是“卖出”。

在一波上涨之后阶段性的高位出现的二星，表明上涨动能在逐渐衰竭，相对应的成交量无论大小，都是行情即将转折的信号，明眼的人会很快获利了结出局。

当其后的价格向下击穿了 8 日均线，就是出局的关键时刻了。

二星排列有先阳后阴的，也有先阴后阳的，还有两个都是阳二星的形态；后一根收阳则更具欺骗性，谨防上当受骗。

炒股一定要有风险意识，任何时候均不可对已经上涨在高位的股价持过分乐观的态度，高处不胜寒！

实例一　600604 市北高新

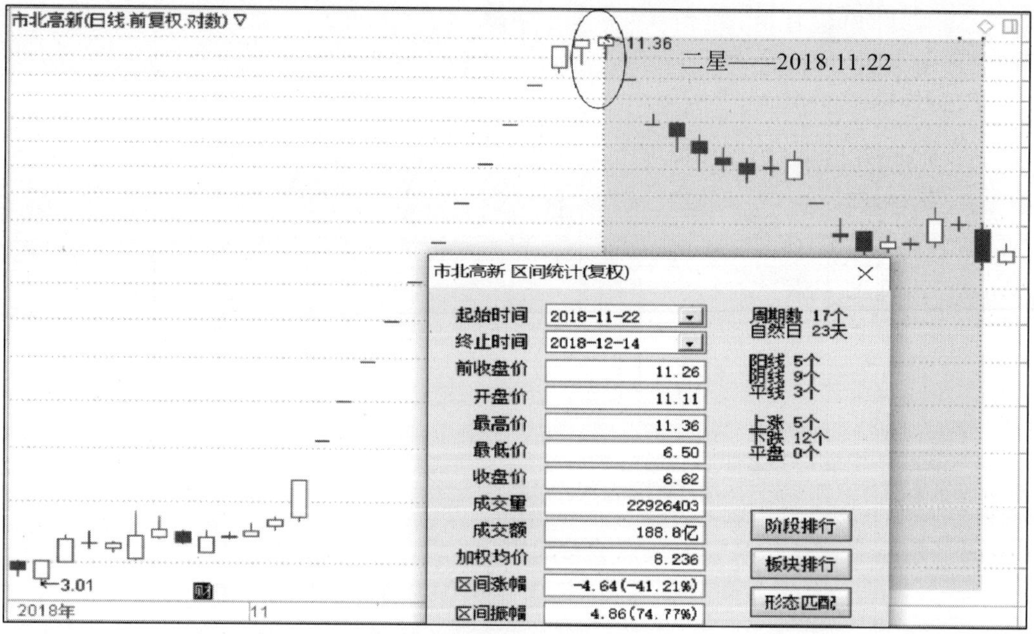

图 16—1　二星

实例二　601162 天风证券

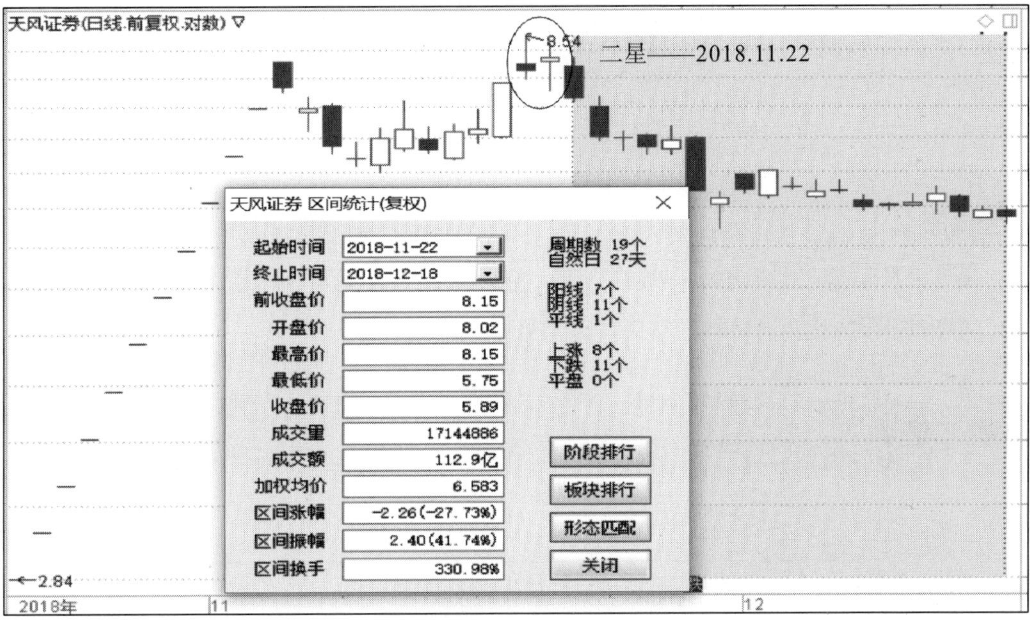

图 16—2　二星

看盘小技巧

借壳上市：与一般企业相比，上市公司最大的优势是能在证券市场上大规模筹集资金，以此促进公司规模快速增长。因此，上市公司的上市资格已成为一种“稀有资源”，所谓“壳”就是指上市公司的上市资格。由于有些上市公司机制转换不彻底，不善于经营管理，其业绩表现不尽如人意，丧失了在证券市场进一步筹集资金的能力，要充分利用上市公司的“壳”资源，就必须对其进行资产重组，买壳上市和借壳上市就是更充分地利用上市资源的两种资产重组形式。而借壳上市是指上市公司的母公司（集团公司）通过将主要资产注入上市的子公司中，来实现母公司的上市。

17. 三星：转换

| 经典原文 |

【三星】是指三根极短线串连在一起，它与二星一样是市场行情走到多空分歧的讯号。如出现图中下落三星时，空头可以乘胜追击。

| 图-三星 |

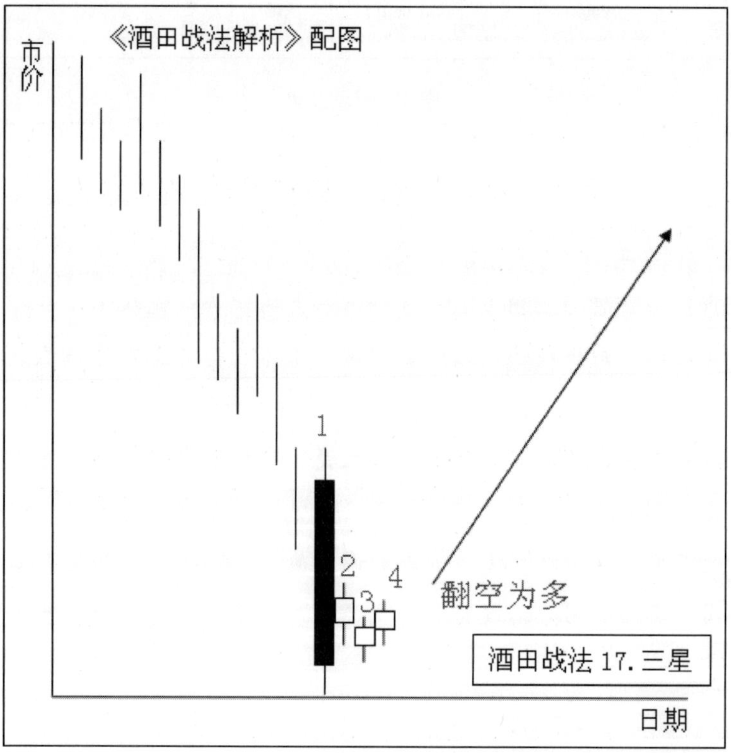

| 张华解析 |

三星与二星含义相似，都是多空对行情走到这时出现的犹豫、谨慎、分歧；

高位的三星，可能是价格下跌的先兆；

低位的三星，可能是价格止跌的先兆；

注意：三星有时也会再增加到四星甚至五星，但其后必须有大阳线向上突破才可放心介入。如果其后不能向上突破，反而向下击穿了星线的最低价，则会继续下行，如下图所示。

无论在高位还是在低位，涨跌的势头没有向上突破 8 日均线，或是向下击穿 8 日均线，都不要轻举妄动，暂时观望、暂时等待；突破方向明朗时再动手才是明智之举。

买卖股票的三项要诀是：忍、准、狠。

历来能成大事之人，莫不是忍、准、狠的高手。三国时期蜀国的领袖刘备能忍，高参诸葛亮判断很准，武将关羽、张飞、赵云出手都很狠，才白手起家达到三分天下。

实例一　002147 ST 新光

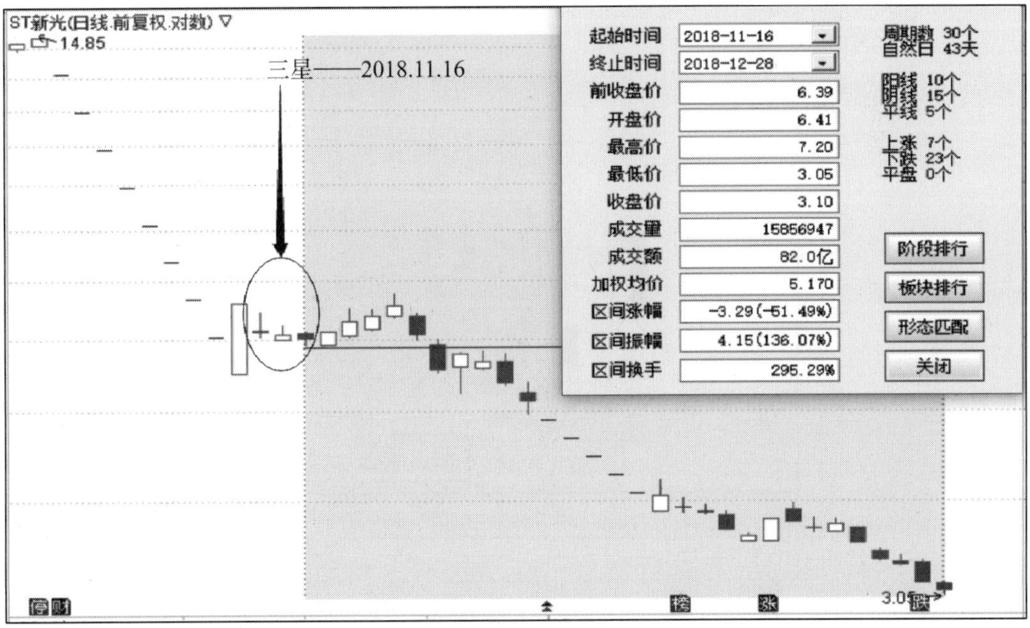

图 17—1　三星

18. 反打前三：卖

经典原文

【反打前三】指最后出现的一根阳线，可以包络先前的三根日线（阴阳不论）。

从价格走势的逐渐下落形态中，突然出现一根大阳线扭转颓势。这看来似乎属于买入的讯号，其实它是一日行情，只是“转卖”的契机，多头必须特别注意。

图-反打前三

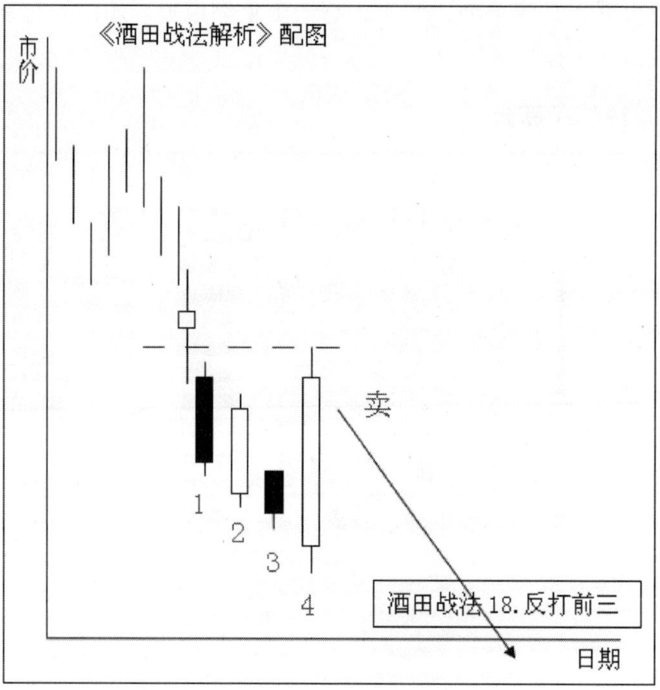

张华解析

在这里的“反打前三”一定要与价格形态所处的位置结合起来分析判断。

我们不妨将价格运行的形态划分为高档区、中档区、低档区；

如果在价格下跌中档区，出现了“反打前三”的K线形态，基本可以认为它是下跌趋势中间出现的一次反弹。那么，最好逢反弹卖出。

如果在价格下跌后的低档区，出现了“反打前三”的K线形态，则趋势有反转的倾向；在这里必须要有成交量的配合，没有成交量的大阳线，骗线的时候多。

我们判断局部的K线形态一定要与大局结合起来研判、与移动平均线结合起来研判、与成交量结合起来研判、与次日的开盘价结合起来研判，这样胸中既有大局又有局部，就会减少许多误判。

一个只注意局部、不看大局的人，永远不可能成功。要知道局部是全局的一个组成部分，没有局部就无所谓全局；没有全局，局部可能也不存在。所以局部与全局应该是统一的、相互依存而密不可分的关系。“自古不谋万世者，不足谋一时；不谋全局者，不足谋一域。”

实例一　600080 金花股份

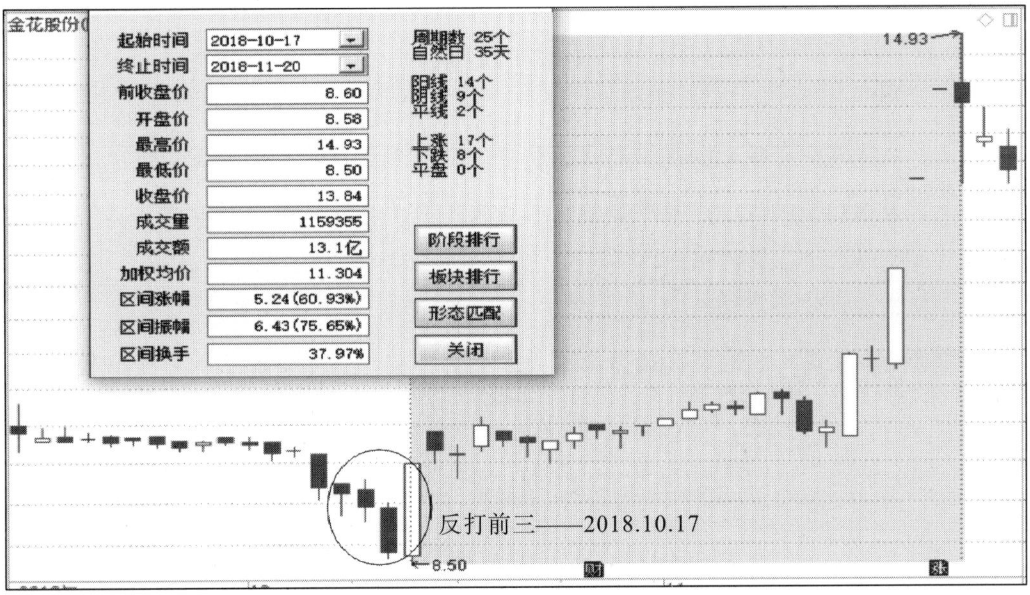

图18—1　反打前三

实例二 999999 上证指数

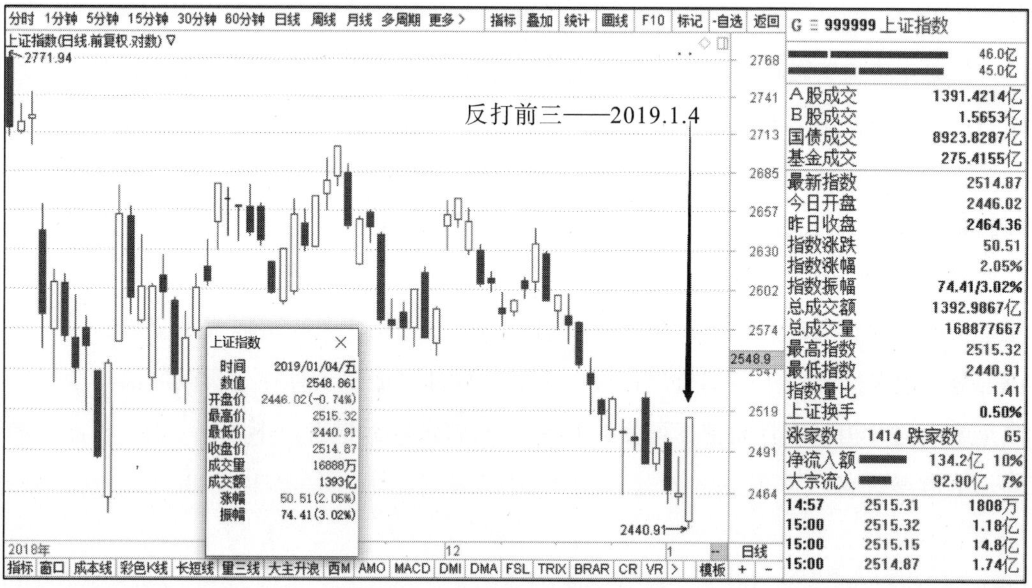

图 18—2 反打前三

看盘小技巧

涨停板堆单：一种是指在股价已经涨停板且有大量封单的情况下，仍以涨停价巨量申报买入，造成涨停价封单急剧放大，其目的是将股价锁定在涨停板价位，为次日的上涨以及出货提供便利。

一种是指在股价已经涨停板且有大量封单的情况下，仍在买二、买三、买四、买五以巨量申报买入，造成买盘力量十分强大的态势，误导他人买入，为出货提供便利。

19. 反拖线：买·卖

经典原文

【反拖线】可分为两种形态：(1)“上升反拖线”，(2)“下降反拖线”。

所谓的“反拖线”即原来属于朝上或朝下的走势，突然出现一根阴线或阳线，而将整个局势扭转过来。这反而有助于原本的上升或是下降的形态。

例如图（1）的上升形态与（2）的下降形态，在反拖线出现之后，（1）的上升反拖线仍将持续上涨，而（2）的下跌反拖线仍将持续下跌。所以上升反拖是“买入”讯号，而下降反拖则是“抛售”的讯号。

图-反拖线

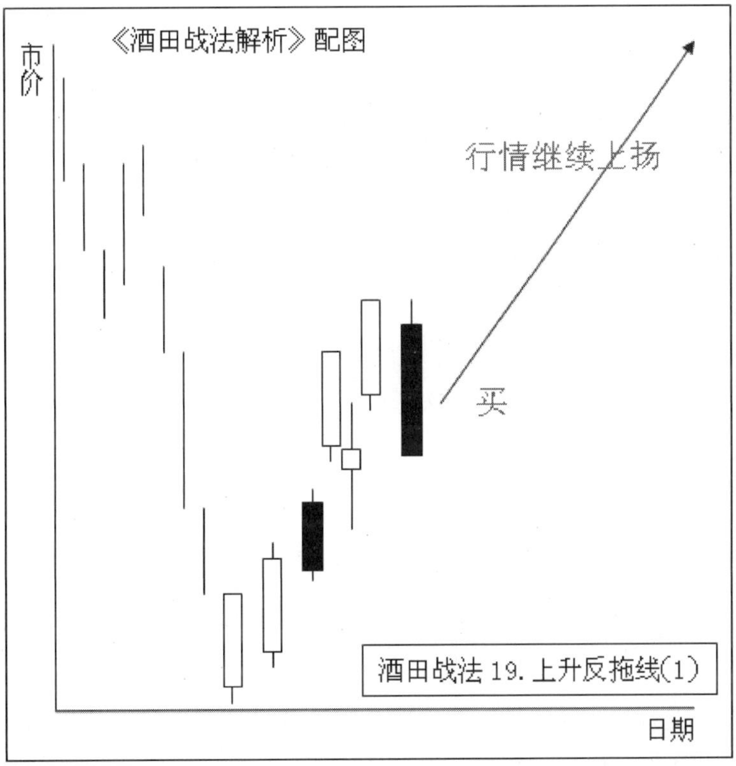

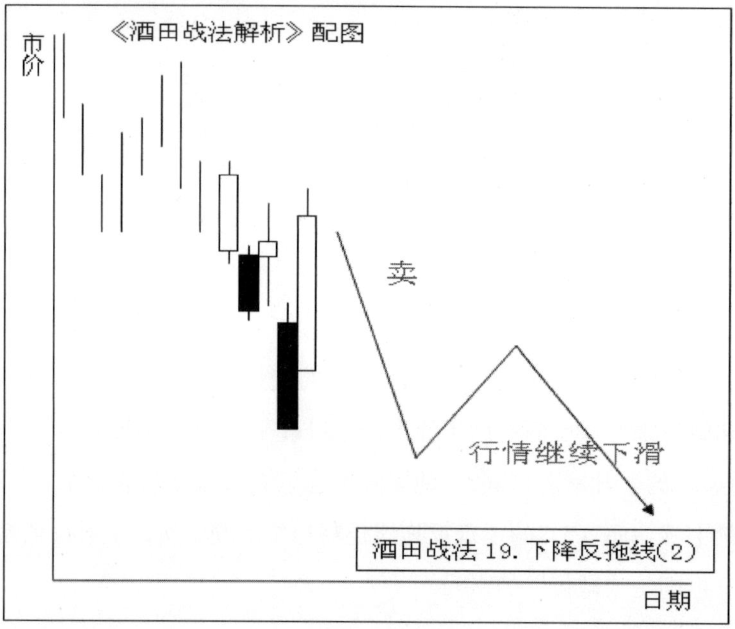

张华解析

反拖线是价格走势当中的持续形态，并不是价格走势中的反转形态。

反拖线往往是一个骗线。如何识破骗线？我们不妨把这根 K 线的实体划分成上、中、下三个等分，将次日价格与这三个等分相比较来分析。

首先看次日的开盘价，如果在下降的阴线之后，次日跳空高开，这是告诉我们昨天可能是骗线的第一个信号；

其次以次日的价格运行的区间来分析，如果次日跳空高开后向上运行突破了前一根阴线的中间区域，这是告诉我们昨天是骗线的第二个信号；

最后，当次日的价格在向上运行中突破了前一根 K 线的收盘价，那就确认了昨天是骗线。

下降的反拖线分析同理，不过是方向相反而已。

上升反拖线是价格运动持续形态中的一次快速地洗盘，上升反拖线出现后股价一般会继续上涨，所以，上升的反拖线是买进的信号。

下降反拖线是价格运动持续形态中的一次反弹诱骗，下降反拖线出现后股价一般会继续下跌，所以，下降的反拖线是卖出的信号。

对这种形态，我们可以用黄金分割线进行预测和判断股价回调的支撑和反弹的阻力位，以便在可能的目标位附近提前做好操作准备。

实例一　300239 东宝生物

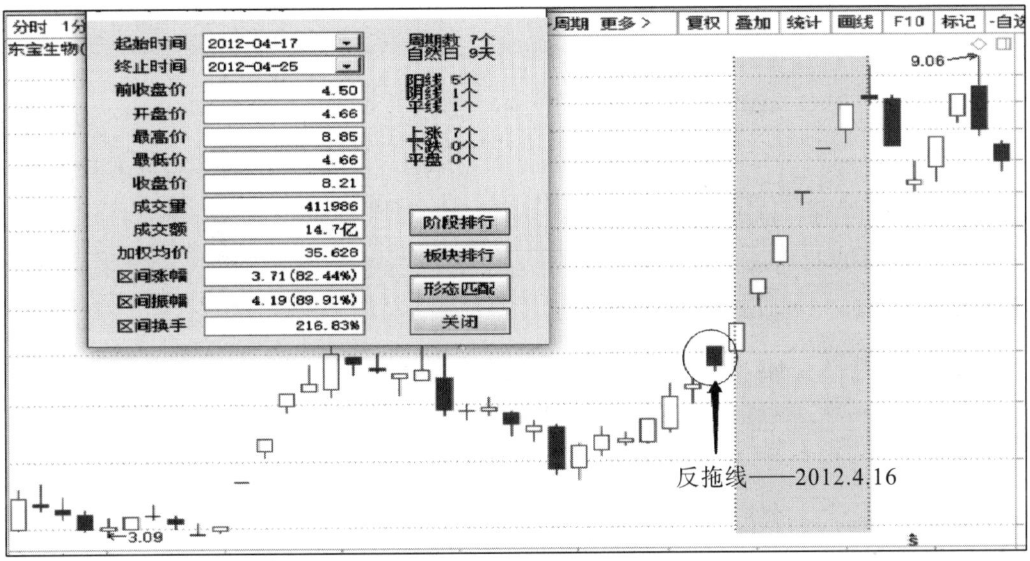

图 19—1　反拖线

实例二　002166 莱茵生物

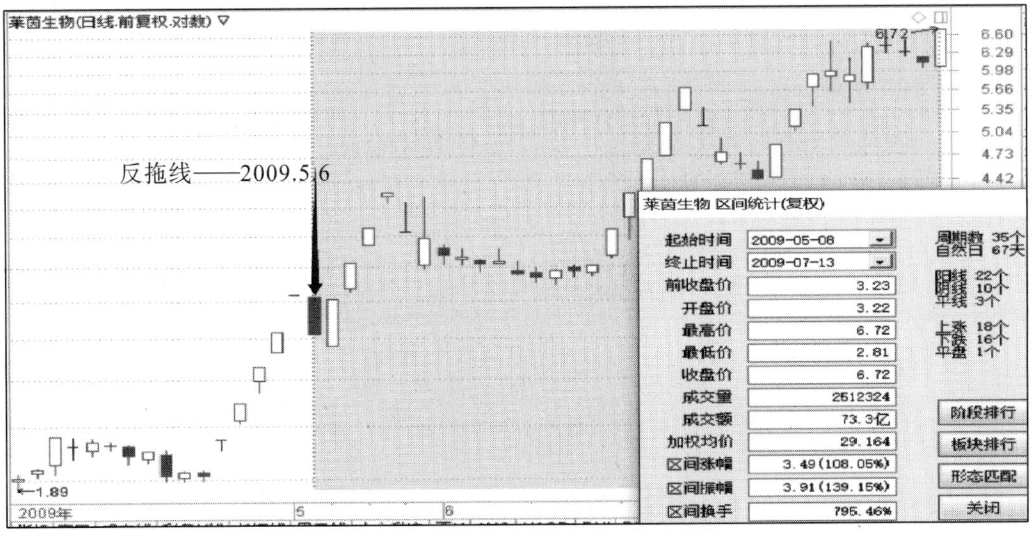

图 19—2　反拖线

实例三 601600 中信重工

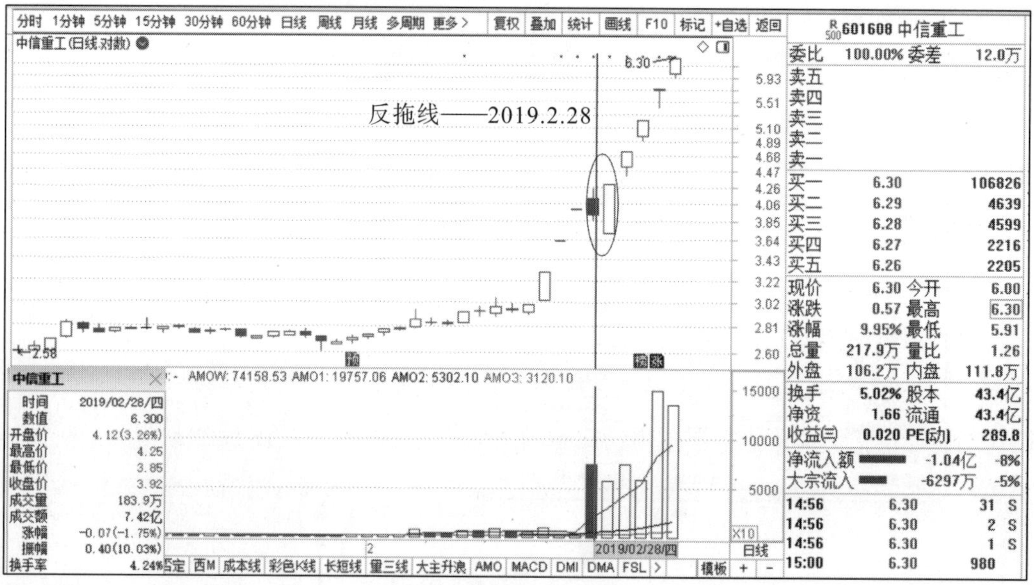

图 19—3 反拖线

看盘小技巧

交易原则：证券交易通常都必须遵循价格优先原则与时间优先原则。（1）价格优先原则。价格较高的买入申报优先于价格较低的买入申报，价格较低的卖出申报优先于价格较高的卖出申报。（2）时间优先原则。同价位申报，依照申报时序决定优先顺序，即买卖方向、价格相同的先申报者优于后申报者。先后顺序按证券交易所交易主机接收申报的时间确定。

20. 吊首线：卖

| 经典原文 |

【吊首线】是指在上升的走势中，突然出现一根长下影线高悬在上，这种线型就称为“吊首线”，这是多头买势受挫的讯号，并且十分神准。

“吊首线”这一线型，可以推断为空头一时性的回补而将价位拉高，以及多头的获利了结，而导致下端拉出甚长的下影来（影线约为实体的三倍）。吊首线跳空，看来似乎还有一些涨势，但这是“骗线”形态之一，多头绝对不可贸然进场，否则将立刻被套牢。

| 图-吊首线 |

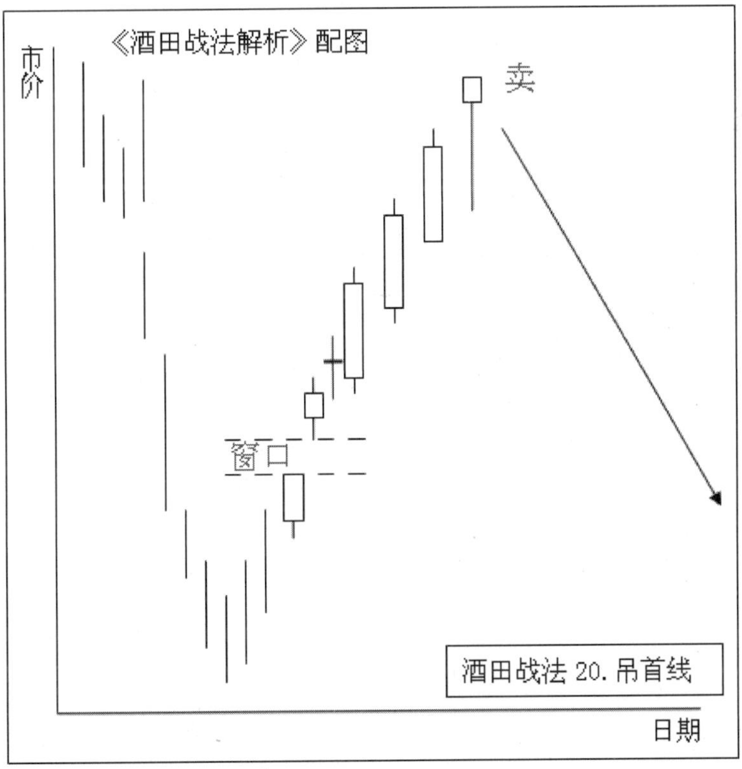

| 张华解析 |

股价在连续上涨之后，某日开盘跳空高开，盘中又大幅下跌，特别是跳水式的下跌并伴随着巨量，那无疑是大主力在出货了。

经验丰富的投资人看到这种形态后无不借机夺路出局。

狡猾的主力在尾盘却又一鼓作气来拉升，从而使股价再创新高，收出一根带长下影线（影线约为实体的三倍）的K线——吊首线。尾盘拉升高于开盘价则收出阳吊首线，低于开盘价则收出阴吊首线。无论阴阳，都是一种骗线形态。

阳吊首线次日快速下跌居多——当天必须出局；阴吊首线此后反弹居多——反弹超出吊首线最高价也需要逢高出局。

当然，吊首线也要与当日的成交量结合起来才比较准确。

没有经验的新手却看不出个中玄机，甚至买进；次日常常是低开低走，将前一日买进的人牢牢地套在高位。

当你认定在波段顶部时，应以低于买盘十档之下的买盘价下单；在跳水急跌之时，更应该不惜以跌停板的价准备着抢挂下单。

止赢要快速干净。别以为自己每次都正确，如果犯了错，止损越快越好。

止赢止损要执行纪律，不执行纪律，就不能成功。

实例一　000760 斯太尔

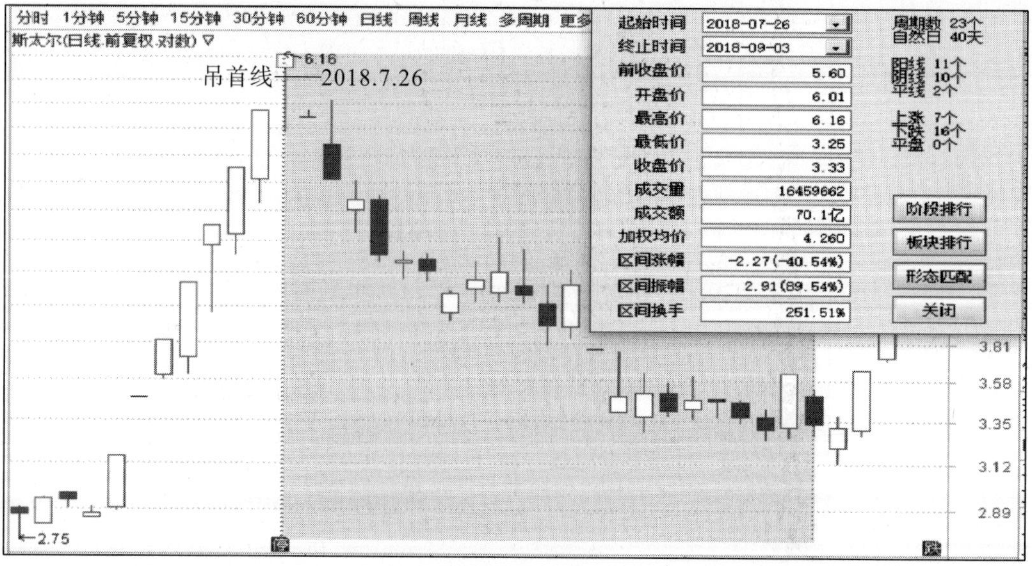

图20—1　吊首线

实例二　000622 恒立实业

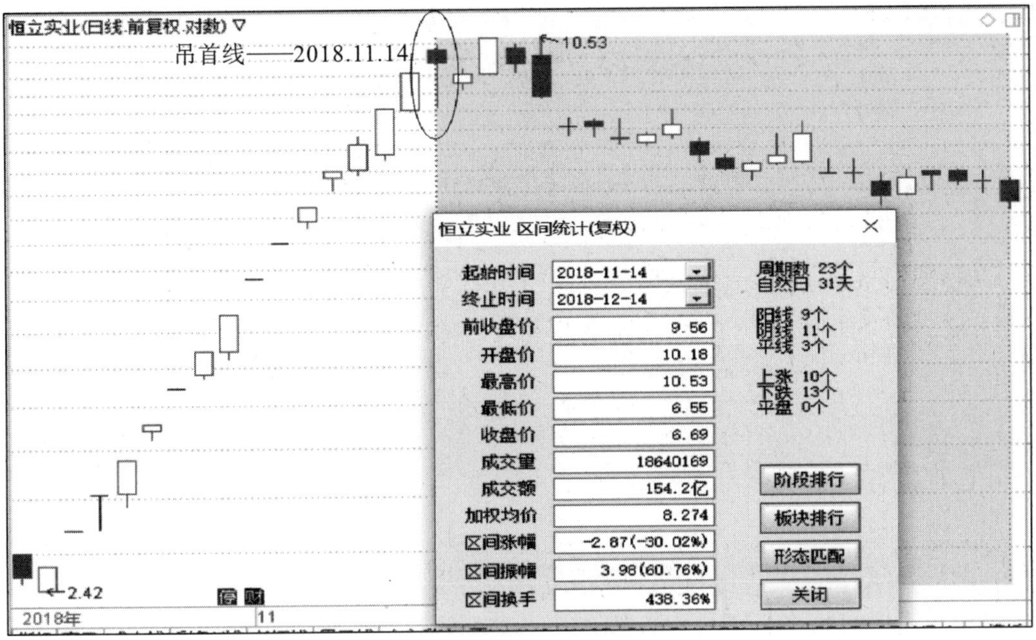

图 20—2　吊首线

实例三　002600 领益智造

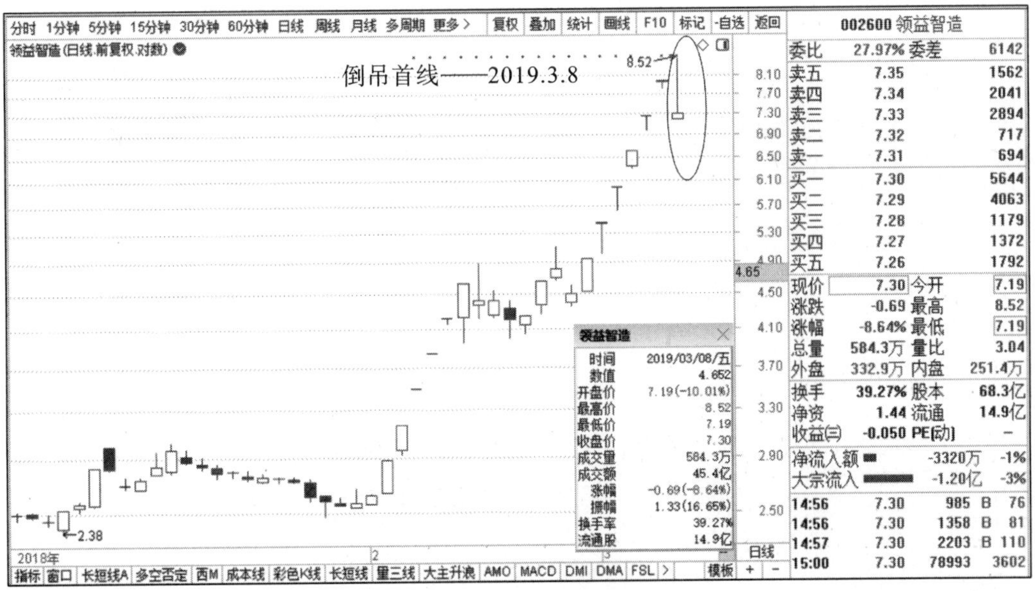

图 20—3　倒吊首线

实例四 603000 人民网

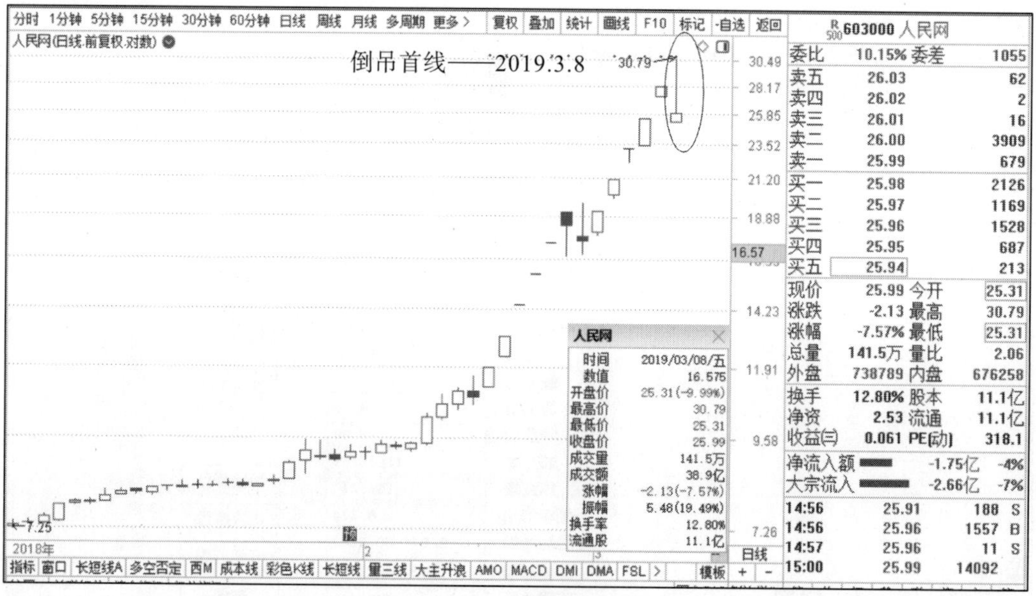

图 20—4 倒吊首线

看盘小技巧

国资委：国务院国有资产监督管理委员会是根据第十届全国人民代表大会第一次会议批准的国务院机构改革方案和《国务院关于机构设置的通知》设置的，为国务院直属正部级特设机构。国务院授权国有资产监督管理委员会代表国家履行出资人职责。根据党中央决定，国有资产监督管理委员会成立党委，履行党中央规定的职责。国有资产监督管理委员会的监管范围是中央所属企业（不含金融类企业）的国有资产。凡是国资委控制、国资委强力介入的股票都是值得重点关注的。

移动平均线

一、移动平均线的定义

移动平均线是将某一段时间股指或股价的平均值画在坐标图上所连成的曲线，用它可以研判股价未来的运动趋势。

移动平均线是指某一时间内（例如 5 天）收盘价格的算术平均线。如果始终采用最近 5 天的价格数据，被平均的数组（最近 5 天的收盘价格）随着新的交易日的更迭，逐日向前推移。我们把新的收盘价逐日地加入数组，而往前倒数的第六天收盘价则被剔去。然后，再把新的总和除以 5，就得到了新的一天的平均值（5 天平均值）。更多天数则依此类推，就得到了你想要的某天移动平均线。

简单移动平均线的公式：

$$MA=\frac{C_1+C_2+C_3+C_4+C_5+\cdots+C_n}{n}$$

其中：

C_1＝最新的收盘价；

C_2＝最新的收盘价的前一天收盘价，其余依此类推；

n＝设计者想要包括在移动平均线内时间的数量。

当然这只是简单的移动平均线，还有线性加权的移动平均线以及指数加权移动平均线，到底哪个更好，没有定论。

二、移动平均线的作用

移动平均线是一种平滑工具，通过计算价格数据的平均值，我们便得到了一条较为平缓的曲线。从这条曲线上可以判断趋势的方向。但要注意，移动平均线只是追随着市场，它实质上是一种追随趋势的工具。它的信号指明了趋势的方向，我们可以顺着趋势的方向交易，当然再结合其他的技术分析工具譬如 K 线的形态，就会给出具体的买卖信号。

移动平均线简单实用、易于掌握，很受投资人的喜爱。但同时，它也有缺点。主要是在股指、股价窄幅整理或主力进行震荡洗盘时，短期移动平均线会过多出现买卖信号，这类信号不易辨别，容易误导。

三、移动平均线的设置

通常，我们把 5、10、20 日的移动平均线称为短期移动平均线，把 40、50、60 日的移动平均线称为中期移动平均线，把 120、250 日的移动平均线称为长期移动平均线，到底采用哪条移动平均线为好，没有定论。

不过在实盘中我们一定要找到主力的操盘均线，再结合其他的技术分析工具一起使用，效果会更好。

操盘均线是指当价格有效突破了某条均线后，在其后的第一次回调时、第二次回调时，价格一旦回调到这条均线附近就受到了支撑，那么这条均线无疑就是主力的操盘均线。当价格在其后的第三次回调到这条均线时，就是买进的时机。每只股票主力的操盘均线是不一样的，不同的主力有不同的操盘均线，这就要投资人自己去寻找发现。当你找到了某一个主力的操盘均线，无疑就找到了金矿。

四、葛兰威尔的均线八大法则

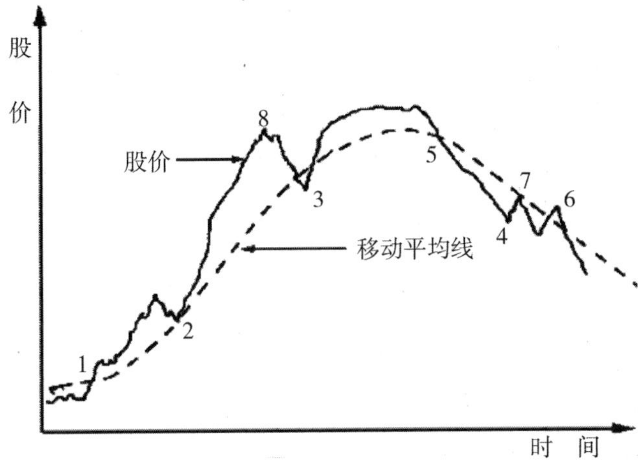

四个买进法则：

（1）均线从下降逐渐走平且略向上方抬头，而股价从均线下方向上方突破，为买进信号。

（2）股价位于均线之上运行，回档时未跌破均线后又再度上升时为买进时机。

（3）股价位于均线之上运行，回档时跌破均线，但短期均线继续呈上升趋势，此时为买进时机。

（4）股价位于均线以下运行，突然暴跌，距离均线太远，极有可能向均线靠近（物极必反，下跌反弹），此时为买进时机。

四个卖出法则：

（8）当平均线从上升逐渐转为盘局或下跌，而股票价格跌破平均线，为卖出信号。

（5）当股票价格虽然向上突破平均线，但又立刻回跌至平均线以下，此时平均线仍为下降走势，为卖出信号。

（7）当股票价格趋势走在平均线之下，股票价格上升并未突破平均线且又开始下跌，且移动平均线为下降走势，是卖出信号。

（6）当股票价格突然暴涨，突破且远离平均线，且移动平均线为下降趋势，则股票价格极有可能回档调整，为卖出时机。

注意：葛兰威尔没有告诉到底是用哪一条移动平均线。

21. 下阻线：买

| 经典原文 |

【下阻线】就是“吊首线”出现在一连下挫位置的底部。多头在这里几乎全面抛售，再往下跌已不可能。虽然曾一度试探低价，但不成之后又告缩回，而以“吊首线”收盘。

如果这时价格走势已经下跌一个月以上，更可确认市场的行情将要反转，因此多头可以买入。

| 图-下阻线 |

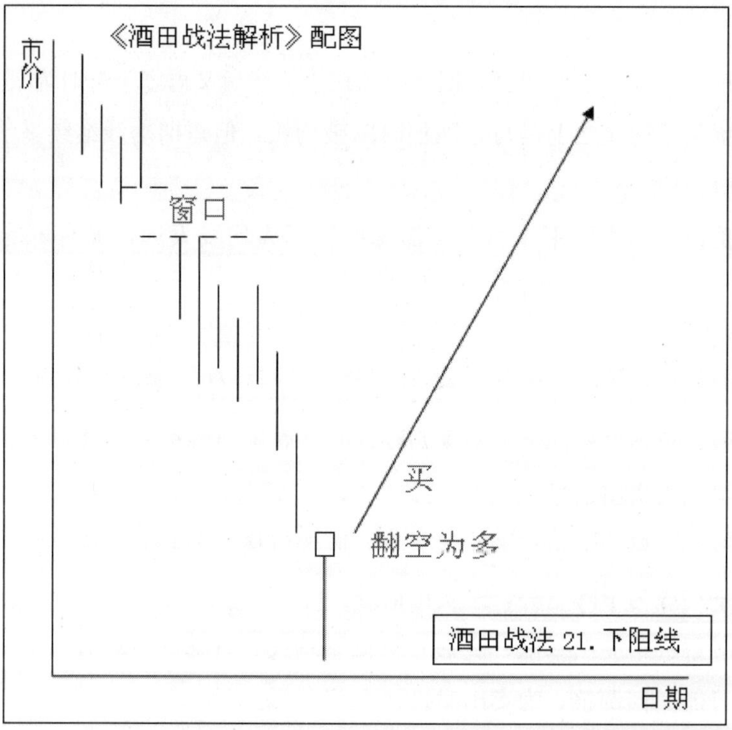

| 张华解析 |

注意，这种 K 线形态如果出现在长期下跌之后，那无疑是再也跌不下去了，在这尾盘最后一刻，当 K 线形态即将定型之时，不妨买进；

次日价格突破了下阻线的收盘价，那就确认了这是阶段性的底部，不妨再加仓买进；

其后，如果价格向上突破了 8 日均线，就是进场买进的关键时刻了；那么一波稳定的上涨就会出现。

在下阻线中，要求下影线的长度大于实体的两倍以上，下影线越长，探底越深，买盘的力度越强；

正像地基的深度决定房子的高度，下阻线就是地基的深度。

进场前，先要算好你最多愿意赔多少。一旦价格的运行没有按照你的判断运行，或者价格在跌、使你亏损了，达到了你事先预算的止损价位时，就要止损。而不要随时再向下调整你的止损位，那是不遵守纪律的交易者。

实例一　002346 柘中股份

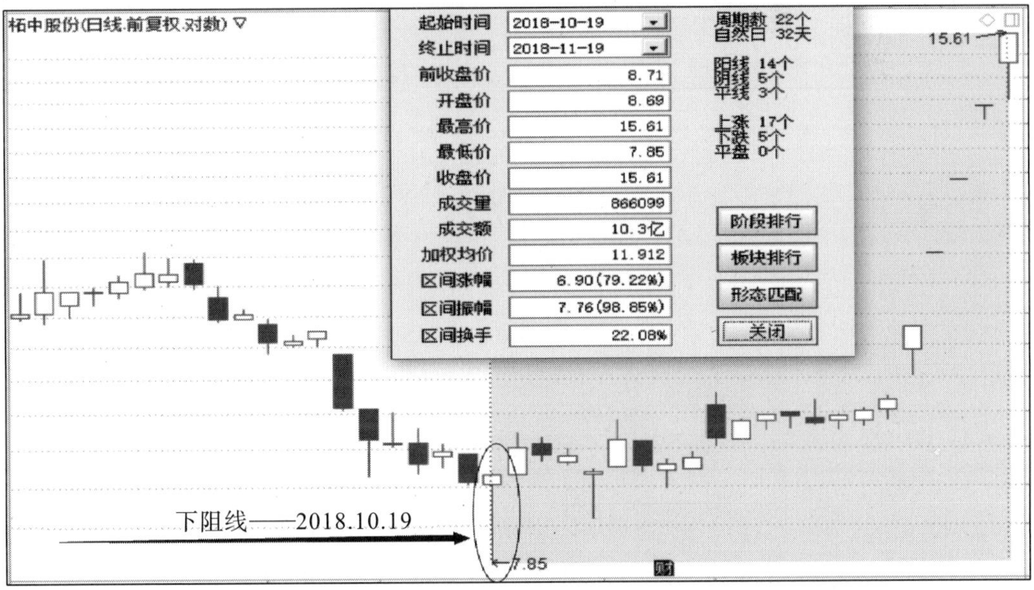

图 21—1　下阻线

实例二　002166 莱茵生物

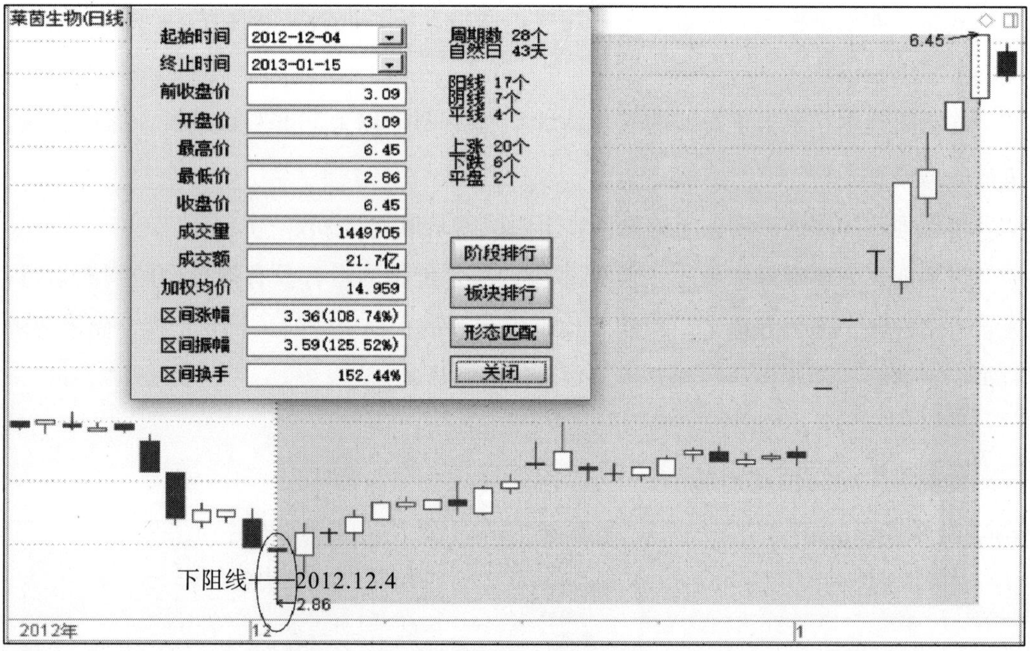

图 21—2　下阻线

22. 交错线：暂观

| 经典原文 |

【交错线】是一阳一阴交错其间，然后再出现一根略微下降的阴线，如果再出现一根阴线则将成为“黑三兵”。不过，如果只有两根阴线是无法臆测它的走向将如何的。

如果上升走势已经连走了一个月，而再接这种“交错线”的话，这时行市大约已到了天井头部；后续走势是否再度上扬，得随时留意市场的成交量与未平仓量的结构变化。

| 图-交错线 |

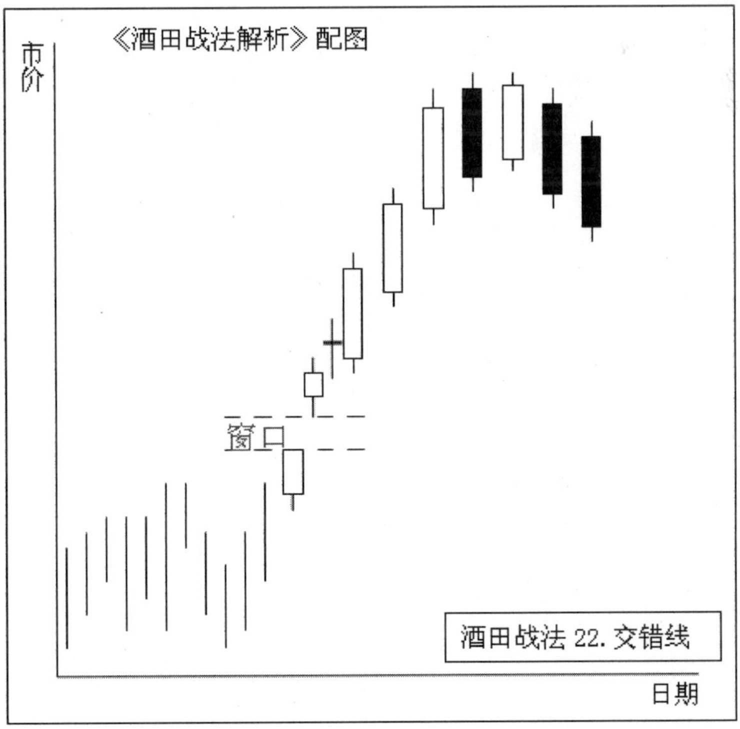

张华解析

酒田战法对交错线的策略是暂观，且认为只有两根阴线是无法臆测它的走向将如何的。

这里我们最好把这一波涨升的幅度、主力运作的阶段、成交量与主力的控盘均线结合起来进行分析。

许多人在做技术分析时，缺少了对主力资本运作的阶段、对主力资本运作的手法的分析；只注意了形态，没有抓住最重要的——主力的意图，因此操作结果不理想。如果能洞悉盘中主力的意图，再结合技术分析，才叫作“知己知彼，百战不殆”。

如果一个人思路不正确，那他做什么事都不会成功！

实例一　880911 雄安新区

图 22—1　交错线

实例二　000856 冀东装备

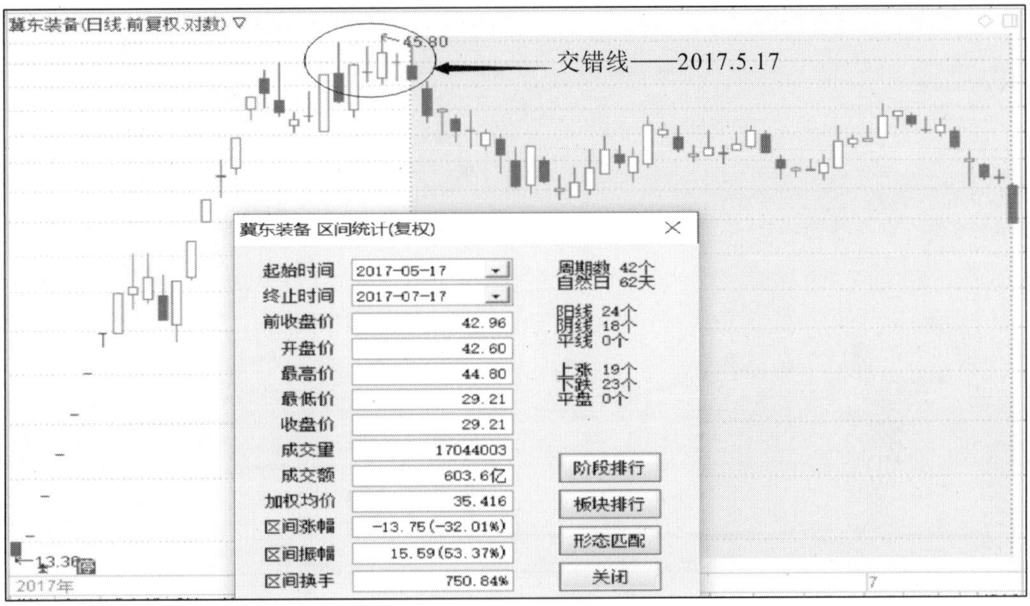

图 22—2　交错线

实例三　000070 特发信息

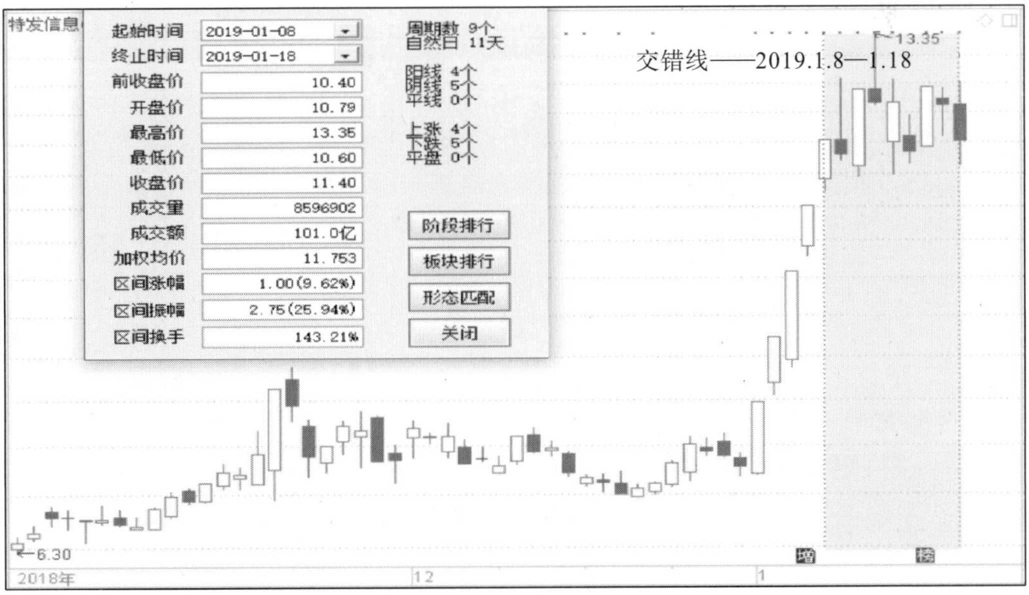

图 22—3—1　交错线

交错线之后走势图

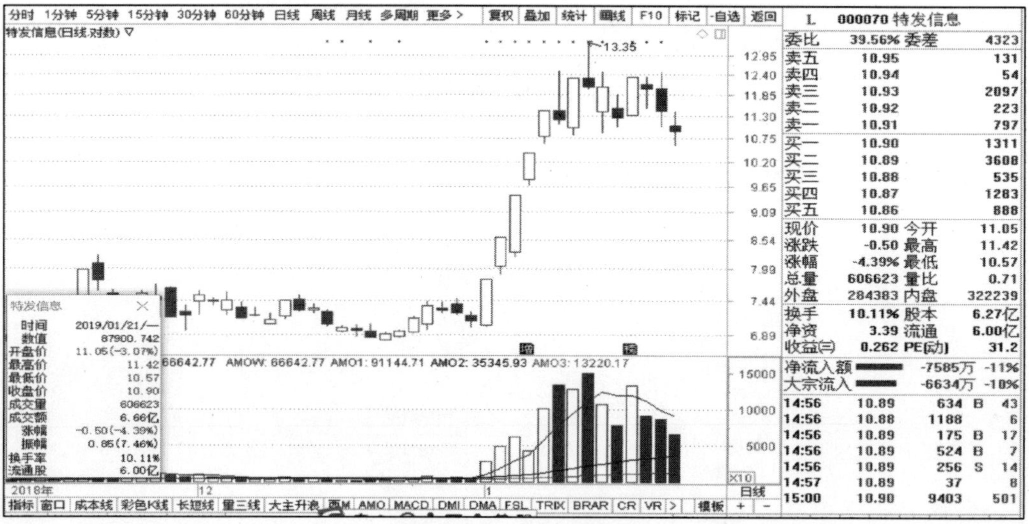

图 22—3—2　交错线

实例四　601519 大智慧

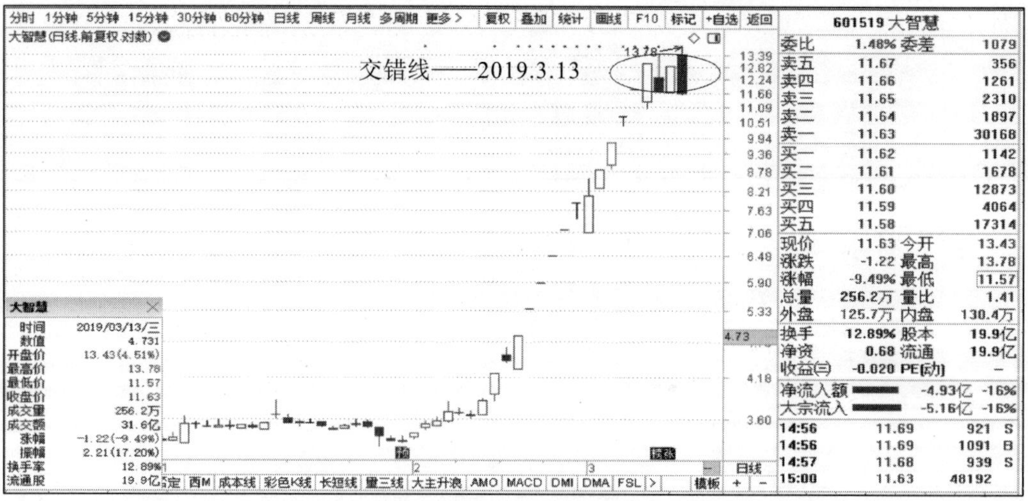

图 22—4　交错线

实例五　002750 龙津药业

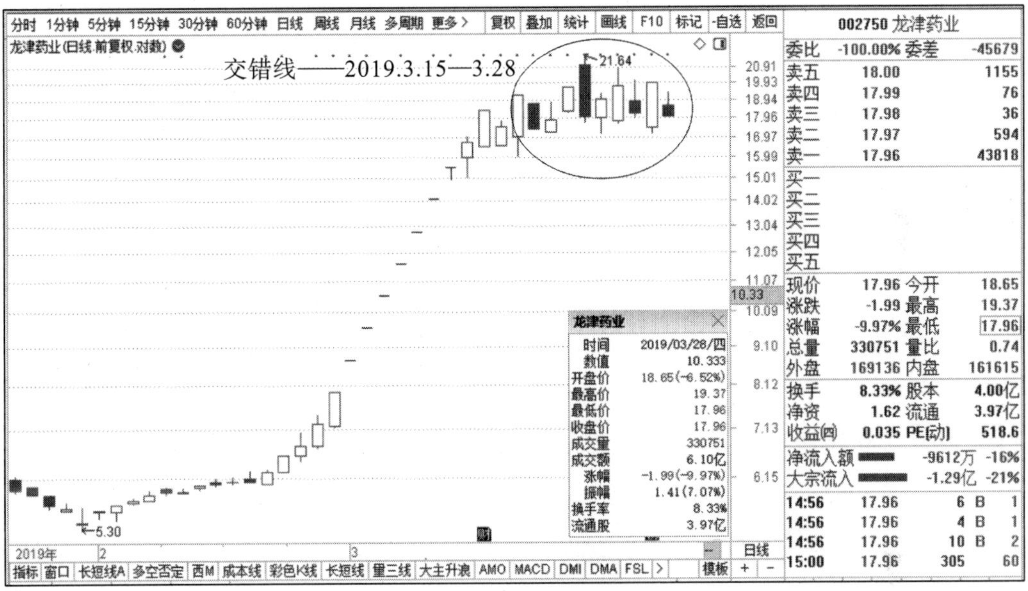

图 22—5　交错线

23. 外孕十字星：卖、买、暂观

| 经典原文 |

【外孕十字星】是指第二根十字星为前面的大阳线所包络；这时市场买势突然陷入胶着状态。如果这时处在高价圈的阶段，那么大约是警告市场已到了“天井”的讯号，多头投资人这时迅速“转多为空”方为上策。

平常如出现这种线型，应可以看出是多空分歧的关键，多头在这里必须考虑是否再度出击。相反，如果十字星为大阴线包络，而这时又出现在底价圈时，这反而是一个买入的契机。

| 图–外孕十字星 |

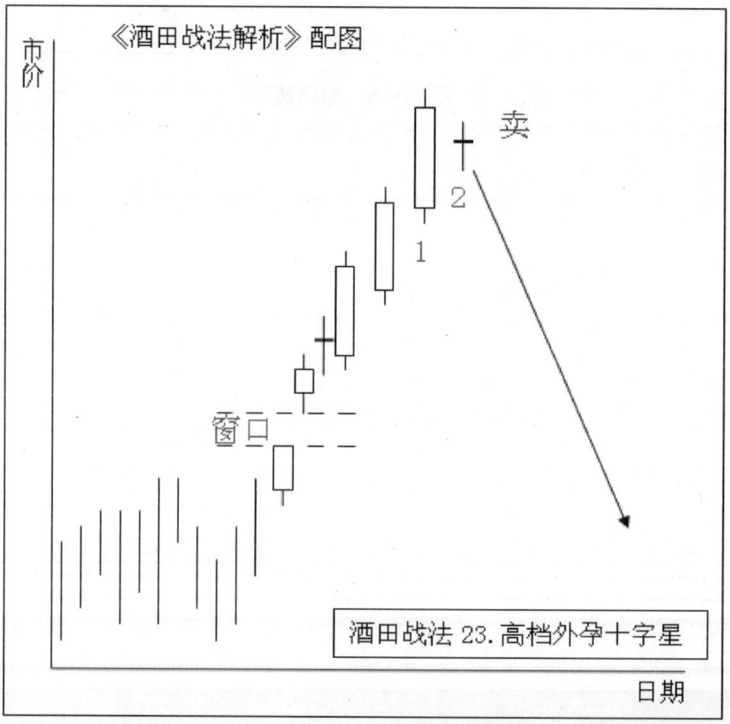

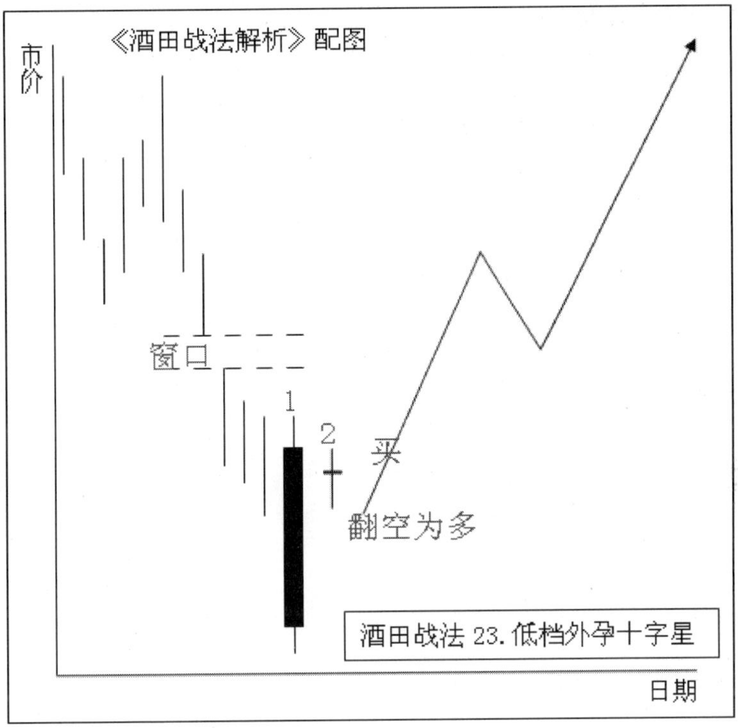

张华解析

外孕十字星是原先趋势在走弱，行情在这里有反转的迹象，但必须得到其后 K 线的确认才能做出明确的判断。

低档的十字星在前一根阴线的位置越高越看涨；其后的 K 线向上突破了 8 日均线，就是进场买进的关键时刻了。

高档的十字星在前一根阳线的位置越低越看跌；其后的 K 线向下击穿了 8 日均线，就是卖出股票出局的关键时刻了。

高位的外孕十字星有时孕出一根十字星，有时会孕出三根十字星，无论一根还是三根十字星，都是多空分歧，空方大于多方的力量，表示这里不要犹豫、不要幻想，最好逢高出局。

在股市中获利的两大法宝：一是买卖的时机要恰当，二是选股要正确。

实例一　002795 永和智控

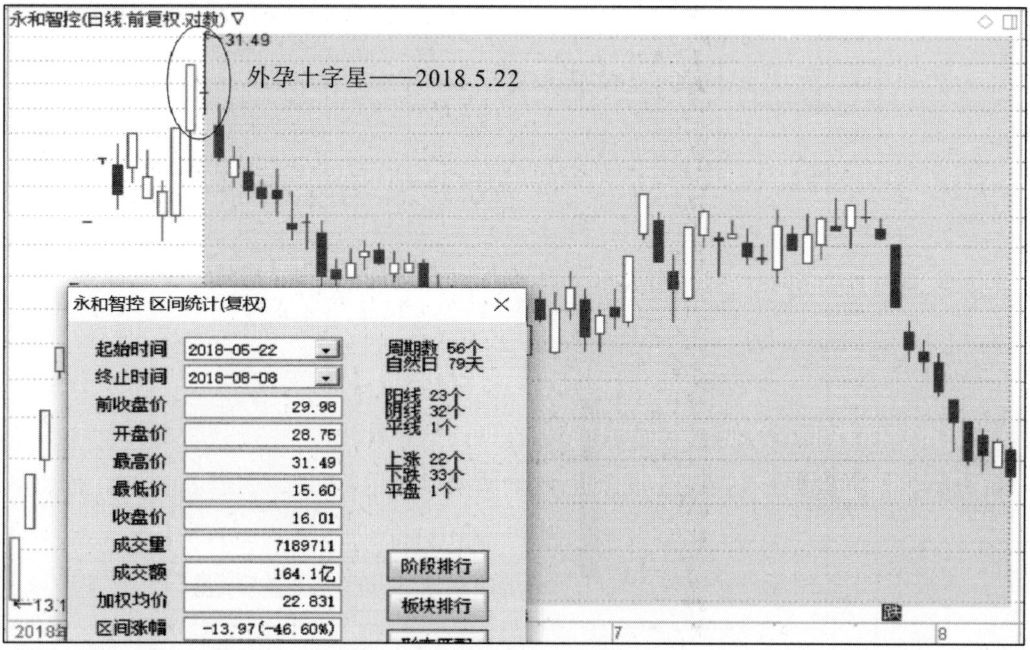

图 23—1　外孕十字星

实例二　601700 风范股份

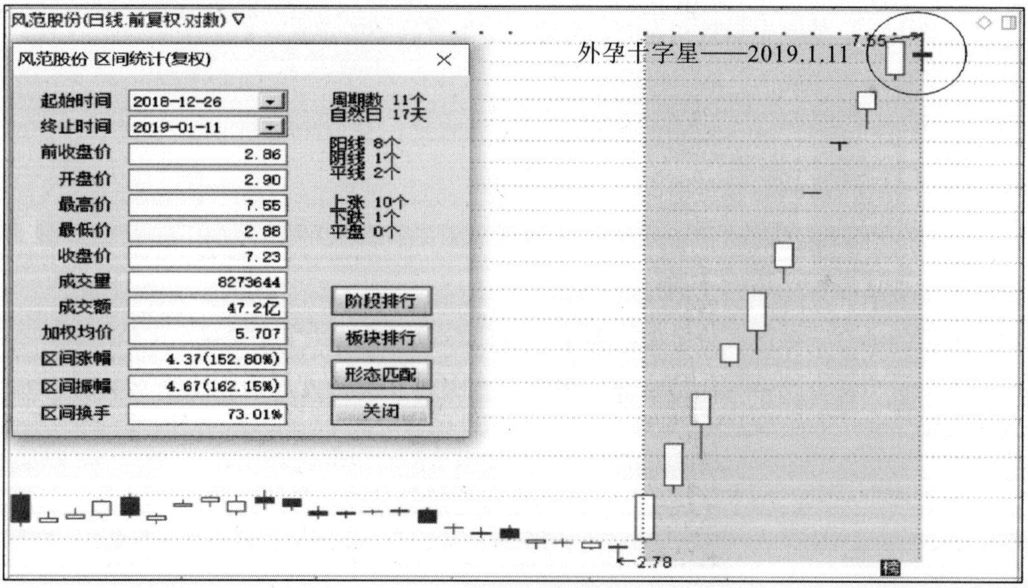

图 23—2　外孕十字星

实例三　000563 陕国投 A

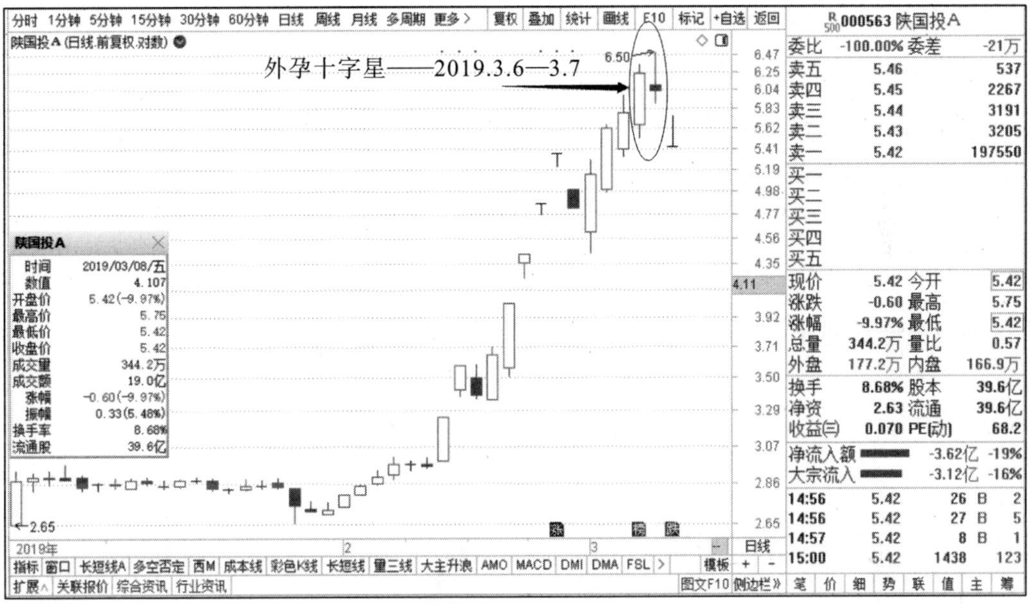

图 23—3　外孕十字星

24. 跳空连双阴：卖

经典原文

【跳空连双阴】从图形中可看出，在上涨的过程中，不但出现跳空双阴，而且不出一两天再度出现同样的双阴。这种线型在K线走势中甚少出现。第一次出现时仍然可持续多头买入；但第二次出现时，空头可能展开大的反攻，所以这是行情崩溃的讯号之一。

图-跳空连双阴

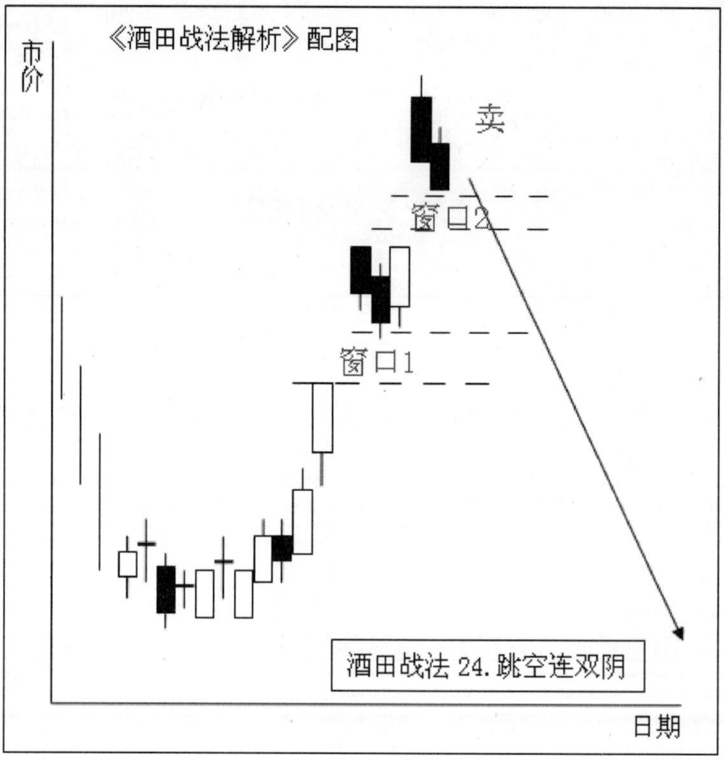

| 张华解析 |

向上的跳空窗口，本来是多头力量强大的信号，但两次的跳空，都收出了连续的阴线，这都是不祥之兆，正如“山雨欲来风满楼”。

原文告诉我们：“空头可能展开大的反攻，所以这是行情崩溃的讯号之一。”持有该股的投资人“宁可信其有，不可信其无”。如果次日的价格向下击穿了8日均线，就是卖出股票出局的关键时刻了。

在这里千万不要被市场上的消息所影响。须知当消息传到你的耳朵时，主力早已把网张开了，正等着你自投罗网！

在股市里博弈，首先要克服自己在技术上及修养上的弱点。精明的投资者克制自己，培养出冷静沉着的功夫，静观股海潮涨潮落；只做强势股、只顺势而为！顺势者昌、逆势者亡，历来如此。

实例一　600604 号百控股 2015. 6. 16—6. 26 期间跌幅 55. 95%

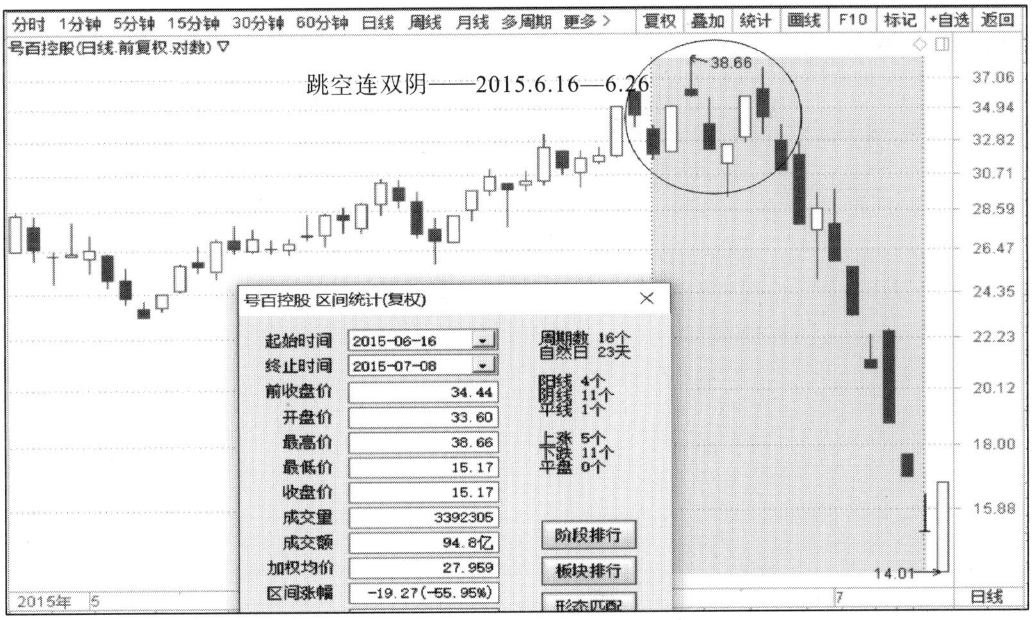

图 24—1　跳空连双阴

25. 浪高线：卖·分歧

| 经典原文 |

【浪高线】是指一种波涛汹涌而欲掀起大浪的走势，到最后看两根日线的发展情形。第一根为小阳线，但上下影线甚长，这表示在上升的过程中涨跌都受到限制，所以收实体甚小的小阳线，这种线型出现表示“攻防分歧”，这时多头和空头都必须休战片刻；翌日的开盘如何才是关键。

如果次日仍然没有大的发展，只是出“孕出线”而已，那么整个涨势就到此告一段落。浪高线的尾端如果带有长长的上影线，那表示这一波涨势已到达天井，所以多头必须迅速获利出场为妙。

| 图-浪高线 |

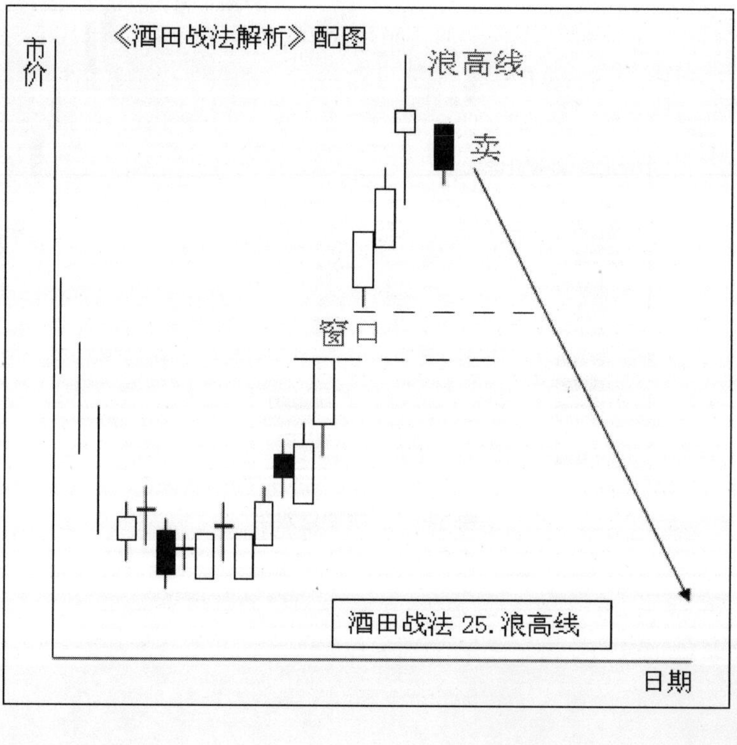

| 张华解析 |

风高浪急，常常是波涛汹涌，从这根 K 线的命名我们似乎就感觉到情势不妙；不过要注意的是，要看看浪高线出现的位置再做决断。

如果在一波连续的上涨高位出现了浪高线，那恐怕是凶多吉少，不妨卖出；

如果在突破前高点时出现了浪高线，可能是多空在这里发生了分歧。既然是分歧，我们必须看看其后是哪一方的力量强，在判明力量强大的一方后，唯一的选择就是加入力量大的那一方。

在浪高线出现后，下一个交易日的开盘价信号不可小视，低开、平开、高开都会带来不同的结果。

浪高线有多种组合形态：单根阳浪高线、单根阴浪高线；双根阴浪高线、双根阳浪高线；亦有先阴后阳的组合浪高线、先阳后阴的组合浪高线。无论何种形态的浪高线，其后的大幅下跌必成定局，当天必须清仓。大家可以从下列实例当中仔细体会。

炒股的艺术就在于知道什么时候应该卖出、什么时候应该买进。这个艺术常常是反大众心理的！要不然巴菲特讲“当别人恐惧的时候要贪婪，当别人贪婪的时候要恐惧”。

实例一　002692 睿康股份

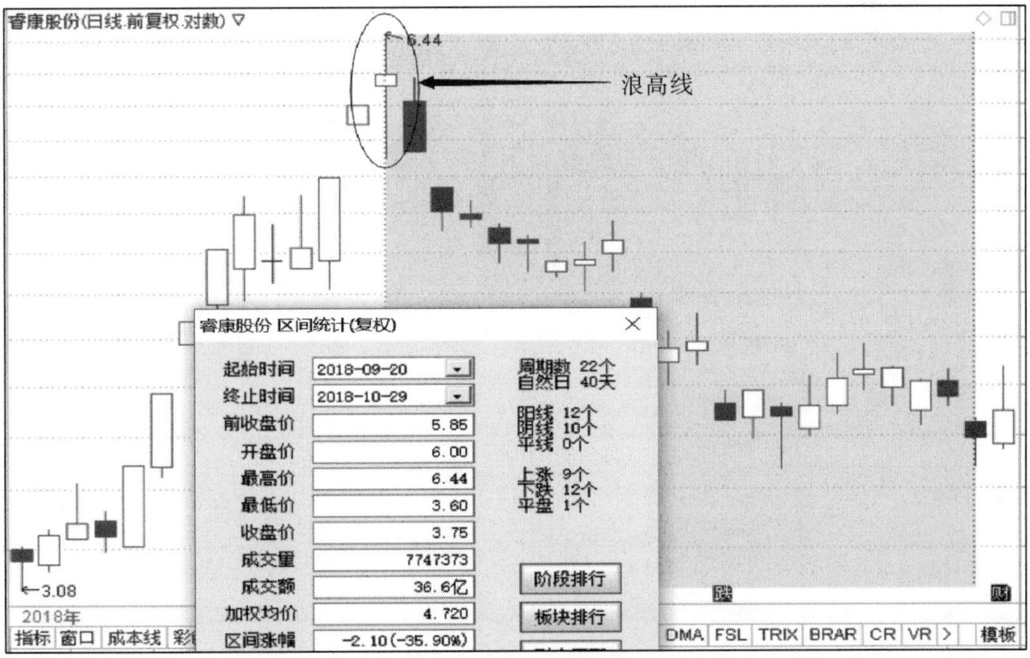

图 25—1　单阳浪高线

实例二　002755 东方新星

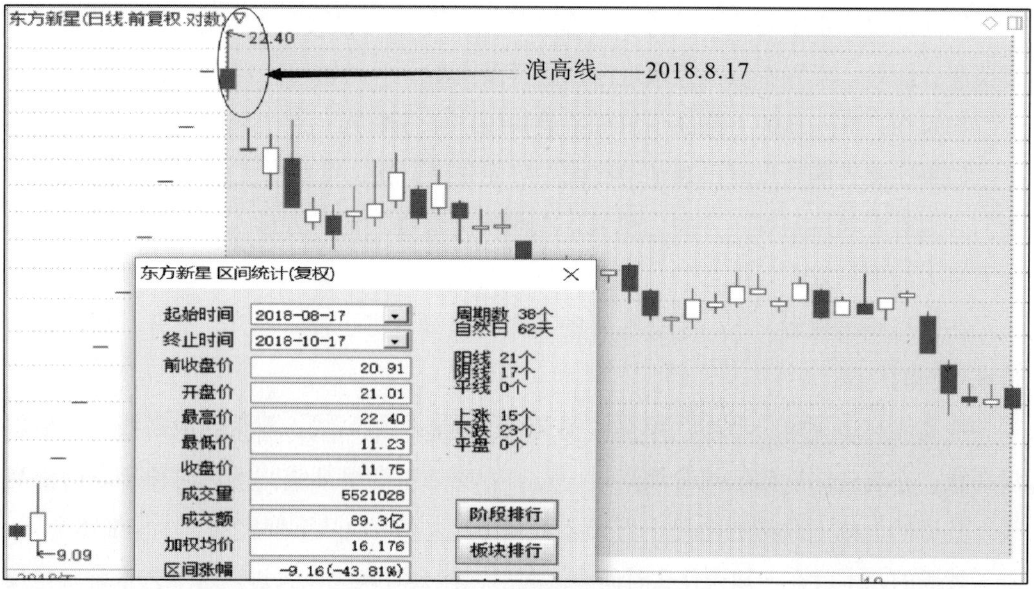

图 25—2　单阴浪高线

实例三　399006 创业板指

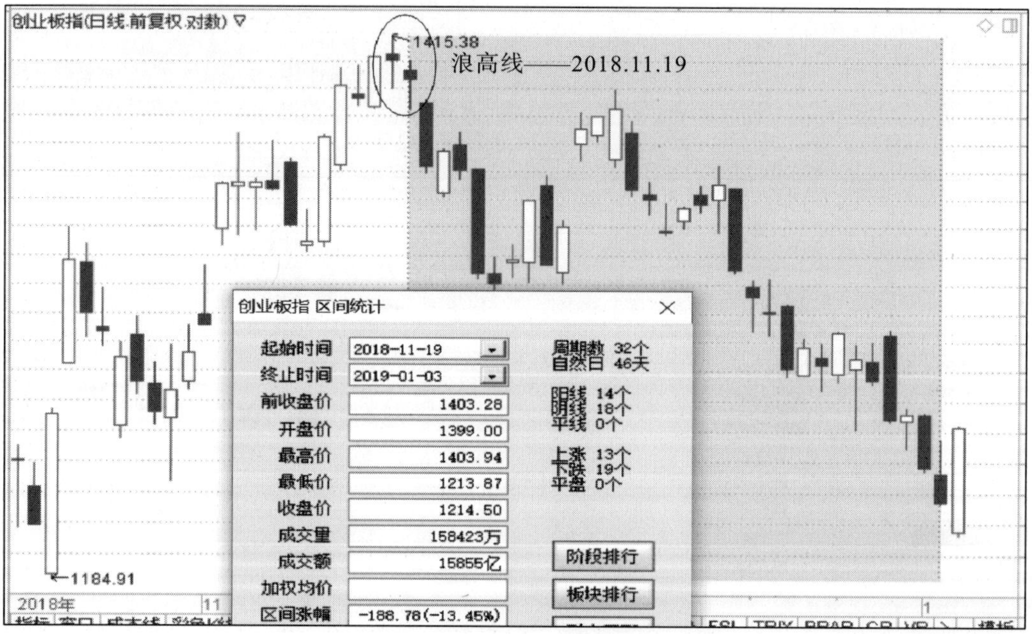

图 25—3　双阴浪高线

实例四　600128 弘业股份

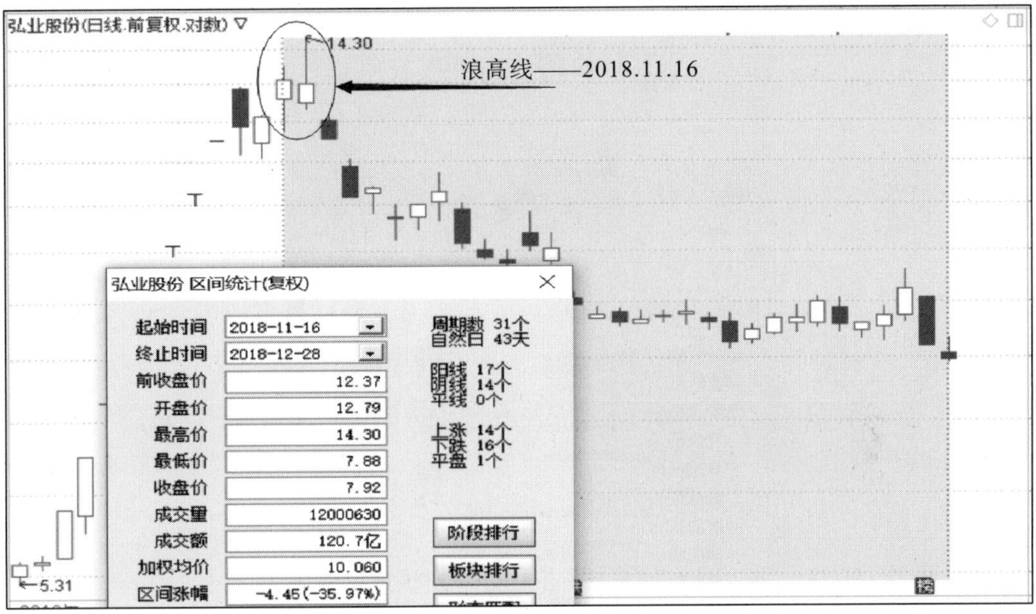

图 25—4　双阳浪高线

实例五　603389 亚振家居

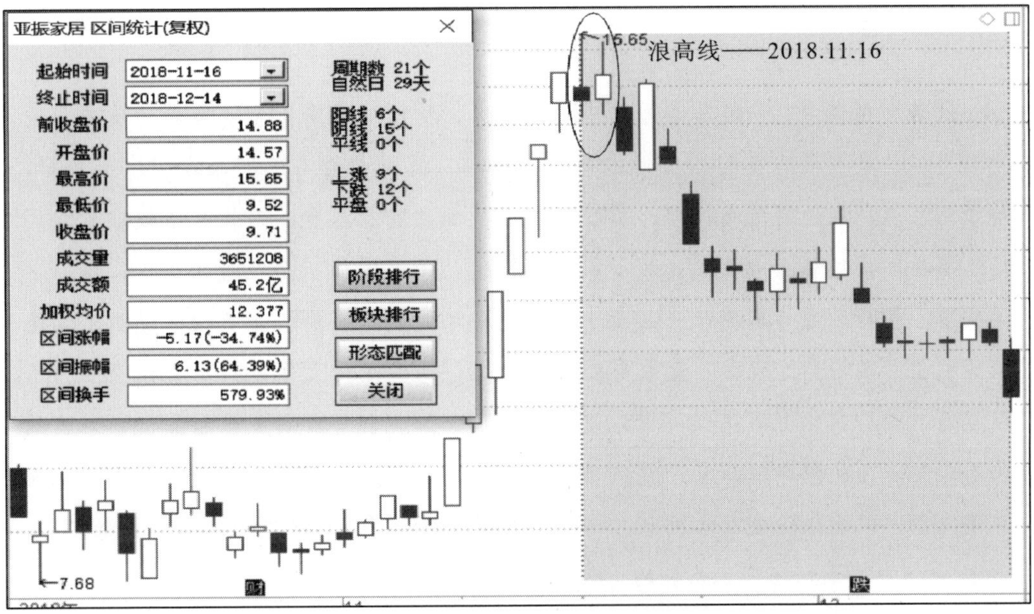

图 25—5　先阴后阳浪高线

实例六　600783 鲁信创投

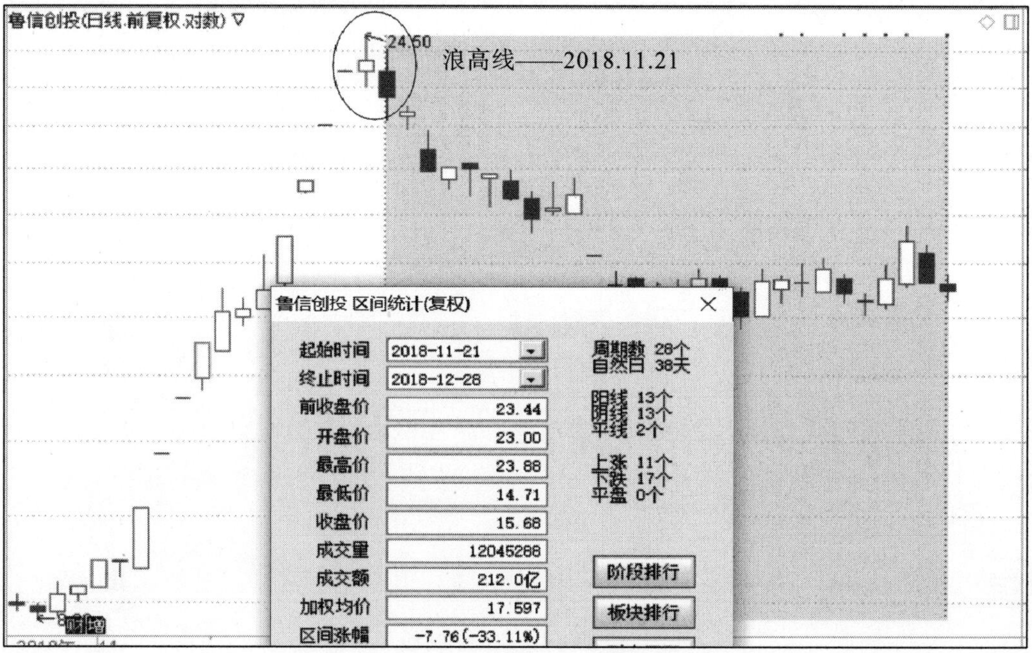

图 25—6　先阳后阴浪高线

看盘小技巧

试盘：在盘中，一般是主力用几笔大买单，把股价推高，看看市场的反应。主力将大买单放在买二或买三上，推动股价上扬，此时看看有没有人在买一上抢货，如果无人理，就说明盘面较轻，但股性较差；如果有人抢盘，而且盘子较轻，就成功了一半。紧接着主力在拉升到一定的价位时，忽然撤掉下面托盘的买单，股价突然回落。而后，主力再在卖一上压下一个大卖单，这时股价轻易下挫，说明无其他主力吃货。在推升过程中，盘中有较大的抛压，这时主力大多先将买盘托至阻力价位之前，然后忽然撤掉托盘买单，使股价下挫。如此往复，高点不断降低，该股的持有者会以为反弹即将结束。突然主力打出一个新高之后，又急转直下，此时比前期高点高，眼看很快要跌回原地，非盘再不敢不减仓了，于是集中的抛单被拆散了，在 K 线的形态上却留下了长长的上影线。

借题材炒作

美国作家马克·吐温写过一篇著名的短篇小说《他是否还在人间?》，活灵活现地描述了什么是借题材炒作。

小说描写了四个年轻的天才画家，他们用诚实、辛勤的劳动，画了许多画，一堆一堆的，都是些好画，比得上欧洲任何一个人的作品，可就是很难卖掉。米勒画的一幅《晚祷》，买的人仅出 5 个法郎。他们几个人甚至想只要一幅画能换一棵大白菜吃就好了，两年里他们生活得饥寒交迫。

在饥寒交迫中，他们发现人类历史上有这么一个事实：每个无名的、没人理会的艺术家在他死后，总会被人赏识，而且一定要等他死后才行，那时候他的画也就身价百倍了。

为了免于饿死，他们想如果为他们画的那些有价值的作品，安上一个鼎鼎大名的作者，那一定能卖到了不得的价钱。几个年轻的画家讨论后决定，采取抽签的方式，让他们其中的一个人假装死去，这个签被米勒抽中了。米勒在假装死去的前三个月画了大量带有许多个人特点的画，让人们很容易看出是他的作品。而其他三个人则拿着米勒的画外出，四处宣传米勒是一个天才画家，不幸的是米勒的身体染病，也许不能再活上三个月了；假如他死了，他的画就是天价了。

他们三个人利用报刊、利用记者发布米勒身体近况的消息，把米勒的近况以及他作品的艺术价值大肆报道到欧美等世界各地，引起了轰动。

米勒画的那幅《晚祷》，以前有人仅出 5 个法郎，现在却被人以 50 万法郎抢购去了。

三个月后，几个画家宣布了米勒去世的噩耗，并为米勒举办了盛况空前的葬礼。米勒本人也在化装之后抬着自己的棺材为“米勒”送葬。

之后，米勒的画被越炒越高。一幅画竟然价值 200 多万法郎了！

马克·吐温虽然描写的是四个年轻的画家迫不得已的谋生，但揭露的是资本主义社会里人们的虚伪、投机、诈骗与炒作。

请大家想一想，在股市里，炒作股票的主力不就是一次又一次地借着重组、定向增发、资产注入、高送转、自然灾害、新概念等题材，炒作着一只又一只股票，借机卖个好价钱。一方面造就了一个又一个千万富翁、亿万富翁，另一方面却是亏损累累的散户！在这里没有指责谁的意思，毕竟“天下熙熙，皆为利来；天下攘攘，皆为利往”。在这个熙熙攘攘的市场经济中，投资者一定要“唯变所适”，懂得主力是如何炒作股票的，也不枉投资股市一场。

借刀斩牛股之酒田战法解析（中）

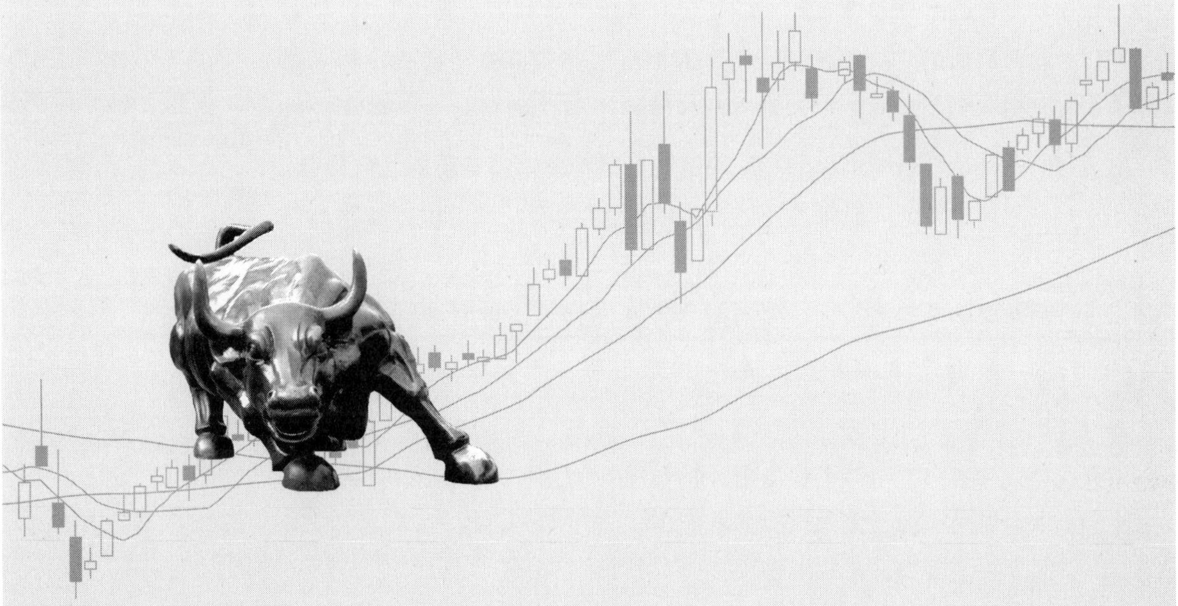

➡ 张华提示

人与人最大的区别就在于思维！思维能产生财富，也可丧失财富！正像“水能载舟，亦能覆舟”一样。黑格尔指出：“真正讲来，只有思维才配称为哲学的仪器或工具。”在股市里失败最大的原因就在于思维的落后，落后就会亏损。有时候成败只在于一个思维的转变，思维的质量决定了交易的质量。大家在股市这个残酷的市场中投资的时候不妨运用一下“逆向思维”，它常常会帮各位反败为胜。

逆向思维是对司空见惯的、似乎已成定论的事物或观点反过来思考的一种思维方式。逆向思维敢于“反其道而思之”，让思维向对立面的方向发展，从问题的相反面深入地进行探索，树立新思想，创立新形象。当大家都朝着一个固定的思维方向思考问题时，你却独自朝相反的方向思索，这样的思维方式就叫逆向思维。

孙子对逆向思维的论述极为精辟：“兵者，诡道也。故能而示之不能，用而示之不用，近而示之远，远而示之近。利而诱之，乱而取之，实而备之，强而避之，怒而挠之，卑而骄之，佚而劳之，亲而离之。攻其无备，出其不意。此兵家之胜，不可先传也。”

炒股是一门艺术，不是一门科学。它是一门反大众心理的艺术，也是一门“借力”的艺术。

开始学习，永不嫌晚！

26. 阳包阳：卖

经典原文

【阳包阳】是指最后一根日线被前一根阳线所包络，这是涨势缩小的明证；尤其是当出现在上升走势时，可能形成天井；所以这时多头应迅速地平仓为宜。

图–阳包阳

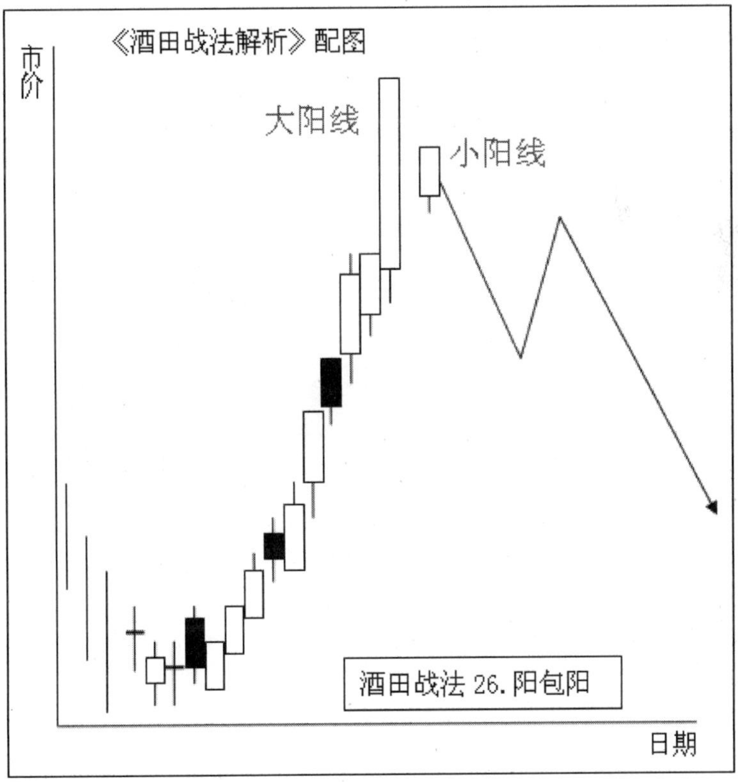

| 张华解析 |

这里的阳包阳，其实相似于孕线形态，是上涨的动能在减弱。大阳线之后、没有继续上涨，反而跳空低开，收出小阳线，这是多方无力的表现。其后，价格向下的概率很大。

如果价格向下击穿了 8 日均线，就是卖出离场的关键时刻了。盈利最大的敌人是贪婪，贪就是贫。知足是股市中获利的要诀，知足常胜！知足常乐！

不了解经典的精髓，望文生义，会误入歧途。如果自己用，仅仅危害一人；如果传给别人，危害就更大了！学术的问题，来不得半点马虎，更来不得半点虚伪；马虎、虚伪，害己、害人、害大众！

实例一　300505 川金诺

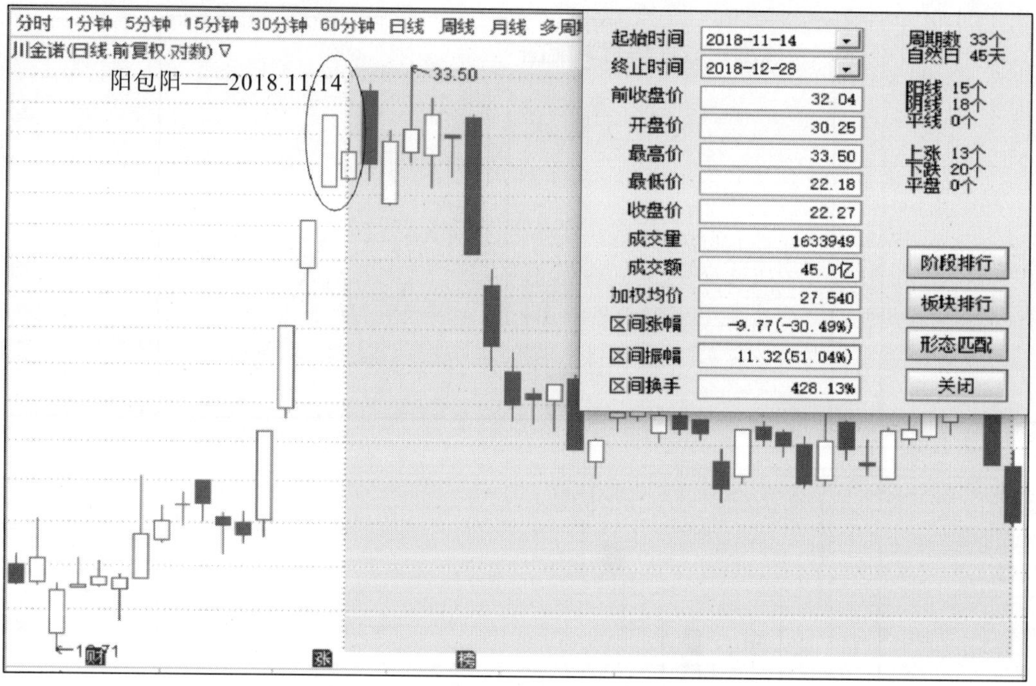

图 26—1　阳包阳

实例二　002750 龙津药业

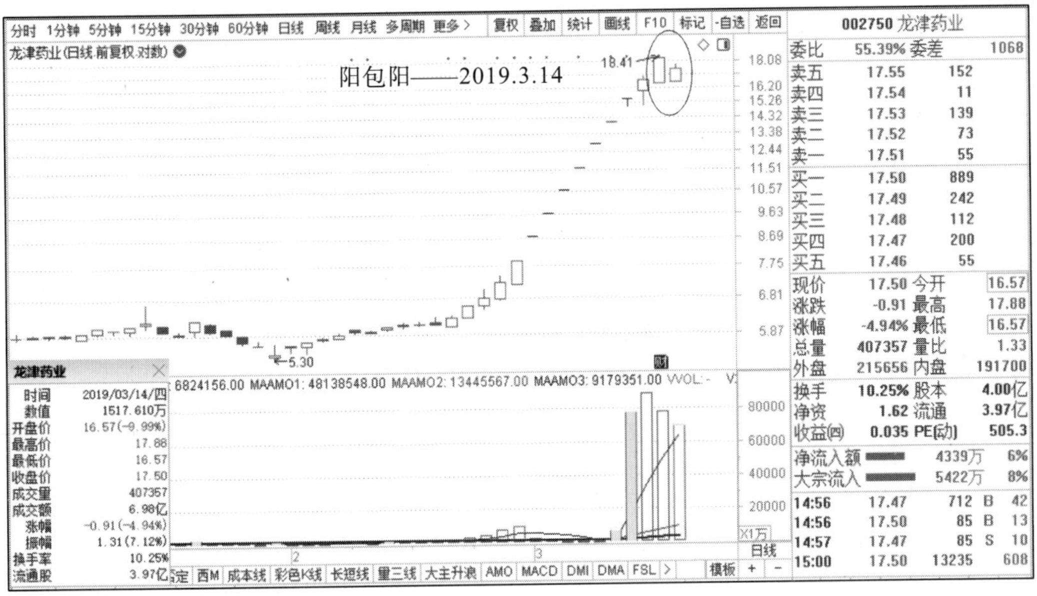

图 26—2　阳包阳

看盘小技巧

技术分析的三个基本假设：

(1) 市场行为涵盖一切信息。这个假设是进行技术分析的基础。

(2) 证券价格沿趋势移动。这个假设是进行技术分析最根本、最核心的条件。

(3) 历史会重演。这个假设是从人的心理因素方面考虑的。

27. 阴包阴：买

经典原文

【阴包阴】正好与前述的阳包阳完全相反。它是在下降的走势中，最后的一根阴线被前一根阴线所包络，这是卖力缩小的明证。这时候行情可能接近底部，所以空头应立即回补平仓，多头在这时也应迅速地低价买入。

除了上面所说的“阳包阳”与“阴包阴”外，在上升途中也会出现“阳包阴”或是在下跌途中出现“阴包阳”的情况，两者说明的都是多空分歧，日后的走势不得而知，要看下一根日线的走势而定。

图-阴包阴

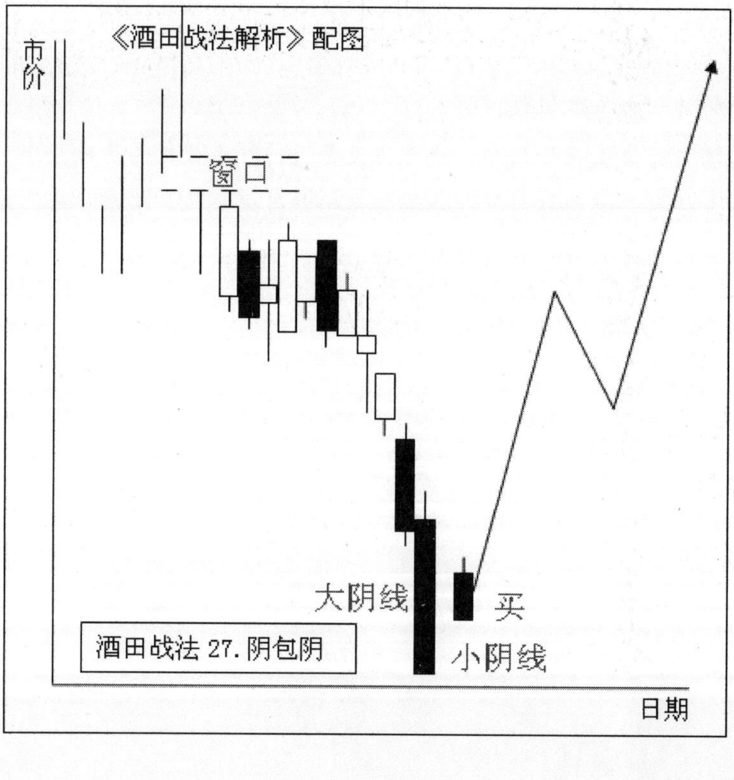

张华解析

这里的大阴线包住了一根小阴线，也是孕线形态的一种，在这里其后的走势有三种：一种是继续下跌，一种是横盘整理，第三种是反转向上。如果反转向上必然要有成交量的放大，那是主力行动的标志；另外，当价格向上突破了8日均线，就是进场买进的关键时刻了。

大阴线所处的位置也十分重要，如果不是在下跌途中主力出货的大阴线，而是在低位主力洗盘的大阴线，那反而是逢低买进的机会。

再明白道理的人，没有技巧，不会操作，仍然会以失败而告终！失败并不可怕。可怕的是没有找到失败的根本原因，而把失败的原因归结于客观环境、股市制度等，这些是没有任何意义的！要知道：

有志者，事竟成，破釜沉舟，百二秦关终属楚。

苦心人，天不负，卧薪尝胆，三千越甲可吞吴。

实例一　纳斯达克指数

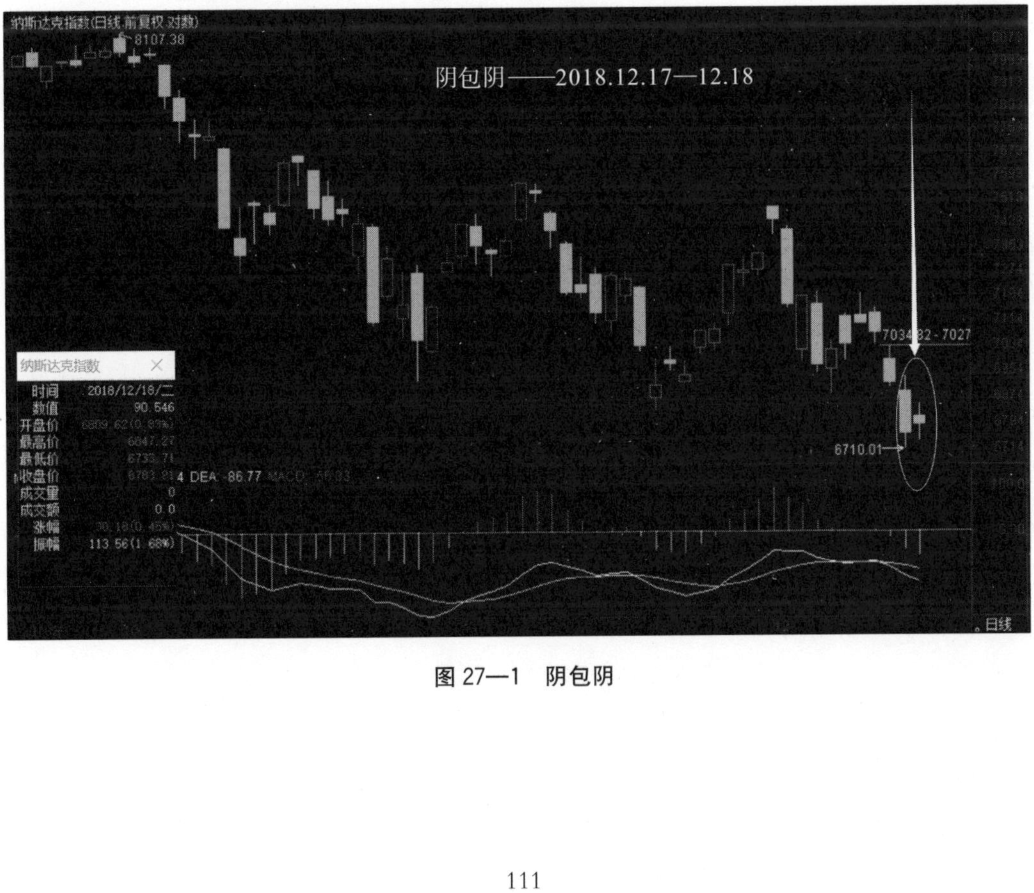

图27—1　阴包阴

实例二　道琼斯工业指数

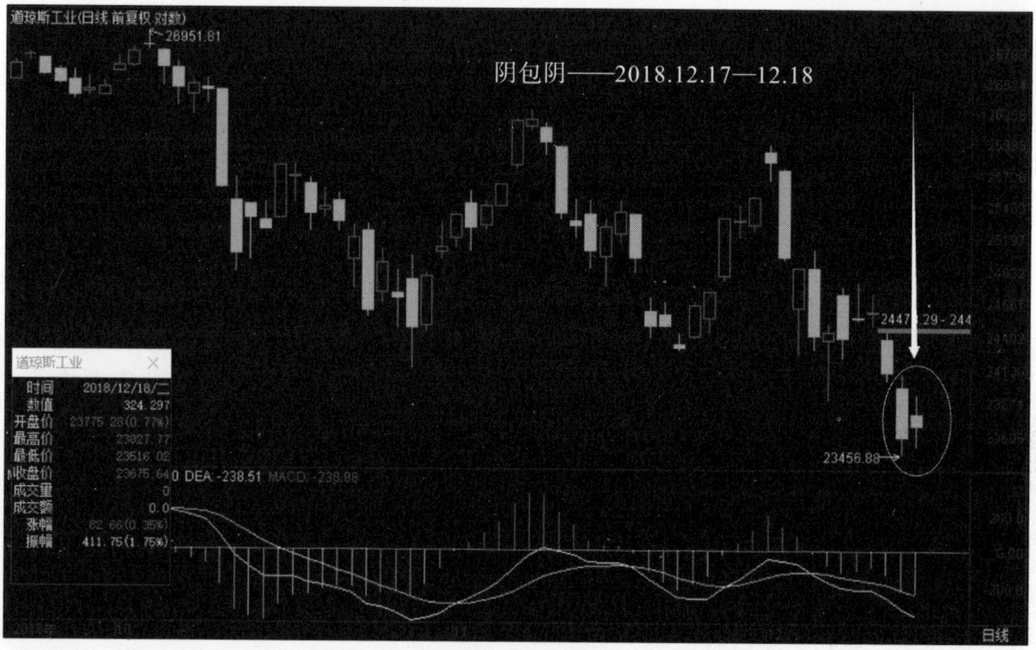

图 27—2　阴包阴

看盘小技巧

新概念股：概念股是指具有某种特别内涵的股票，而这一内涵通常会被当作一种选股和炒作题材，成为股市的热点。其有具体的名称、事物、题材等，例如节能环保、新一代信息技术、生物、高端装备制造产业将成为国民经济的支柱产业，新能源、新材料、新能源汽车产业将成为国民经济的先导产业。简单来说，新概念股是新兴起的概念股。概念股就是对股票所在的行业经营业绩增长的提前炒作。

28. 破档上跳空：买

经典原文

【破档上跳空】是市场大行情来临的征兆，尤其它的牛皮盘档愈久，一旦冲出牛皮，它的威力愈是惊人。以上所说的长期牛皮档，如属最短也须七到十二根，遇到这种线型时，多头可以持续买进。

图-破档上跳空

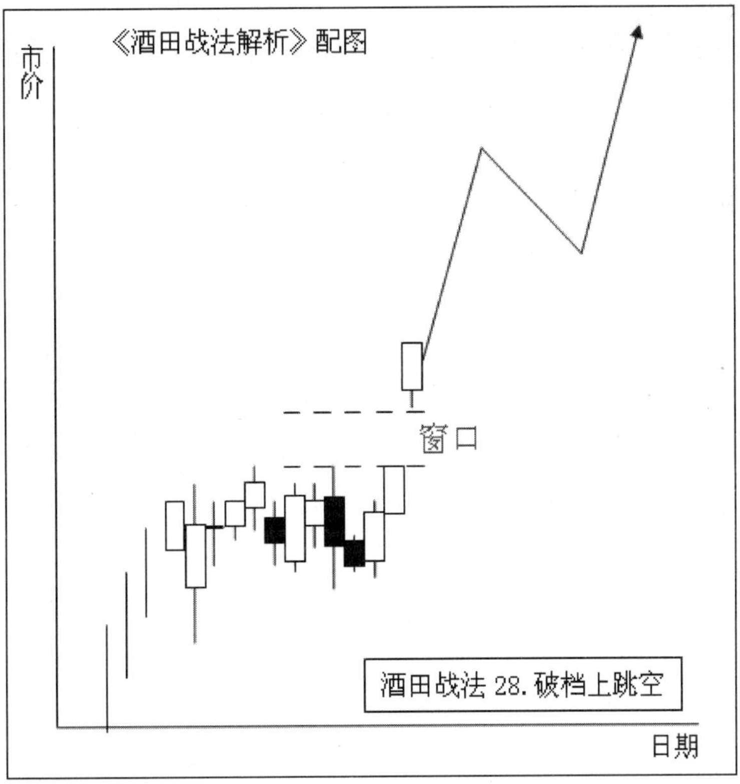

| 张华解析 |

跳空，必然是盘中知情的主力所为！向上的跳空，必有我们不知道的利好！向下的跳空，必有我们不知道的利空！跳空是酒田战法的主要线型之一！

一般来讲，跳空走在消息之前，消息又走在新闻之前，新闻又走在季报之前；当你还在认真地读财务报表、看新闻的时候，不如看看跳空缺口吧！跳空缺口能把你引进一个神奇的世界。

当你看到向上跳空缺口出现、认定股价必涨、一定要买时，应该高于卖盘五档之上的价格下单；

特别是向上突破性的跳空缺口，在竞价之时甚至可以涨停板的价格下单，这样，成交的概率才大；当然，成交的价格是盘中即时的价格。

这里的“破档上跳空”属于突破缺口，是缺口的重点，也是买进的绝佳位置。对这种形态，我们可以用黄金分割线进行预测和判断股价回调的支撑和上涨的阻力位，以便在可能的目标位附近提前做好操作准备。

在这里买进就是“借力”——借助主力的力量，享受主力拉升的乐趣。炒股一定要学会“借力”，借用其力。《韩非子·五蠹》：“故群臣之言外事者，非有分于从衡之党，则有仇雠之忠，而借力于国也。”《史记·伍子胥列传》：“不如奔他国，借力以雪父之耻。”《水浒传》第七四回：“（燕青）把任原直托将起来，头重脚轻，借力便旋四五旋，旋到献台边，叫一声：‘下去！’。”古今中外，善“借力”者都能轻松地达到自己的目的。借力也是一门艺术。

实例一　300624 万兴科技

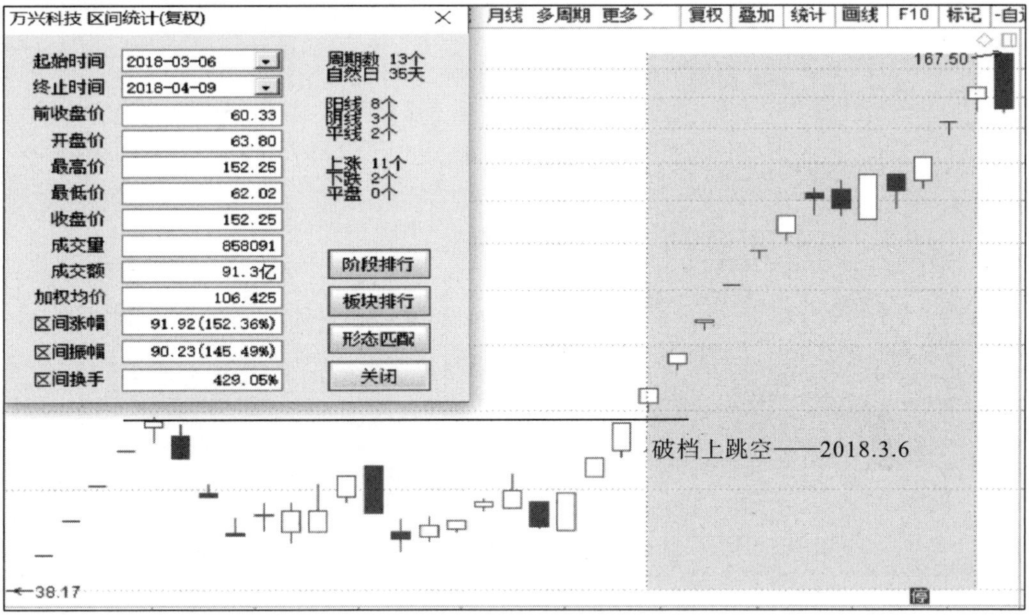

图 28—1　破档上跳空

实例二　002806 华锋股份

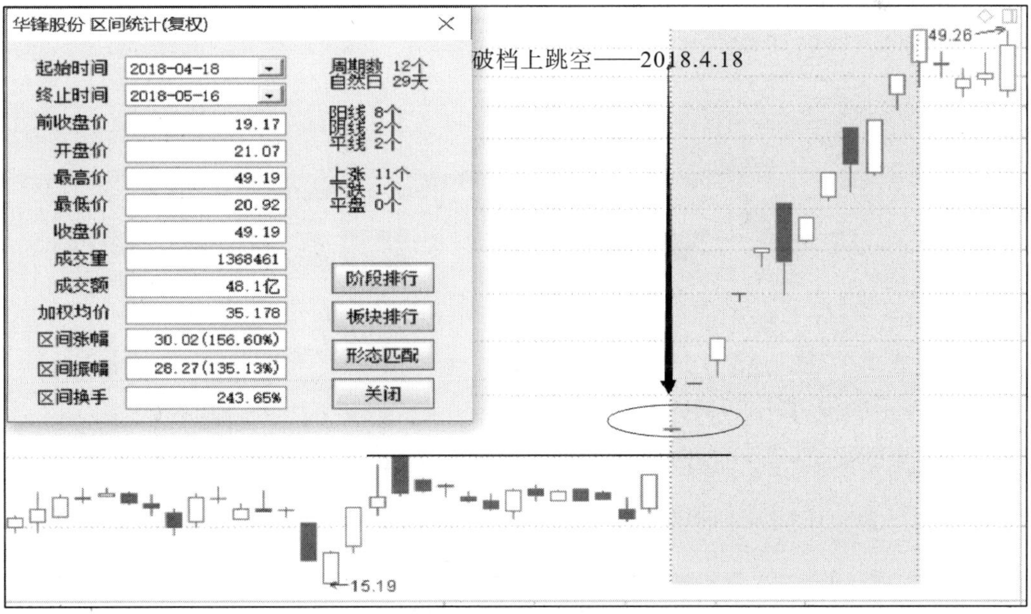

图 28—2　破档上跳空

实例三　002939 宏川智慧

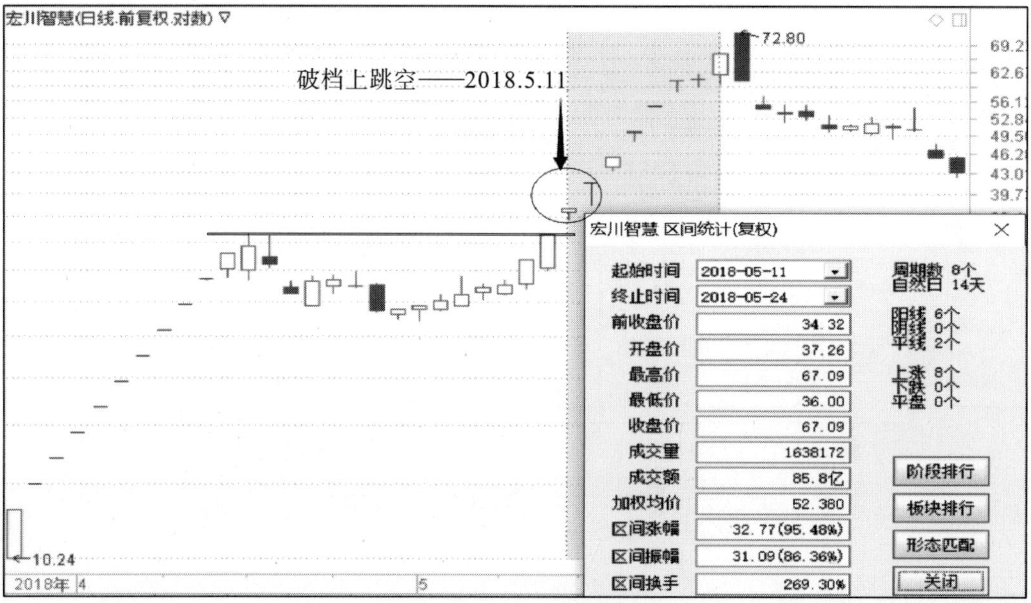

图 28—3　破档上跳空

实例四　002941 新疆交建

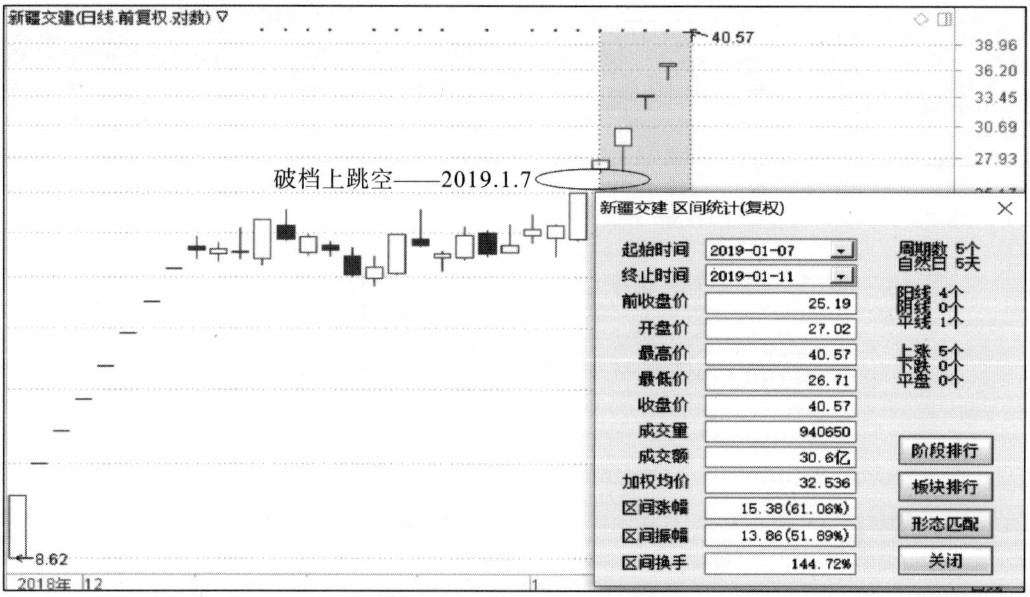

图 28—4　破档上跳空

雪梅的升华

在深圳荔枝公园的诗词长廊里刊登了一个诗词故事，说郑板桥刚到扬州，就被柳先生拉去参加在“小玲珑山庄”举行的元宵节诗会。

主人十分慷慨，邀集了差不多扬州的所有文人，满园梅开雪堆，满桌水果点心，满堂欢声笑语。主人对大家说，今日雅兴，以梅与雪为题，请大家作诗，如有佳作，击鼓奏乐，燃放鞭炮。文人们纷纷献诗，但这些诗都很一般，主人有些失望，便请柳先生作诗。柳先生推荐郑板桥，说郑的诗比自己好上十倍。郑板桥也不推辞，对着窗外的雪花吟出：

一片两片三四片，

在座的人听了，有点莫名其妙。郑板桥接着吟出第二句：

五六七八九十片。

大家开始笑了，这也叫诗呀？分明是数数儿呢！柳先生也沉不住气了，心想，今天可出丑了。郑板桥还是若无其事地吟出了第三句：

千片万片无数片，

在座的人全都哄堂大笑、前仰后合，就在笑声中郑板桥吟出第四句：

飞入梅花都不见。

笑声立刻停了，接着，大家鼓掌叫绝。柳先生长长舒了口气，主人兴奋地高喊：“放鞭炮！奏乐！”

在这个诗词故事里，当郑板桥以数字描写纷纷而下的大雪的时候，众人不解其意，由小笑到大笑直至哄堂大笑，一句“飞入梅花都不见”犹如画龙点睛，是一个质变的转折点，也将诗的境界推向了高潮！形容了盛开的梅花竟然超过了纷纷而下的大雪！梅花在雪花的映衬下升华到了最高境界！雪梅的升华来自于郑板桥的神来之笔。回想起个股中的主力，在建仓的时候，不就像郑板桥对雪的描写吗？当筹码积累到控盘的时候，一个跳空缺口向上起飞，股价就发生了质的变化，掀起了一波主升浪。这个时候，众多的散户才恍然大悟，原来如此！

29. 破档下跳空：卖

经典原文

【破档下跳空】是与破档上跳空相反的形态，一旦冲出牛皮档往往行情会朝下发展，所以空头可乘胜追击。牛皮盘档为期不一，最小的也须一周以上。图中的破档下跳空，如果再朝下朝二段下降发展，先前的牛皮就可称为“盘档整理”。一旦遇到这种典型利空讯号，空头可持续抛售。

图-破档下跳空

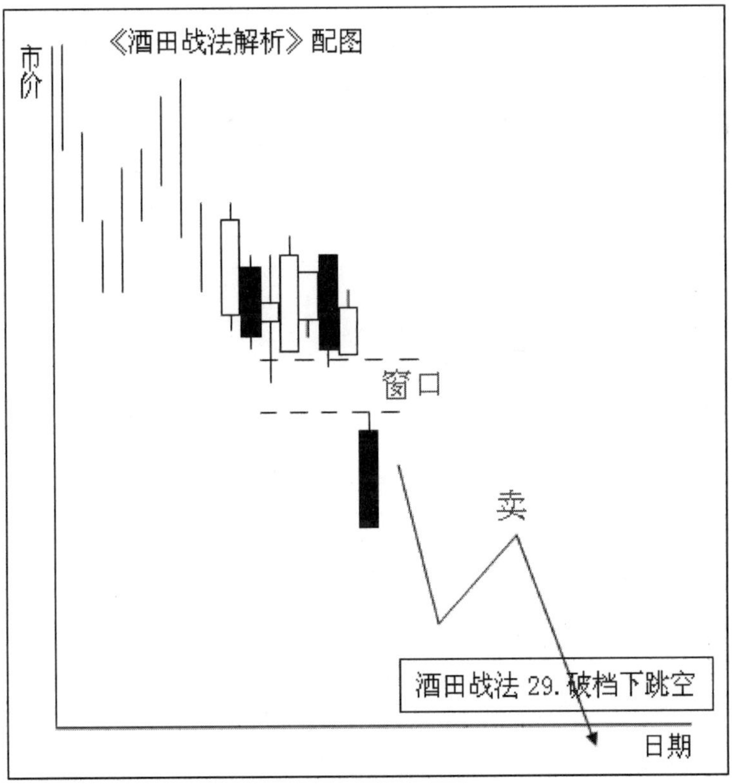

张华解析

向下的跳空与向上的跳空同样具备四种形态，只不过是方向相反而已。

股价向下跳空时，就像一把从高空向下下降的尖刀，力度会越来越大；在它未落地之前去伸手，其结果一定会被尖刀扎透，留下一串血淋淋的记忆。

一般来讲，在缺口出现时，不妨观察半个小时，如果半个小时之内不能向上回补开盘出现的向下的缺口，那预示着价格还会继续下跌，因而在其后的反弹时出局最佳。如果开盘半小时内没有出局，其后当天盘中逢高必须出局，绝对不能抱有任何幻想！

对这种形态，我们可以用黄金分割线进行预测和判断股价回调的支撑和反弹的阻力位，以便在可能的目标位附近提前做好操作准备。

实例一　300518 盛讯达

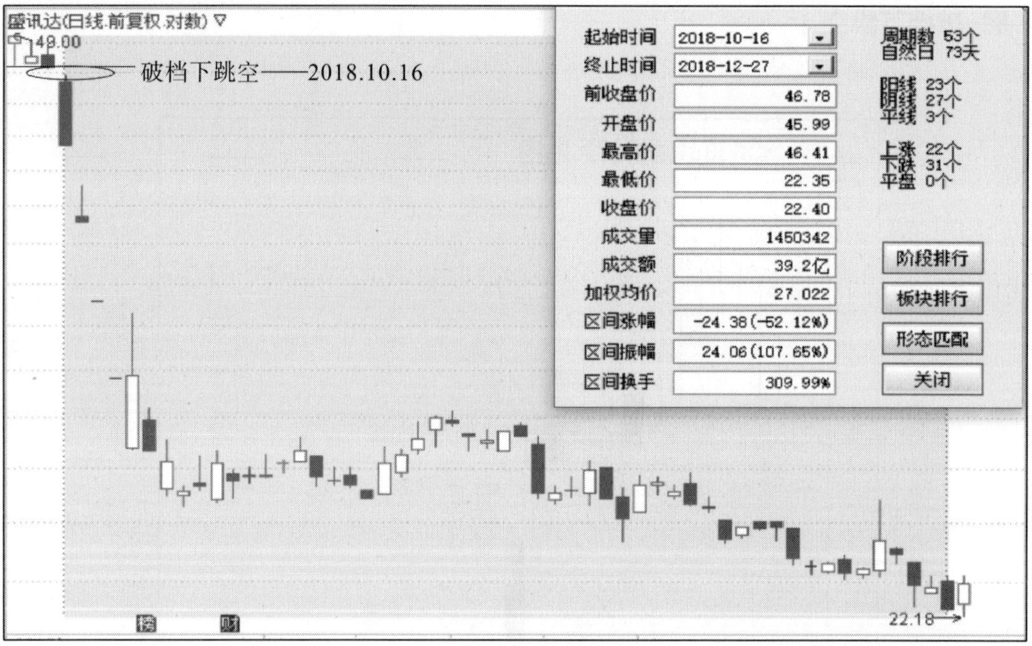

图 29—1　破档下跳空

实例二　600240 华业资本

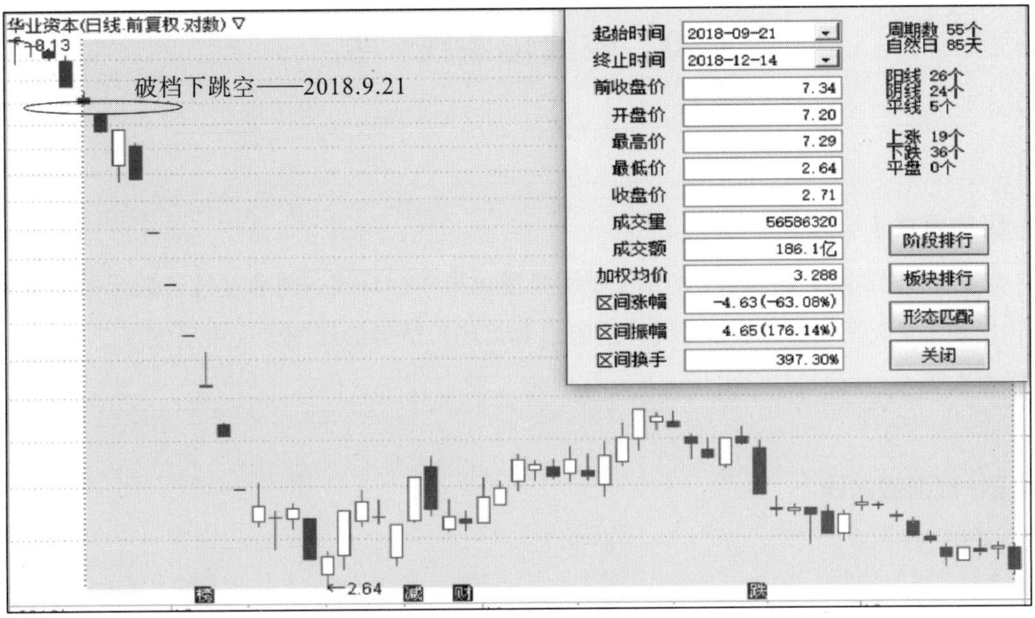

图 29—2　破档下跳空

实例三　300761 立华股份

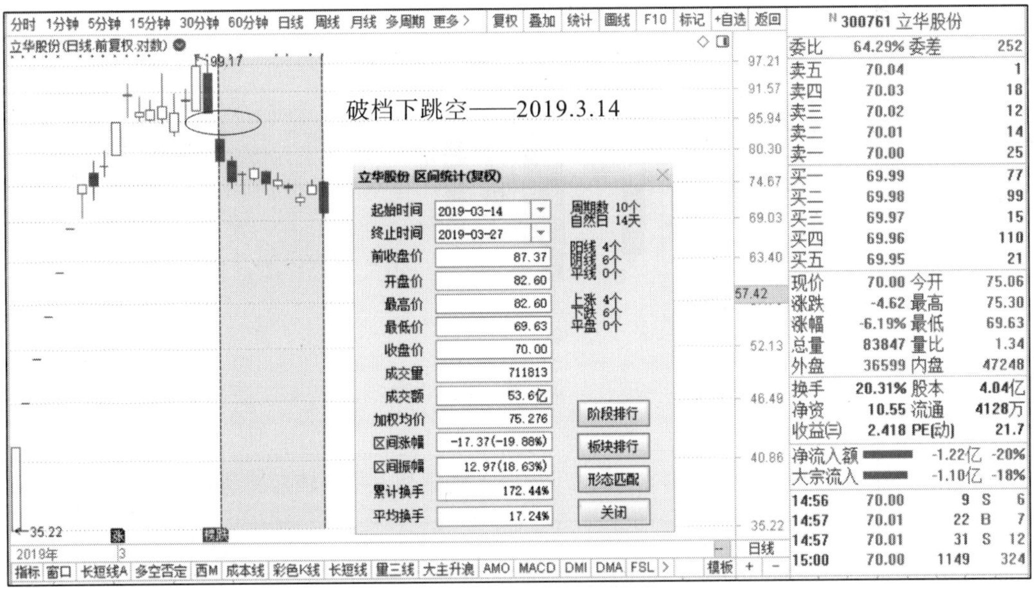

图 29—3　破档下跳空

30. 破前覆盖线：买

经典原文

【破前覆盖线】例如图中的第七根阴线覆盖第六根日线，随后经过了数天的回落，再出现一根大阳线突破前覆盖线，这暗示着市场行情将继续朝多头市场发展，所以可以再次买入。

图-破前覆盖线

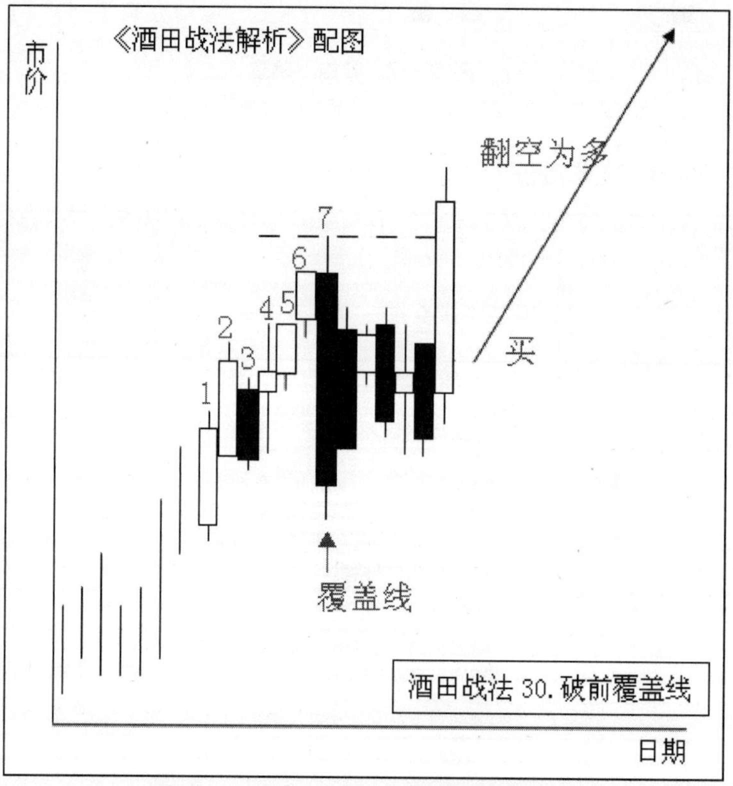

| 张华解析 |

原文对这种形态解释得很清晰。

对这种形态，我们可以用黄金分割线进行预测和判断股价回调的支撑和上涨的阻力位，以便在可能的目标位附近提前做好操作准备。

需要注意的是，分析股价的形态一定要与盘中坐庄的主力运作的阶段、手法结合起来。

不管坐庄的主力是赢、是亏、是死、是活，散户只要掌握好时机，便可以大赚一把。

因为，主力只要坐庄，就必然要拉抬股价，这就是散户的机会。

为什么有的散户把教科书、各种形态规则、操作要领背得滚瓜烂熟，操作起来却仍然赚不了钱，甚至亏损？其中的主要原因就在于没有看清主力的运作阶段，不是从全局来分析形态，往往只看局部的形态。踏不准主力运作的节奏，哪能不亏损？

实例一　002708 光洋股份

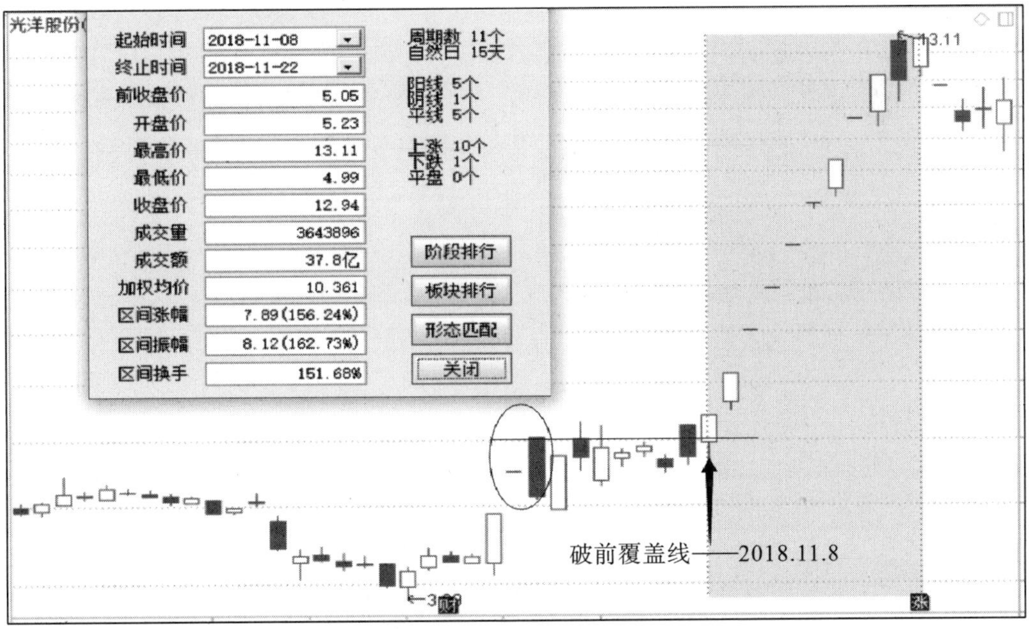

图 30—1　破前覆盖线

实例二　002824 和胜股份

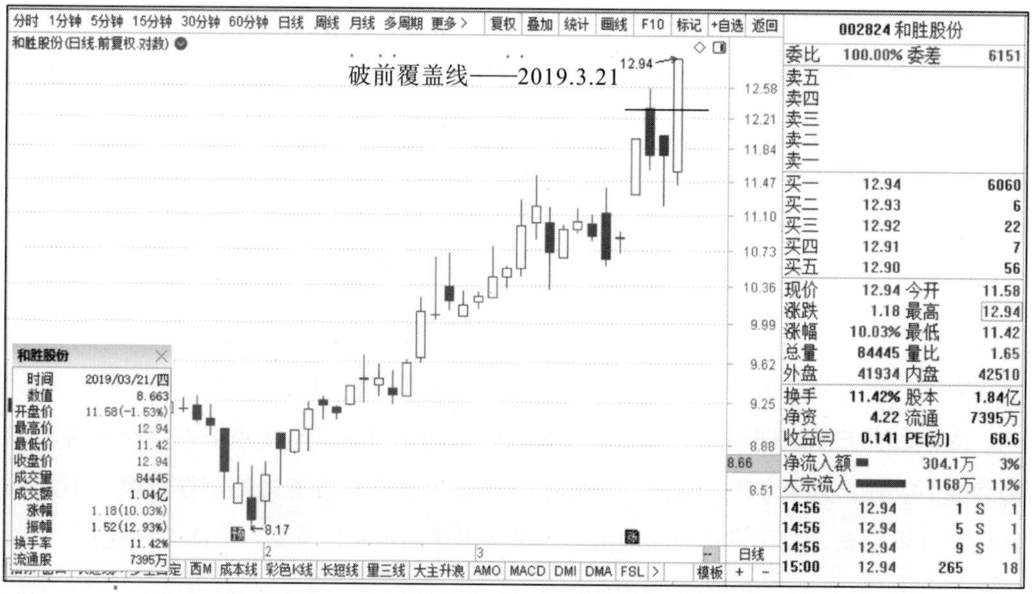

图 30—2—1　破前覆盖线

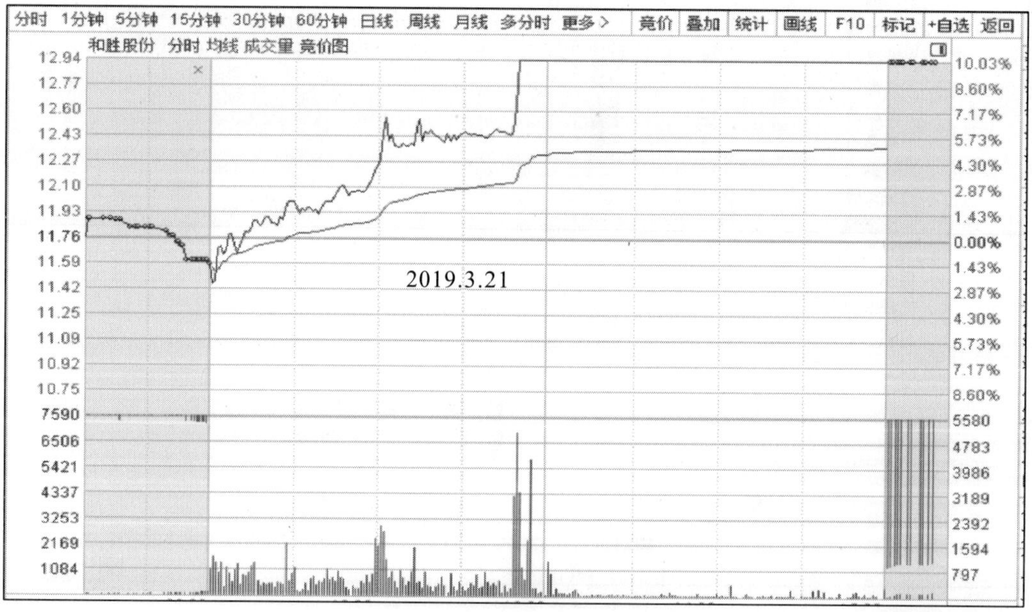

图 30—2—2　破前覆盖线分时图

支撑线与压力线

一、支撑线与压力线的含义

支撑线是指股价下跌到某个价位附近时，会出现买方增加、卖方减少的情况，从而使股价停止下跌，甚至有可能回升。见图支撑线和压力线（1）。

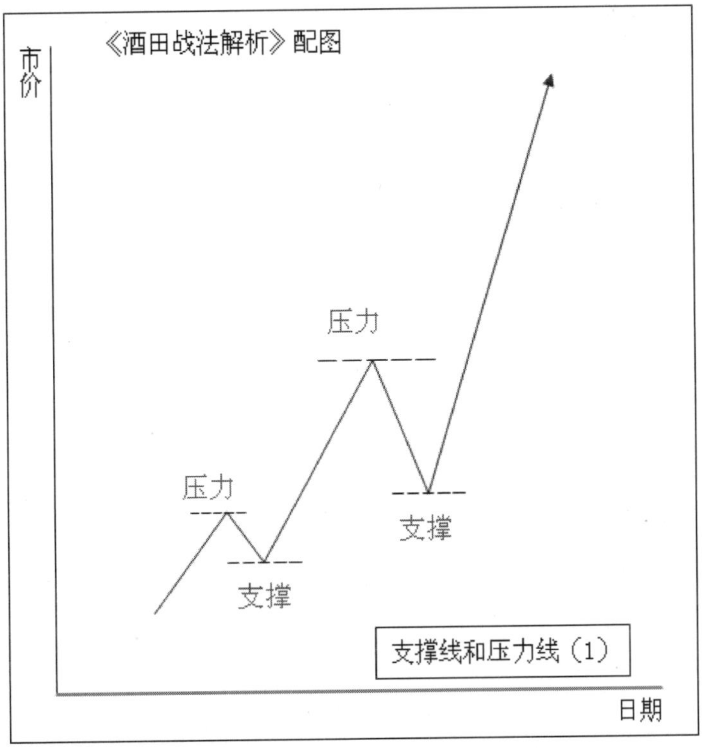

支撑线和压力线（1）

压力线是指当股价上涨到某价位附近时，会出现卖方增加、买方减少的情况，从而使股价停止上涨，甚至回落。见图支撑线和压力线（2）。

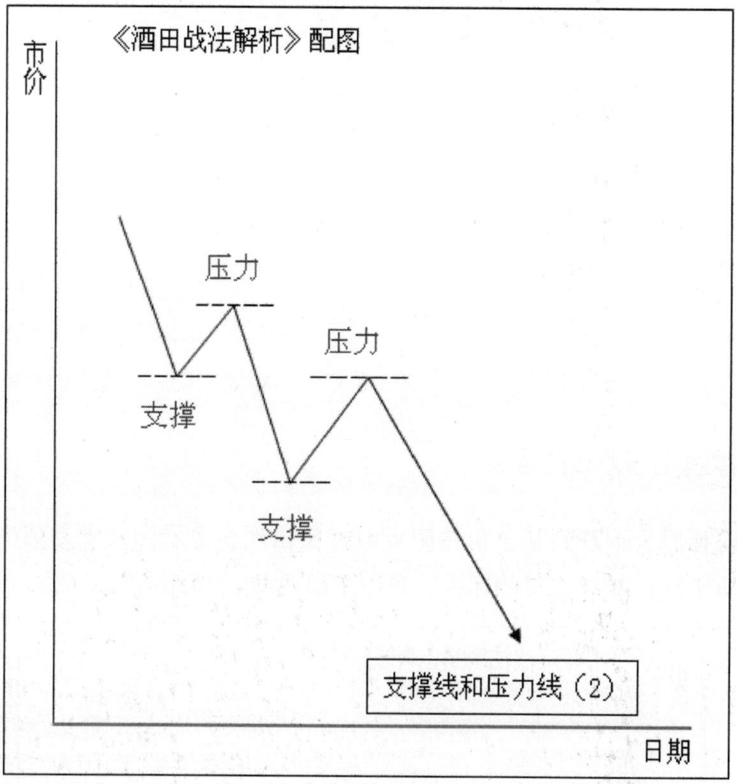

二、支撑线与压力线的作用

第一，支撑线和压力线有被突破的可能。

第二，支撑线与压力线又有彻底阻止股价按原方向变动的可能。

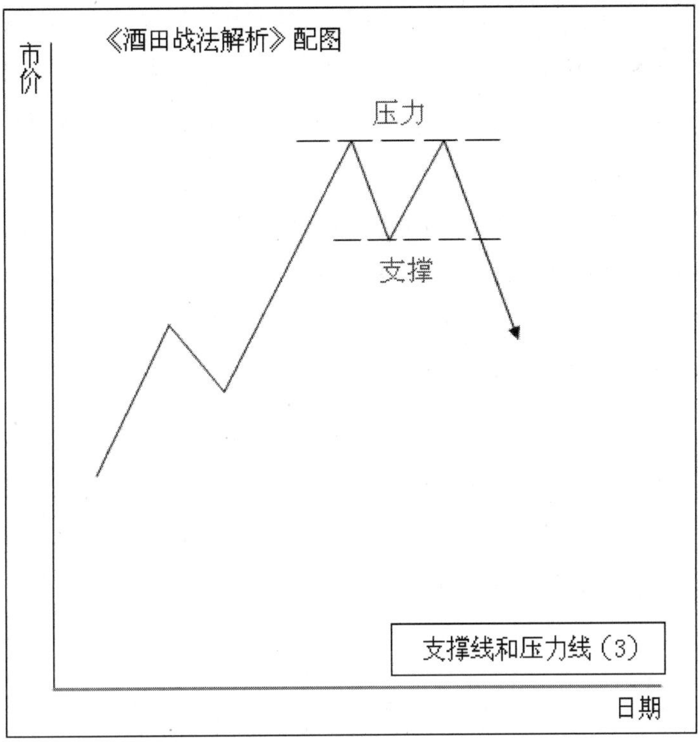
《酒田战法解析》配图
市价
压力
支撑
支撑线和压力线（3）
日期

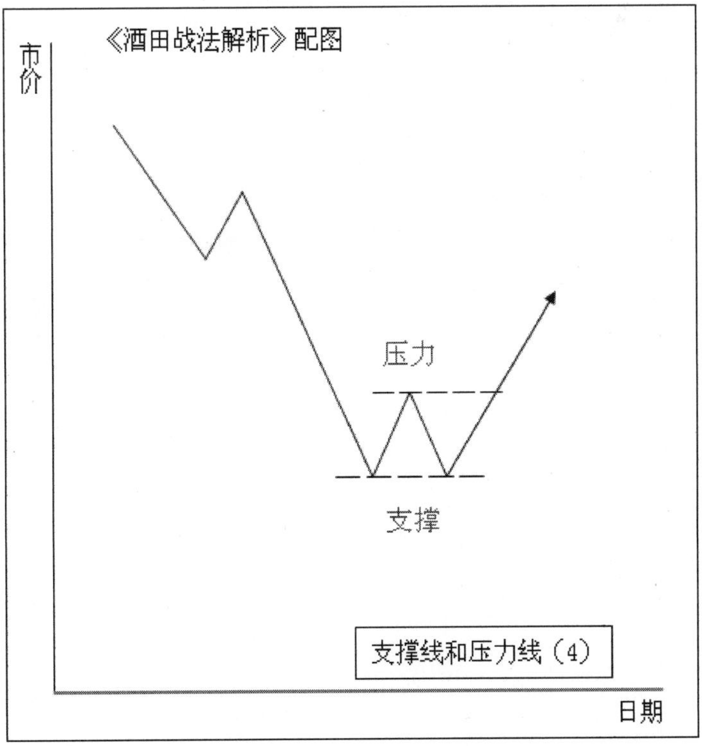
《酒田战法解析》配图
市价
压力
支撑
支撑线和压力线（4）
日期

三、支撑线与压力线的相互转化

一条压力线被突破，这个压力线将变为支撑线；同理，一条支撑线如果被跌破，那么这条支撑线将变为压力线。

在上升趋势中，当压力线被市场以足够强大的幅度向上穿越后，就演变为支撑线。

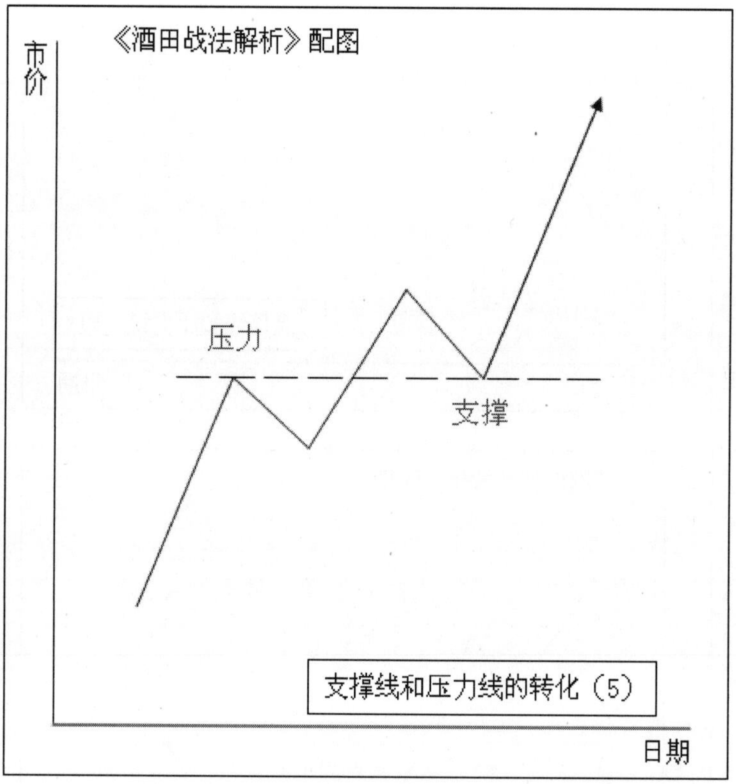

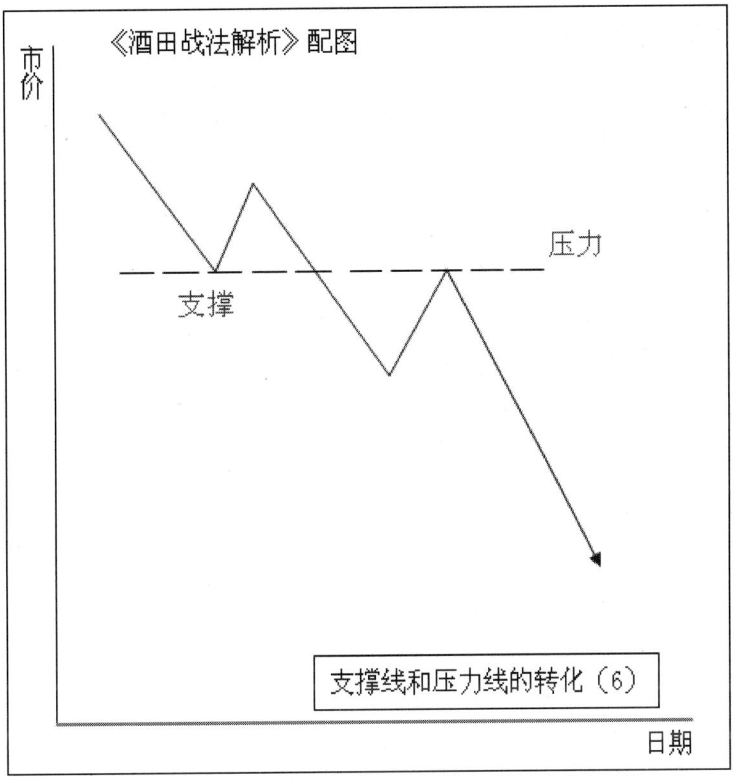

在下降趋势中，如果支撑线被跌破，则演化为压力线。

可见，压力线与支撑线不是一成不变的，而是可以改变的，这个改变要有股价强而有力的突破才可以。突破的标准是多少？有人认为突破幅度为10%、有人认为突破幅度为3%、有人认为突破幅度为5%，到底哪一个突破幅度比较好，要看市场的环境，要看个股所处的位置，要看盘中主力做盘的意图，这些要随着市场方方面面的变化而定夺。但注意，最少的突破幅度也必须达到3%，否则，假突破的时候多。

31. 低档五连阳：买

经典原文

【低档五连阳】是指在下降的走势当中，突然出现连续五根阳线，这是买方誓死防御，致使空头有些招架不住。通常在这种线型出现之后，空头常会认败回补，随后就造成价格的大幅上升。

图–低档五连阳

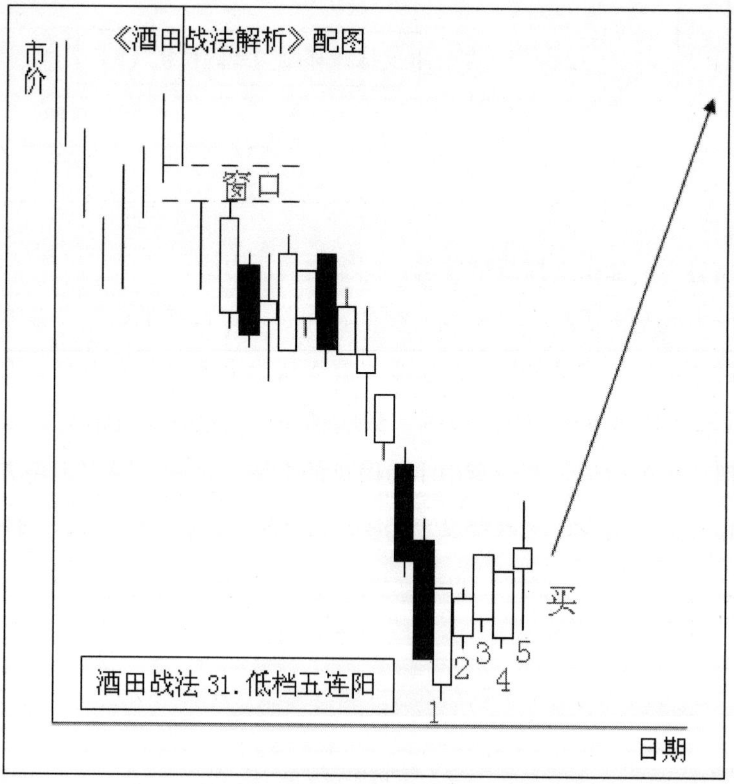

| 张华解析 |

低档五连阳——显示价格在这个部位已经很难再跌下去了。这里就是阶段性的底部，行情可能即将反转！

这里显示买盘的力量大于卖盘的力量；

股价跌不下去的时候，你要坚持买进。当价格向上突破了 8 日均线，就是进场买进的关键时刻了；

如果坚持下去，机遇迟早会降临到你的头上！

一个半途而废的人，永远不可能成功；成功的人，绝不会半途而废。

要想成功，必须下苦功！

禅师黄檗曾写诗一首：

学道犹如守禁城，
紧把城头战一场。
不受一番寒彻骨，
怎得梅花扑鼻香。

实例一　002243 通产丽星

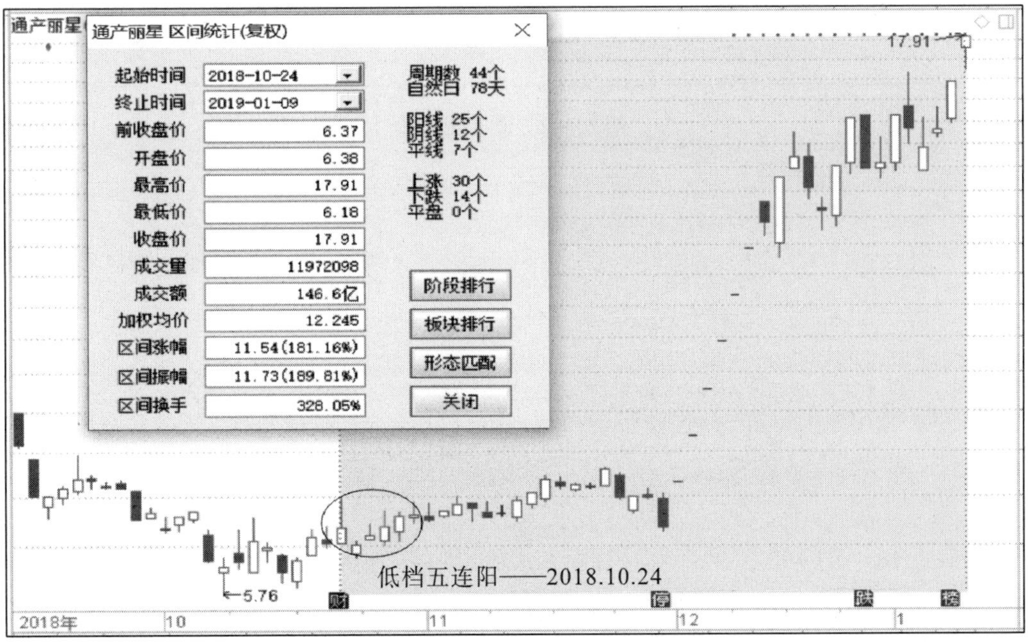

图 31—1　低档五连阳

实例二　000100 TCL 集团

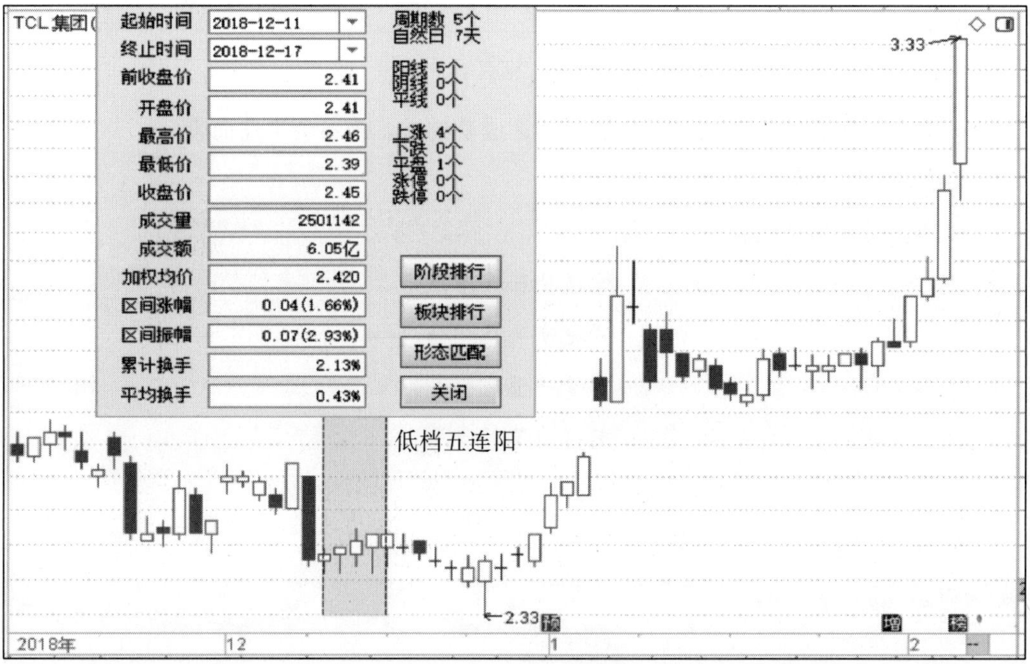

图 31—2　低档五连阳

32. 高档五连阴：卖

| 经典原文 |

【高档五连阴】是指在上升的走势途中，突然出现五根连续的阴线，这是行情看坏的明证。在上端连续出现五根阴线，这表示空头固守阵线不稍退让，随后多头可能会了结抛售，导致空头乘胜追击。

| 图-高档五连阴 |

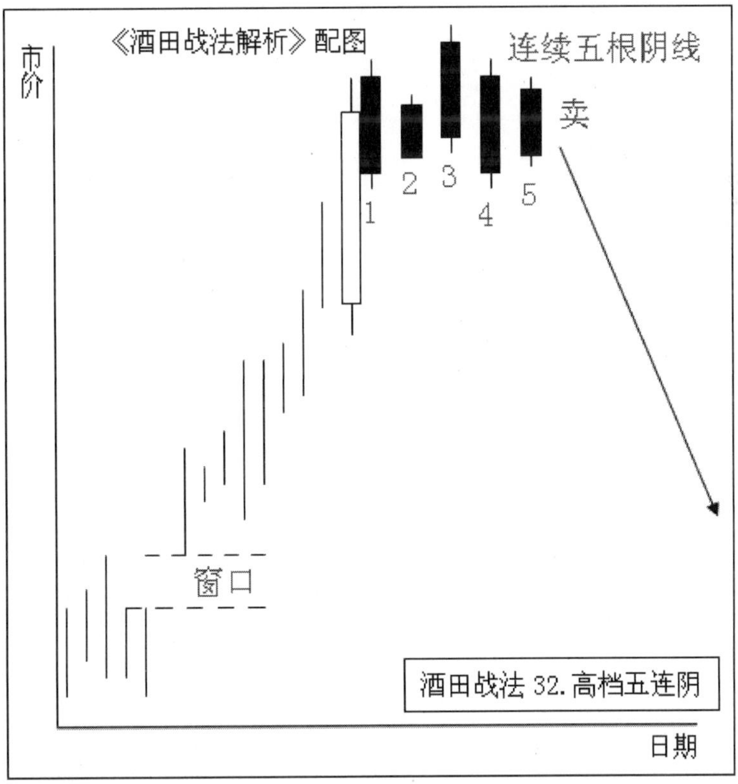

| 张华解析 |

高档的五连阴告诉我们，价格在这里连续的向上测试都没有越雷池一步，说明抛压非常严重，它将面临反转下跌；

如果有利空的消息出现，经常是断崖式、跳水式的下跌；

五连阴之后如果反弹就是获利了结的最佳区域。摆脱亏损、迷茫的最好办法就是读经典图书。

这里的成交量通常不是非常大的，是知情的主力将价格维持在高位缓缓地出货；

如果其后价格向下击穿了 8 日均线，就是卖出离场的关键时刻了；

散户最大的敌人，不是坐庄的主力，而是散户自己。不能改正自己的缺点、错误，又如何能够打胜仗?

找到自己的缺点、错误，及时改正，比每天操作更重要！不登高山，不知天之高也；不临深溪，不知地之厚也。

不要给自己留下任何退路，要么成功，要么就是死路一条。人常是“置之死地而后生”!

实例一　002542 中化岩土

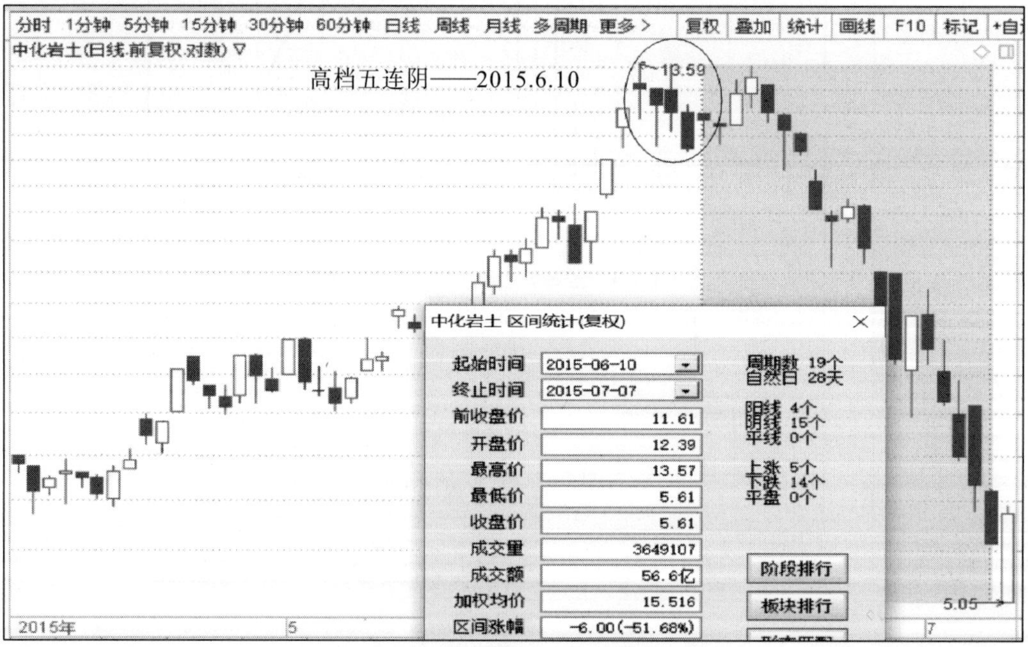

图 32—1　高档五连阴

33. 低档转化线：暂观

| 经典原文 |

【低档转化线】在原以为下挫的走势中，突然冒出一根大阳线阻挡前路，这究竟是喜是忧？暂时还无法确定，必须再往后看衔接的是什么线。不过，可以确定的是下挫之势已受到阻碍，再往下跌已十分有限。如依图中翌日再出下阴线，显然仍是空头的持续抛售。

| 图–低档转化线 |

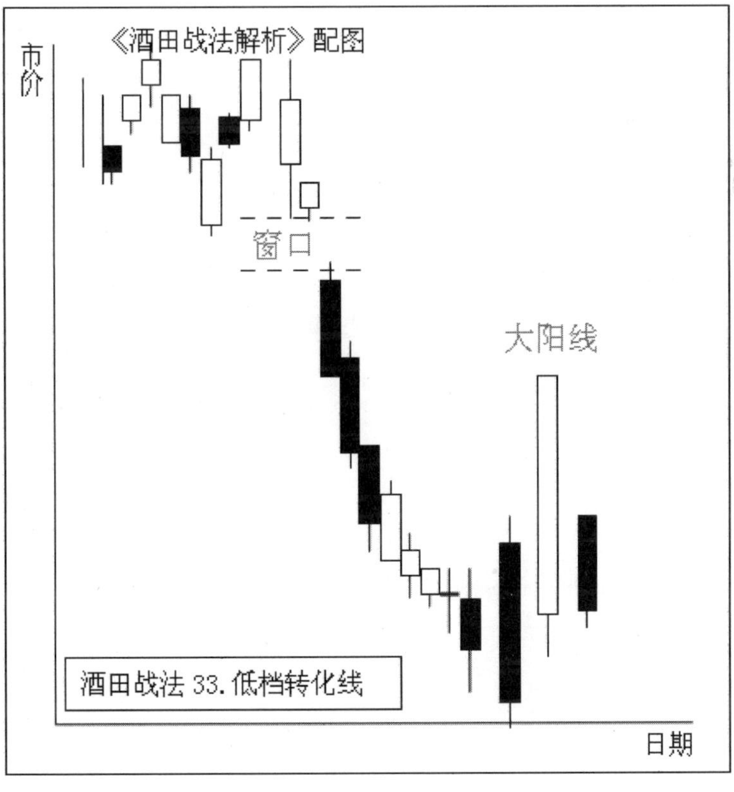

张华解析

当突然冒出大阳线的时候：

第一，要看看是否是板块的联动；

第二，如果不是板块的联动，要看看是否有特殊消息的影响；

第三，如果也不是，那再看看成交量是否急剧地放大；光靠突然的阳线无法知悉价格变化的虚实，唯有价量配合才能真正洞悉价格变化的方向；

如果都不是，那必然是主力在骗线，是下跌途中的一个反弹——主力在引君入瓮。因此，暂观是最佳的选择。

不知道在跟谁做股票的散户，经常把骗线看成机会，把洗盘看成出货，把拉升看成骗线，把出货看成洗盘。假如真的如此，不妨再错位分析，就可以纠正自己的错位了。

实例一　002114 罗平锌电

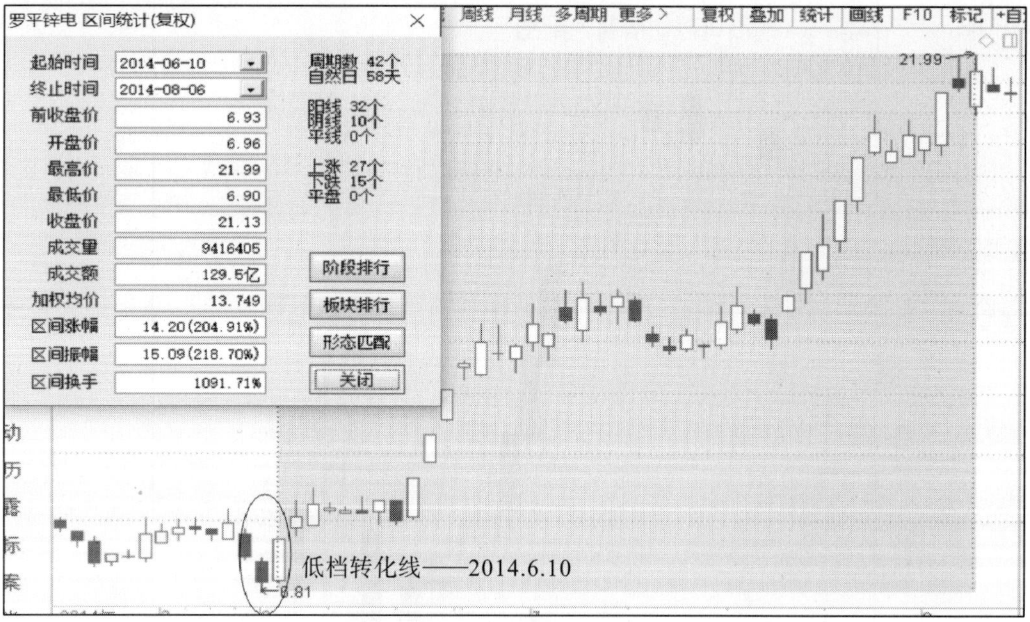

图 33—1　低档转化线

实例二　600157 永泰能源

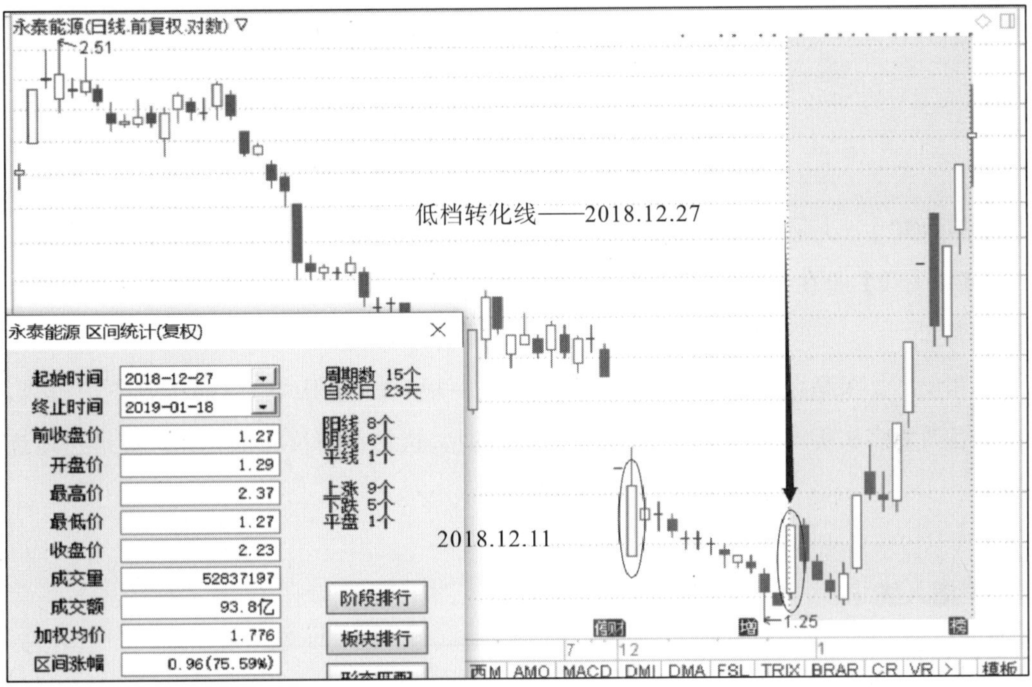

图 33—2　低档转化线

看盘小技巧

运用葛兰威尔的移动平均线八大法则时要注意，葛兰威尔法则的不足是没有明确指出投资者在股价距平均线多远时才可以买进卖出。但结合 BIAS 指标就可以弥补这个缺陷。BIAS 的基本原理是：如果股价偏离移动平均线太远，不管是在移动平均线上方或下方，都有向平均线回归的要求。

34. 插入线：买·卖

经典原文

【插入线】是在上升的走势当中，突然出现一根阴线插入而位置稍高，这时应随时准备转卖。

相反，如果是在下跌的走势中，突然插入一根反转的阳线，这时千万不可抛售，应准备改为多头买入。如果连出十根创新低价时，这是行情反弹的先兆，应迅速地连抢买。

图-插入线

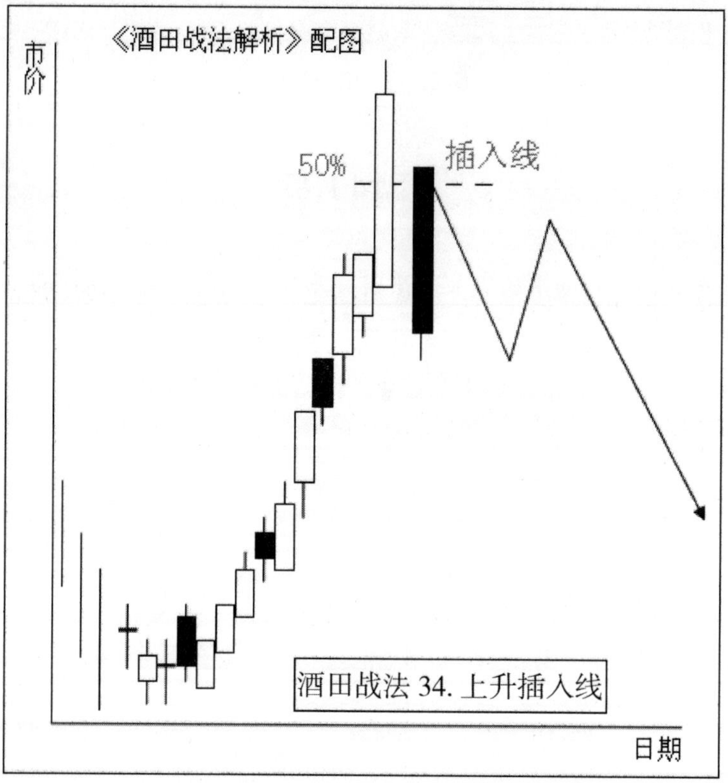

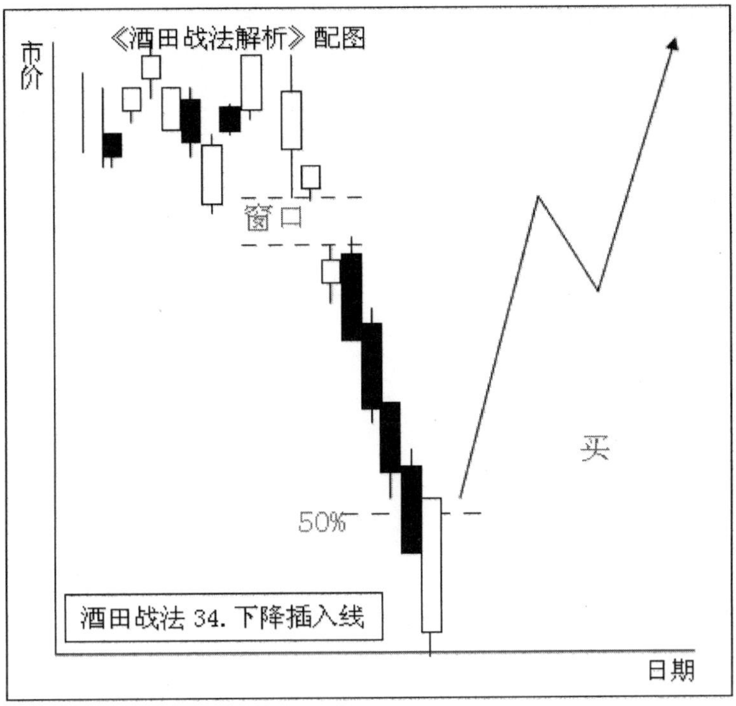

丨张华解析丨

下降插入线形成的第一个条件是低开高走，第二个条件是在盘中突破了前一个交易日 K 线的 50%。这两个条件都必须具备，没有例外。

如果能把插入线与上升趋势线结合起来，那常常是一个洗盘结束的最佳买点。

插入线的次日，看开盘价再做定夺亦是可行的。

不见兔子不撒鹰！不见机会不出手！该出手时就出手——空仓狙击涨停板，这才是散户的投资法宝。

相反，高位的插入线形成的第一个条件是低开低走，第二个条件是在盘中下跌时击穿了前一个交易日 K 线的 50%；

如果价格继续下跌，又击穿了前一个交易日 K 线的最低价，那必跌无疑；

知道做什么，很重要；但要做得好，必需遵守纪律。遵守纪律、付诸实践才是最困难的！

一些人经常抱着没有指望的股票，期望它回到原位，这是最愚蠢的事。最好赶快脱手，分析自己失误在哪里，而不要急于换股票。犯错误的原因没有找到，换的股越多，亏得也越多！

实例一　000622 恒立实业

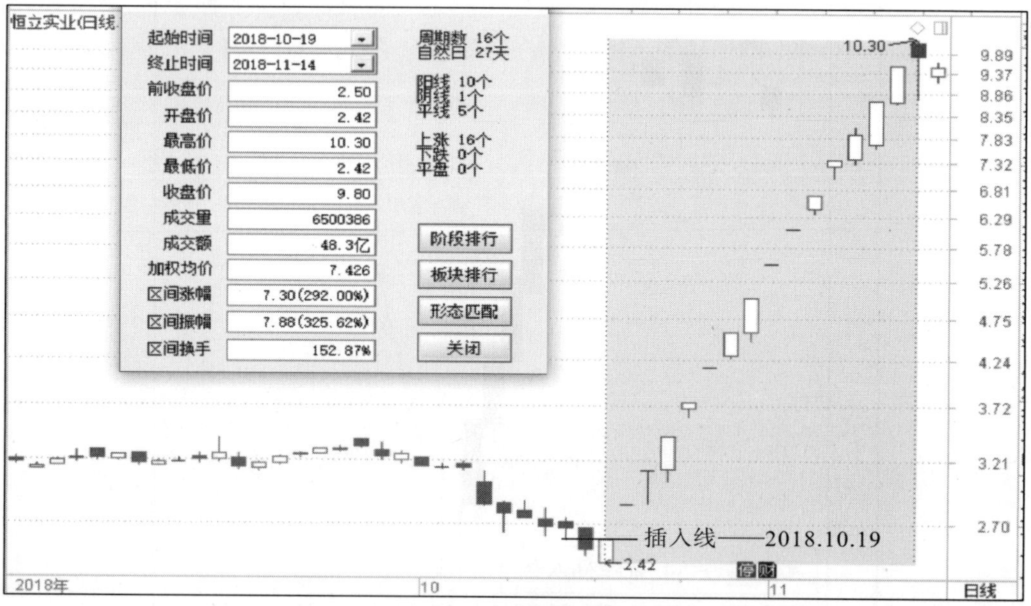

图 34—1　插入线

实例二　002733 雄韬股份

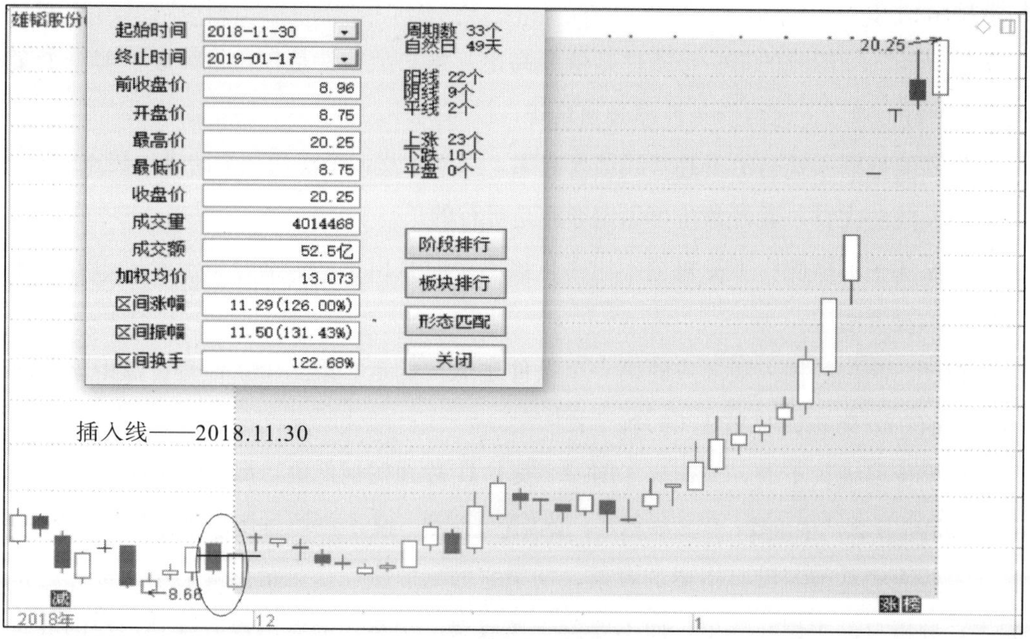

图 34—2　插入线

35. 低档小跳空：买

经典原文

【低档小跳空】是指在低价圈中的小幅牛皮档中，突然出现一根跳空的“小阳线”，这使得原本低迷的市场为之一振。一般出现这种“小阳线”时，随后往往会有一连六天的上涨。虽然这只是一个小上涨讯号，但是空头还是平仓回补的好。

如果是小阳线上端出现较长的影线，这又表示上升曾遭遇一些阻力，如此一来，往上跃升的机会就比较小。

图–低档小跳空

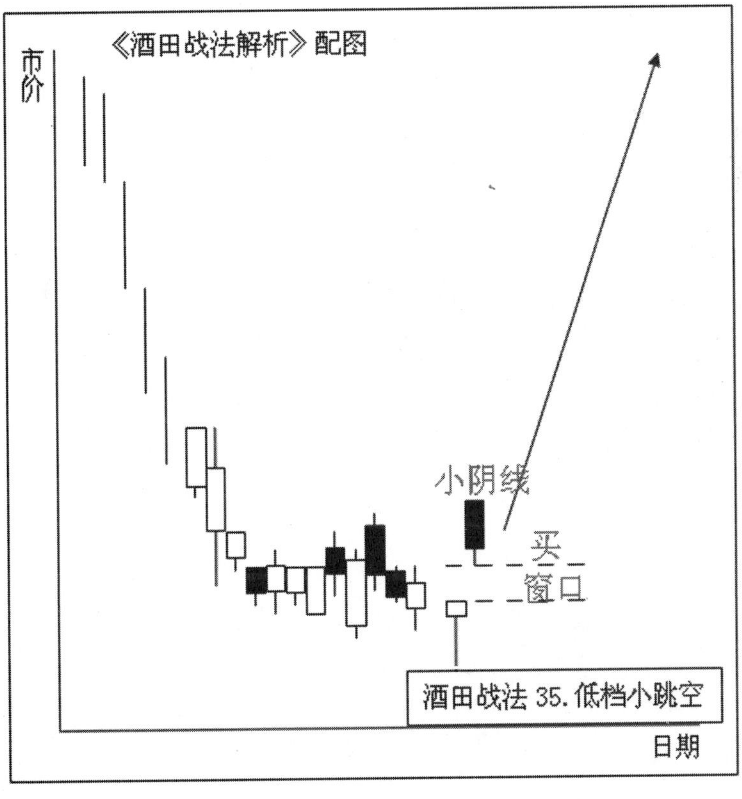

| 张华解析 |

股价在低档盘整一段时间、以下阻线探底成功后，跳空越过了近期盘整的高点，当天跳空后交易价格一直运行在缺口的上方，盘中没有回补缺口，这就是做多力量爆发后持续强大的表现。

这里当天没有回补缺口，有时收出一根阳线；如果收出阳线，那么会有几天的上涨，不一定是六天；要谨防其后回补缺口，因为上涨的趋势在这里没有形成。

有时会收出一根阴线（其实是一根假阴线）。

如果收出的是“假阴线”，要谨防次日向下回补跳空的缺口；从买卖盘的挂单可以发现“假阴线”次日主力操盘信号，在卖一上挂的是红盘价格，而买一上则是大幅低开的价格，是一次绝佳的机会。“花开堪折直须折，莫待无花空折枝”。如果次日没有向下回补跳空缺口，反而继续上涨，只要越过假阴线的最高价，也有几天的上涨。

把握住低档小跳空的机会，会有一波段的上涨，但不要有太高的奢望。

实例一　002137 麦达数字

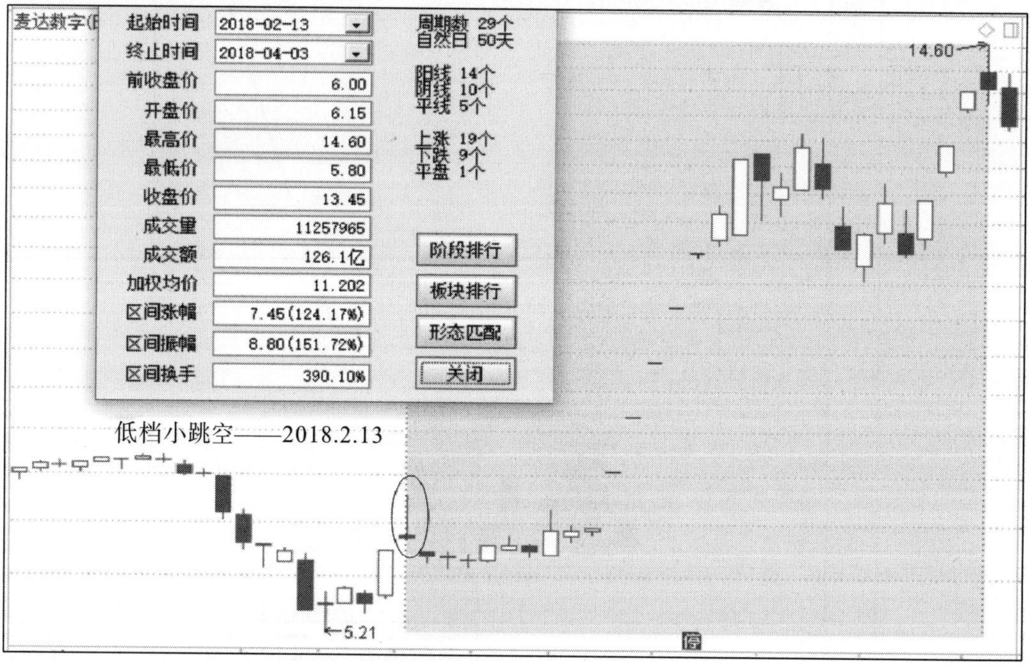

图 35—1　低档小跳空

实例二　002367 康力电梯

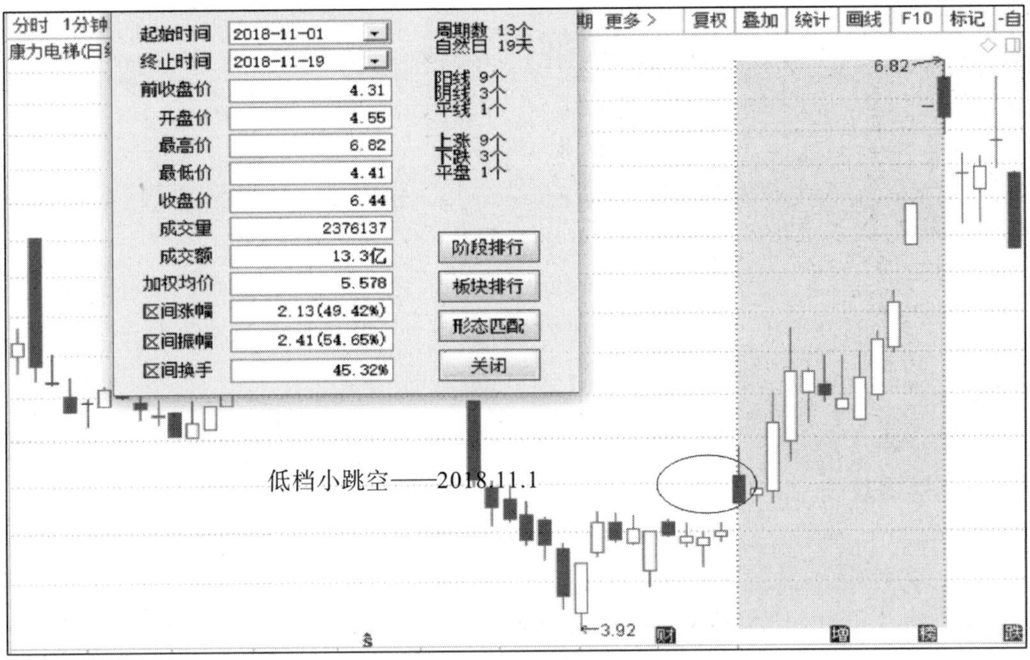

图 35—2　低档小跳空

看盘小技巧

高送转：高送转概念股是资本公积金转增股本。高送转，首先要有高积累，衡量的标准是较丰富的资本公积金和未分配利润，这是高送转的财务基础。股价越高，高送转的可能性越大。可以理解成公司对原有用于扩大再生产的资产（资本公积金）的其中一部分进行股票化。

36. 回落覆盖线：卖

经典原文

【回落覆盖线】指图形最后第三根出现大阴线，它几乎包括了前面的上升走势，翌日又回落缩小成孕出线，最后再以稍高的黑线覆盖其上。像这种情况出现时，是抛售的讯号之一，尤其是当出现在高价区时，应立即抛售。

图-回落覆盖线

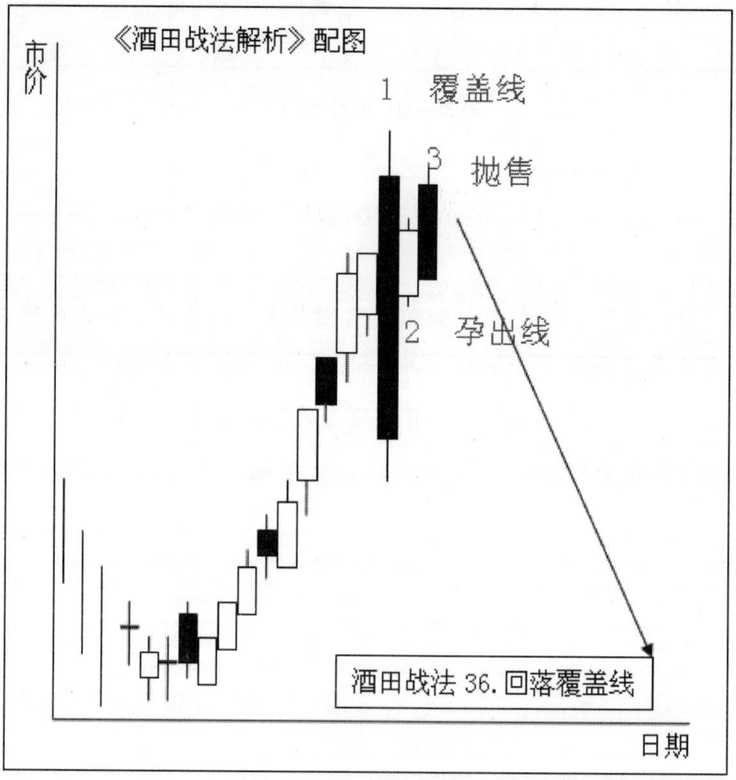

| 张华解析 |

股价经过一波上涨，在阶段性的高位，出现这种回落覆盖线的形态，就是即将下跌的讯号。

特别注意图中第一根大阴线，穿头破脚，本身就是空方力量大于多方的标志，如果再加上急剧放大的成交量，那无疑是主力在出货；

虽然第二日是根小阳线，又构成高位的孕线形态，也是多方力量减弱的形态；

第三日，高开低走，如果其后价格向下击穿了 8 日均线，就不能有任何上涨的期盼了，在这里卖出是唯一的选择。

操作股票，要把握的是节奏、机会。但是机会只属于有准备的人，没有准备的人，既把握不住机会，也把握不住节奏。看来，在股海里搏击，只有不断努力，机会才会垂青于你。要知道，“宝剑锋从磨砺出，梅花香自苦寒来”。

实例一　002054 德美化工

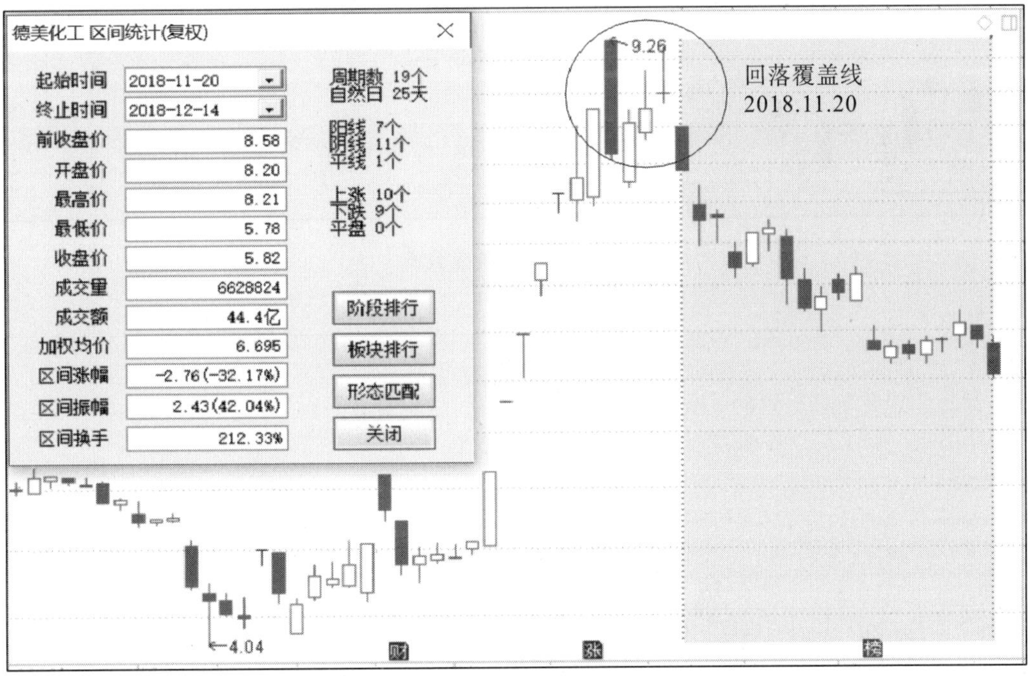

图 36—1　回落覆盖线

实例二　600632 光莆股份

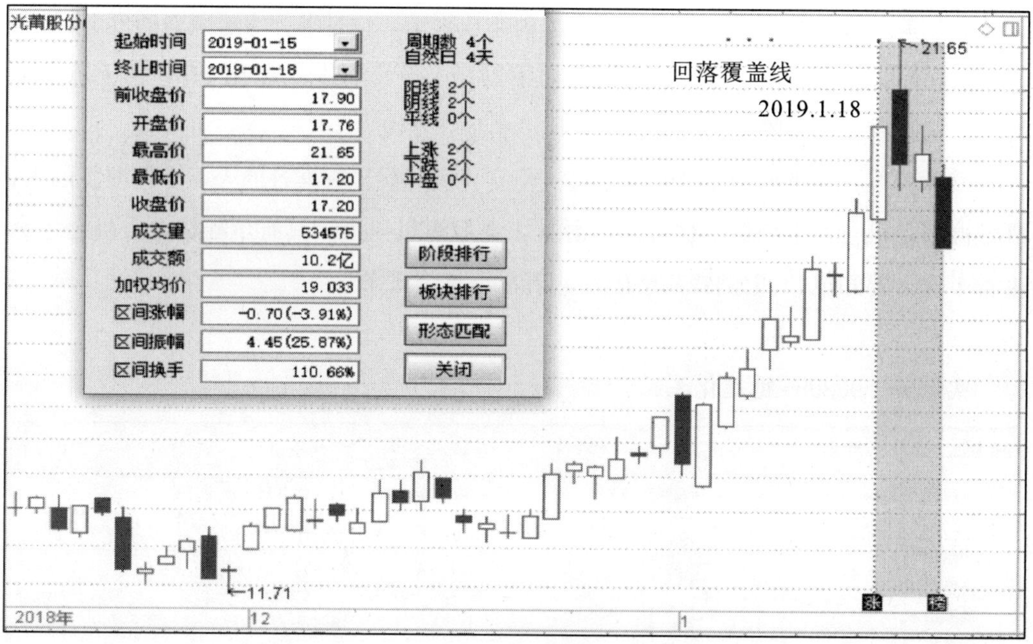

图 36—2　回落覆盖线

37. 大阳前阻线：卖

| 经典原文 |

【大阳前阻线】是在一连串的上升走势中，先出现两根回落的阴线，原以为可能再出一根阴线而形成“黑三兵”，不料却出现一根大阳线挡住去路。

一般人会误以为这是一种大涨的讯号，其实不然。因为这种一鼓作气冒出的大阳线，经常属于“骗线”！尤其是处在高价区时出现的这种大阳线，不出数日行情就崩溃了！所以大阳前阻线是“大跌”的前兆！

| 图–大阳前阻线 |

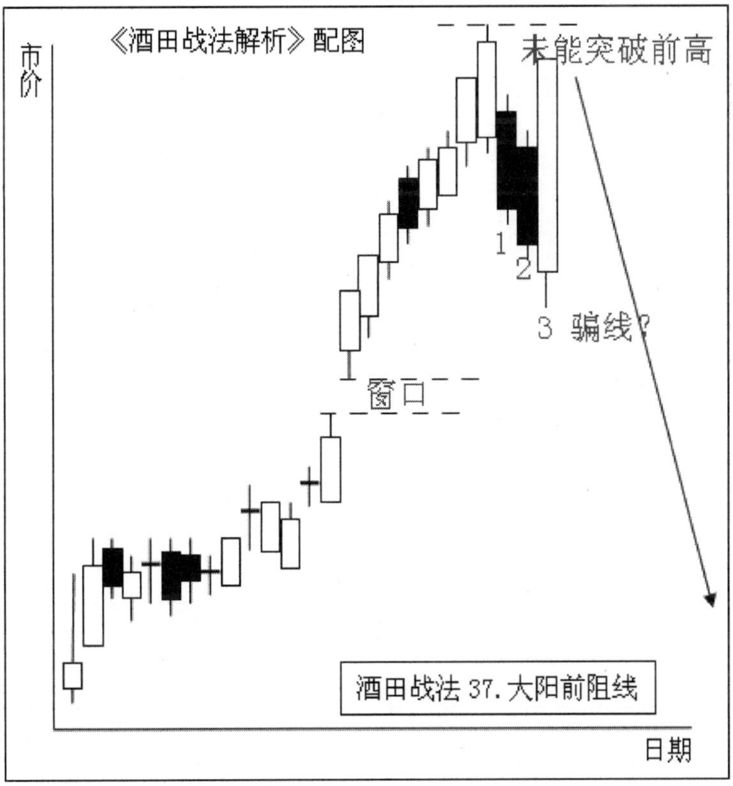

| 张华解析 |

这一根低开高走的大阳线，盘中虽然突破了连续下跌的两根阴线，似乎有止跌回升的迹象，但它并未突破前高。在这个位置，一定不要被一天的长阳迷惑了，要分析注意：

第一，这一波上涨之后，前期出现的跳空缺口是否属于消耗性的缺口？如果是消耗性的缺口，那么大跌也就在眼前；

第二，对比大阳线对应的成交量与二阴线对应的成交量，是否有主力出货的量；

第三，注意这一鼓作气的大阳线在盘面上的表现形态；

第四，此后的价格如果向下击穿了 8 日均线，就是卖出离场的关键时刻了。

操作股票，一定要与“线、价、量、筹、盘口”这五个系统结合起来分析，这是操作的基本功；集中精力分析研究强势个股，分析股价所处的位置，如果在高位、如果主力在出货，那不是买入的位置，而是考虑如何卖出的位置了。要做到天价不买，地价不卖，不要企图抓到最高价和最低价，只吃中间一段已经是很好的了。

实例一　600536 中国软件

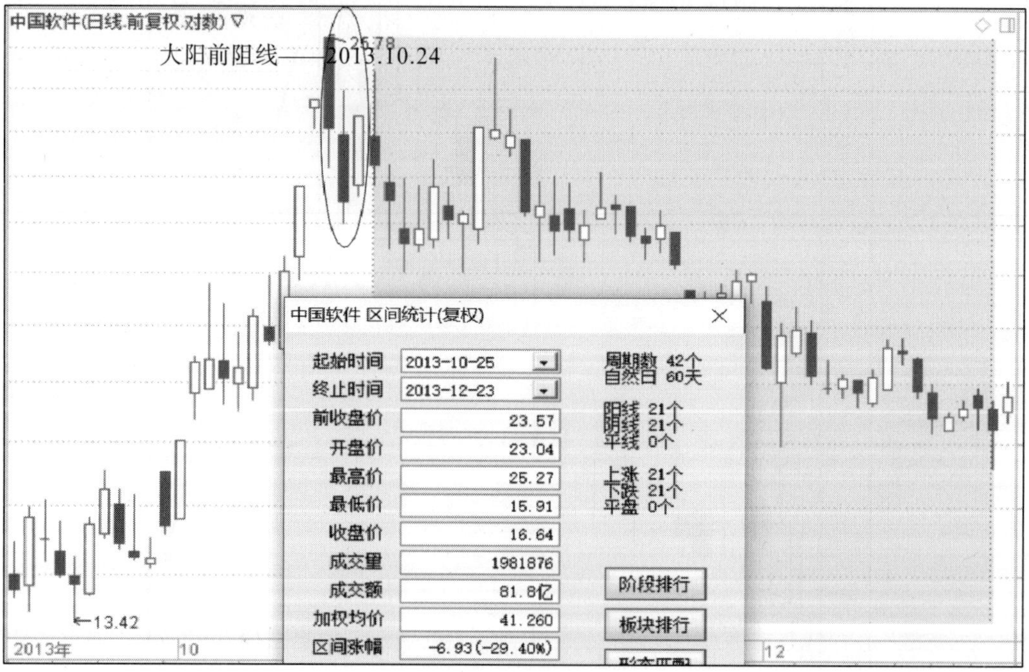

图 37—1　大阳前阻线

实例二　600776 东方通信

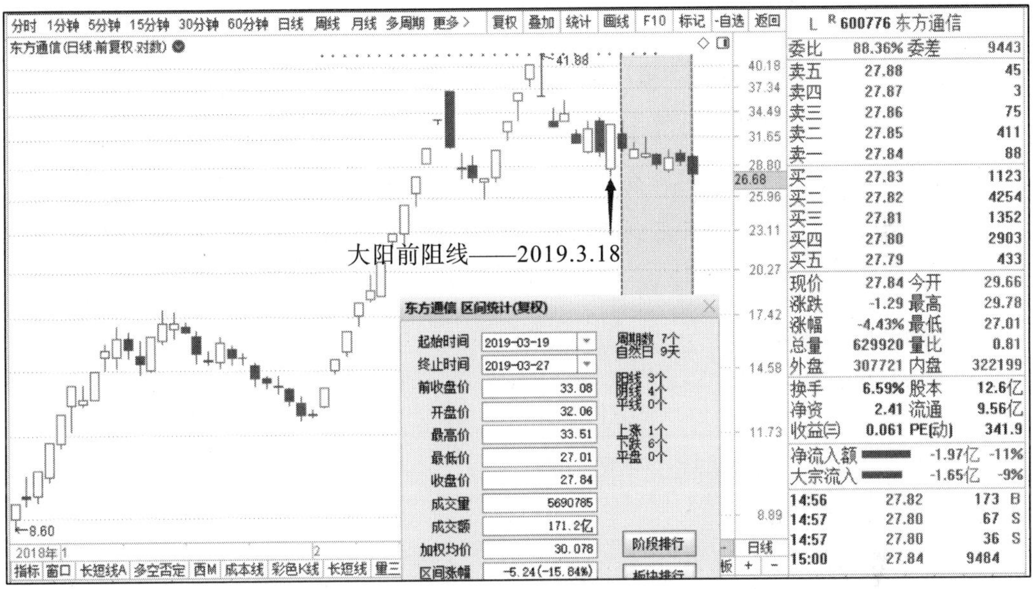

图 37—2　大阳前阻线

38. 破档三阳收十字星：卖

经典原文

【破档三阳收十字星】指在破档朝上连出三根阳线后，第四天突然冒出“十字星”，这是空头抛售的千载良机。因为十字星出现后，可能迅速回补前空，而且在一连高升的走势中连出三根阳线，也很容易引发高价警戒而回落。

十字星后的翌日，如再开低，很可能会引发多头大抛售，而造成市场行情崩盘。

图-破档三阳收十字星

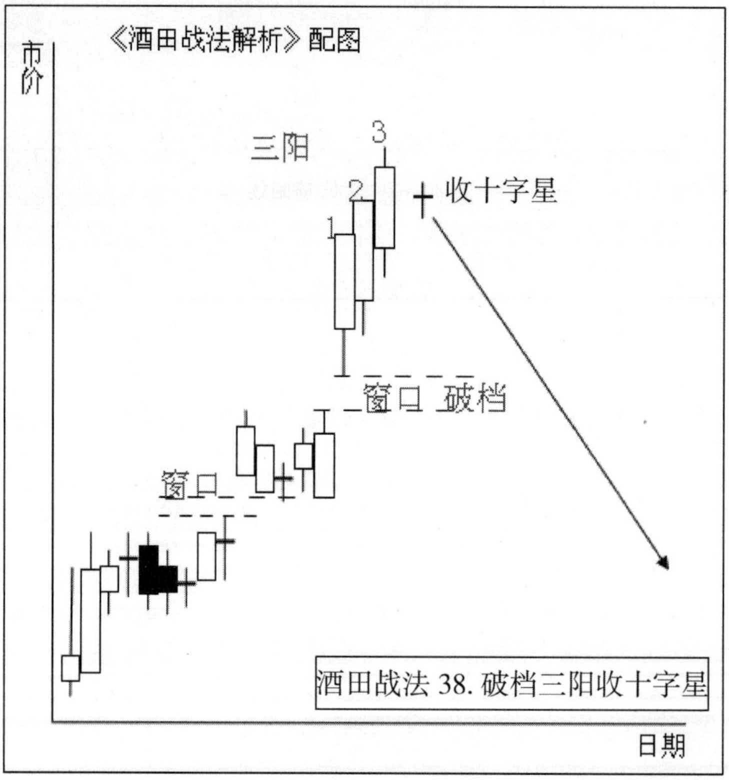

张华解析

破档跳空上涨，是多方力量的集中爆发，而且连涨三根阳线将多方的力量消耗殆尽，第四天跳空低开且收十字星，是多方无力再涨的标志，也是盘中获利方借机获利了结出局的标志；也宣告了这一波上涨到此动能已经衰竭，多空力量将在这里转换，此后空方的力量将大于多方的力量，行情将由上涨转换成下跌。

持有者应该在十字星接近收盘的最后一刻出局，不要再抱有幻想，不要和市场作对，市场永远是对的。

十字星的当日没有出局，那么次日股价低开之后的反弹又是一次逢高出局的良机，在这里经常是机不可失、时不再来！

实例一　002795 永和智控

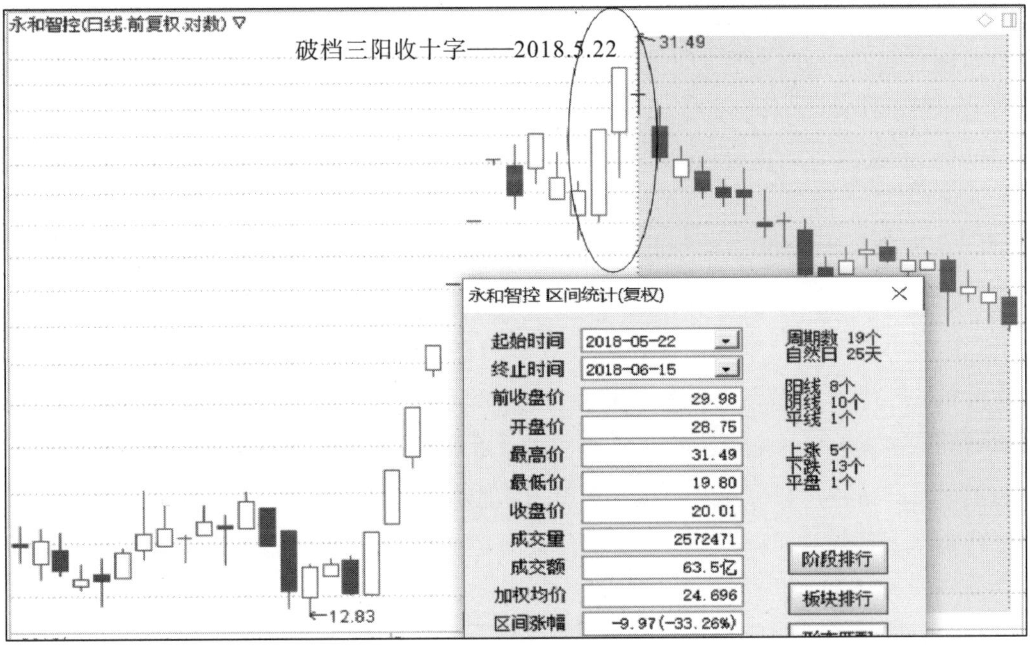

图 38—1　破档三阳收十字

实例二　000532 华金资本

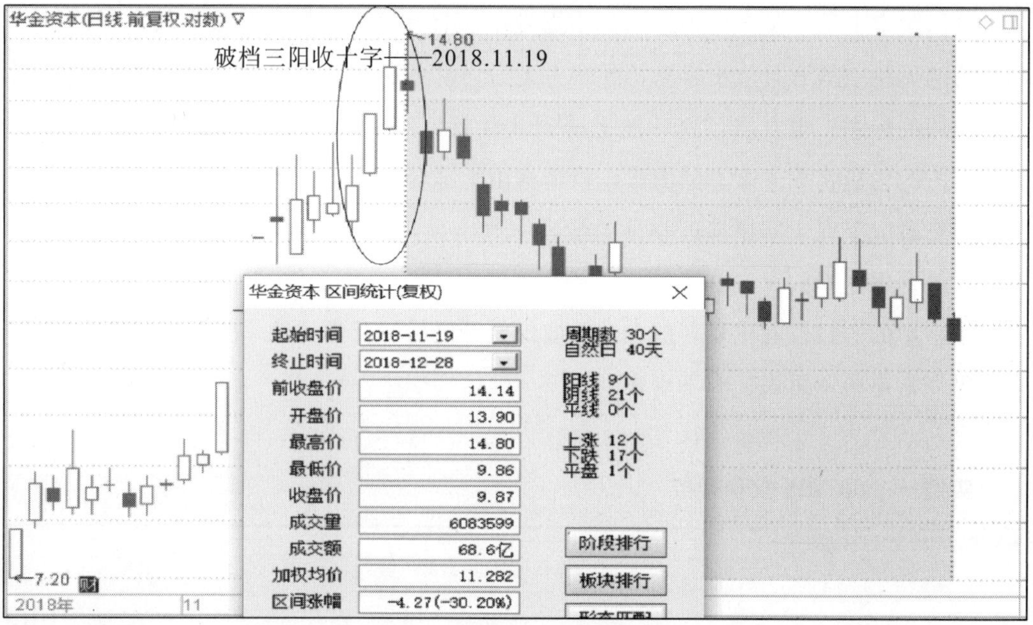

图 38—2　破档三阳收十字

看盘小技巧

运用K线时要注意：(1) 由多根K线的组合推测行情。无论是一根K线，还是两根、三根K线甚至多根K线，都是对多空双方的斗争进行描述，都是以各根K线的相对位置和阴阳来推测行情的。(2) 运用K线组合时，会出现不同的组合、会得到不同的结论，如何解决？那就要尽量使用根数多的K线组合的结论，并将新的K线加进来重新分析判断。一般来说，多根K线组合得到的结果比较可靠。

39. 牛皮破档并列红：买·卖

| 经典原文 |

【牛皮破档并列红】是在牛皮破档之后出现跳空双红并列的现象，一般可分成两种：（1）牛皮突破并列红；（2）牛皮跌破并列红。这种线型的两根并列阳线几乎是等长的。原来的向上跳空就是“上涨”讯号，连出两根更佳，如果翌日再大幅开高，就将成为“千里驹”的形态，投资人可以大量买入。

但是图（2）的线型正好相反，是牛皮向下跳空连出两根阳线的情况，而这两根阳线不等长，并且呈缩小的情势。这种“牛皮跌破并列红”的线型，是“加抛”讯号的一种，空头的一方应乘胜追击。

| 图-牛皮破档并列红 |

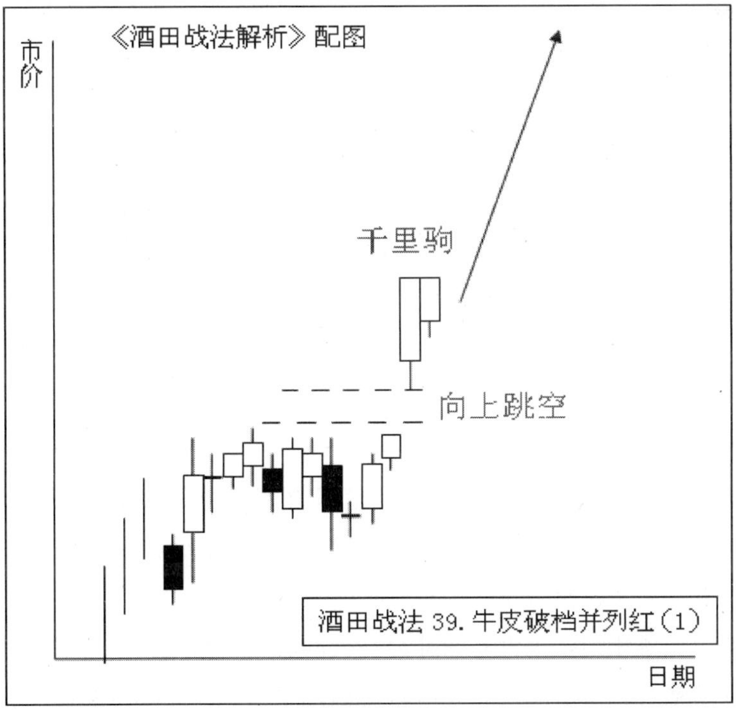

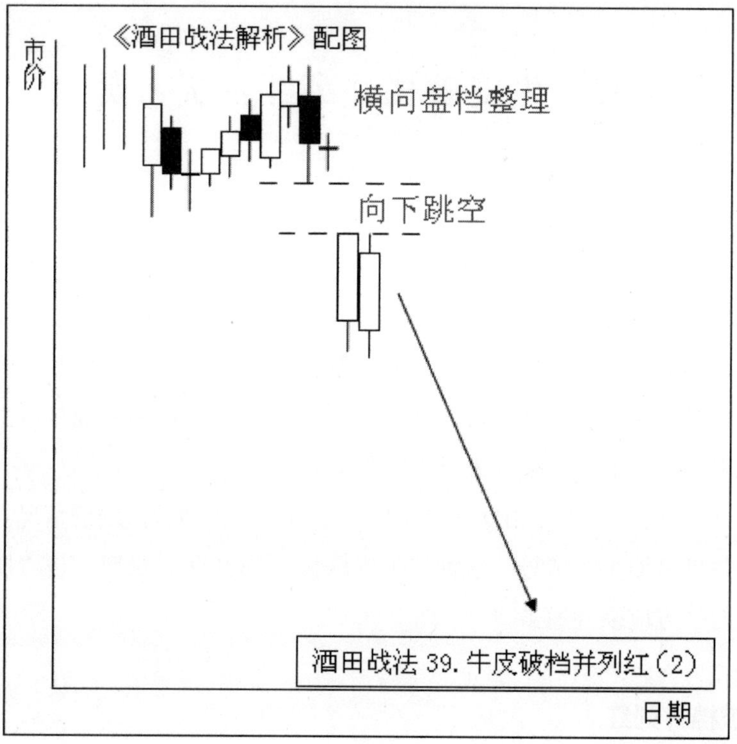

| 张华解析 |

两种机会，一种是向上、一种是向下。

把握好向上的机会，就是获取大利的机会。因为牛皮盘档数日，已经将没有耐心的持有人折磨出局，一旦跳空突破牛皮盘档就是上涨的信号。盘中的主力极有心计，跳空后次日低开不跌，又不大涨，就在这又一次的盘整中将部分持有者扫地出门，这里连续两天向上的“并列红”，实际上就是一次突破性的跳空缺口，就是一个“马千程”（一天之内驰骋千里的宝马），此后将迎来主升浪。喜欢主升浪的朋友，不妨看看我的《猎取主升浪》一书。

注意“并列红”的量与价；次日量可缩，收盘价不能低于前一日的收盘价。

把握住向下跌破盘整的并列红，就是在盘中出局的最佳良机。

股价向下跳空、半个小时不回补向下的跳空缺口，已经表明空方的力量是很大的，多方已经无力阻拦，更没有力量将价格拉起；

次日的低开上涨阳线，也没有回补前一天的缺口，两天的形态实际已经表明这里的跳空是向下突破性的跳空缺口，其后将大幅度下跌，因此牛皮跌破并列红是最后较好的出局机会。把握不住这次机会，面临的将是后悔没有及时卖出！

对这种形态，我们可以用黄金分割线进行预测和判断股价回调的支撑和上涨的阻力位，以便在可能的目标位附近提前做好操作准备。

实例一　300675 建科院

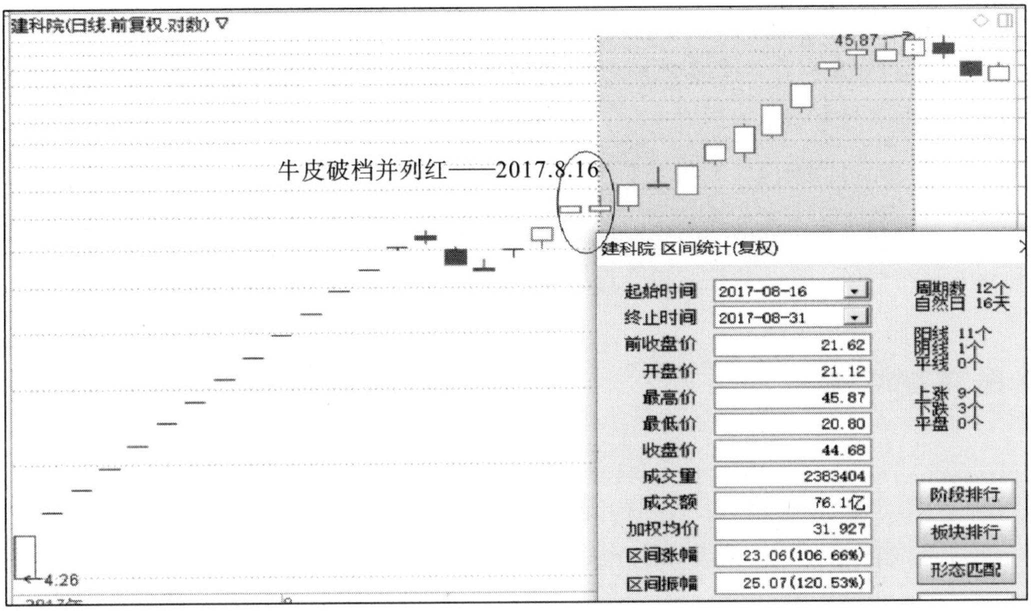

图 39—1　牛皮破档并列红

40. 下落跳双阴：卖

| 经典原文 |

【下落跳双阴】是一连的下落走势中，突然跳空而下落两根阴线，这是市场行情大崩溃的前兆，空头应全力追击之。

从图形中可以看出，在初次下跌的过程中，虽遭遇小幅阻挠（小阳线），但是随后就肆无忌惮地再出下挫的双阴线，接下来又是向下跳空的双黑，这时多头已溃不成军。所以在这个时候，空头应把握机会直捣黄龙。

| 图-下落跳双阴 |

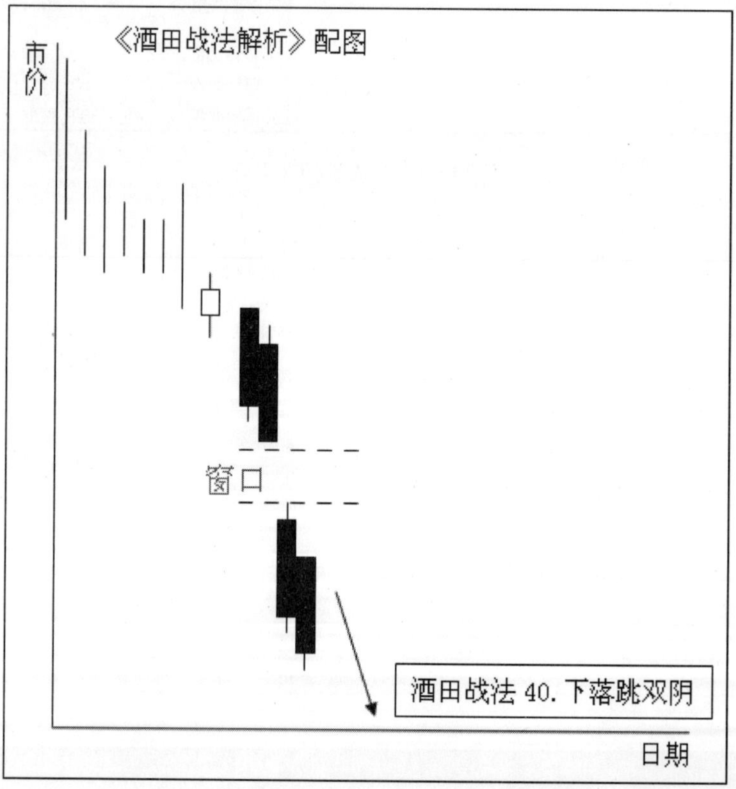

张华解析

这里向下的跳空缺口，不是突破性的就是持续性的；就是下跌持续形态的一种；后面会继续地下跌。

手中已经有该股的人要趁盘中反弹时能出手就出手，不要想着能在日后反弹时出手。既然下跌时如此惨烈，那跌不深、跌不透是不可能止跌的。

没有该股的人不要在下跌没有出现止跌反转的形态时就急于进场抄底，切记逆势操作是失败的开始，失败起因于资本不足和智慧不足。既然智慧没有达到以钱来赚钱的境界，那就不要急于进入股市这个资金与智慧的博弈场。

真正的投资家，是能看准股市的长期趋势，掌握先机，长期等待的人；只图短利而没有长远眼光的人不算投资家，充其量只是一个敢于冒险的人。多数的赌徒都是敢于冒险的人，但要知道，赌徒的命运多数到最后都是竹篮打水一场空！

实例一　300740 御家汇

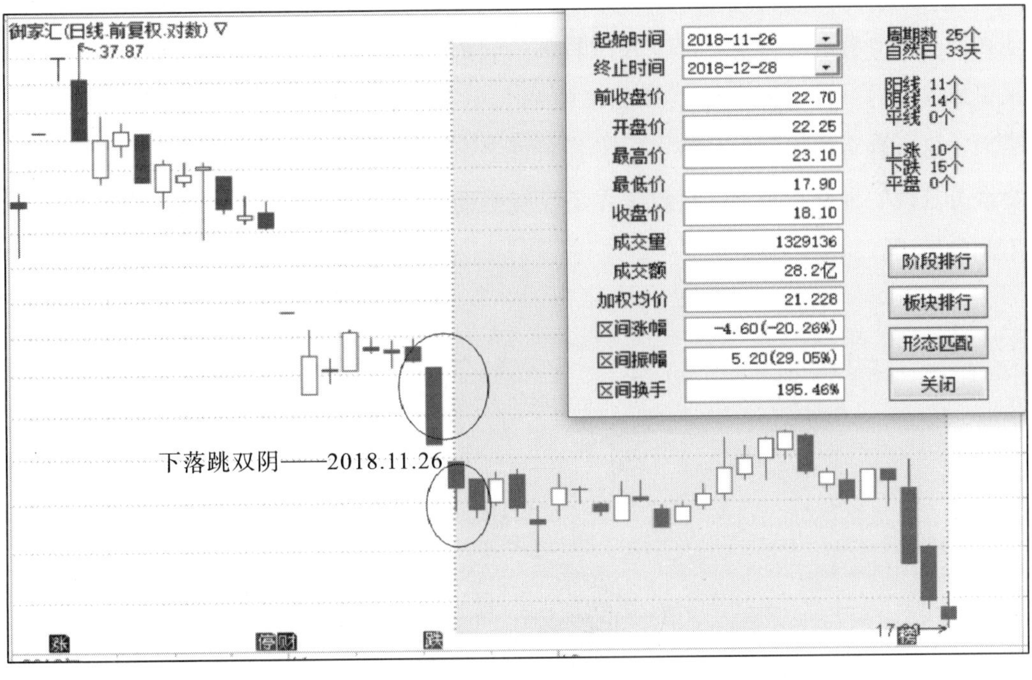

图 40—1　下落跳双阴

黄金分割线

黄金分割线是一种古老的数学方法。黄金分割的创始人是古希腊的毕达哥拉斯，他在当时十分有限的科学条件下大胆断言：一条线段的某一部分与另一部分之比，如果正好等于另一部分同整个线段的比即 0.618，那么，这样的比例会给人一种美感。后来，这一神奇的比例关系被古希腊著名哲学家、美学家柏拉图誉为“黄金分割律”。黄金分割线的神奇和魔力，在数学界还没有明确定论，但它屡屡在实际中发挥着意想不到的作用。

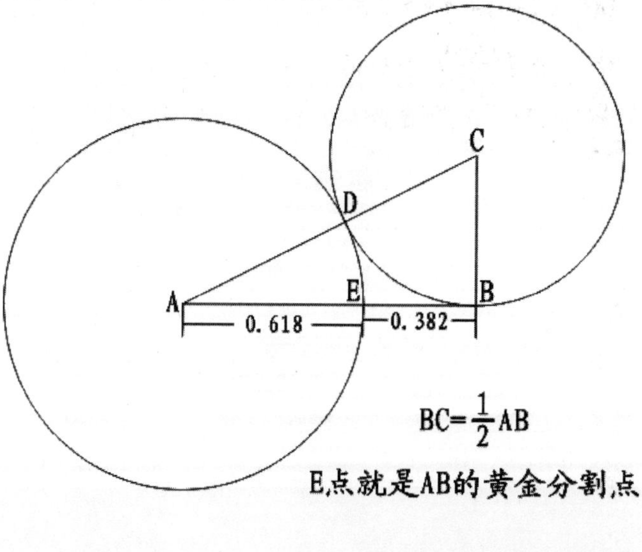

意大利数学家斐波拉契在13世纪写了一本书，是关于一些奇异数字的组合。这些奇异数字的组合是1、1、2、3、5、8、13、21、34、55、89、144、233……任何一个数字都是前面两个数字的总和，如2＝1＋1、3＝2＋1、5＝3＋2、8＝5＋3……如此类推。

黄金分割线最基本的公式，是将1分割为0.618和0.382，它们有如下一些特点：（1）数列中任一数字都是由前两个数字之和构成。（2）前一数字与后一数字之比例，趋近于一个固定常数，即0.618。（3）后一数字与前一数字之比例，趋近于1.618。（4）1.618与0.618互为倒数，其乘积则约等于1。（5）任一数字如与后两数字相比，其值趋近于2.618；如与前两数字相比，其值则趋近于0.382。理顺下来，上列奇异数字组合除了能反映黄金分割的两个基本比值0.618和0.382以外，尚存在下列两组神秘比值：（1）0.191、0.382、0.5、0.618、0.809；（2）1、1.382、1.5、1.618、2、2.382、2.618。

对于股票走势，画黄金分割线关键是找到一波上涨行情的起点和这波行情的最高点，根据起点到高点的上涨高度，就可以定出黄金比例所处的位置，在这个位置形成的水平直线就是黄金分割线。黄金分割线的位置，常对股价起重要的支撑作用。当一波下跌行情完成时，投资者也可以找到下跌的起点和终点，算出所跌的空间，再找出它们的黄金分割位置，其位置常是股价反弹的重要阻力。

在应用黄金分割线时需要注意的是：对于黄金分割线而言，最重要的两条线为0.382和0.618。在反弹行情中，0.382位置为弱势的反弹目标位，0.618位置为强势反弹的目标位。而在回调过程中，若是强势回调，则0.382线处应有较强的支撑；若是弱势回调，0.618线处才是强支撑位。

黄金分割线可以帮助投资者预测和判断股价回调的支撑和反弹的阻力位以及上涨的目标位，以便在可能的目标位附近提前做好操作准备。

41. 红三兵：买

| 经典原文 |

【红三兵】是市场行情大涨的讯号，它与“黑三兵”正好相反；当红三兵出现在底部的位置时，它的涨势最为凌厉，所以多头就可倾全力出击。

| 图-红三兵 |

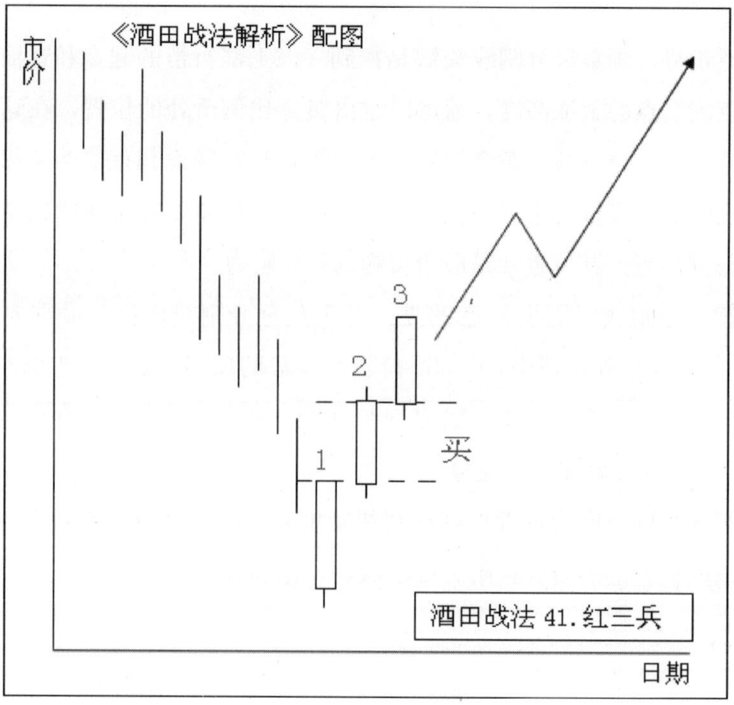

| 张华解析 |

红三兵出现的位置至关重要，如果出现在底部的位置，那无疑是最佳的反转形态之一。

这里第二、第三天的开盘价都是平开的话，无疑是最强的红三兵；

常见的是第二、第三天开盘价是低开高走，不过，开盘价最好是在前一天 K 线中心点之上；

以上两种情形都是红三兵的经典形态，这里无疑是行情反转了，无疑是主力入场了；当然要配合成交量的有效放大最好；量最好是连续三天突破半年的均量线。

关于成交量的分析，可以参考我的《狙击涨停板》一书，那本书有比较详细的分析，这里不再赘述。

另外，当红三兵向上突破了 8 日均线，就是进场买进的关键时刻了。

这里依然要借助主力之力。请大家想一想历史上著名的“草船借箭”的故事。

国外还有一个借的故事。英国大英图书馆是世界上著名的图书馆，里面藏书非常丰富。有一次，图书馆要搬家，要从旧馆搬到新馆去，结果一算，搬运费要几百万，根本就没有这么多钱搬家。怎么办？图书馆在报上登了一个广告：从即日开始，每个市民可以免费从大英图书馆借 10 本书。结果，许多市民蜂拥而至，把图书馆的书借光了。书借出去了，怎么还呢？大家给我还到新馆来。就这样，图书馆借用大家的力量搬了一次家。

实例一　600053 九鼎投资

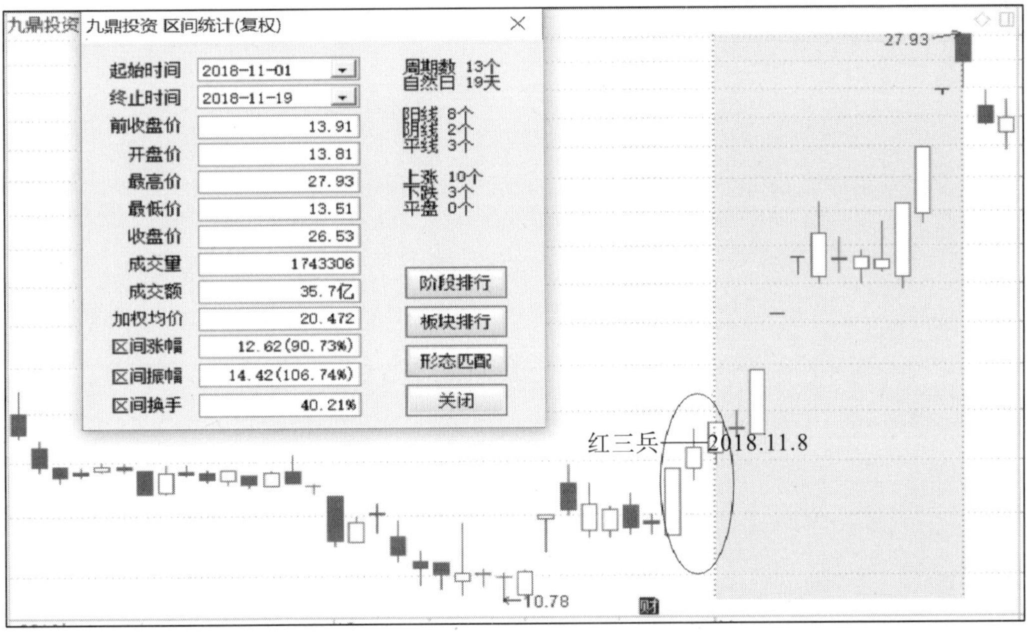

图 41—1　红三兵

实例二　300057 万顺股份

图 41—2　红三兵

42. 三兵前阻型：卖

| 经典原文 |

【三兵前阻型】一样是红三兵，但到了第三根时，涨势已受挫——以小红线收盘，并且上端出现影线。

这种情况是可以看成“买力出尽”，因此，已经进场的多头应立刻见好就收，获利了结，并且改弦易辙地以高价“放空”或抛售为宜。

| 图-三兵前阻型 |

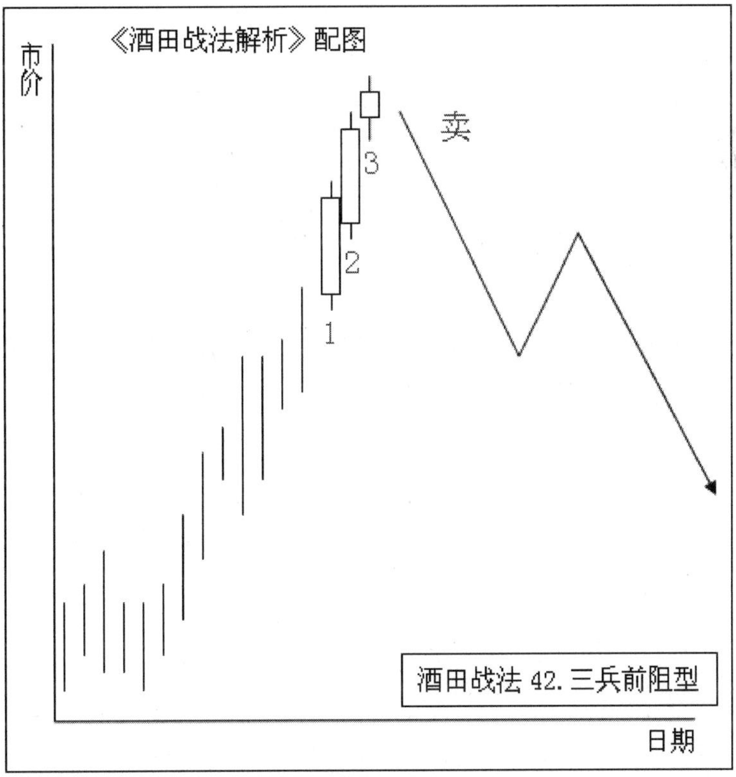

| 张华解析 |

这里虽然貌似“红三兵”，但是，从大的形态来看，处在价格运行的高位。谨记：位置决定性质，性质决定成败！

这里的第三根 K 线，实体的长度已经在缩小，也是上涨动力减小的标志，行情在此位置已经失去了做多的力量，要注意在这最后的“红三兵”下对应的成交量的放大；那么其后的下跌指日可待，投资人应该见好就收。

特别是在其后价格向下击穿了 8 日均线，就是卖出离场的关键时刻了。

市场经常是在走自己的路，主观的人往往会吃大亏。许多人在股价启动的时候不敢买，当看到股价连续大涨后，终于忍不住买了，一买就在山顶上站岗了。

知道不够，还要悟到；悟到不够，还要做到；做到才会真正得到。

实例一　600874 创业环保

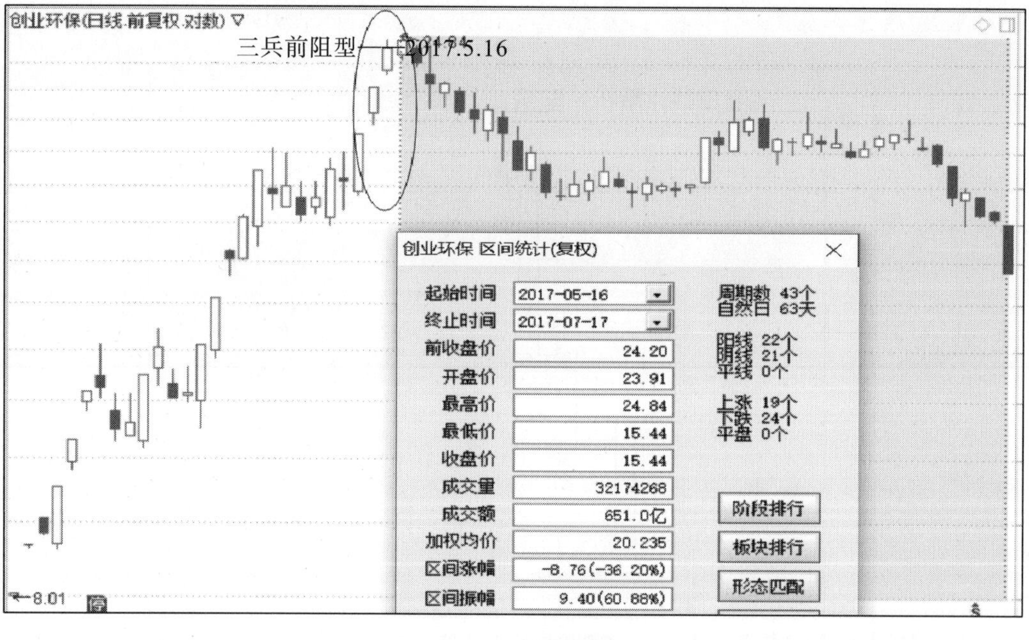

图 42—1　三兵前阻型

实例二　000859 国风塑业

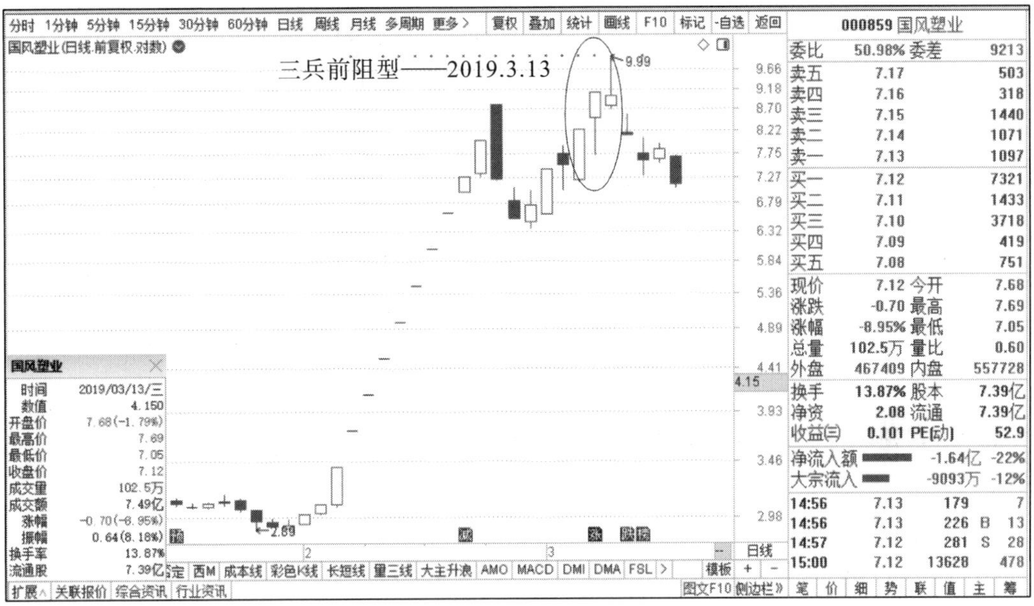

图 42—2　三兵前阻型

看盘小技巧

常用的五类技术分析方法：

(1) 指标类。趋势型指标 MA、MACD，超买超卖型指标 WMS、KDJ、RSI、BIAS，人气型指标 PSY、OBV，大势型指标 ADL、ADR、OBOS。

(2) 切线类。趋势线、轨道线、黄金分割线、甘氏线、角度线等。

(3) 形态类。主要的形态有 M 头、W 底、头肩顶、头肩底等十几种。

(4) K 线类。K 线图是进行各种技术分析最重要的图表。本书解析的《酒田战法》是 K 线类的投资圣经。

(5) 波浪类。以艾略特的波浪理论为代表。形态、比例和时间，这三个方面是波浪理论首先应该考虑的，其中又以形态最为重要。

43. 川字三黑：暂观

| 经典原文 |

【川字三黑】是黑三兵的排列——并不是由上而下，而是中间突出、两边较低地呈“川字”排列。这种情况在下降的过程中不宜再抛售，应暂时观望一下，再行动。

| 图–川字三黑 |

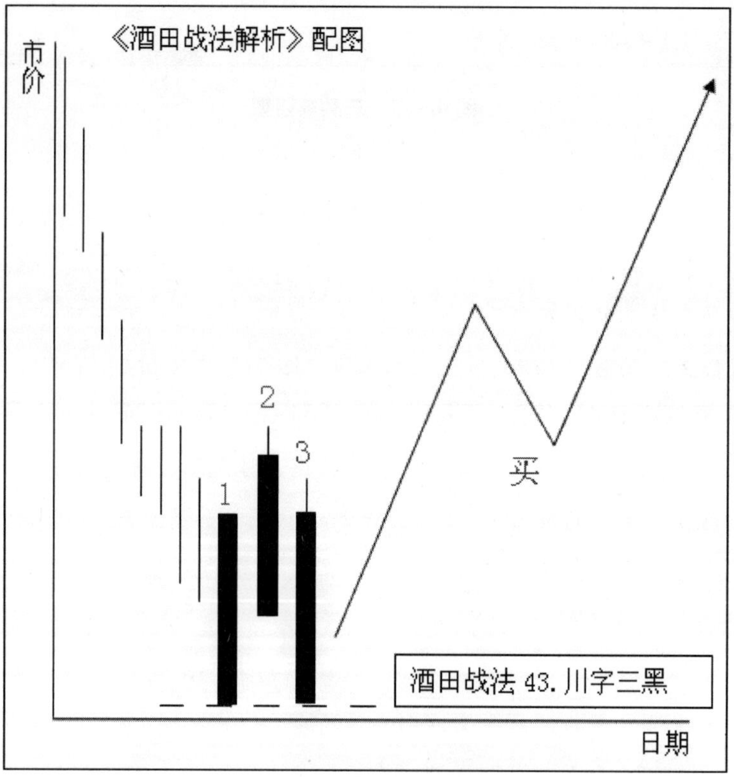

| 张华解析 |

虽然是在连续的下跌后出现三根阴线，特别是第二、第三根阴线，都是高开低走的大阴线，但没有再创新低，在这里可以看成是小型的 W 底，有可能市场在这里即将反转。

特别是第三根 K 线，在 W 底第二底尾盘出现崩盘式的下跌时，正是大捡便宜货的时机。在这里考验的是技术与胆量，技术不过硬的人，还是练好后再做不迟。

我们经常说“机不可失，时不再来”。这个“机”，有人解释得很好：“形势的维系处为机，事情的转变处为机，事物的紧切处为机，时节的结合处为机。眼前就是机，一瞬间过去不是机；有隙可乘就是机，失去它就没有机。谋就得深远，藏就得绝密，这就决定于见识，利在于决断。”不但要记住，还要运用得恰到好处！

44. 倒川字三黑：暂观

经典原文

【倒川字三黑】是与川字三黑相反的排列，黑三兵一上一下一上地排列，亦不宜看多看空，应暂时持观望态度。但如果是上升月余的走势，应防反转向下发生，及早想好对策。

图–倒川字三黑

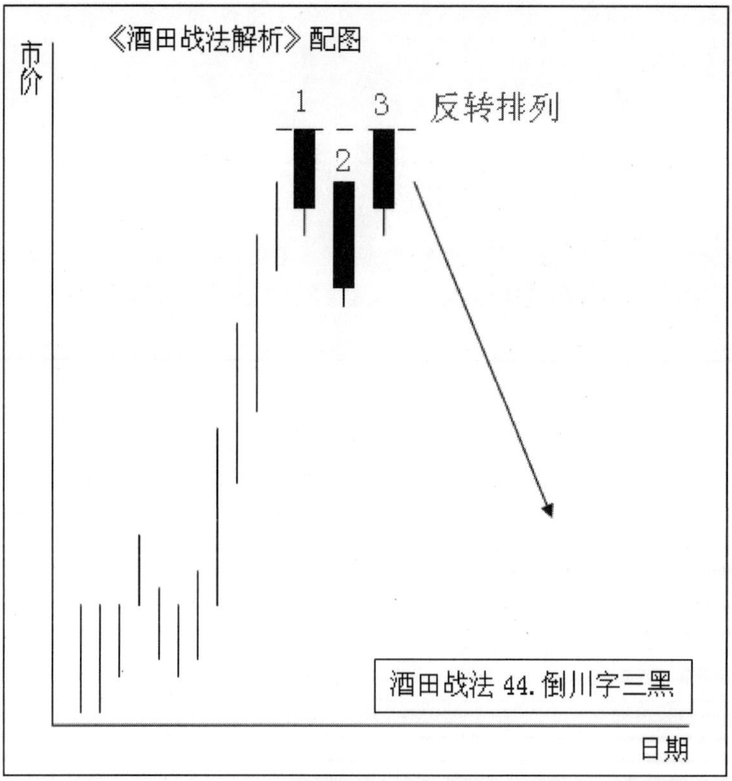

| 张华解析 |

“倒川字三黑”与“川字三黑”的 W 底不同是，一个在阶段性底部、一个在阶段性顶部出现，如果是上升月余的走势后，这就是反转向下的形态。在这里，我们看到了两个相同的开盘价，但其后都是高开低走；如果其后价格跌破 8 日均价，就要出局。

如果倒川字三黑是在底部横盘时出现，不妨暂观为好。它形似 V 字底，但 V 字的第三根 K 线是长阴线，并不强势，在这里不要急于捡便宜货，它的价格走势没有明朗；一定要等到 K 线止跌反转，成交量有效放大，价格向上突破了 8 日均线，才是进场买进的关键时刻。

投资勿心急，要能等能忍。凡是股市中的老手都是精于等待的人，精于投资的人都是等待的老手。

但是，在市场里，好多人是耐不住等待的。许多人在好胜心、虚荣心、好奇心以及各种人性的弱点的作用下，走向了亏损的道路。

亏损是可怕的，但比亏损更可怕的是，亏损后依然没有找到出路。

45. 夜星：卖

| 经典原文 |

【夜星】是在上涨的过程中，特别旺盛，而在大阳线之后跳空而上出现的小阴线，翌日开低然后大幅下泻收长黑。这种小黑高挂的情况，名为“夜星”，属于价格反转的征兆之一。

| 图-夜星 |

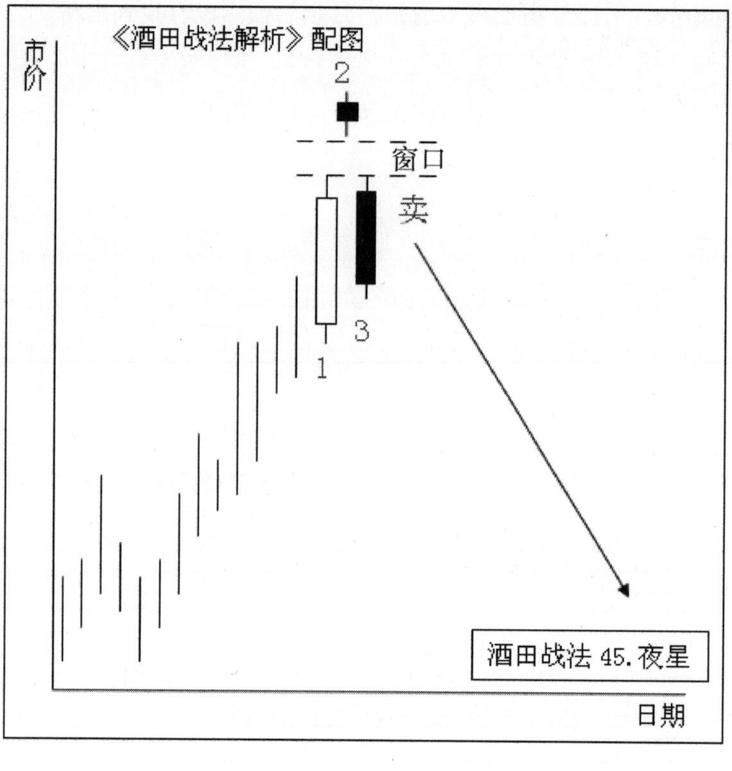

张华解析

连续上涨的大阳线，要看当日是何时形成的，若是尾盘形成的大阳线，如果又放出巨量，那无疑是一个警告信号，也是股价即将见顶的征兆；

大阳线之后的第二根K线，跳空高开，收出一根极短的小阴线，说明多空力量在转换，空方的力量明显大于多方，多方也在誓死抵抗，但力不从心，最终以极短阴线收盘，这就是见顶信号；

第三根K线跳空低开，将第二根极短阴线抛在空中，使第一、第三根K线与第二根K线出现一个中间没有任何交易的价格缺口，这是更强烈的下跌形态。

由于“酒田战法”初创之时没有涨跌停板规则，因而对长阳的判断不太具体；当市场在实行涨停板规则之时，主力采取拉尾盘的手法，使用的资金不大，但对第二天的集合竞价却给了一个较高的参考价格。虽然主力奸似鬼，但只要你能识破其阴谋诡计，反其道而行之，却可以在见顶信号当天乘股价冲高之机出局。我在《狙击涨停板》（四川人民出版社2019年修订本）一书中提出了股价见顶的三个信号理论，假如你想更详细地了解三个信号理论，不妨看看《狙击涨停板》，这本书可以教你提前一天的时间识别这种形态的出局机会。

实例一　300140 中环装备

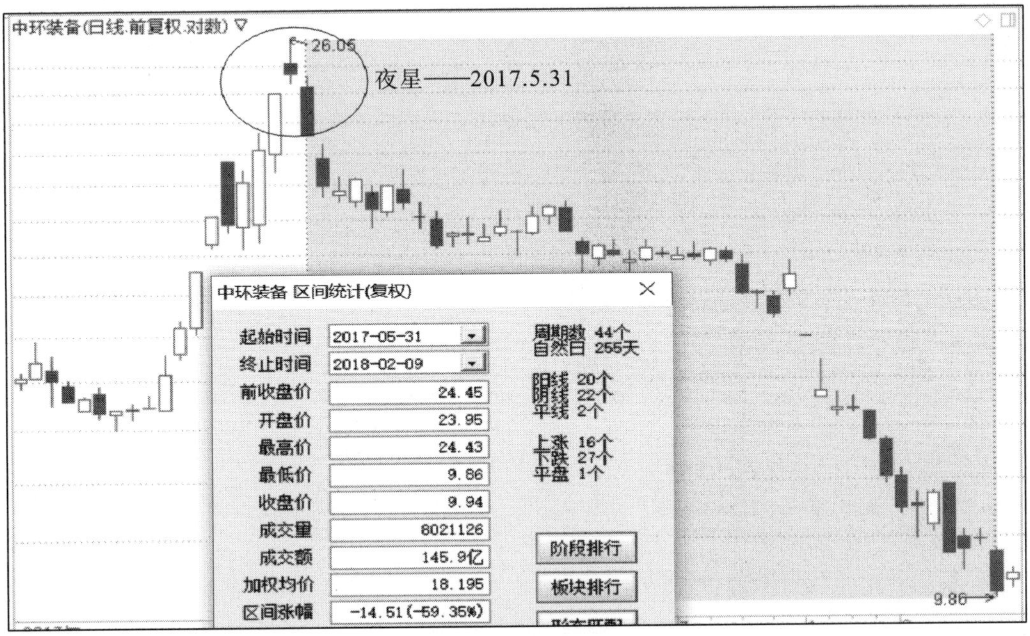

图45—1　夜星

实例二　600895 张江高科

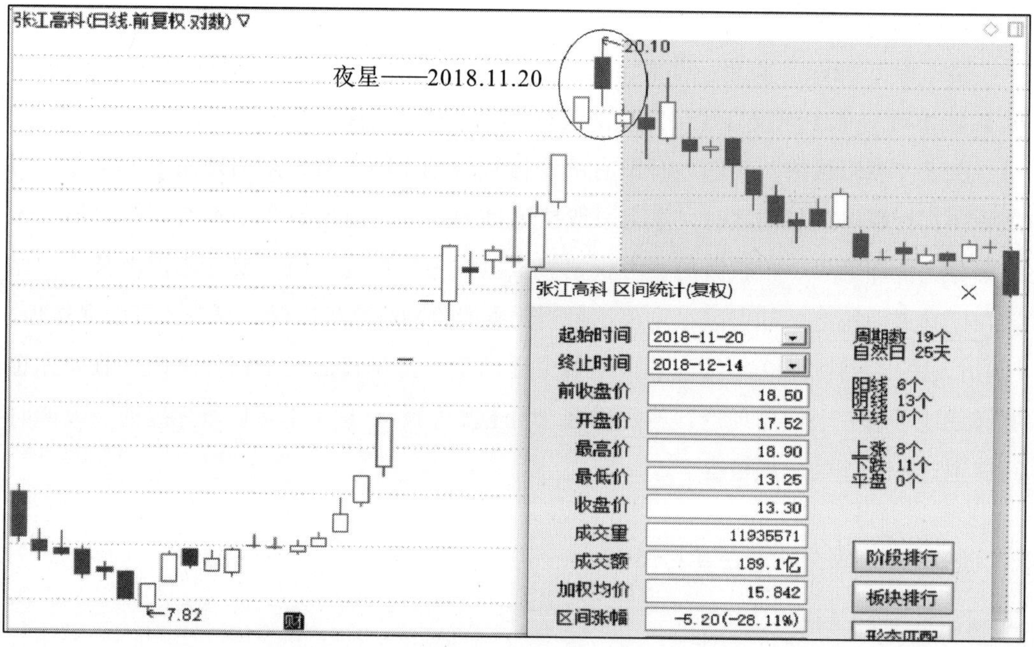

图 45—2　夜星

46. 晨星：买

| 经典原文 |

【晨星】是指排列与夜星正好相反的线型。夜星属于“高挂”的星星；而晨星因为破晓已尽，所以中间的小阴线呈“低挂”的姿态。

在“小阴线”出现之后，再出跳空的“大阳线”，这是市场行情要大涨的讯号，所以多头可以全力反击。

| 图–晨星 |

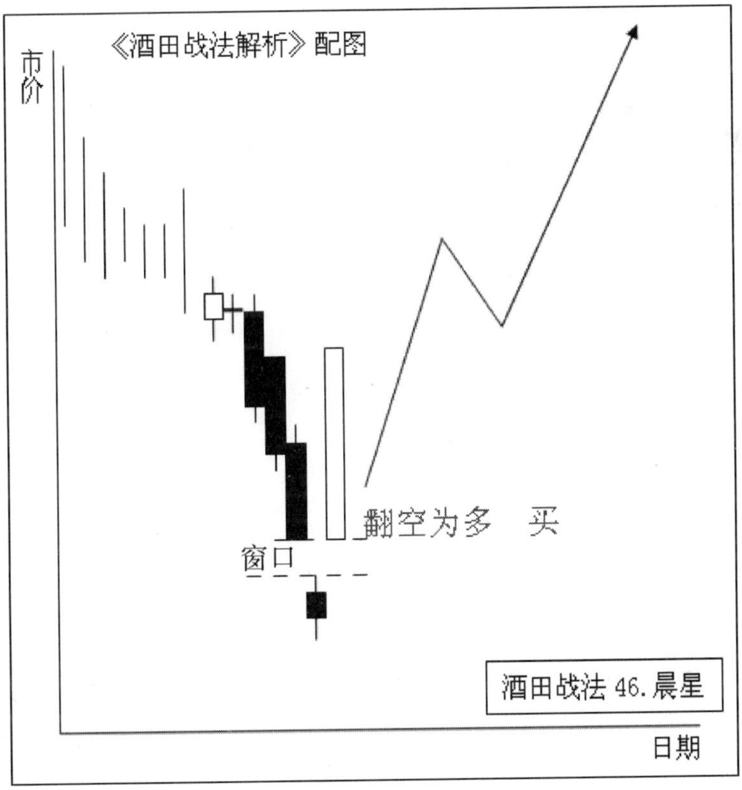

| 张华解析 |

将夜星形态反过来就可以理解晨星的含义了。

连续的下跌，在跳空的极短线后反转向上跳空，就是多方绝地反击的信号，当天越走越强，以至于出现一根光头光脚的长阳 K 线，这无疑是多方发起冲锋的号角；当然要有放大的成交量配合更佳了；在这里当价格向上突破了 8 日均线，就是进场买进的关键时刻。

投资人要重视、要把握的是必须等到形态确认之后再介入，千万不要凭主观假想图形可能成立。所以，临收市前的最后一刻应仔细看盘，确认之后再大胆抢进才是上策。

唐代诗人李贺诗曰：“我有迷魂招不得，雄鸡一声天下白。”在这“雄鸡一声”之后，主力将翻空为多；其后红肥绿瘦，以涨为主，将会形成长期的上升通道。这“雄鸡一声”是一鸣惊人，而“天下白”的景象更是光明璀璨。炒股的人识不得这雄鸡一声，炒股的结果也就不会光明璀璨。

实例一　*ST 天马

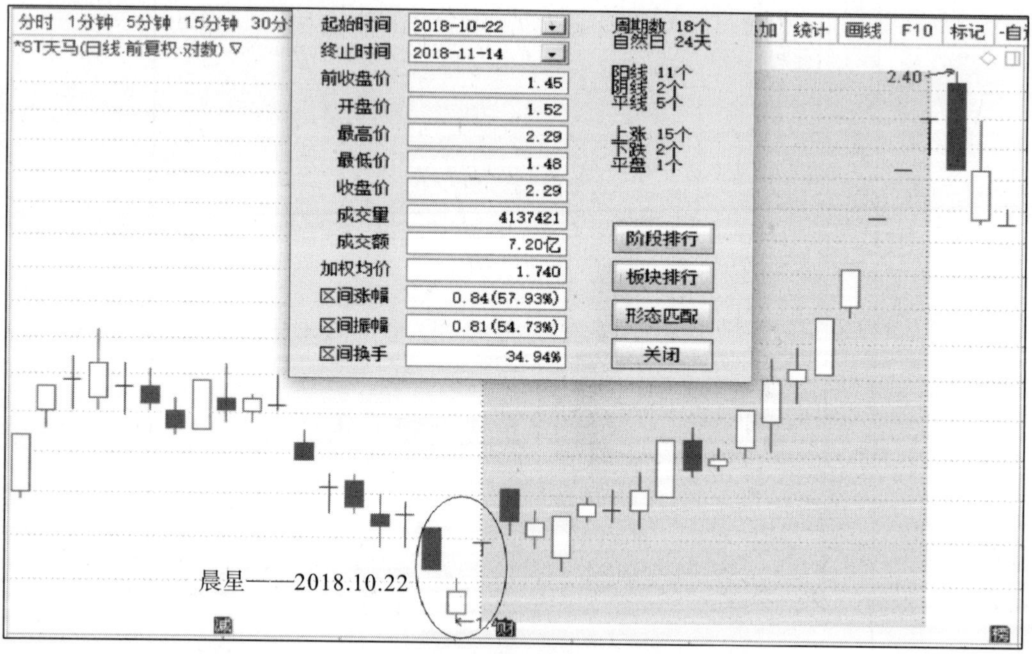

图 46—1　晨星

47. 上空黑二兵：卖

| 经典原文 |

【上空黑二兵】它与夜星情况颇为类似，仍然是跳空后连出两根黑线的情况，这是上涨途中多头买力已尽；所以第三根日线就呈倒退的情势，这种“上空黑二兵”线型的出现，有利于空头抛售。

| 图-上空黑二兵 |

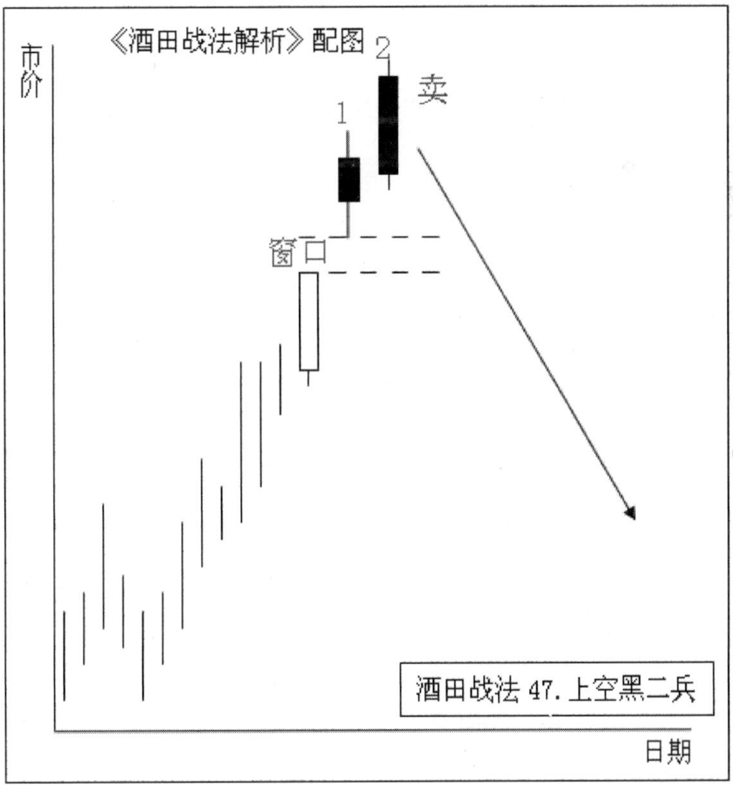

张华解析

在这里我们看到连续两根 K 线都是跳空高开低走收出阴线形态，这是多方力量衰竭的形态，是空方抛售的形态；之所以能跳空高开，是主力利用集合竞价所为，目的是将价格维持在高位，使自己能卖些好价格而已。

看到这种上空的黑二兵，千万不要留恋持有，要迅速地出局，特别在尾盘最后一刻，当形态即将定型之时，都可以从容地卖出。

在这里的形势已经是“黑云压城城欲摧”，黑云密布在城的上空，好像要把城墙压塌似的；在股市里面对空头一时嚣张造成如此紧张的局面，再不逃离只能是惨遭套牢了。

应用一根 K 线分析时，多空双方力量的对比取决于影线的长短与实体的大小。

应用两根 K 线分析时，多空双方力量的对比取决于前一根 K 线的中心点。

三根 K 线一般就明确了波段的大形。

实例一　600599 熊猫金控

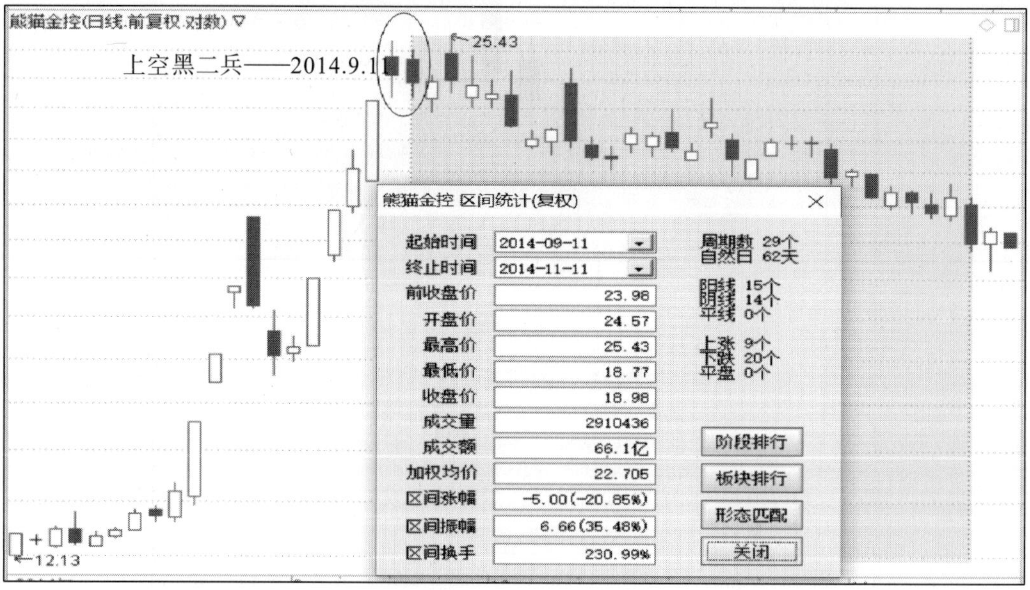

图 47—1　上空黑二兵

48. 十字夜明星：卖

经典原文

【十字夜明星】这个线形与夜星十分相似，不同的是中间的小阴线改为“十字星”而已，所以称为十字夜明星；它属于跳空上涨后开收盘都在同一点。因为出现十字线的关系，而被称为“转换线”；如果在第二天出现长黑，就可以确定今后的市场下挫。

十字夜明星与夜星一样，都是“抛售”的讯号，空头可一并出击。

图—十字夜明星

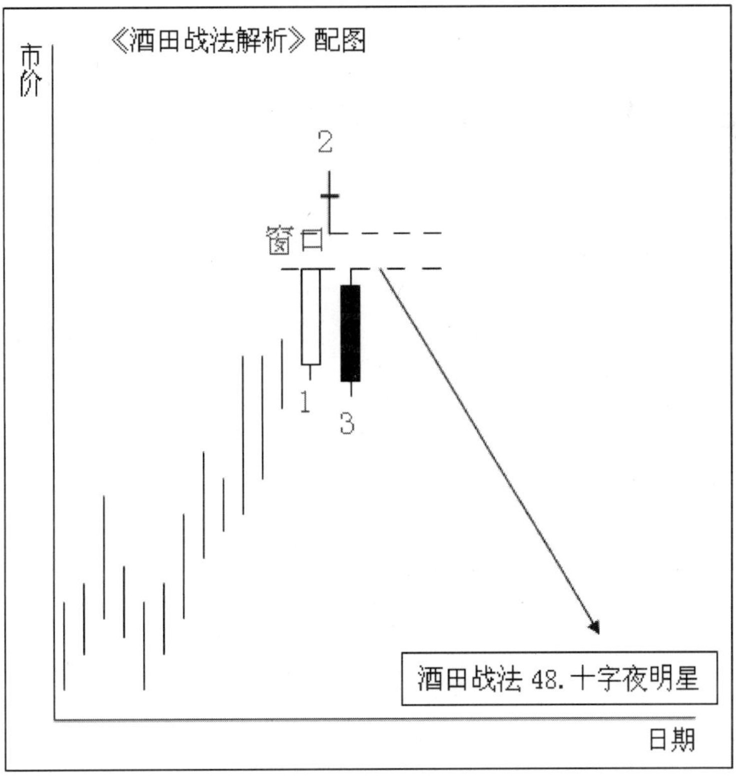

| 张华解析 |

十字夜明星与夜星形态虽然稍有差别（只不过是夜星有较短的实体，十字夜明星没有实体而已），但含义却相同，都是见顶应该抛售的讯号。

在这里明显是处在一波上涨后的较高的位置，那是非常容易出现反转的形态。建议可在十字星的当日卖出，至少卖出一半；一旦下一个交易日跳空低开，就要毫不犹豫地卖出所剩的另一半。

虽然十字星是多空分歧的一种形态，但对十字星的解读一定要结合其所处的位置进行研判。

如果十字星处在较低的位置或者在横盘之后，就有可能继续沿原方向运行。

请牢记这一事实，操作失败时，不要灰心，不要丧气，暂时的失败、暂时的挫折并不代表永远的失败。

实例一　880540 创投概念

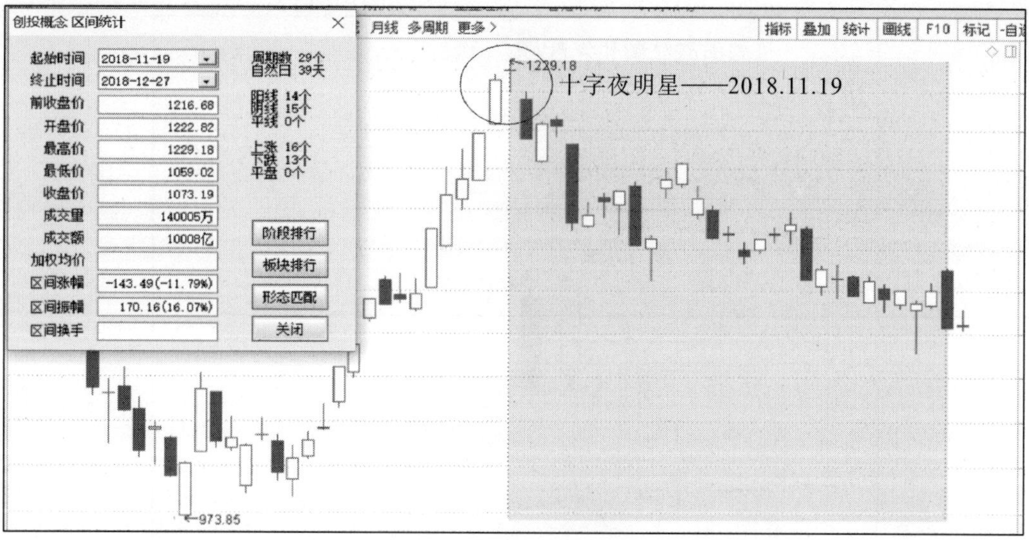

图 48—1　十字夜明星

实例二　880958 独角兽

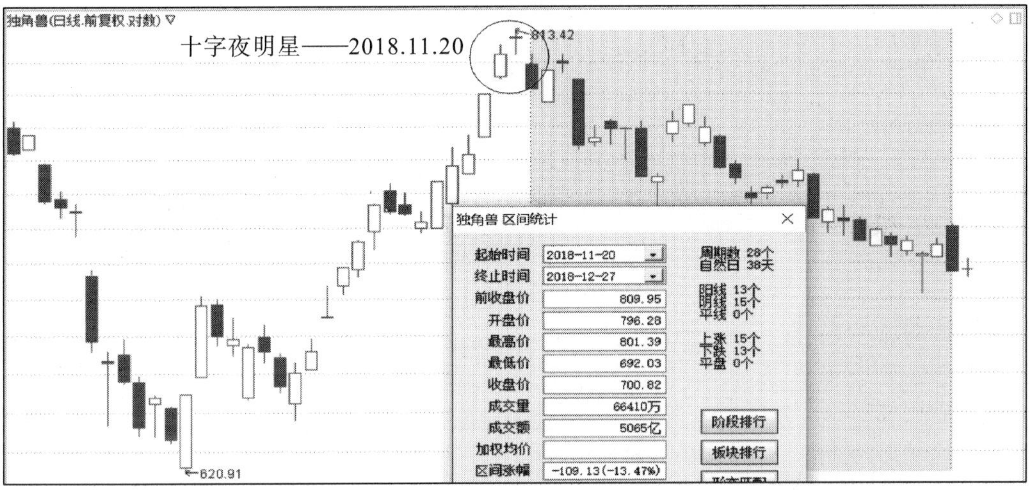

图 48—2　十字夜明星

49. 长黑回补型：卖

经典原文

【长黑回补型】它的线型和十字夜明星很像，只是中间的线型为中黑线！随后的长黑立刻回补前空。

这种线型预示着空头的卖力将接踵发生，后来的行情可能再朝下发展，所以可持空头的抛售方针。

图-长黑回补型

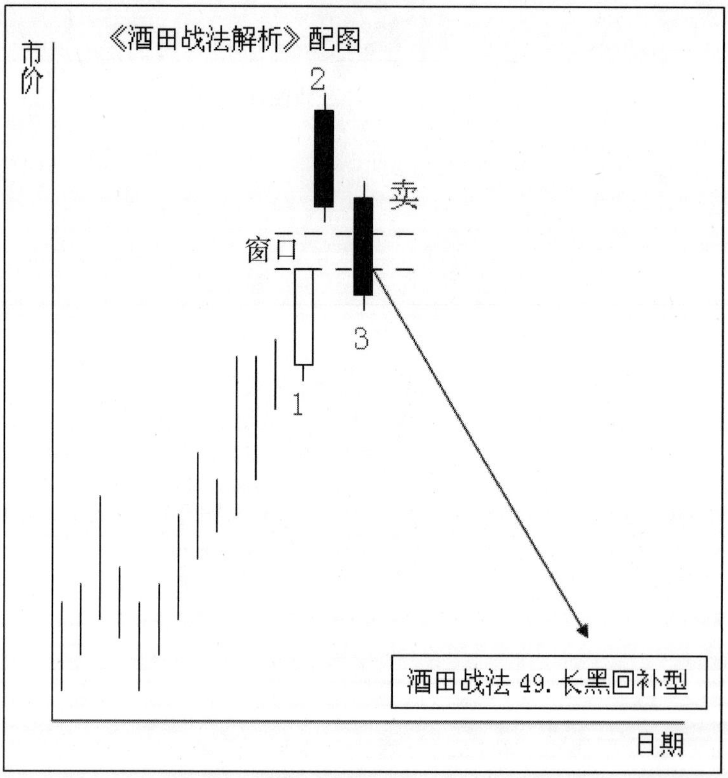

丨张华解析丨

在顶部的第二根 K 线虽然跳空高开，但收出一根中阴线，它少了十字星或极短阴线的犹豫，直接显示了做空的力量，此时此刻，做空就是最佳的选择。

次日的第三根 K 线，直接跳空低开，首先低于第二根 K 线的中心点，其次又下跌击穿了第二根 K 线的最低价，最后回补了前空；接连在三个关键部位的失守，都是多方溃不成军的标志，也是做空力量毫不手软的标志。既然多空胜负明显，那无疑是要加入力量大的那一方了。

长黑回补型出现的位置大概有三种：一种在一波主升浪的顶部，一种在头肩顶的顶部，一种在头肩顶的右肩。无论出现在哪里都不要再恋战。

在这里的末升段，就像流水席一样，任你吃喝，来者不拒，但一刹那间，跳空下跌，长阴关大门，反应迟钝的人就一举成擒；被逮住的人，就要为前面吃喝的人买单了。

孙子曰：

知己知彼，百战不殆；

不知彼而知己，一胜一负；

不知彼不知己，每战必殆。

实例一　300139 晓程科技

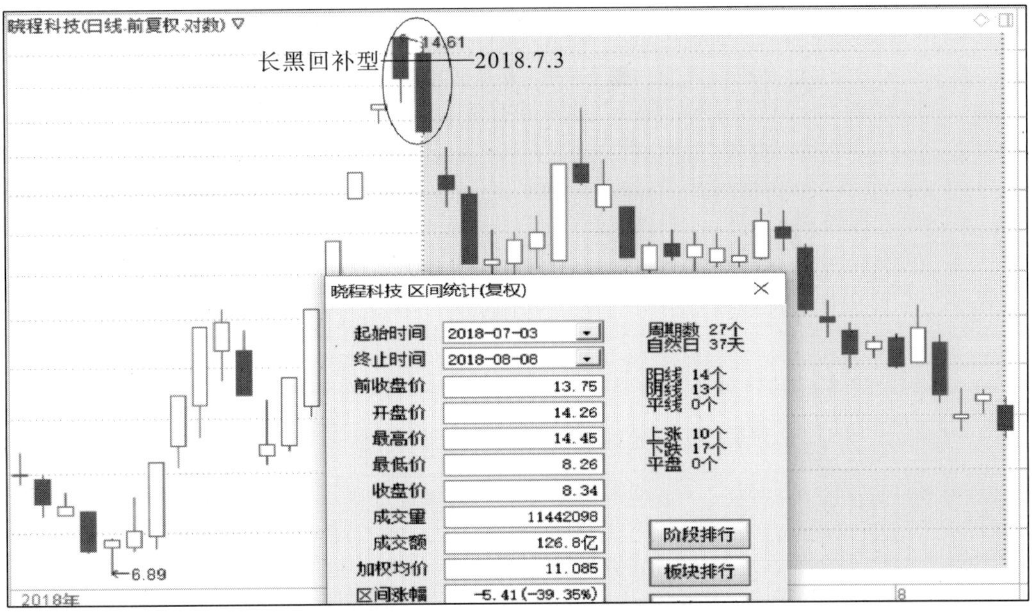

图 49—1　长黑回补型

实例二　300745 欣锐科技

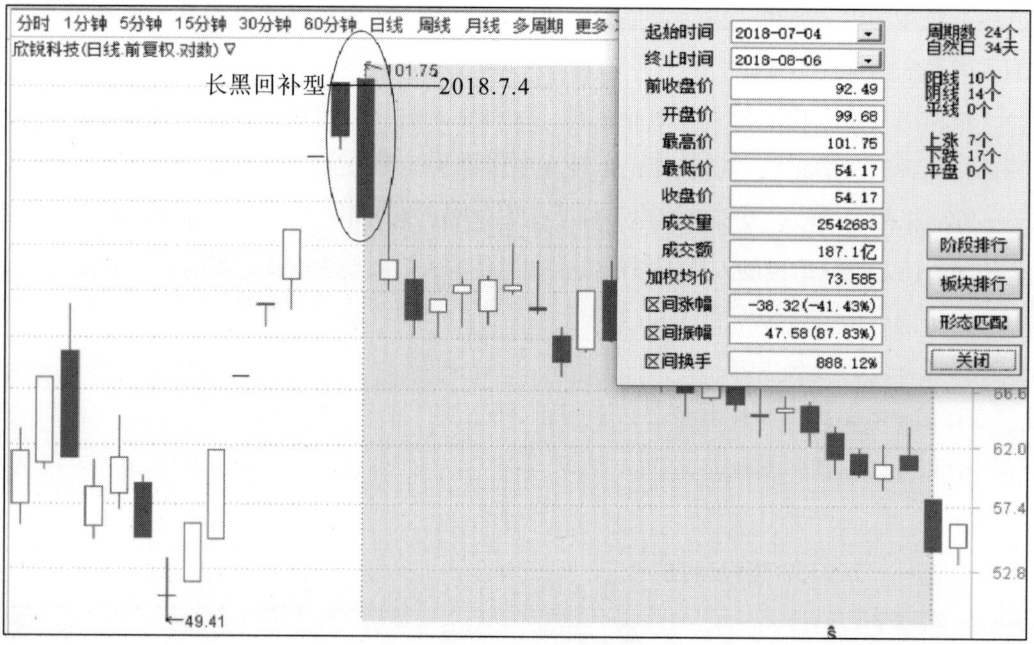

图 49—2　长黑回补型

50. 落底无力型：买

| 经典原文 |

【落底无力型】是在连出双黑之后，空头的卖力已渐式微；所以出现第三根极短的日线，这是“回档”讯号的一种。今后行市可能将反跌为涨，因此多头可乘低点买入。

| 图–落底无力型 |

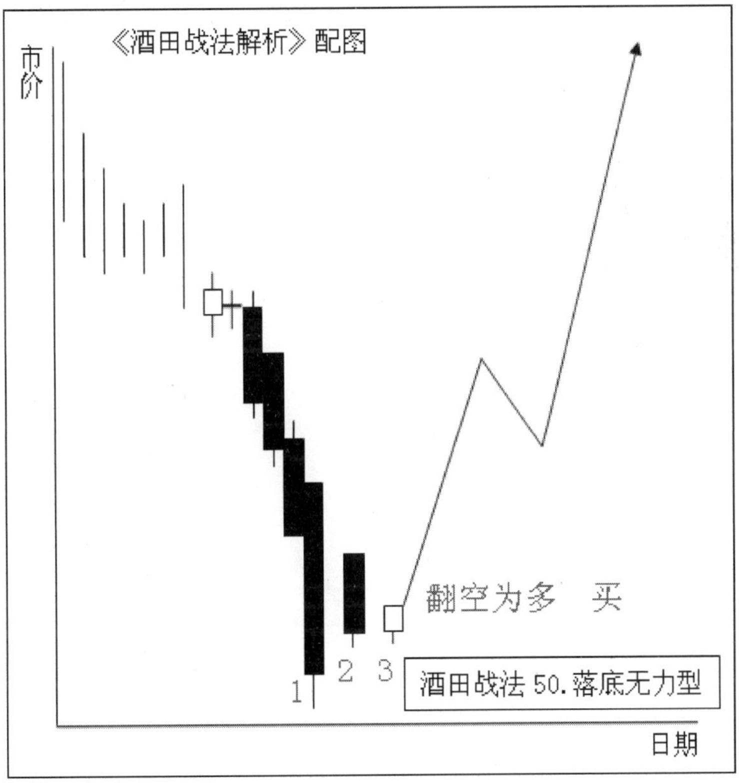

| 张华解析 |

阴线持续下跌，跌得市场没有信心、跌得持有者恐惧到不知如何是好、跌得持有者惶惶不可终日、跌得持有者实在忍受不住准备卖出时，也就是价格即将到底部了。股市里的恐惧不过是一种心理状态，这种心理状态常常随着股价的波动而加剧，而每一个人的心态都是可以控制和引导的。要控制自己的心态，唯一的办法是不断地提高自己的技术分析能力，能力决定输赢！

当阴线不再创新低，交易区间缩小标志着原先下跌动能的减少、下跌趋势已经不再继续；下跌的趋势面临着横盘整理或者是要反转向上了，要买进的话，最好等反转形态确定后再行动。“前事不忘，后事之师”。

实例一　000912 *ST 天化

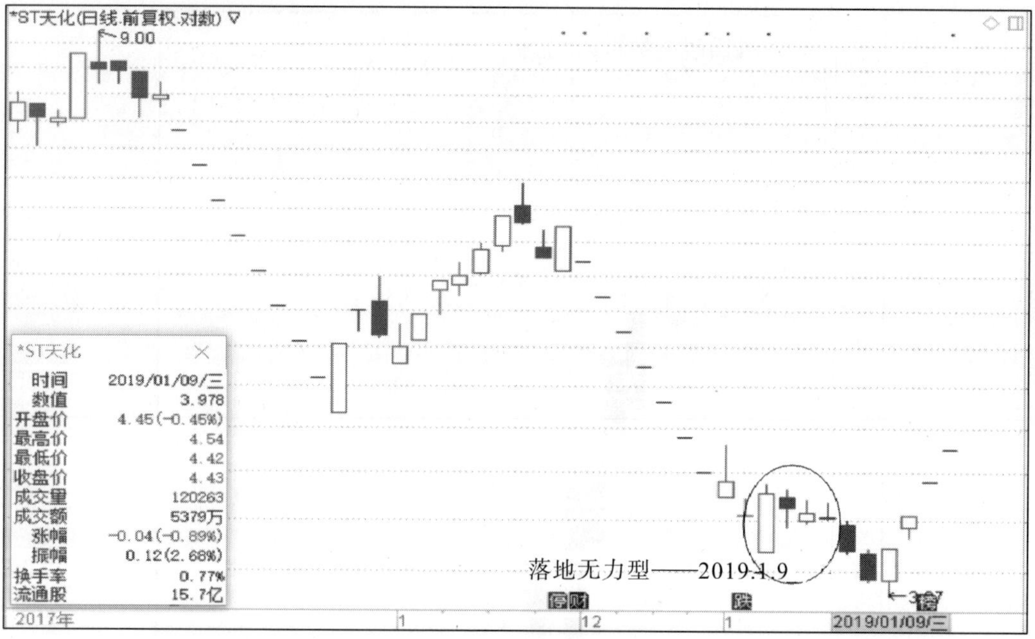

图 50—1　落地无力型

实例二　603996 中新科技

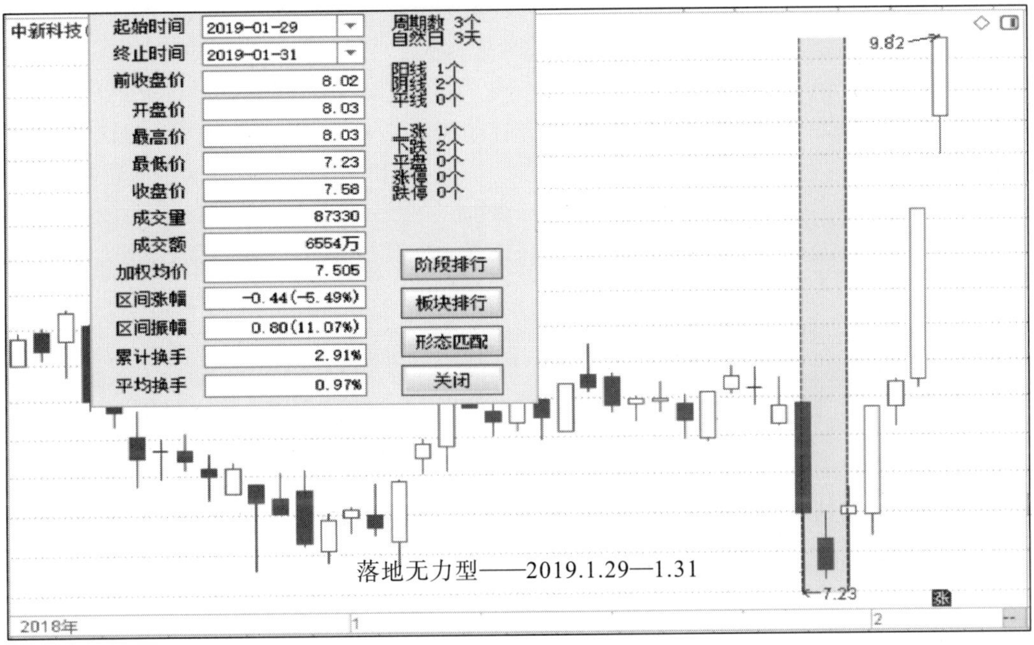

图 50—2　落地无力型

推数的奥秘

《梅花易数》记载了邵康节先生与子推理“邻夜扣门借物占”，原文如下：

“冬夕酉时，先生方拥炉，有扣门者，初扣一声而止，继而又扣五声，且云借物。先生令勿言，令其子占之，试所借何物。以一声属乾为上卦，以五声属巽为下卦；又以一乾五巽共六数，加酉时十数，共得十六数，以六除之，二六一十二，得天风姤，第四爻动，变巽卦，互见重乾。卦中三乾金，二巽木，为金木之物也，又以乾金短而巽木长，是借斧也。

“子乃断曰：‘金短木长者，器也。所借锄也。’先生曰：‘非也，必斧也。’问之，果借斧。其子问何故。先生曰：‘起数又须明理，以卦推之，斧亦可也，锄亦可也；以理推之，夕晚安用锄？必借斧。盖斧切于劈柴之用耳。’推数又须明理，为占卜之切要也。盖数不推理，是不得也，学数者志之。”

这个故事关键是“推数又须明理”，即强调推理又必须明白事理，是占卜的重要原则。数不以理推测，就得不到推数的奥秘。学数的人一定要记住这一点。那么炒股的人在技术分析时何尝不是这样呢？“世事洞明皆学问，人情练达即文章”。

借刀斩牛股

之酒田战法解析（下）

➡ 张华提示

人与人最大的区别就在于思维！思维能产生财富，也可丧失财富！正像“水能载舟，亦能覆舟”一样。黑格尔指出：“真正讲来，只有思维才配称为哲学的仪器或工具。”在股市里失败最大的原因就在于思维的落后，落后就会亏损。有时候成败只在于一个思维的转变，思维的质量决定了交易的质量，大家在股市这个残酷的市场中投资的时候不妨运用一下“否定思维”，它会将你引进“柳暗花明又一村”的境界。

“否定思维”告诉我们，事物发展的周期包括三个阶段，即肯定阶段、否定阶段、否定之否定阶段即新的肯定阶段——这就是否定之否定规律揭示的事物发展的前进趋势和迂回曲折的途径。

我们在研判股票的时候也要有否定之否定的思维，这样就可以看清价格发展的趋势，从价格起伏性当中看到曲折性，从曲折性当中看到起伏性，从而把握住个股曲折运行以及上涨的机会。

炒股是一门艺术，不是一门科学。它是一门反大众心理的艺术，也是一门“借力”的艺术。

开始学习，永不嫌晚！

51. 下落二星：卖

| 经典原文 |

【下落二星】是在下落的途中出现跳空而下的连续两根小阴线，通常，这是空头乘胜追击的大好机会。因为跌幅迅速，市场行情可能很快就要探底，因此，得注意它的回档反弹。下落二星原则上是可以追加抛售的。不过，也得注意它的脱出谷底反弹向上。

| 图-下落二星 |

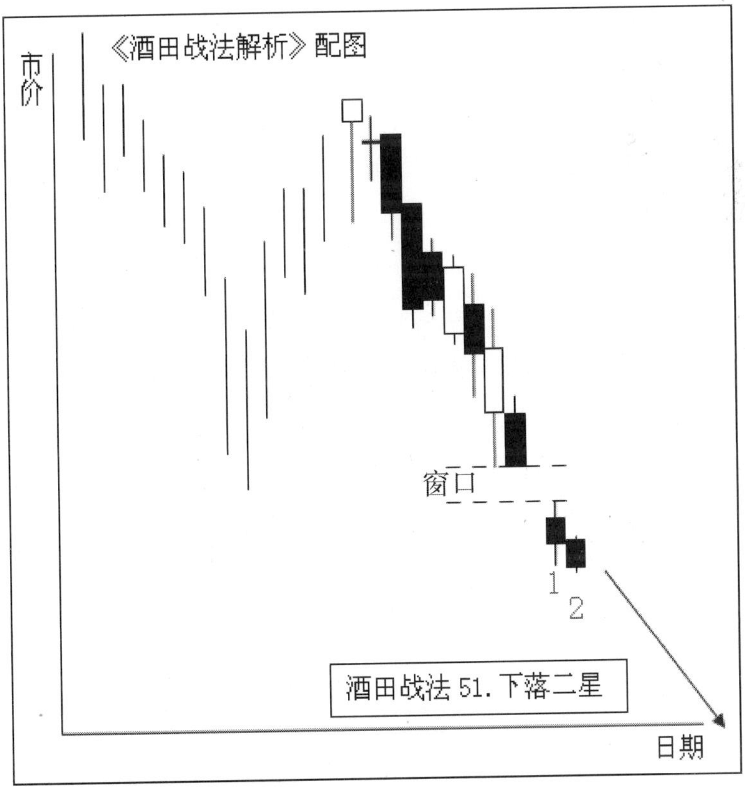

| 张华解析 |

《酒田战法》给了两种选择：一种是要继续做空，一种是要注意回档反弹。

在这里是否回档反弹，一定要参考前一波的高点或前一波的低点，一定要看是否触及阶段性的底部。

如果下落二星之后价格接近前一波的高点受到支撑，不再下跌，当 K 线止跌反转时可以参与；

如果下落二星之后价格接近前一波的低点，出现双底形态，价格不再下跌，也要等到 K 线止跌反转的时候再参与。

以上这两种情形的都要观察 K 线止跌反转时的成交量。

当下落二星之后不具备以上所分析的两种情形的时候，那么，下跌的行情没有结束，持有该股的投资人越早卖出越好！在证券市场里博弈，保本是最重要的；只有保住本金，才能在市场里长期地生存下去。

实例一　002356 赫美集团

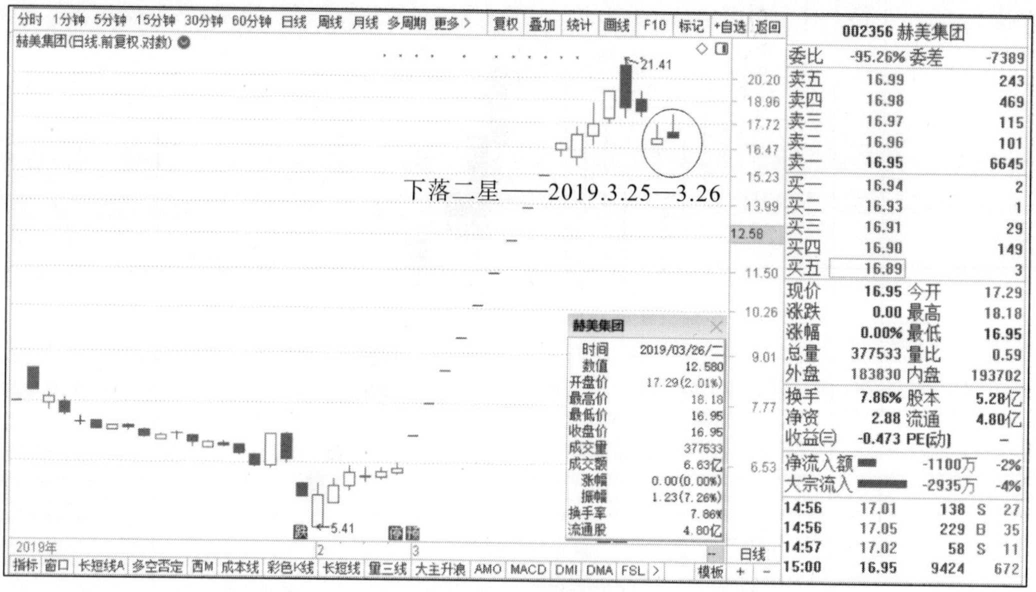

图 51—1　下落二星

52. 下落三星：卖·买

经典原文

【下落三星】与下落二星非常相似；如果在下探途中冒出三星，空头也可乘这机会抛售；不过，也得随时注意它是否已经探底。

如果情况相反，二、三星出现在上升途中的话，这反而是“加买”的大好机会。

图–下落三星

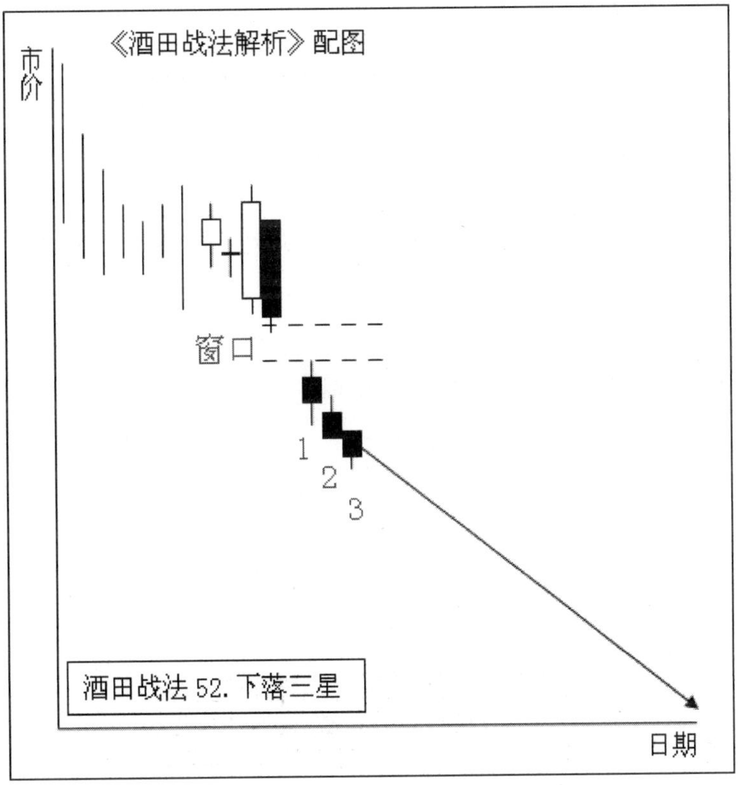

| 张华解析 |

正像《酒田战法》所说，“下落三星”与“下落二星”非常相似。既然相似，那么我们也就仍然按照“下落二星”的解析方案进行处理即可。

在这里，我们看到价格交易的空间越来越小，连续的极短线全是下跌动能衰竭的标志；其后的走势如何，不要过早地下结论，一定要耐心等到走势明朗后再行动也不迟。

股海潮涨潮落，唯我静观；判断必须保持中立，勿受他人影响，唯变所适。

炒股的人犯错误后的第一步是什么？答案就是停止继续犯错误，不要急于操作扳回亏损；而要找到犯错误的原因，改正之后再操作不迟。俗话讲得好：磨刀不误砍柴工。切记！切记！

最伟大的成功在于，面临失败时能坚持再迈出一步！这一步将改变一个人的命运！

实例一　600053 九鼎投资

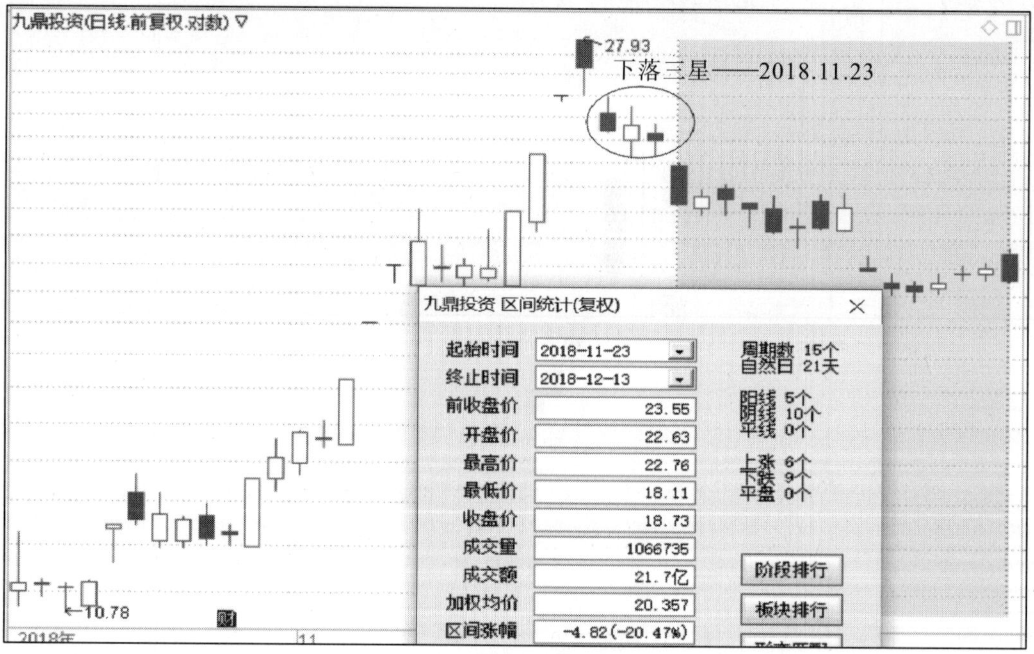

图 52—1　下落三星

实例二　000532 华金资本

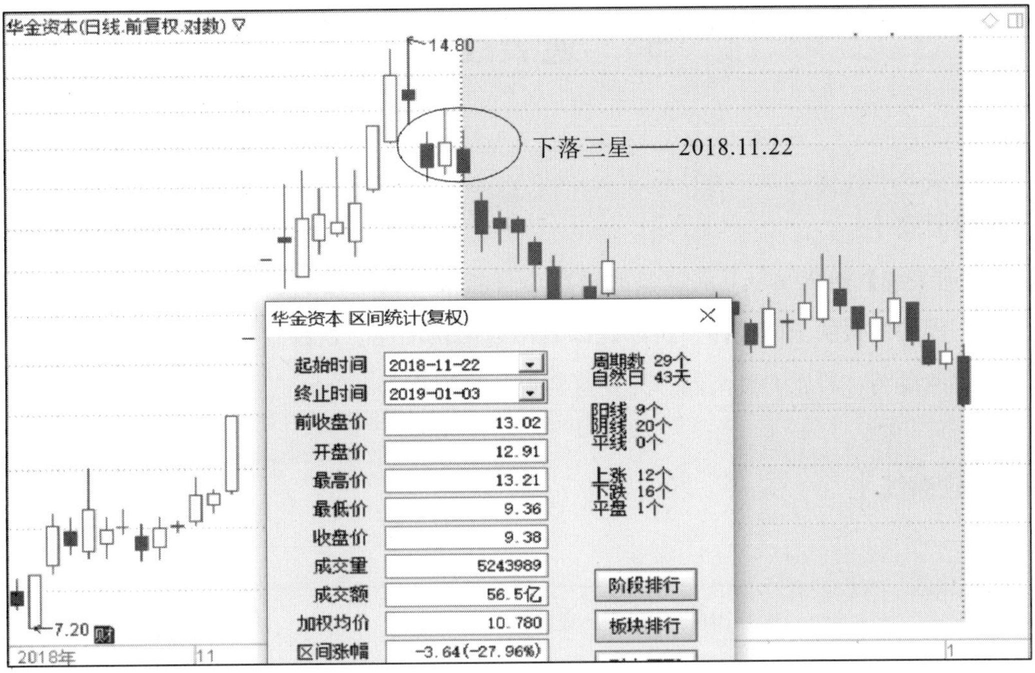

图 52—2　下落三星

看盘小技巧

目前，证券投资采用的分析方法主要有三大类：

（1）基本分析法。分析的内容主要包括宏观经济分析、行业分析、区域分析、公司分析。

（2）技术分析法。以价格判断为基础、以正确的投资时机抉择为依据。

（3）量化分析法。较多采用复杂的数理模型和计算机数值模拟，能够提供较为精细的分析结论。对使用者的要求较高，不易为普通公众所接受。

53. 逆袭线：买

| 经典原文 |

【逆袭线】逆袭线与下落三星的线型十分相似，也是在下跌走势中遭遇极大的阻力——因为多头的全面反扑，所以是以大阳线阻挡前路。这种线型一旦出现，也容易是底部的反转，所以，空头的一方在这暂退一步为宜。

| 图-逆袭线 |

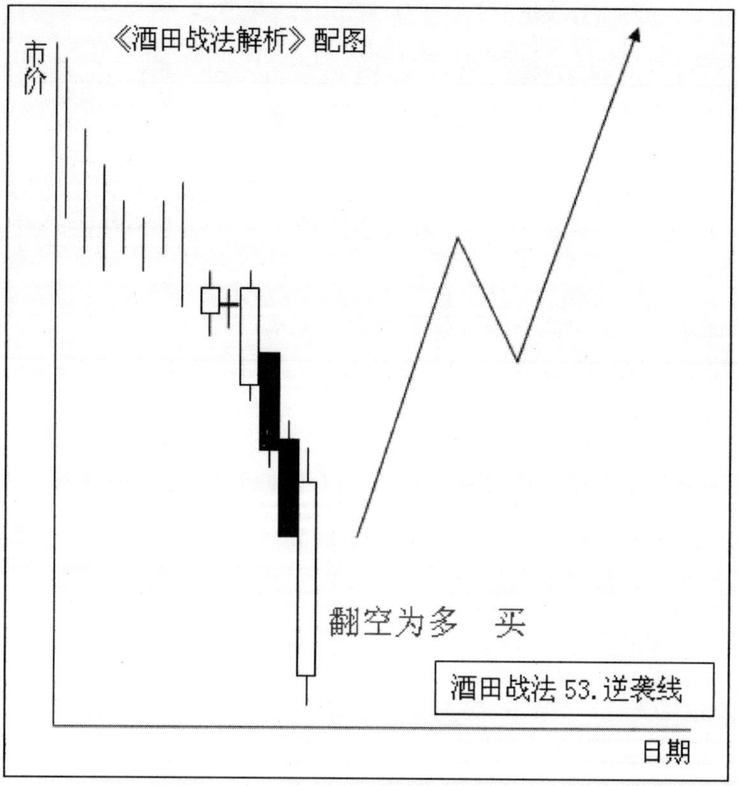

| 张华解析 |

在下跌的走势中出现这一根长阳线，一定要分析原因。是市场的环境利好？还是板块政策利好？还是个股独特的重大利好？一般而言，没有突如其来的利好，不会出现这种逆袭线的形态。

如果是个股独特的重大利好，当然要有量的配合最佳，没有突破半年均量线的成交量，就不是大资金在行动。只有大资金配合大阳线才比较可靠。

如果是板块政策利好，则不一定要求有大的成交量。

在股市里请牢记：看不懂、看不准、没有把握时，不进场。

股市有句名言："牛会赚钱，熊也会赚钱，猪才赔钱！"它的意思是说，聪明的投资人在牛市的多头市场里能赚钱、在熊市的空头市场里也能赚钱，只有像猪一样笨的投资人才会亏损！是不是这样……天知、地知、你知、我知。

实例一　000912 *ST 天化

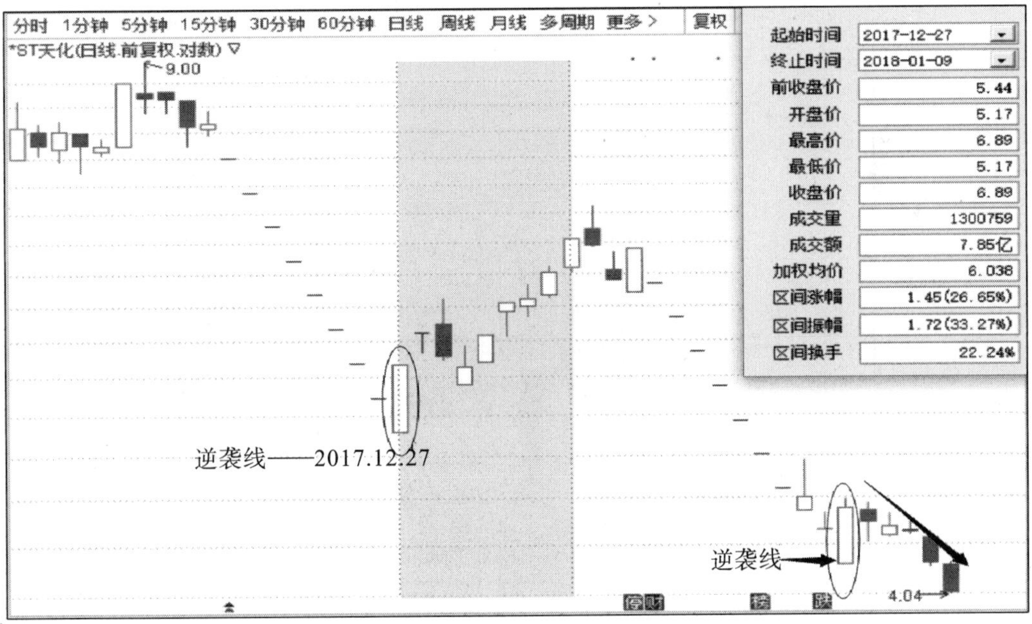

图 53—1　逆袭线

54. 回落再涨型：买

| 经典原文 |

【回落再涨型】在一波上涨声中，曾经跳空而上，但不出一周之内就立即回补前空，然后连出三根阳线继续上涨。像这种线型出现时，也是利多讯号的一种。原本，在出现大黑线回补时，市场一时可能看跌；但红三兵尾随其后，使得看跌的人气烟消云散，所以这时应迅速地转空为多。

| 图-回落再涨型 |

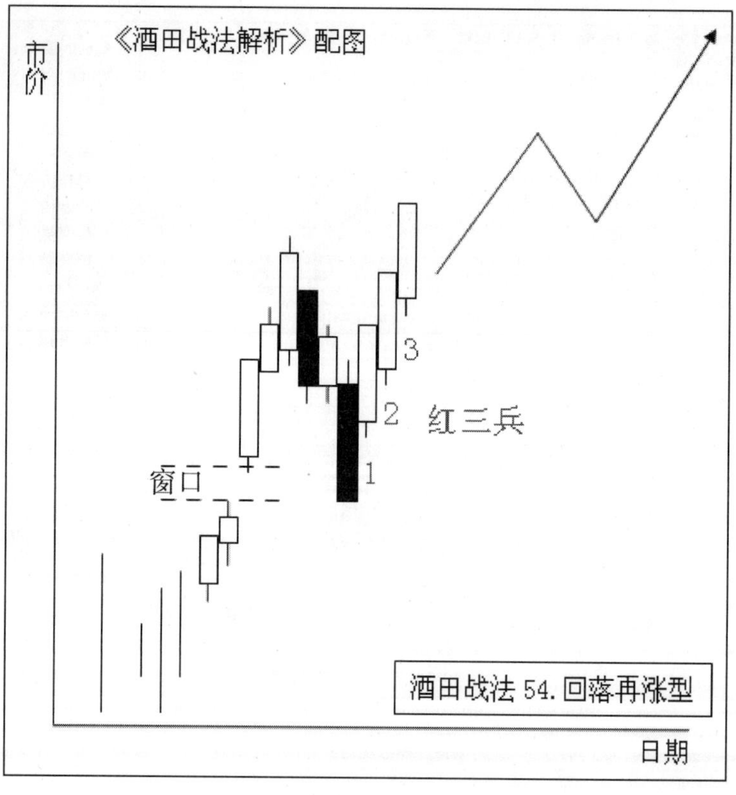

张华解析

这是一种在上升趋势中的回落再涨，是市场正常的运动。这个运动将心态不好的投资人清扫出局，然后在他们恐惧后进入再次上涨的快车道。

在这里正像道氏理论说的那样，“市场中的基本运动通常包含着一次至少达到其 3/8 规模的反向作用的次级运动。如果一种股票上涨了 10 点，它很可能会再下跌 4 点以上，无论上涨的幅度有多大。20 点的上涨通常会带来 8 点以上的下跌。”这个下跌，它的成交量相对之前上涨的量是缩小的。这个下跌，就是一种对投资智慧的考验。

对这种形态，我们可以用黄金分割线进行预测和判断股价回调的支撑和上涨的阻力位，以便在可能的目标位附近提前做好操作准备。

做股票要忍常人不能忍受的痛苦、要吃常人不能吃的苦难、要有常人没有的胆量。股市中的暴利，通常是在违背常理中获取的！

在这里需要的是有胆有识，只有见识而无胆量的人是赚不到大钱的！同样，只有胆量而无见识的人也是赚不到大钱的；认为安全至上的人也是赚不到大钱的；认为安全第一的人，还是远离股市为妙。

实例一　002907 华森制药

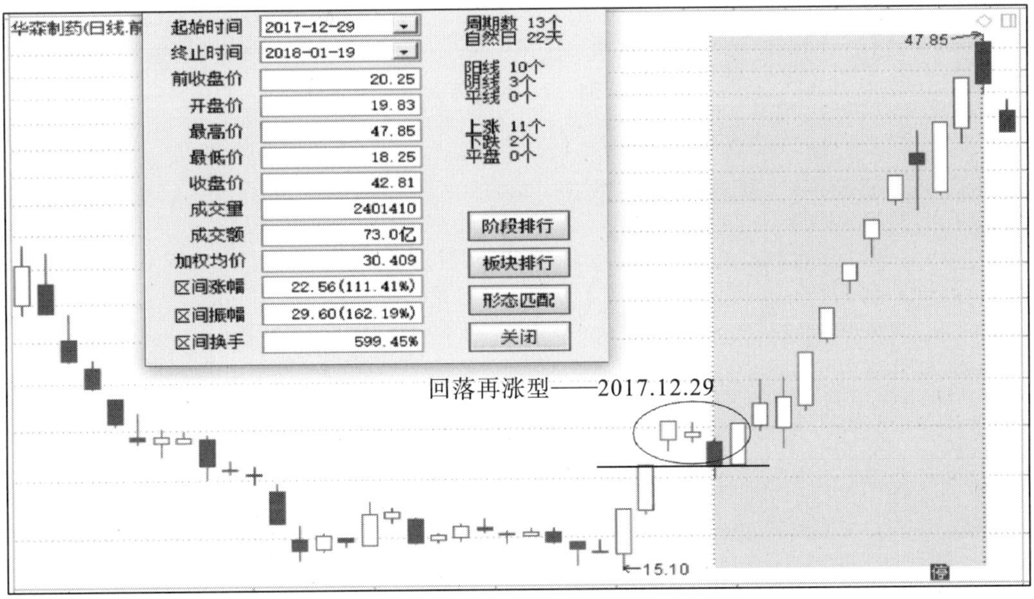

图 54—1　回落再涨型

实例二　600082 海泰发展

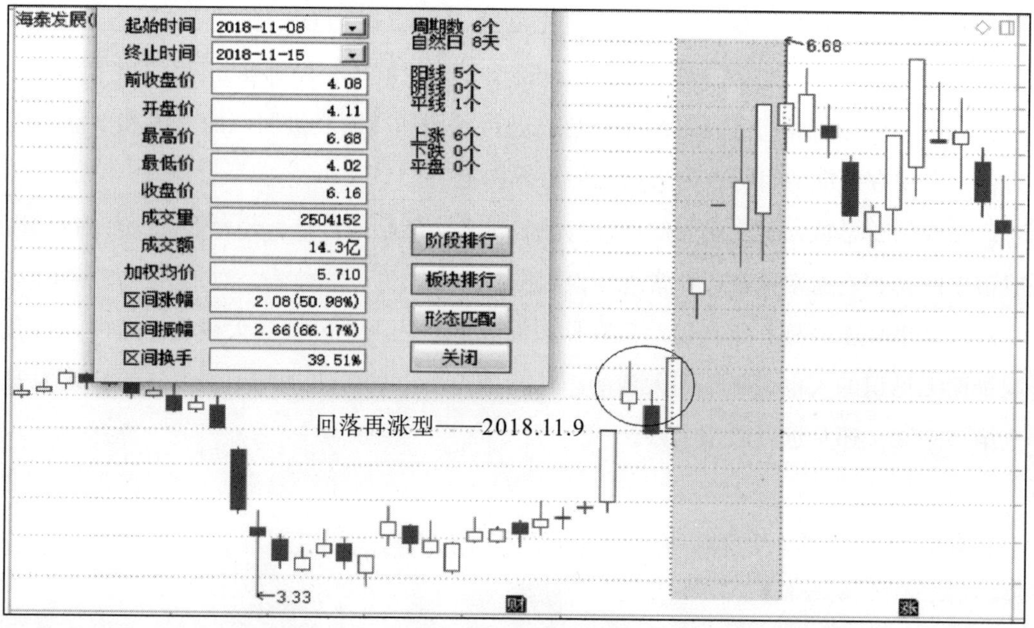

图 54—2　回落再涨型

55. 上升前阻型：卖

| 经典原文 |

【上升前阻型】在一连串的上升走势中，连出阳线；一直到出现明显的上影线时，多头的一方就必须谨慎并恐惧了！

这是因为K线的基本理论认为：在上升的走势中，如连出十根阳线或十二根红线，这时走势大多已步入天井或必须回档一下。

图形中的最后一根阳线已呈萎缩状态，这就意味着市场行情转为看跌。因此，空头的一方可乘机寻找高点抛售。

| 图–上升前阻型 |

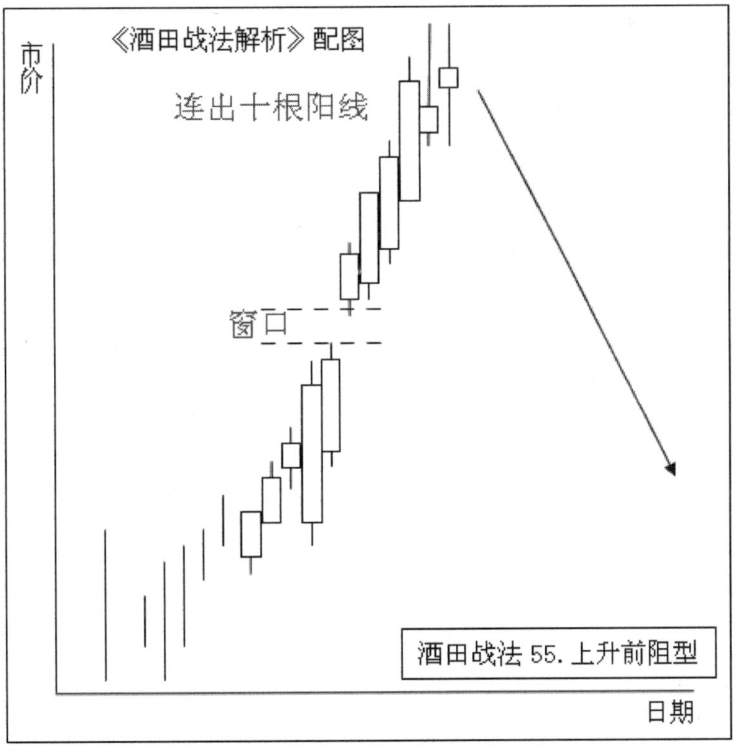

| 张华解析 |

请牢记："在上升的走势中，如连出十根阳线或十二根红线，这时走势大多已步入天井或必须回档一下。"

这是做波段的经典名言！

也是做波段的经典圣经！

连续的上涨，市场一片欢乐。持有该股的人还想股价再涨，欢乐的人们，请记住行情常常在欢乐中死亡！老子曰："祸兮福所倚，福兮祸所伏。"

股价不可能无休无止地上涨，当一波连续上涨十到十二根阳线时，要谨防上影线、乃至长上影线；连续的上影线，对于上涨的价格来讲，是空方的抛售造成的，这是多方力量衰竭的信号，也是股价即将见顶的征兆或股价即将下跌的前奏，在这里卖出是一个明智的选择。假如你犹豫，不妨先卖出一半；次日一旦低开低走，再卖出另一半。

实例一　600689 上海三毛

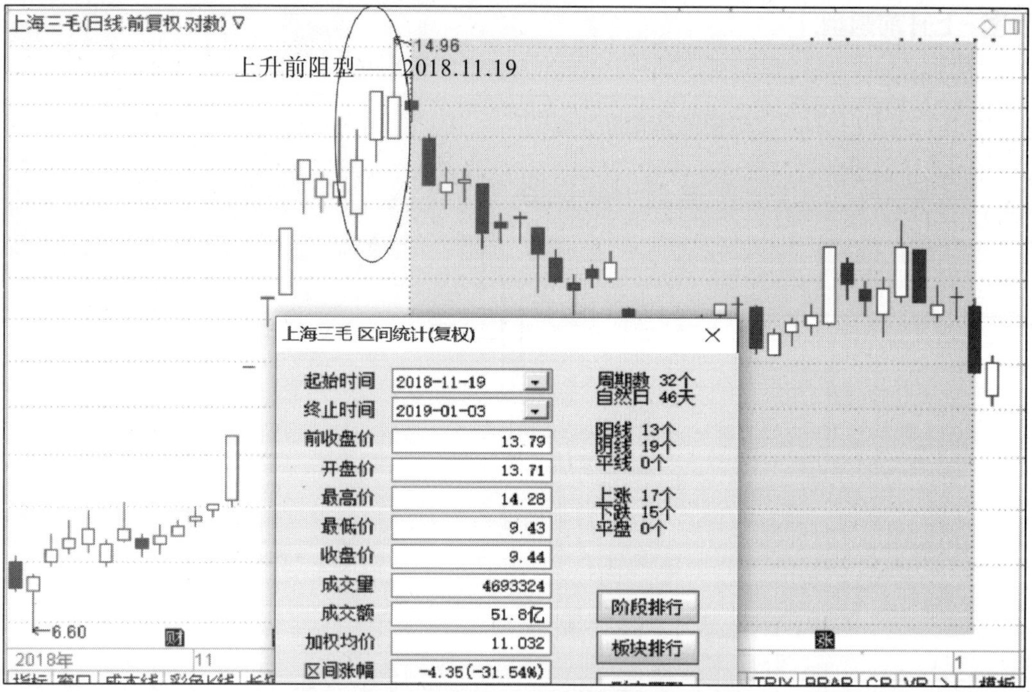

图 55—1　上升前阻型

实例二　600266 北京城建

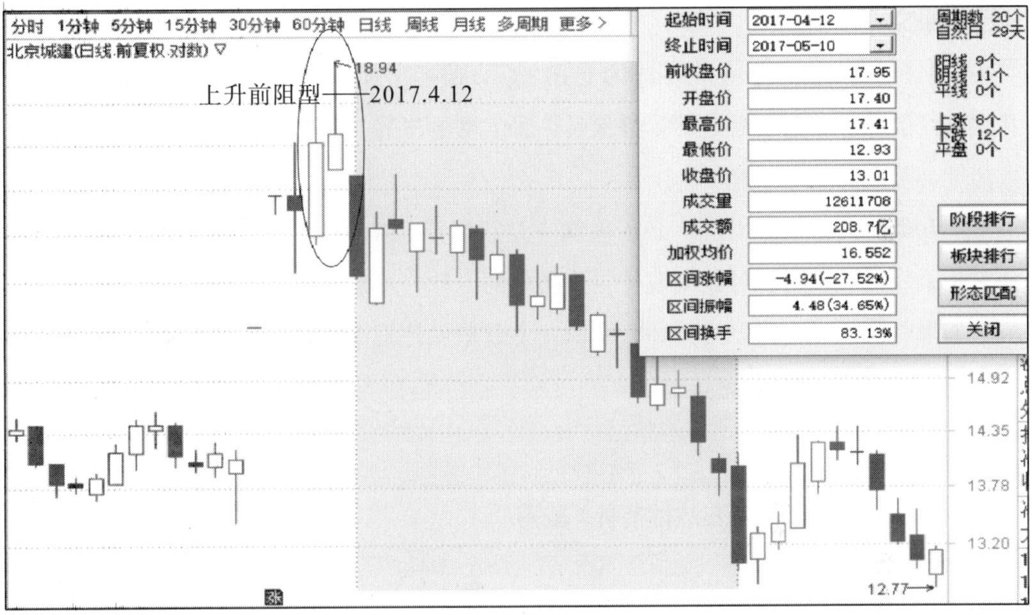

图 55—2　上升前阻型

56. 上升最后怀抱线：卖

| 经典原文 |

【上升最后怀抱线】是在一连的上升之后，最后出现一根大阳线，几乎环抱着后面几根日线的涨势。这乍看之下，好像是一种上涨的讯号。不过，多头全力买进的结果，可能就会引发日后的下挫。

上升最后怀抱线的出现，必须确认它是否属于“骗线”——如果翌日开低就可确认它是骗线无疑，所以可立刻改持空头抛售的方针。当然也有翌日开高的情况。不过，最后如果收阴线时，仍然为看坏。所以，上升最后怀抱线是“转抛”的线型之一。

| 图-上升最后怀抱线 |

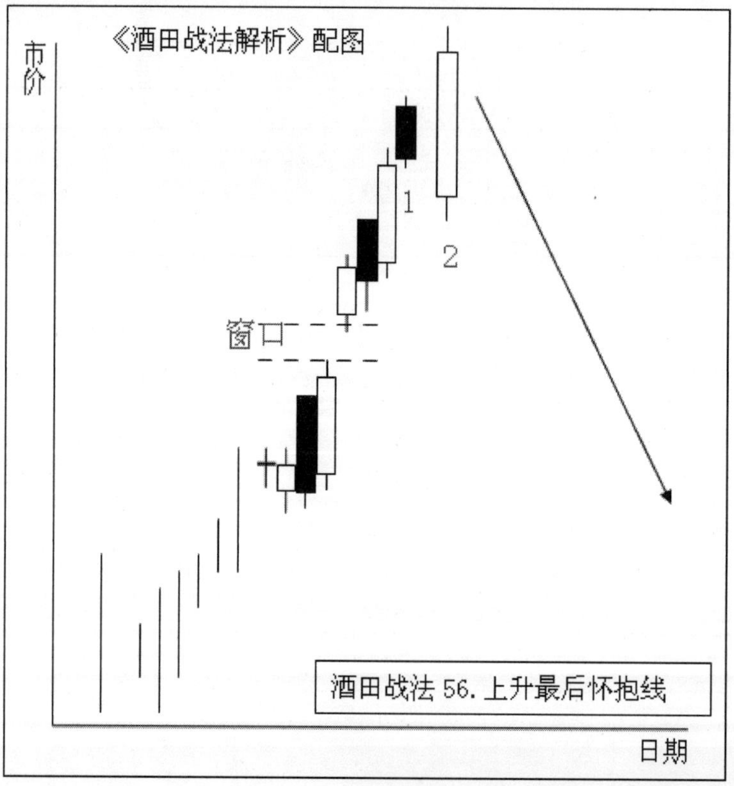

张华解析

判断上升最后怀抱线第一个有力的武器，就是看这根长阳拉起的时间，如果是在尾盘拉起，那么骗线的概率就很大。

第二个有力的武器，就是看次日是阴线还是阳线，如果是阴线，那么骗线就可确认；

第三个有力的武器，就是看次日涨升的幅度是大是小，如果涨升的幅度小，或者仅仅是一根极短线，不论阴阳，都是见顶的信号，卖出是最佳的选择。

上升最后怀抱线出现的位置：一波连续上涨之后，回调后还有再度上涨的时候；突破前高点之后，但还有历史高点压制；创出历史新高点后，就会一路下跌。

技术分析最怕的是走入研判指标的歧途，很多人没有抓住最主要的运行趋势、价格形态、成交量，而是把精力放在多种指标的分析上。这实际上是本末倒置，把配角当成主角；要知道其他指标最多只能是辅助（确认）的角色，而不能当技术分析的主角！抓不住主要矛盾的人永远是解决不了问题的人。方向不对头，只能是“南辕北辙”！方向比速度更重要！

实例一　002011 盾安环境

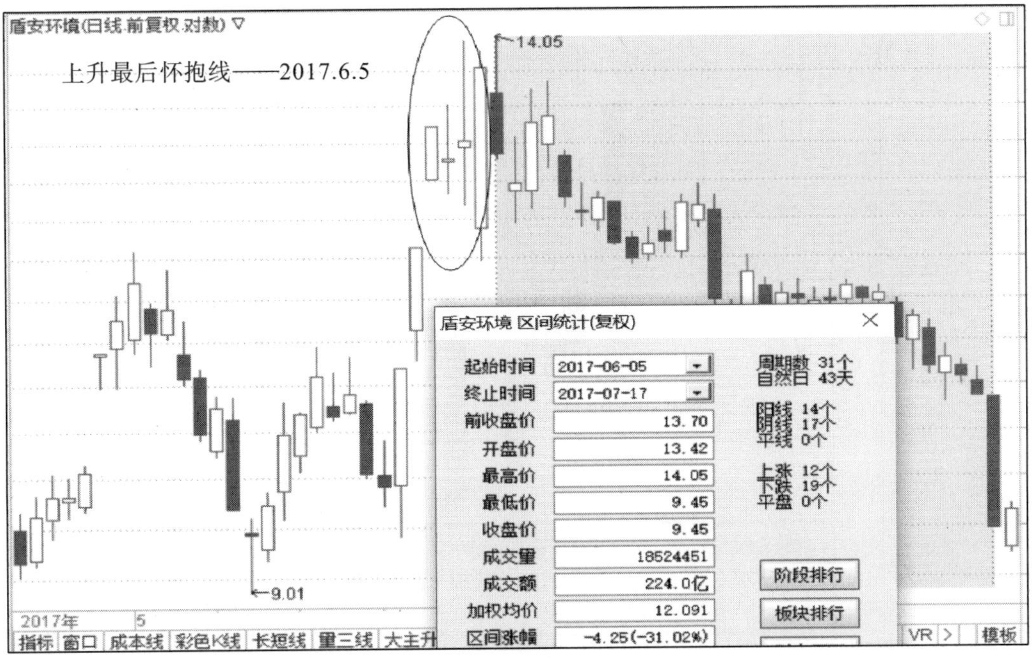

图 56—1　上升最后怀抱线

57. 下降最后怀抱线：买

经典原文

【下降最后怀抱线】与上升最后怀抱线正好相反，它是在一连下挫声中最后出现一根“超大阴线”——这仍然必须确认它是不是属于“骗线”的形态。如果翌日大幅开高，就可改持多头买进介入。如果再开低的话，就必须暂观一下，待确认下挫走势无疑后才可继续放空抛售。不过，如果是在下跌途中，连出七根阴线的话，很可能将引发底部反弹。因此，当下降最后怀抱线出现时，一般还是“反涨”的成分大。

图-下降最后怀抱线

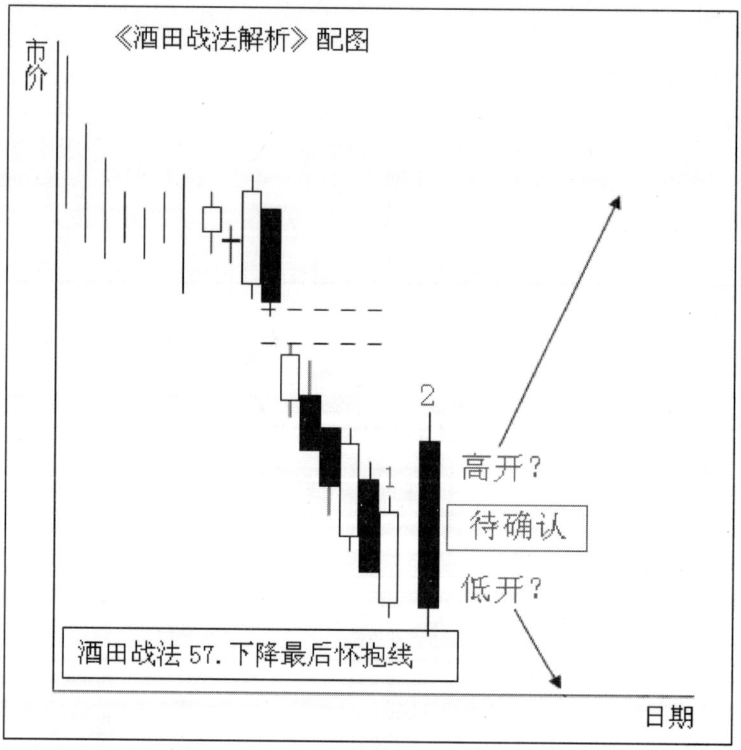

| 张华解析 |

在《酒田战法》56 中，我们解析了如何判断上升最后怀抱线是否是“骗线”的。在连续的下跌之后出现的这根高开低走的大阴线，同样也要判断其是否是骗线。

第一，跳空的高开本身是盘中主力所为，没有利好、没有上市公司的变故、没有政策的利多，一般是不会跳空高开的；

第二，高开后，长阴是在何时形成大幅快速下跌的？如果在尾盘，就是主力故意而为之，故意制造恐慌，也可以判断为主力跳空高开、然后杀跌，一种蓄意在底部抢夺筹码的行为；

第三，次日的高开、低开，都是判断长阴是否是“骗线”的条件。

总之，同一种 K 线形态，处在不同的位置，其含义截然相反。若是在连续的下跌之后出现，有可能是到了一波的谷底，因此可以随时留意反转上涨。

58. 上舍子线：卖

| 经典原文 |

【上舍子线】这种线型很少出现，“舍子”这个名词也颇具创意。图中的上舍子线是指：在一连的上升走势途中，先出现开收盘同点的长十字线，随后市场行情告跌，不但跳空跌落，而且是以长黑收市；这表示多头的买力到十字线发生时，已告枯竭。所以在这之后得弃守阵地，全面撤退。上舍子线出现后，市场很容易下降，所以，空头的一方应乘胜追击。

| 图–上舍子线 |

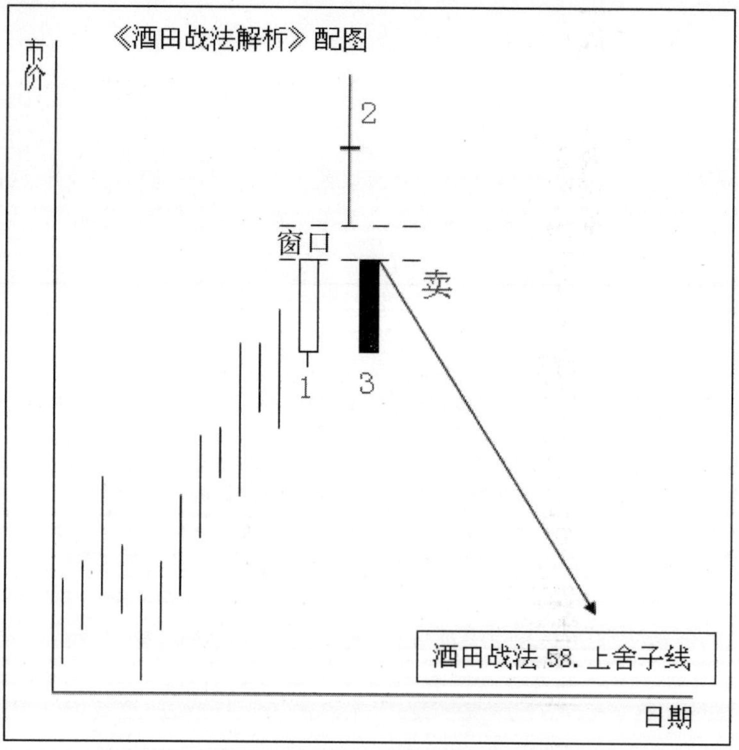

张华解析

注意上舍子线的两个典型特征：

第一，向上的跳空缺口与向下的跳空缺口之间没有任何价格交易；

第二，两个跳空缺口之上是一根长十字，长十字是多空分歧的一种标准形态。

首先，当我们看到在一波连续的上涨之后出现向上的跳空缺口时，就要有思想准备，这个缺口是何种性质？在这个缺口上多空谁强、谁弱？如果多方不能在跳空缺口之上占上风，那么就要考虑出局；这里仿佛夕阳无限好，只是近黄昏。

其次，特别是在尾盘最后一刻接近收盘时长十字的形态即将定型，那么出局就是唯一的选择了。

最后，当第三天出现了向下的跳空缺口，那无疑是一个标准的上舍子形态形成了，那么没有出局的人就必须在盘中反弹时逢高出局，这是最后一次逃跑的机会。机不可失，时不再来。错过这最后的一次机会，持有的人将在后悔、痛苦中煎熬——价格会持续不断地下跌。

实例一　300449 汉邦高科

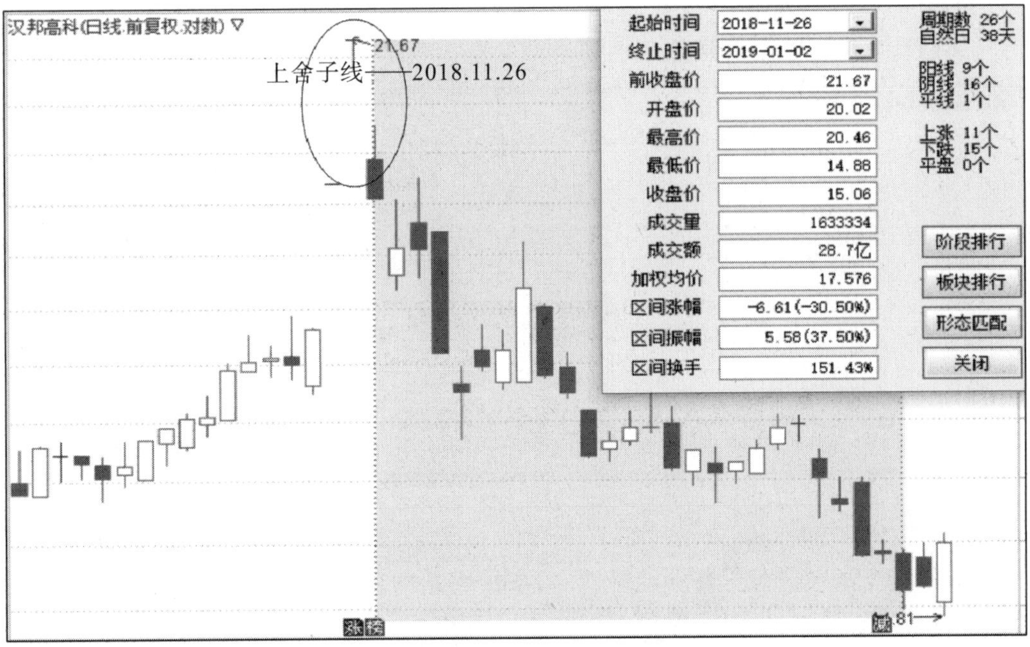

图 58—1　上舍子线

实例二　300682 朗新科技

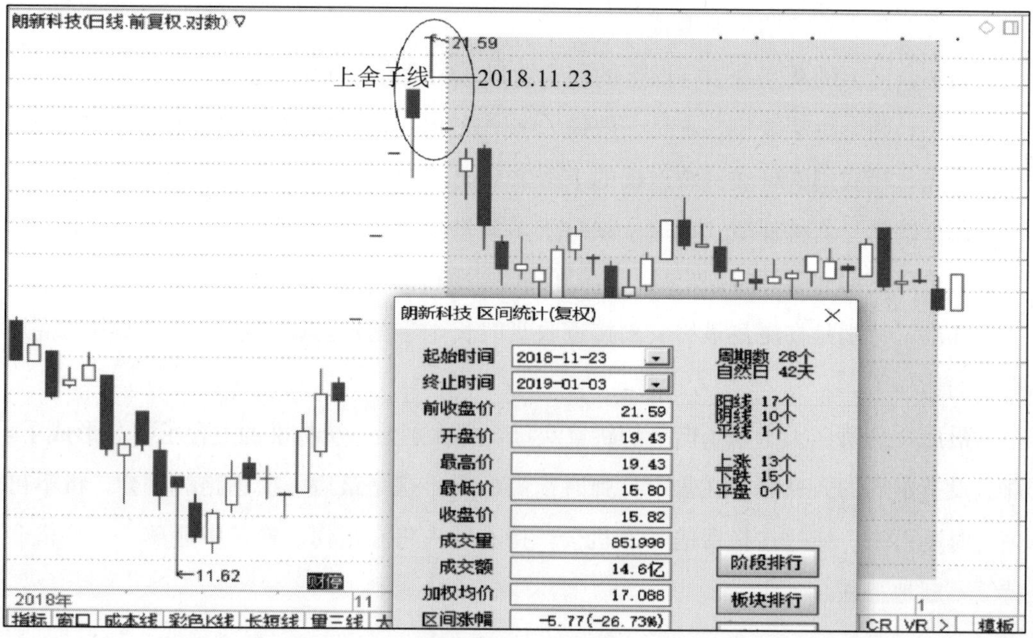

图 58—2　上舍子线

实例三　300710 万隆光电

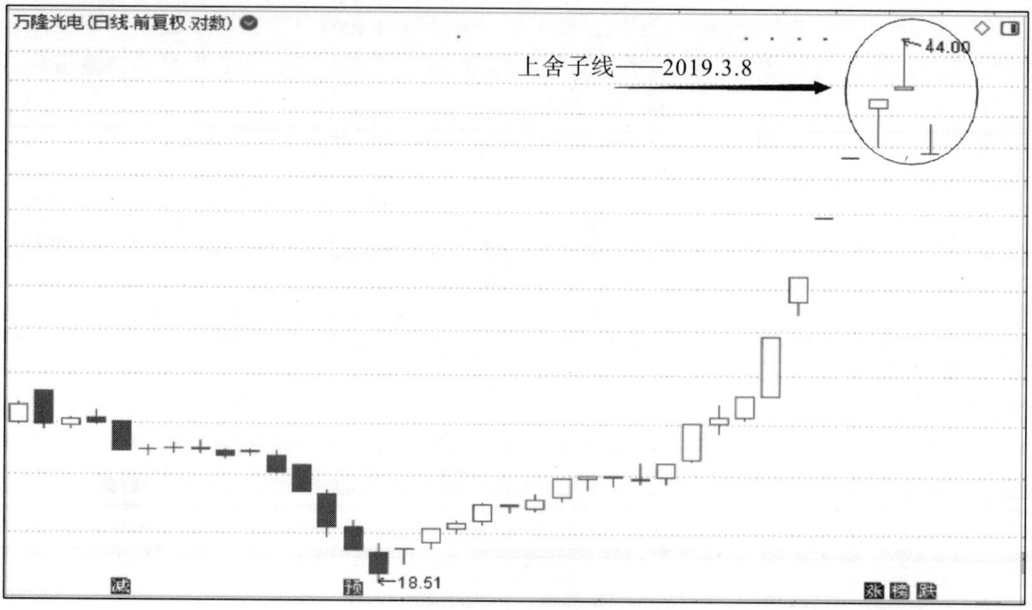

图 58—3　上舍子线

59. 下舍子线：买

经典原文

【下舍子线】正好与上舍子线相反。它是在下落过程中，连出阴线，途中经过一天的十字星跳空而下，然后再出现跳空的红线，这表示空头卖力已濒临尽头，随时有反弹的可能。尤其在十字星的舍子线出现后空头必须警戒，不可再行放空。如果见到底部翻转时，应立刻转空为多。

图（2）和图（1）情况相似，在下跌过程中出现黑三兵是不吉之兆。但是十字星的舍子线出现时，一切情形已改观，所以必须改行多头买入。

图–下舍子线

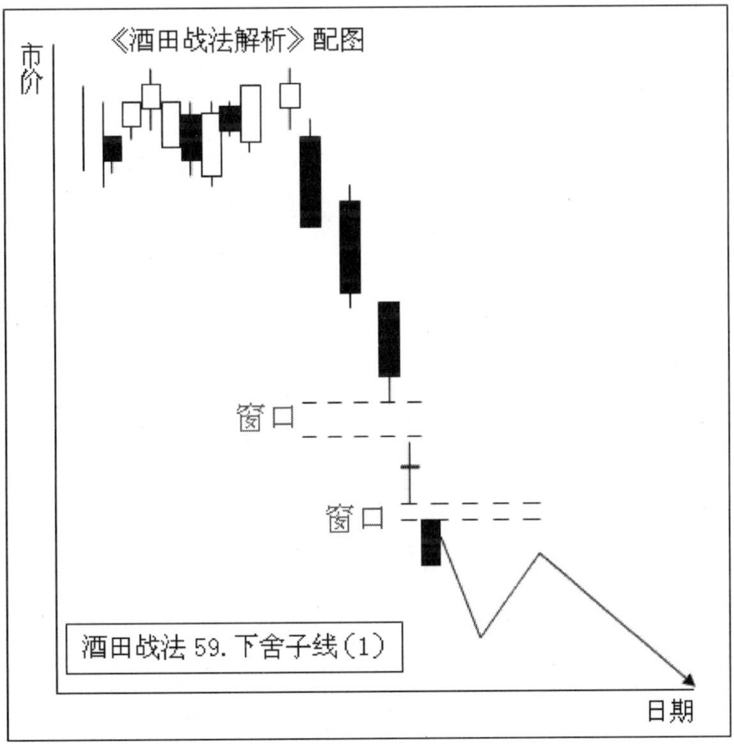

酒田战法 59. 下舍子线（1）

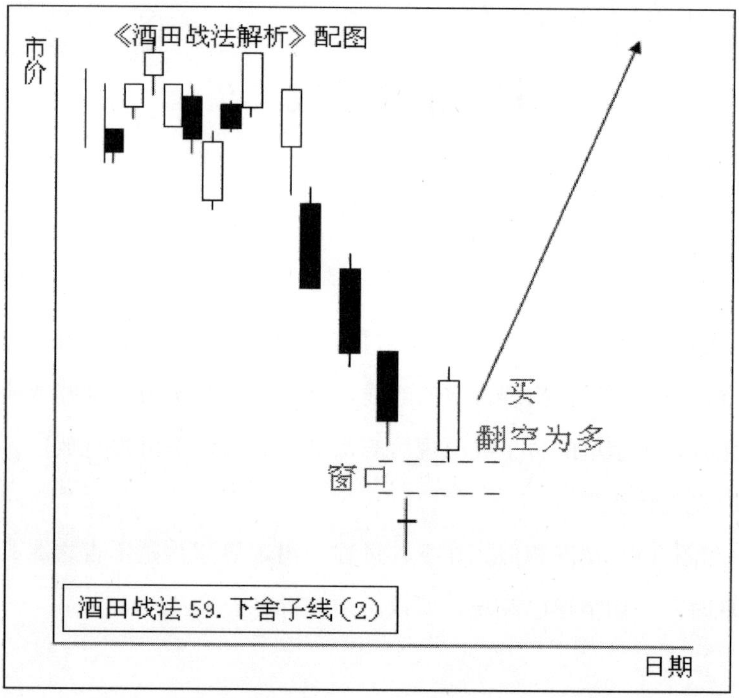

| 张华解析 |

下舍子线（2）的情形正好与战法 58 上舍子线相反，但还是有明显的区别。

第一，下舍子线（2）与上舍子线都有缺口，两个缺口之间没有任何价格交易；不同的是一个是向下的跳空缺口，一个是向上的跳空缺口；

第二，缺口之后下舍子线是一个十字星，上舍子线是一个长十字。长十字是转换线，十字星是多空分歧；

第三，既然是多空分歧，哪方的力量大就要依靠下一个交易日来确认了。

当十字星之后的下一个交易日跳空低开，就形成了下舍子线（1）的形态，这种形态表示下跌没有止住，在这里还不是做多的时候。

当十字星之后的下一个交易日跳空高开，就形成了下舍子线（2）的形态，这种形态表示行情在这里必然反转，是一个极佳的买进形态。投资者可以在尾盘最后的一刻钟果断买入，这里不买，往往错失价格暴涨的良机。

对比下舍子线（1）与（2）的形态，我们可以这样认为，只有在十字星之后的一根 K 线形态在尾盘即将确认时再行动才是安全的，切勿在十字星之后就主观地认定会出现下舍子线而及早地买进。正确的思考是正确交易的前提！

实例一　600228 ST 昌九

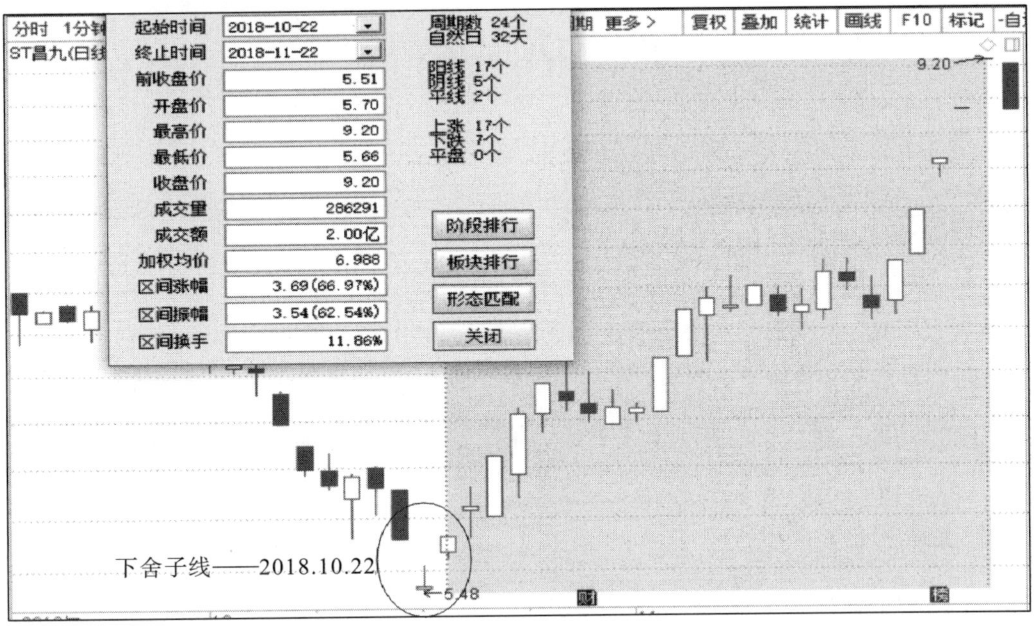

图 59—1　下舍子线

实例二 600610 *ST 毅达

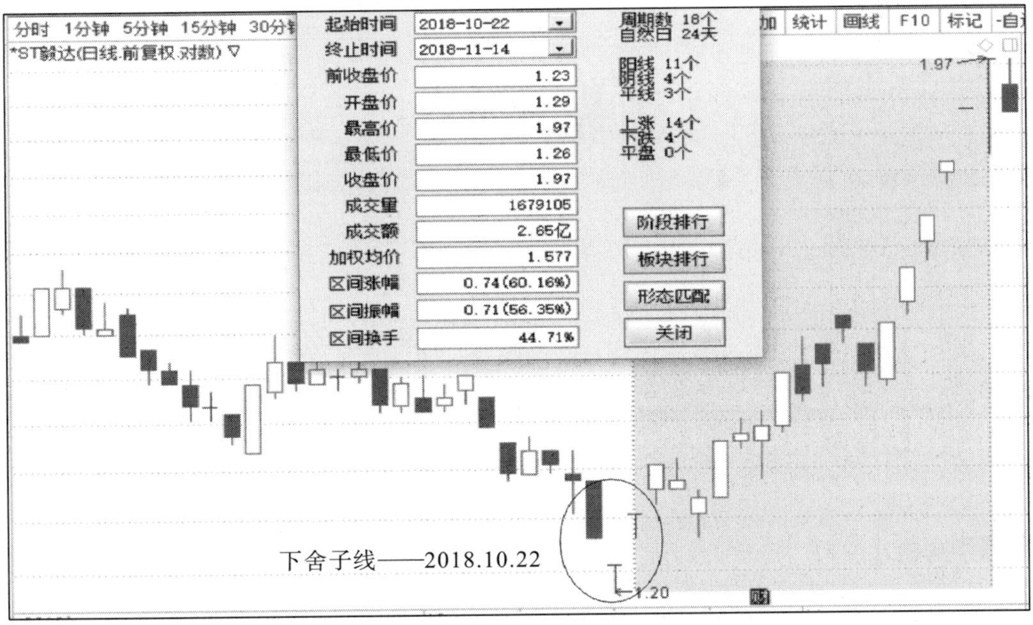

图 59—2　下舍子线

60. 上升三法：买

经典原文

【上升三法】包括“买”、“卖”、“暂停”等三重含义。先看上升三法的大幅上升乃至第四根大阳线，这就是买入的暗示。但随后黑三兵的出现，却指示可以抛售，再出现超大阳线稳住跌势，这时是多空暂停休战的暗示。一个走势中简单地涵盖了三重意义。

上升三法出现时，必须再静观片刻，如果翌日开高可以加买。

图-上升三法

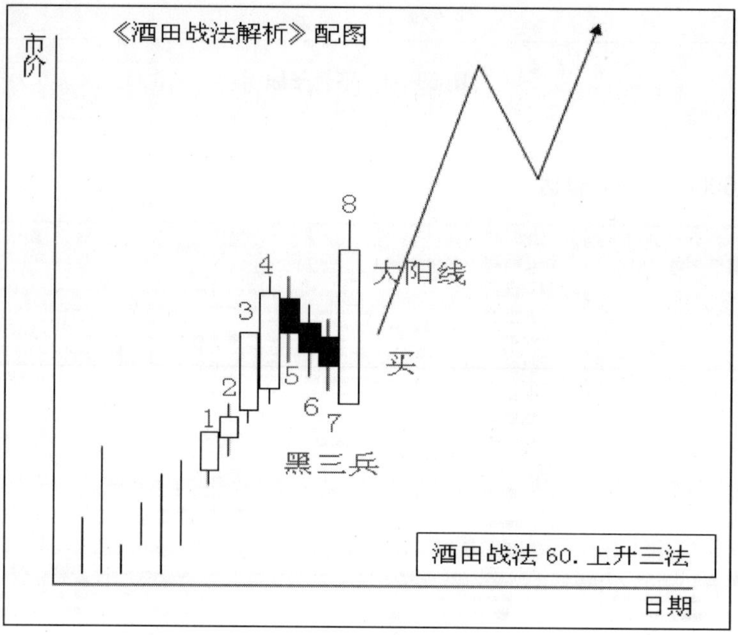

张华解析

上升三法要特别注意第 4 根阳线，它就是其后阴线调整的范围，当第 5、第 6、第 7 根阴线在调整时，最低价不能击穿第 4 根阳线的开盘价为最佳；此后的第 8 根阳线在吞没了第5根阴线的开盘价后，并且突破了8日均线，就告诉市场调整结束，上涨又开始了。

上升三法是行情在上升趋势中的一次休整，是主力盘中洗盘的杰作；当休整结束后，行情会沿着原先的方向继续地运行；这里的休整是为了走更远的路，因而上升三法又是市场给予的一次极佳的买进机会。

在这里要注意上升三法中的成交量，如果第4与第8根K线对应的成交量大于中间5、6、7根K线对应的成交量，那就证明这确实是主力在上升趋势中的一次休整洗盘。既然是洗盘，当你持有时，就要有“千磨万击还坚劲，任尔东西南北风”的意志。

在这里的上升趋势中，我们可以应用百分比回撤的技术分析调整的支撑买点。

上升三法准确性高，实用性强。在这里的追涨，绝对不是追高，而追的是确定无疑的涨势。优秀的投资者，只有在获胜率很大的情况下，才会将资金投入股市。

注意：

1. 上升三法有时会批量出现；
2. 上升三法在不同的位置则区别很大。

1. 低位的上升三法，贵州燃气；
2. 跳空后的上升三法，也可以择机介入，如九鼎投资、张江高科；
3. 高位的上升三法，在做最后的诱多，要回避，如绿庭投资。

实例一　600903 贵州燃气

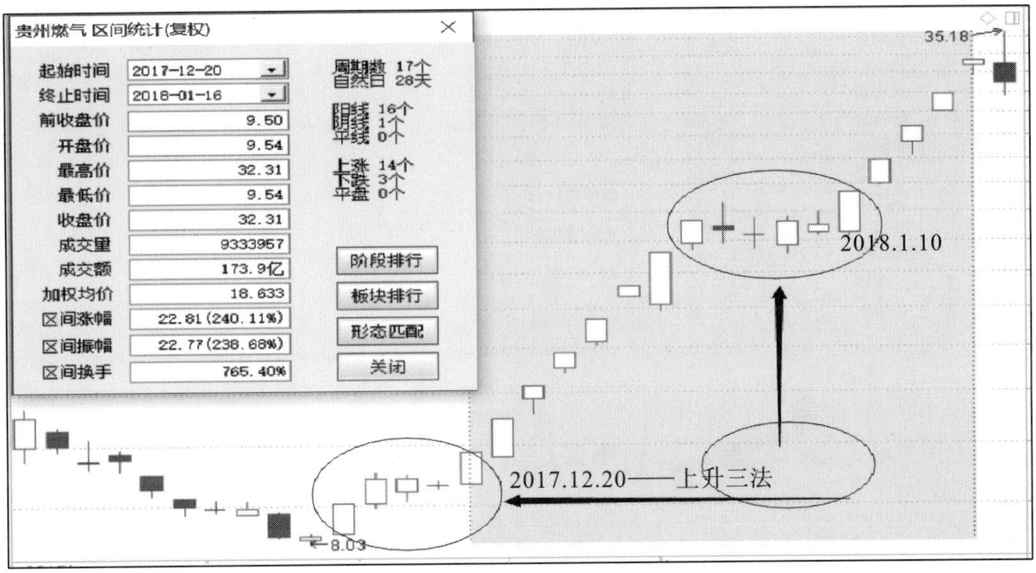

图60—1　上升三法

实例二　600053 九鼎投资

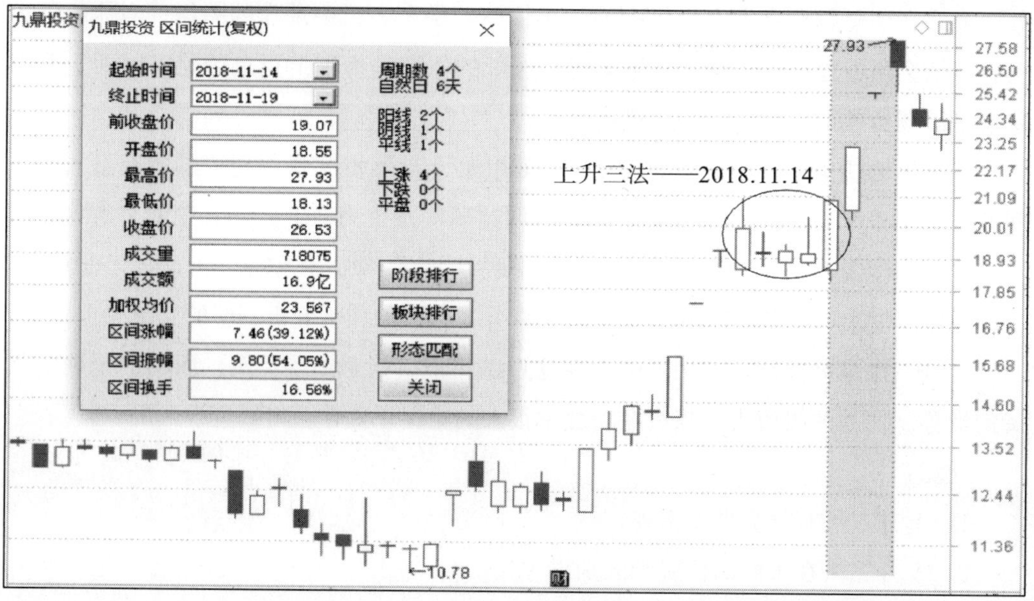

图 60—2　上升三法

实例三　600895 张江高科

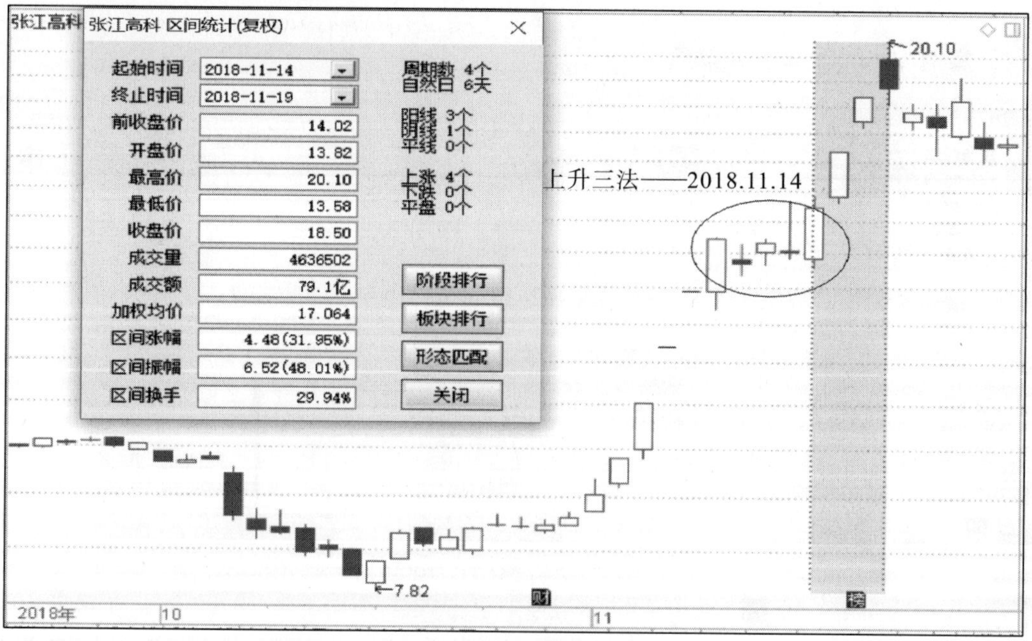

图 60—3　上升三法

实例四　600695 绿庭投资

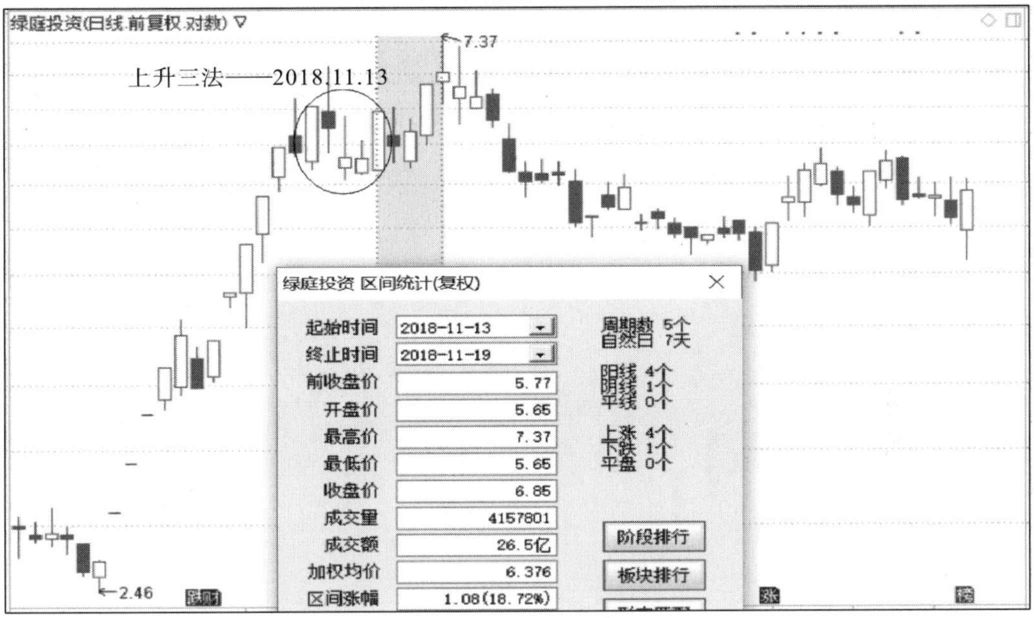

图 60—4　上升三法

实例五　002755 东方新星

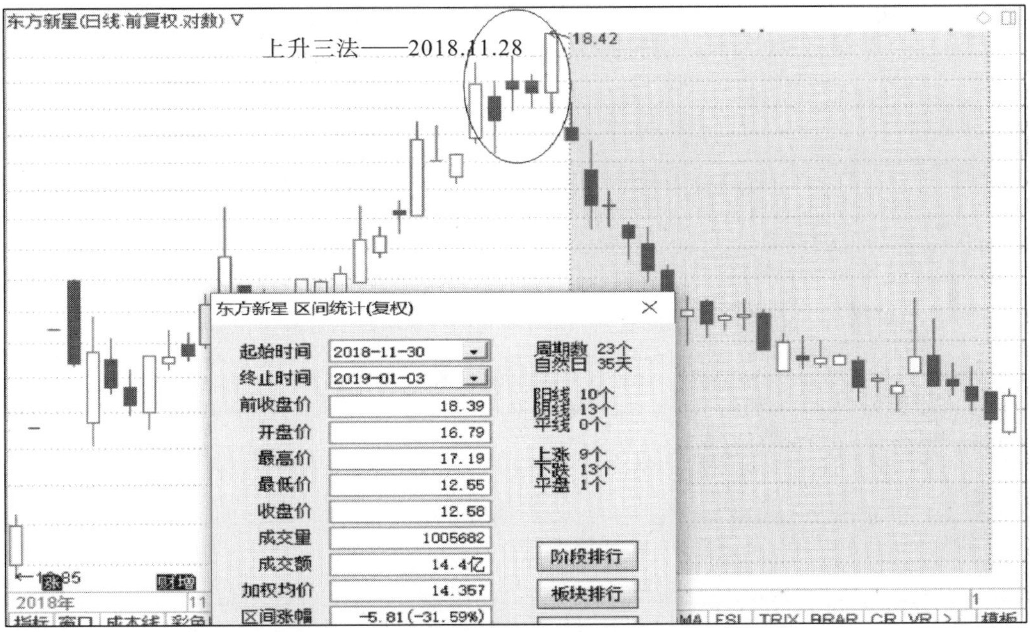

图 60—5　上升三法

实例六　999999 上证指数

图 60—6　上升三法

实例七　399001 深证成指

图 60—7　上升三法

实例八　399005 中小板指

图 60—8　上升三法

实例九　399006 创业板指

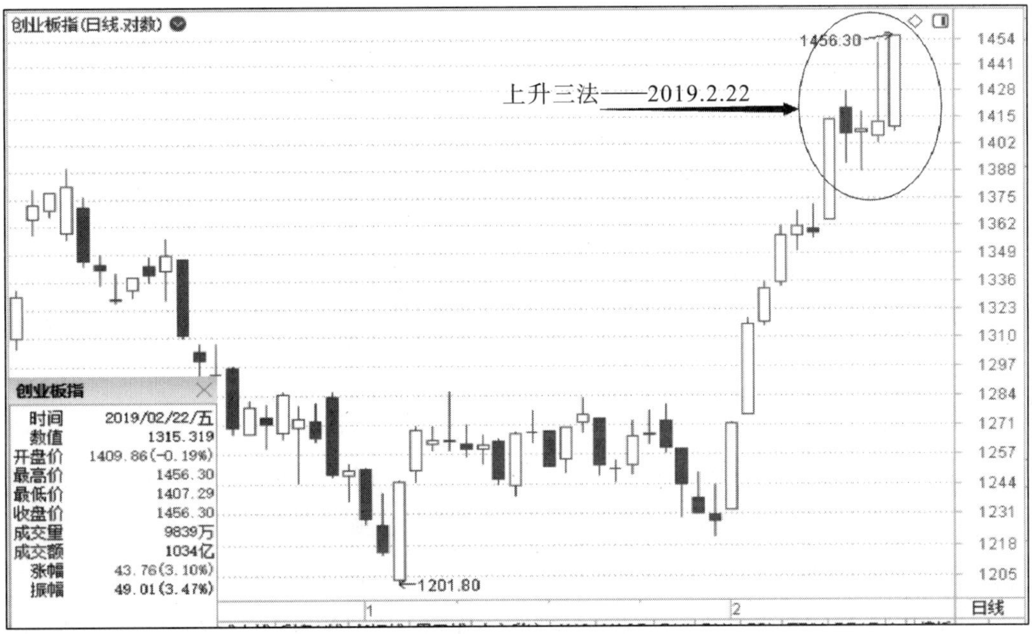

图 60—9　上升三法

百分比线

百分比线是江恩首先提出来的，江恩根据人们的心理因素和整数位的界限，把价格运动划分为 8 个等分，即 1/8、2/8、3/8、4/8、5/8、6/8、7/8、8/8。

1/8＝12.5％

2/8＝25％

3/8＝37.5％

4/8＝50％

5/8＝62.5％

6/8＝75％

7/8＝87.5％

8/8＝100％

在各比率中，4/8＝50％最为重要，3/8＝37.5％及 5/8＝62.5％、6/8＝75％ 三条距离较近的比率也十分重要，往往起到重要的支撑与压力位作用。

当一波上涨行情结束时，通过上涨起点和终点的高度，投资者可以测定出黄金分割线，以确定其支撑的位置。而运用百分比线同样可以预测和确定股价回调的支撑位，只是判断所依据的对象不是 0.382 或 0.618 的黄金分割线，而是根据上涨的高度譬如 25％、50％或 75％来确定可能回调的支撑位。首先，江恩最重视的是 50％回调线，他认为这是最重要的一条线，这一条线起到重要的支撑和压力作用。其次，江恩认为

25％和75％也是比较重要的回调支撑压力位。再次，江恩才会注意到12.5％和87.5％的位置。

在江恩价格体系中，他也把价格运动分成三等分，也就是1/3、2/3、3/3，1/3≈33％、2/3≈67％，这两个百分比江恩认为是非常关键的位置。

在上升趋势中应用百分比画回撤线时要从这一波上涨的高点向下画到这一波的起涨点——看回撤的支撑水平线；

在下降趋势中应用百分比画回撤线时要从这一波起涨点向上画到这一波的高点——看回撤的支撑水平线。

画百分比线同画黄金分割线一样，可以帮助投资者预测和判断股价回调的支撑和反弹的阻力位，以便在可能的目标位附近提前做好操作准备。

注意：由于黄金分割线与百分比线都没有考虑到时间变化以及成交量对股价的影响，所揭示出来的支撑位与压力位较为固定。因此，如果指数或股价在顶部或底部横盘运行的时间过长，则其参考作用要打一定的折扣。

61. 下降三法：卖

经典原文

【下降三法】是上升三法的相反形态，其中仍然包括“卖”、“买”、“暂停”三阶段。最后一根大阴线撑住红三兵的涨势，并且是暗示冷静一下。下降三法的翌日如果开低阴线，就可以抛售了！

图-下降三法

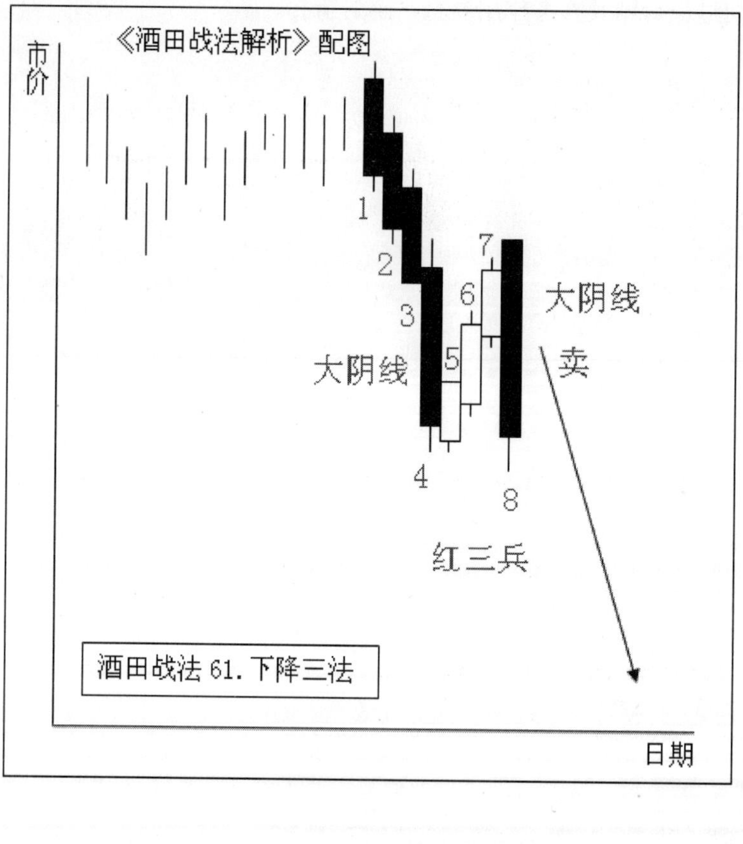

| 张华解析 |

下降三法与上升三法正好相反，是一种下跌趋势中的小幅反弹，反弹结束后，行情会沿着下跌趋势继续运行；市场下跌的趋势并未中断，只不过是暂时的停顿罢了。

在这里，要特别注意第 4 根大阴线，它就是其后阳线反弹的范围，当第 5、第 6、第 7 根阳线在反弹时，最高价未能突破第 4 根阴线的开盘价就是反弹受阻的标志；此后的第 8 根阴线在吞没了第 5 根阳线的开盘价后，就告诉市场反弹结束，下跌又开始了。

在这里要注意下降三法中的成交量，如果第 4 与第 8 根 K 线对应的成交量大于中间 5、6、7 根 K 线对应的成交量，那就确实证明这是主力在下降趋势中的一次短暂的反弹诱多。

在这里逢反弹是要卖出的，而不要抢反弹买进；这里的杀跌，绝对不是杀低，而杀的是确定无疑的跌势。

在这里下降的趋势中，我们可以应用百分比回撤的技术分析反弹的阻力卖点。

有高位的下降三法（实例一），2015 年 6 月 15 日，上证指数在股灾之前就出现了这个形态，我也在 6 月 14 日做了提前的预测，详情见《主升浪之快马加鞭》（商务印书馆出版）第 211 页；也有下跌途中的下降三法（实例 3）。下降三法中间的反弹大概有 3～5 根 K 线，这 3～5 根 K 线的走势亦有三种，上行、平行、下行；其间阳线居多，亦有个别阴线。个中韵味，仔细体会。

实例一　999999 上证指数

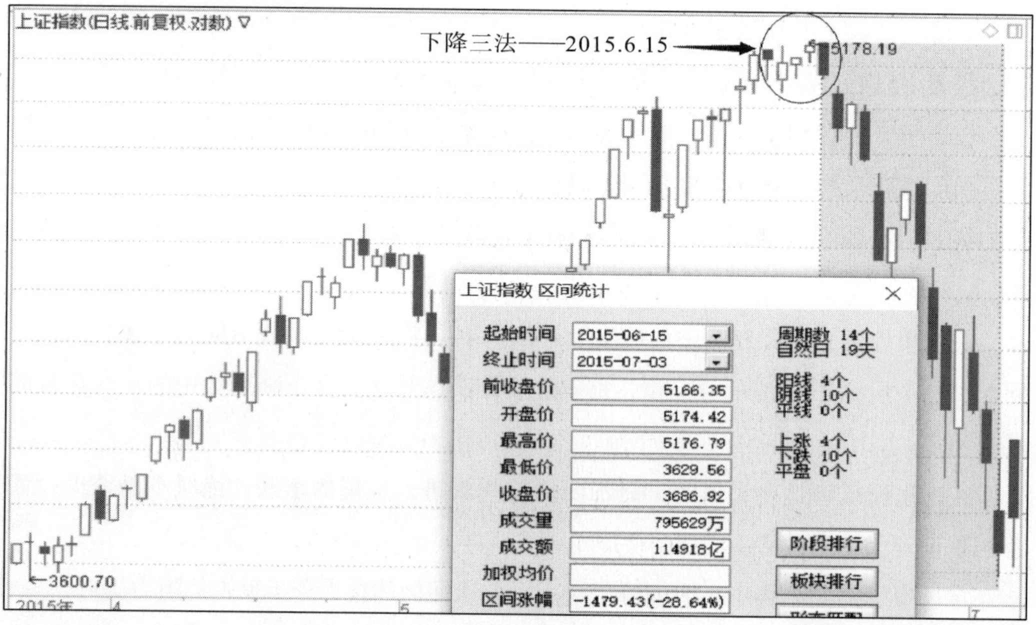

图 61—1　下降三法

实例二　601700 风范股份

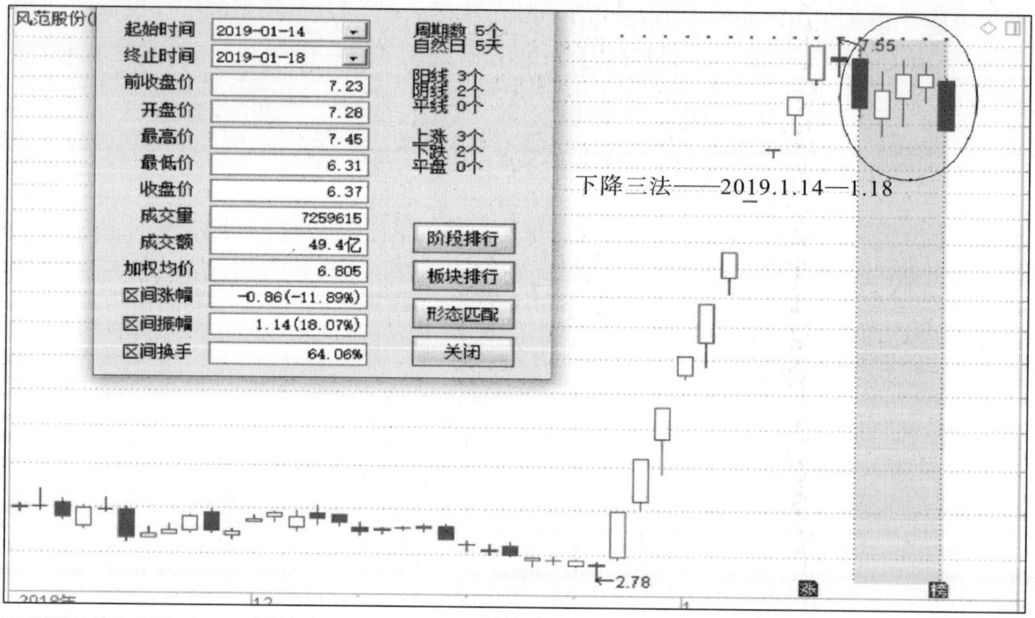

图 61—2　下降三法

试分析 601700 风范股份在波段顶部出现了几个卖出 K 线形态？

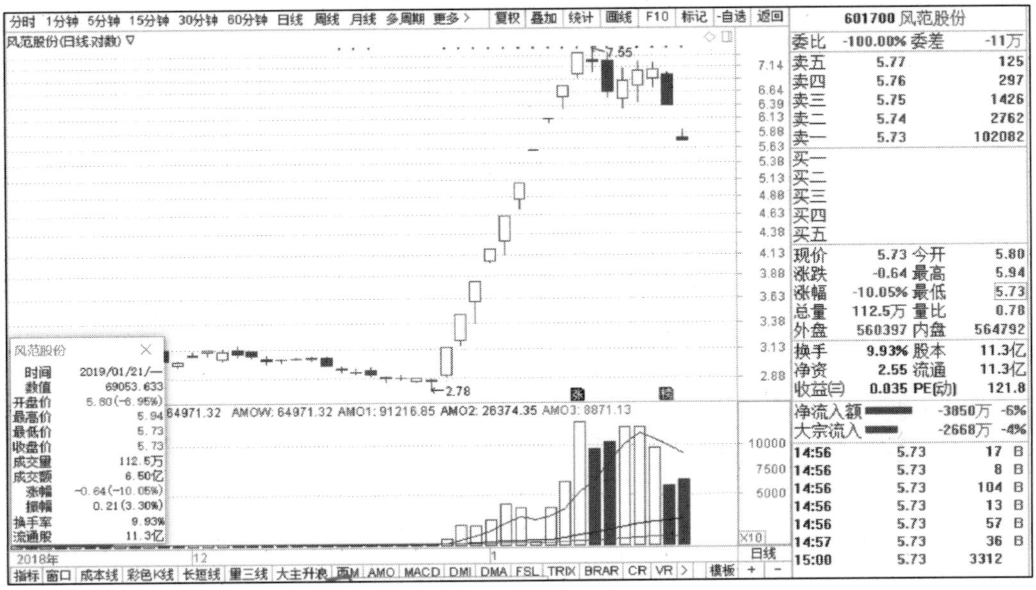

实例三　880540 创投概念

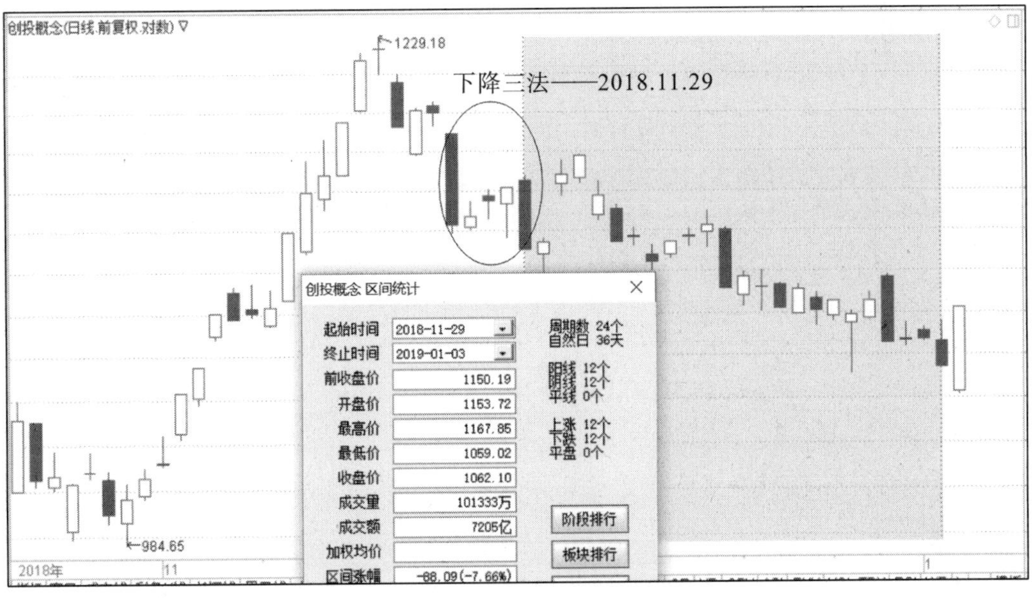

图 61—3　下降三法

实例四　600825 新华传媒

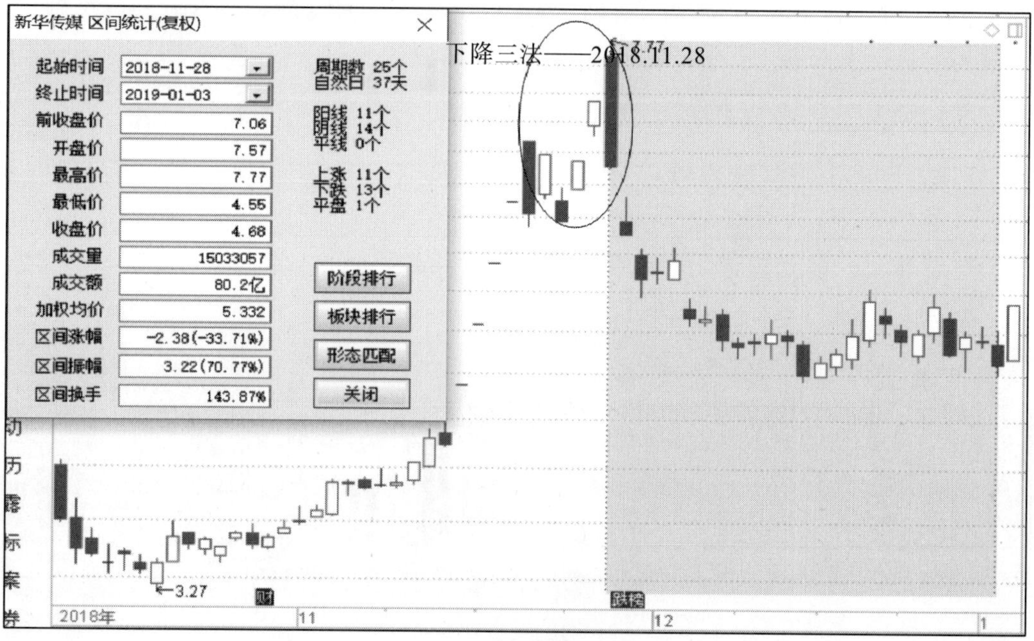

图 61—4　下降三法

经典形态永恒

2018 年 11 月 28 日星期三，独角兽概念的新华传媒早盘触及涨停板后大幅跳水，上演了从涨停板到跌停板的巨大出货行情，同时也完成了下降三法形态（如下图所示）。

看看 2018 年 11 月 28 日的涨跌幅异动数据，其中作祟者原形毕露：

【3. 涨跌幅异动】

【交易日期】2018－11－28 日振幅达 15％

振幅：22.36％　成交量：18777.59 万股　成交金额：131140.20 万元

买入金额排名前5名营业部		
营业部名称	买入金额（万元）	卖出金额（万元）
西藏东方财富证券股份有限公司拉萨团结路第二证券营业部	1143.19	–
国金证券股份有限公司上海奉贤区金碧路证券营业部	1023.86	–
第一创业证券股份有限公司北京新街口北大街证券营业部	978.65	–
西藏东方财富证券股份有限公司拉萨东环路第二证券营业部	935.32	–
东兴证券股份有限公司莆田梅园东路证券营业部	921.06	–
卖出金额排名前5名营业部		
营业部名称	买入金额（万元）	卖出金额（万元）
华泰证券股份有限公司深圳益田路荣超商务中心证券营业部	–	8396.63
海通证券股份有限公司南京广州路营业部	–	3301.14
中国银河证券股份有限公司杭州天城东路证券营业部	–	2856.97
国泰君安证券股份有限公司南京中央路证券营业部	–	2571.07
中泰证券股份有限公司济南英雄山路证券营业部	–	1803.28

从数据中我们就可以看到买方力量大大低于卖方力量；卖方是著名游资华泰证券股份有限公司深圳益田路荣超商务中心证券营业部、海通证券股份有限公司南京广州路营业部、国泰君安南京中央路营业部等。

需要注意的是，华泰证券深圳益田路荣超商务中心和海通证券南京广州路营业部、国泰君安南京中央路营业部都出现在2018年11月27日的买入席位当中（如下图所示），买入金额与今天的卖出金额基本一致。这说明，这些游资们都是“一日游”的操作。

【交易日期】2018－11－27 三日涨幅偏离值累计达20％

偏离值：20.09％　成交量：21404.69万股　成交金额：143495.88万元

买入金额排名前5名营业部		
营业部名称	买入金额（万元）	卖出金额（万元）
华泰证券股份有限公司深圳益田路荣超商务中心证券营业部	9355.51	-
海通证券股份有限公司南京广州路营业部	2998.83	-
国泰君安证券股份有限公司南京中央路证券营业部	2252.22	-
光大证券股份有限公司湛江海滨大道南证券营业部	2223.89	-
华泰证券股份有限公司南京户部街证券营业部	1580.42	-

类似形态如2018年11月27日的000058深赛格（如下图所示），值得保存学习。

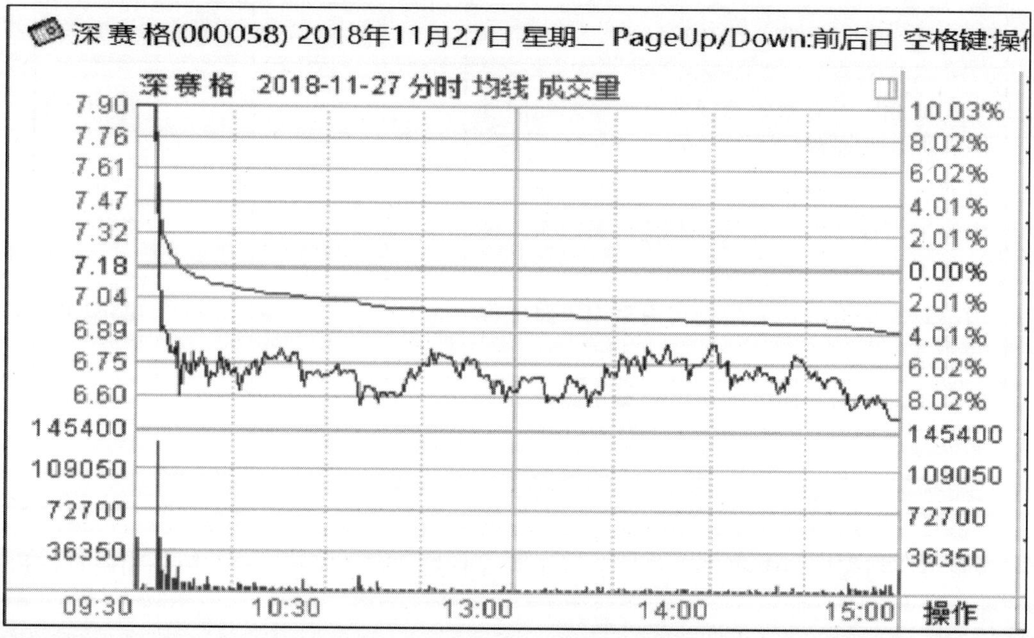

假如你有幸进入了游资的一日游行情，在游资次日大逃亡时也要果断出局，哪怕断胳膊断腿都要保命出逃，绝对不能抱有任何幻想。

学习经典，才能与浪共舞；学习经典，才能在市场生存。

回想 2018 年 11 月 5 日，首届中国国际进口博览会在上海国家会展中心开幕，习近平主席在演讲中宣布“将在上海证券交易所设立科创板并试点注册制”，这重磅消息立即引起创投概念中多股呈现直线拉升；创投板块包括钱江生化、南京高科、上海三毛、绿庭投资、弘业股份、乔治白、华金资本、中关村、九鼎投资、复旦复华、鲁信创投、张江高科等在内的 20 余只个股涨停；创投板块一路狂欢到 11 月底，然后纷纷谢幕，为市场留下了永恒的波段顶部经典形态。当然了，有些个股在一波下跌之后止跌反转后开始了又一波上涨，那已经是新的一波行情；做波段的人绝对不要守株待兔，最好随机应变。启涨跟进、见顶卖出，让资金活起来才是波段操作的灵魂。

回首前期的强势股行情，我们看到：

600783 鲁信创投在顶部留下了浪高线；

600053 九鼎投资在顶部留下了吊首线、下落三星；

600604 市北高新在顶部留下了二星、下落三星；

600895 张江高科在顶部留下了夜星；

600624 复旦复华在顶部留下了下落三星；

000622 恒立实业在顶部留下了吊首线、孕出线；

600695 绿庭投资在顶部留下了浪高线、高位上升三法；

002054 德美化工在顶部留下了覆盖线；

600235 民丰特纸在顶部留下了大阳线、孕出线；

300505 川金诺在顶部留下了阳包阳、连续线；

000058 深赛格在顶部留下了怀抱线、下降三法；

300645 正元智慧在顶部留下了浪高线、黑三兵；

600128 弘业股份在顶部留下了浪高线、下降三法；

60068 上海三毛在顶部留下了上升前阻型。

至于底部止跌反转形态、底部启涨形态、上升途中的调整形态请读者自行分辨，以此来加深大家对经典形态的记忆。

如果说管理层在未来即使取消了涨跌停板规则，这些形态依然会出现在市场，这些经典形态 200 多年前出现过（200 多年前还没有涨跌停板的规则），今天还在出现。人性永恒，经典形态永恒。

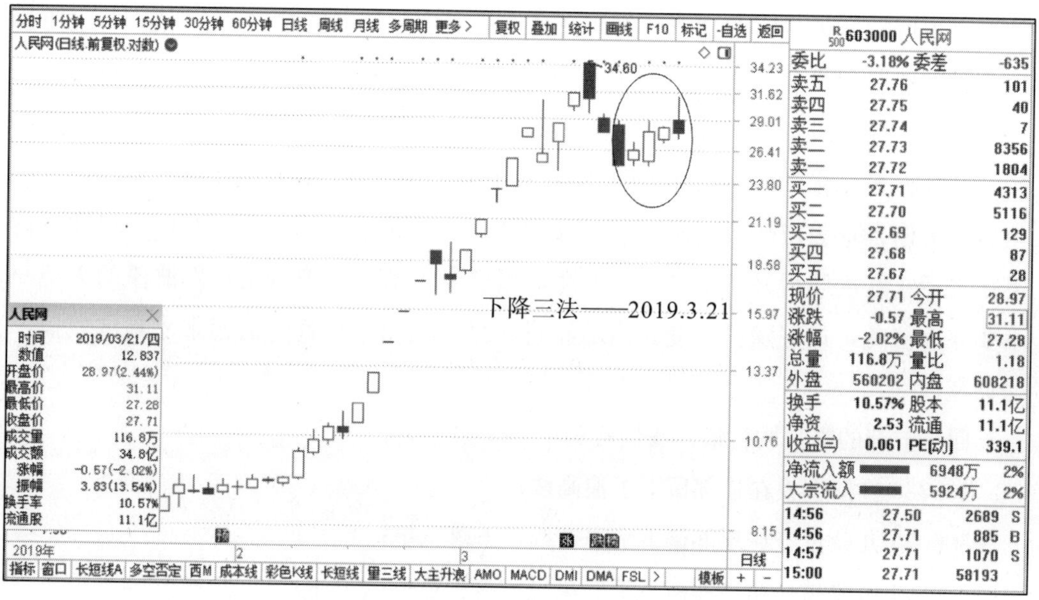

62. U 字线：买

| 经典原文 |

【U 字线】是一连串下跌之线急速地由底部翻转过来，有如“U 字线”的排列；最后冒出的大阳线，可以抵挡前面数根日线的幅度，并且迅速地形成一底部。U 字线一出行情常会持续上涨一个月以上，所以是上涨的讯号之一。

| 图– U 字线 |

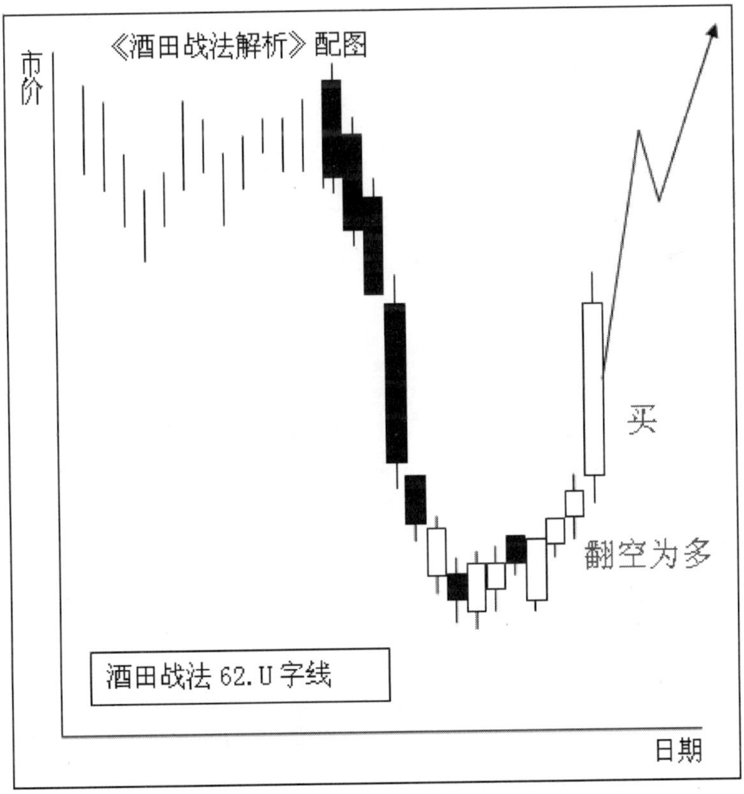

| 张华解析 |

在急速的下跌之后，价格在这里横向盘整后反转上涨，如果长阳上涨突破了 8 日均线，就是进场买进的关键时刻了。

另外，在这个较低的部位再配合突破半年均量线的成交量，那就是肯定的一波上涨了。

要注意这次上涨的阻力大概在 U 字形态左侧开始下跌的部位，一般涨升到这里会有一段时间的整理。整理之后趋势依然会继续向上发展。

这种形态经常出现在主力控盘之后、拉升之前，是主力有意识向下挖坑的行为，在坑里，经常会发生一些重大的事情：预亏、受损、资产注入。

在这个急速的下跌中，一部分不明真相的投资人落荒而逃，动作慢的就被套牢盘了，套牢的人又有部分在坑底割肉了；在坑死部分投资者后，主力又会迅速地拉起股价，回到原来的上升趋势途中。

投资股市，请记住，任何一种模型固定下来最终都能盈利，只是交易纪律要求你必须专心致志地掌握几种可靠的盈利模型。

实例一　300508 维宏股份

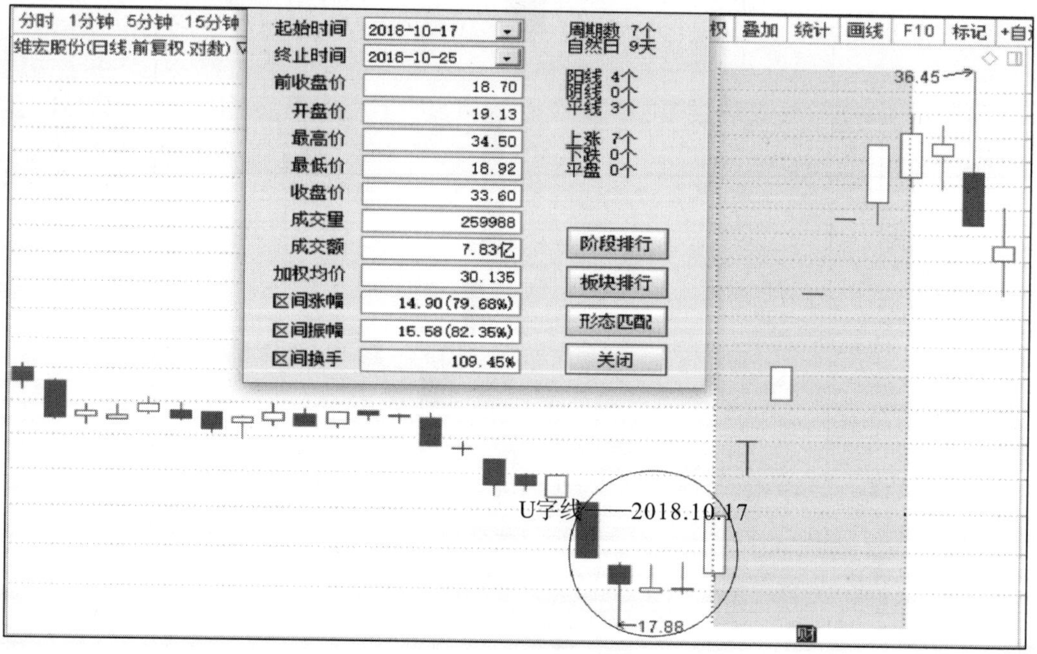

图 62—1　U 字线

实例二　300023 宝德股份

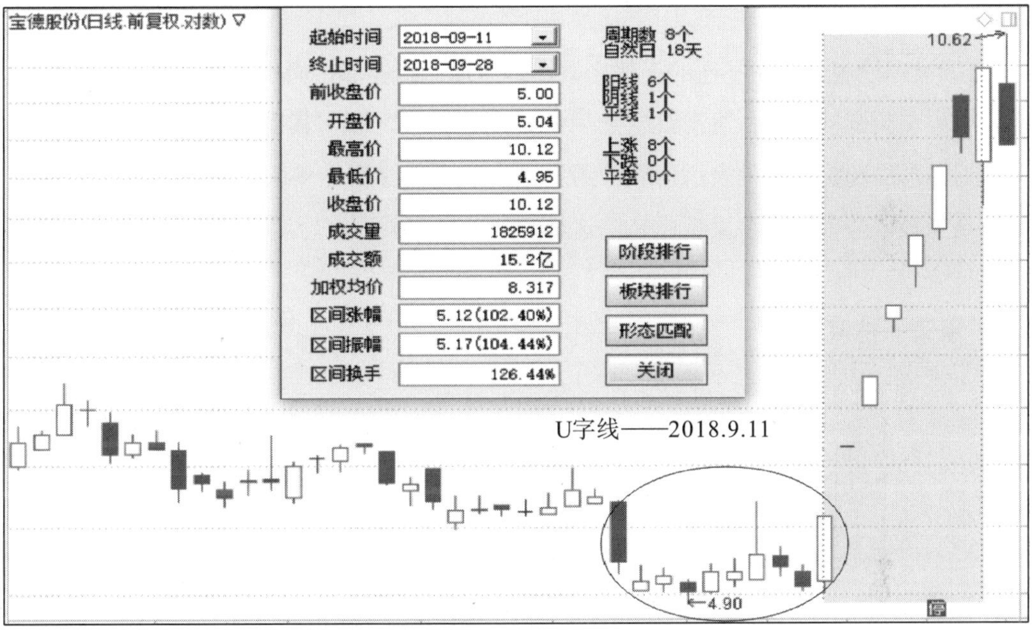

图 62—2　U 字线

63. 擎天一柱底：买

经典原文

【擎天一柱底】是在一连的下挫之后，迅速地达到底部，而且最后一根是以长黑收市，有如擎天砥柱一般。通常跳空之后的日线达五根之多，其中阴阳线交互排列，如果第五根再出长黑，那是表示落底已到了尽头！这种线型是多头总抛售造成的，翌日如开高走势，整个市场将反转过来，这是有利于多头买进的。

图-擎天一柱底

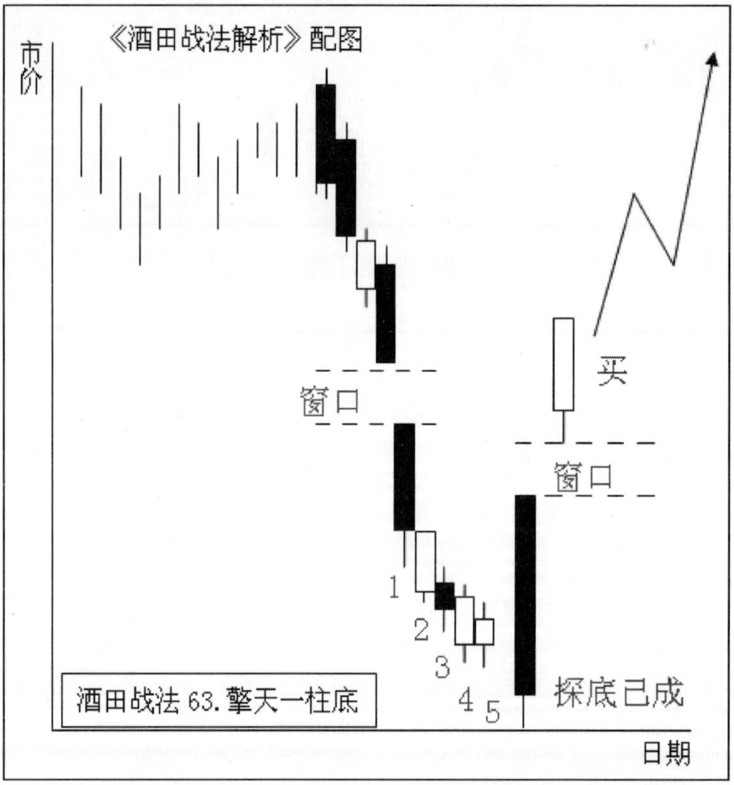

张华解析

在擎天一柱底之前的一个向下的跳空缺口，经常是最后的消耗性缺口，当空方的力量在这里消耗殆尽的时候，主力又一次以一个跳空高开低走收长阴将空方彻底击垮，然后再出现了一个向上的跳空缺口；

如果这个向上的跳空缺口与之前的向下的跳空缺口形成一个岛形反转，跳空缺口向上突破了 8 日均线，就是进场买进的关键时刻了。这一波上涨的力度将会很大。

岛形反转要注意两个跳空缺口之间没有任何价格的交易，包括影线在内。

岛形反转形态中的“岛”可以是一根 K 线，也可以由两根乃至多根 K 线组成，而且其 K 线的阴阳和大小等皆可以不论，只要它们的组合被缺口隔离构成岛的形状，均可以认为是岛形反转。

多看看岛形反转的走势图，你就自然而然地会“操千曲而后晓声，观千剑而后识器”。我们对缺口进行了分门别类的研究，这样就可以把隐藏在图形背后的重要细节找出来，透过图形抓住事物的本质，通过本质和组成的各个细节，再还原成清晰的整体，进一步指导自己的操作。

实例一　300409 道氏技术

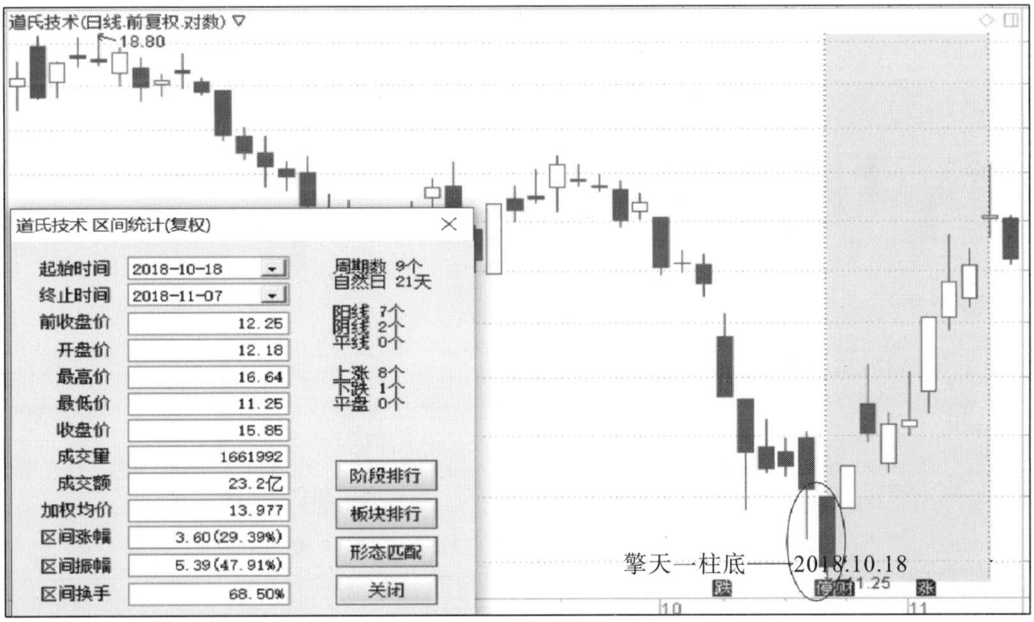

图 63—1　擎天一柱底

实例二　000616 海航投资

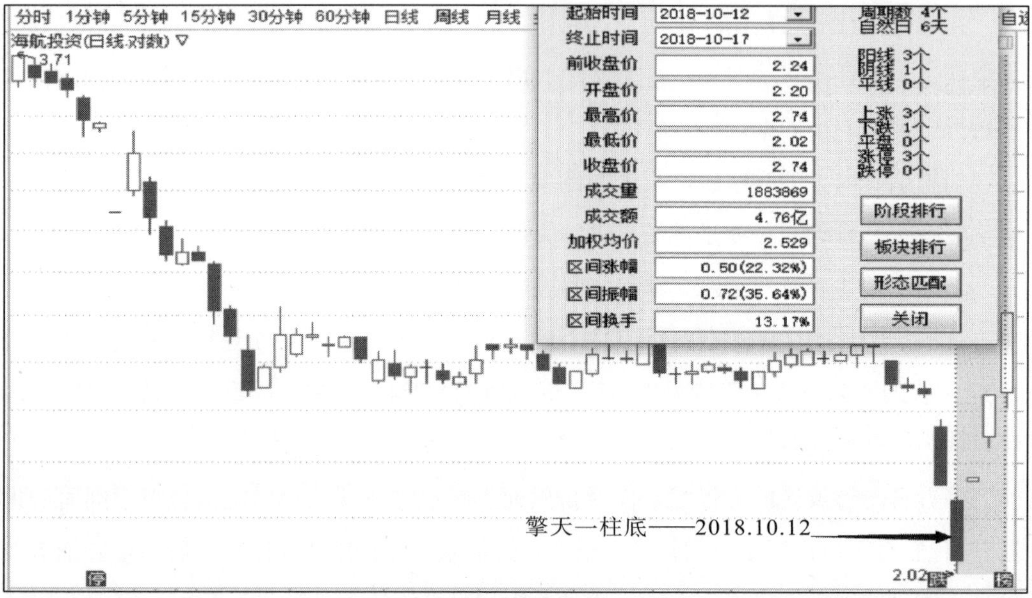

图 63—2　擎天一柱底

实例 3　600847 万里股份

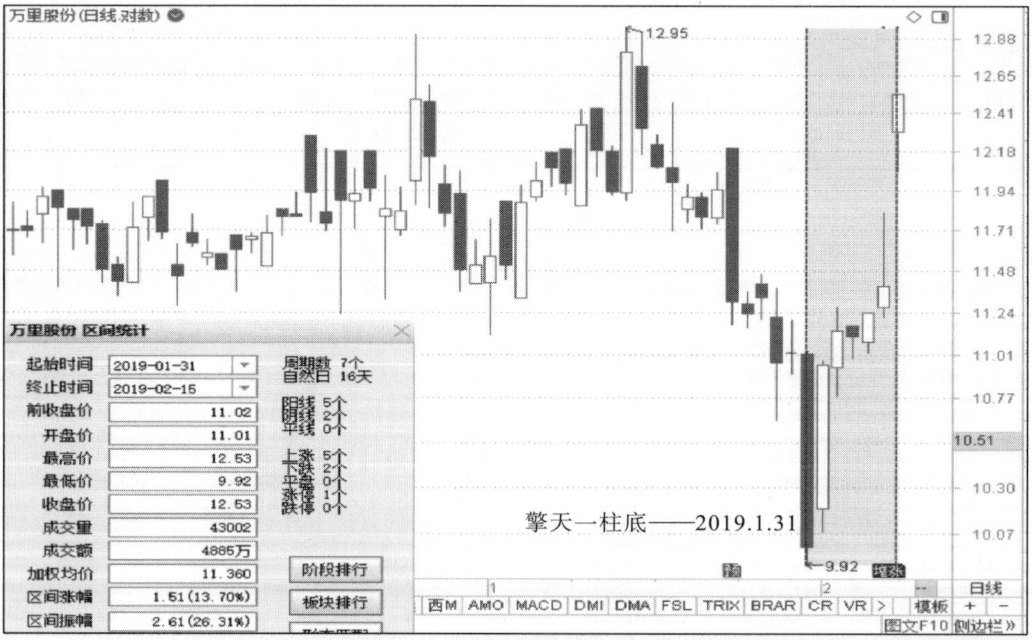

图 63—3　擎天一柱底

64. 下落变化底：买

经典原文

【下落变化底】与擎天一柱底相似，也是一种迅速滑落的走势。它的底部出现开高阳线，这是有意回补先前的跳空（gap），却仍嫌不足。

今后有可能市场行情再涨，在这种变化中底部通常包括五六根小阴（阳）线；所以一旦出现大阳线时就会立竿见影地反转向上，也就是说，下落的变化底就是买入的讯号之一。

图–下落变化底

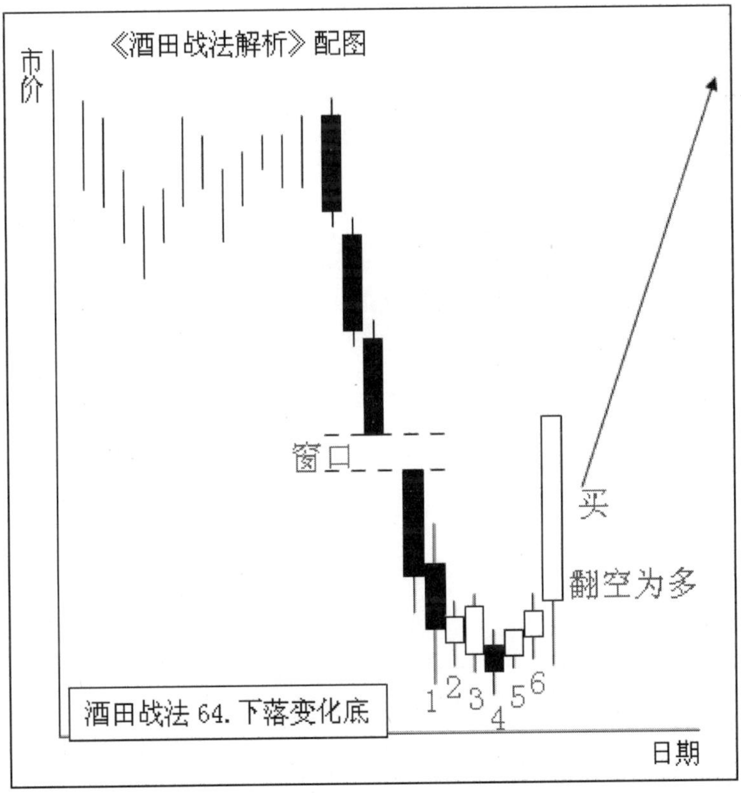

| 张华解析 |

下落变化底与擎天一柱底相似，都有一个向下的消耗性缺口，之后再盘整底部；其差别在于下落变化底在长阳之前没有一根高开低走的长阴线、没有向上的跳空缺口。

在这里要缩图看看这个底在前期底部的何处位置，最好与前期底部接近、形成一个双底形态，这样出现长阳反转向上的概率就要大些；当然长阳如果伴随突破半年均量线的成交量，价格也突破了 8 日均线，就是进场买进的关键时刻了。

买股票刻意地追求买在最低价、卖在最高价，这都是贪婪的心理。最低价与最高价都是可遇不可求的，散户是无从知道的；只有当价格给出明确的信号时操作才是可取的，在不合适的时候介入，同样是没有行情的。有时候的不行动，就是最好的行动！猎豹那么凶猛的动物，捕食也是有原则的——有时为了捕获一只猎物，饿着肚子耐心地埋伏几天，等待最安全最有把握的时机，而且还专挑“老弱病残”的目标袭击，成功率极高。在股市里投资，也应该学习猎豹的耐心。

实例一　603032 德新交运

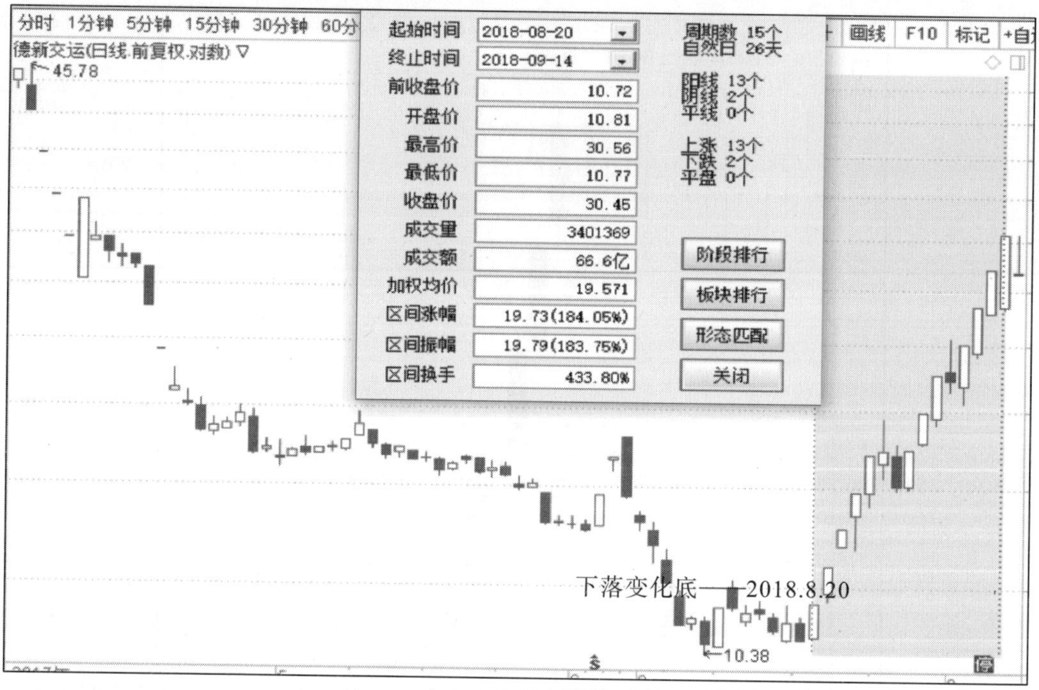

图 64—1　下落变化底

实例二　000595 宝塔实业

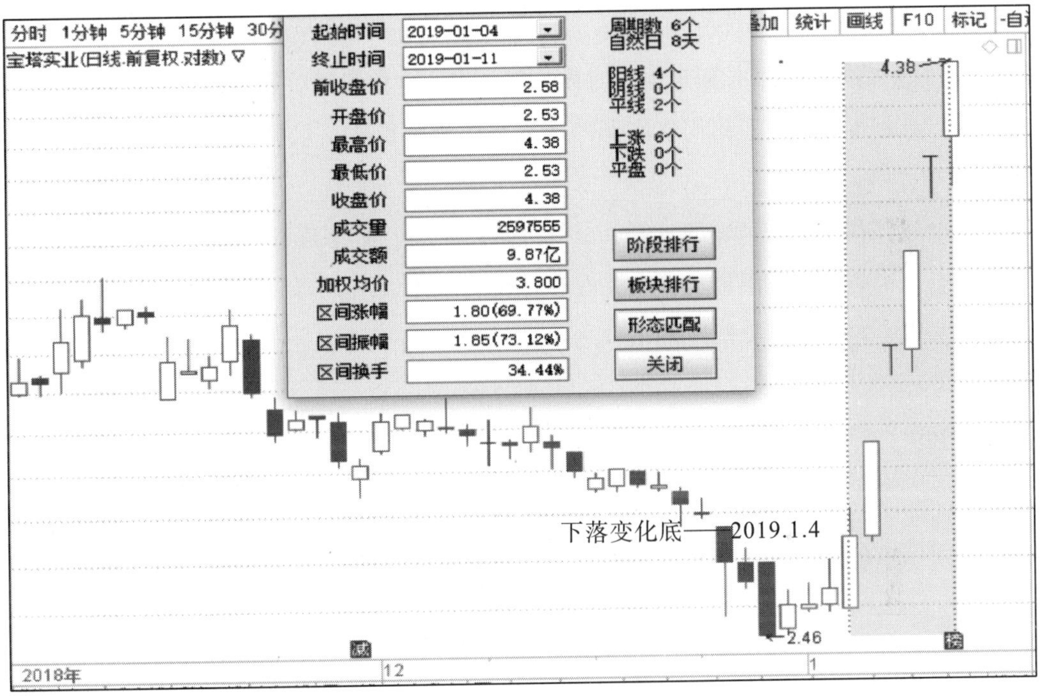

图 64—2　下落变化底

65. 锅底：买

| 经典原文 |

【锅底】是指在市场长期走缓的时候，常会出现这种线型。它对于利空消息也不太起作用，于是逐渐形成盘落而在底部的地方呈现半圆形底，最后再缓缓地上升的锅底形态。

这种底部在美国称为碟型（Saucer），它与W底、V字底、三重底等并称为四大底部形态。锅底型的期限较长，大锅底有时长达半年以上，所以锅底的形成不容易看清楚，基本上它属于“上涨”的讯号之一。

| 图-锅底 |

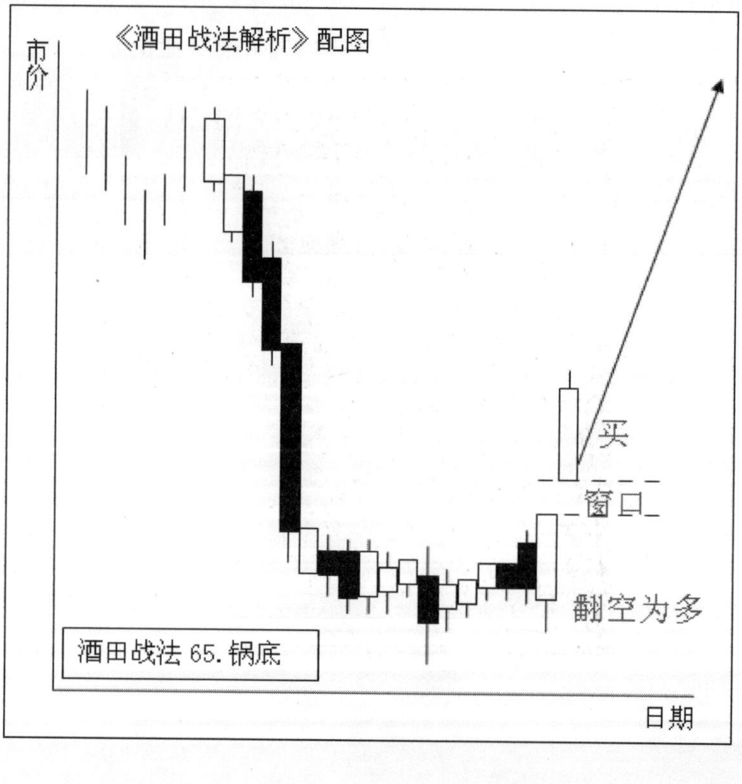

张华解析

锅底是一种半圆形底，是价格由下降趋势逐渐转变为上升趋势时渐渐形成的浅碟形态曲线；如果是以日线来构筑，形成这种形态必须经过几个星期或更长的时日。

锅底运行的时间比较长，当在锅底的右侧出现向上的跳空缺口时，才可以证实锅底的底部形态构筑完成。在跳空缺口或者长阳突破时介入就可以节约大量的时间成本，锅底形态有三大特征：（1）形态完成、股价反转后，行情多属暴发性，涨得比较急速。持续时间一般不长，或一口气走完。中间较少出现回档或反弹。因此，当跳空或长阳上涨时应立即顺势而为，以免踏空。（2）在锅底的形成过程中，成交量的变化都是两头多、中间少。越靠近底成交量越少。在突破上涨时，都有较大的成交量。（3）锅底形成的时间越长，今后反转的力度就越强，越值得投资人相信这个锅底形态。

鲁迅先生曾经说过："人生的旅途，前途很远，也很暗。然而不要怕，不怕的人的面前才有路。"

实例一　002184 海得控制

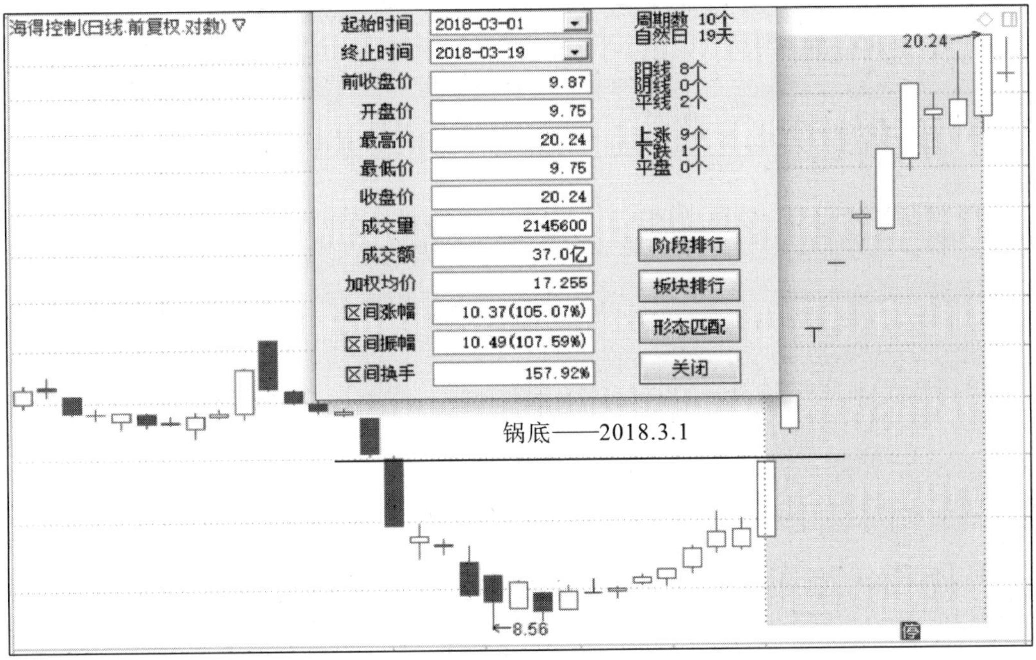

图 65—1　锅底

实例二 600604 市北高新

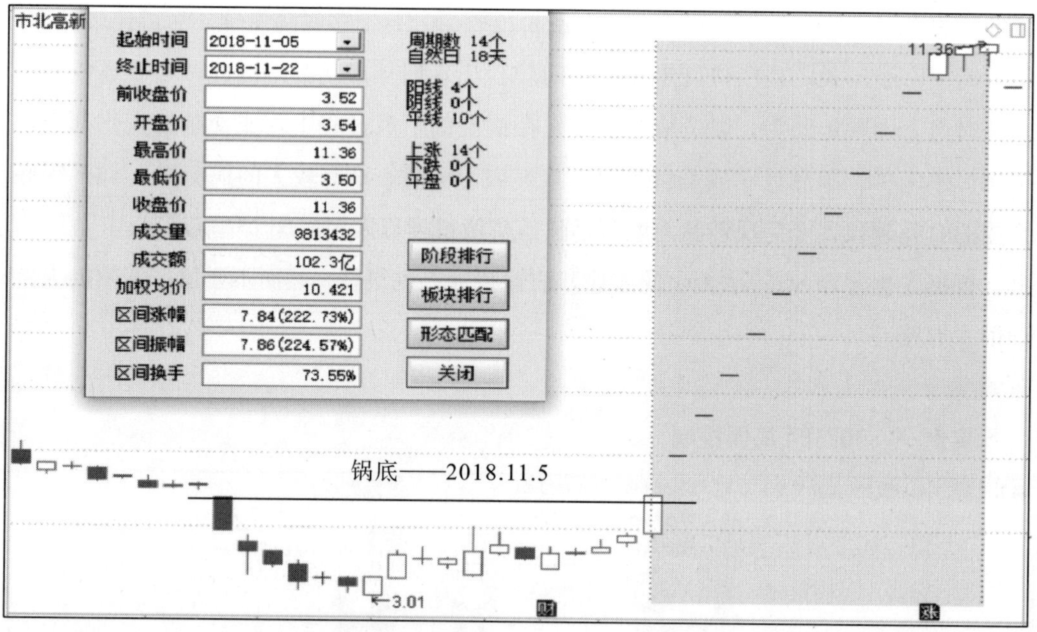

图 65—2 锅底

66. 半圆天井：卖

经典原文

【半圆天井】俗称“和尚头”或“高原天井”，它是锅底形的颠倒图形。半圆天井的形成也是不知不觉的，在天井也是缓缓形成半圆，甚至曲度更平缓些。当它被看成是高原天井的时候，往往走势已经走了三个月以上了！这种“半圆天井”、M字头、倒V字形、三重顶天顶等并称为“四大天井”。一旦天井形成，随后的行情下挫将为期不远矣！

“圆形顶”则是价格上升趋势逐渐转变为下降趋势时渐渐形成的弧形曲线；如果是以日线来构筑，形成这种形态必须经过几个星期甚至是更长的时日才行。

图–半圆天井

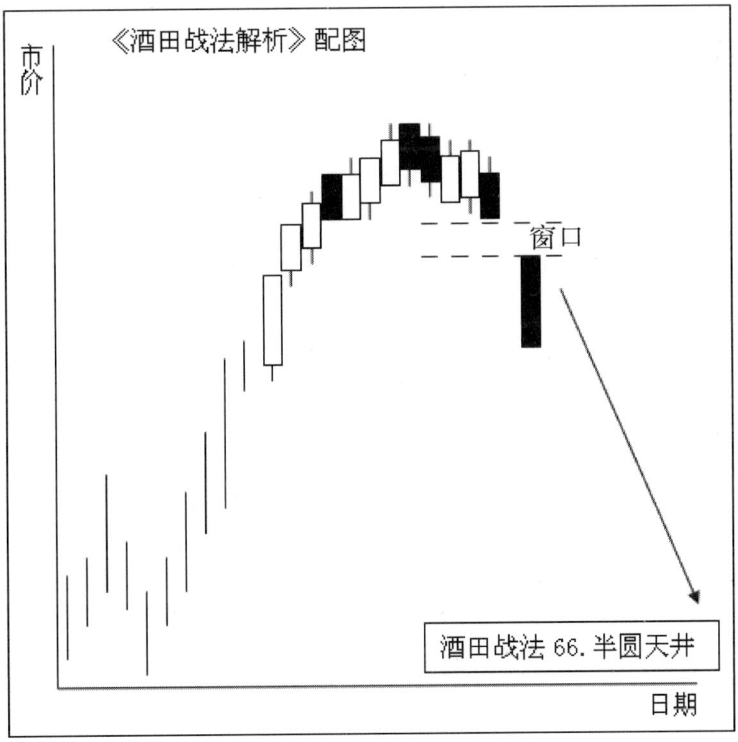

| 张华解析 |

半圆天井在高位运行的时间比较长，这种形态常常是主力在高位波动中出局，由于主力的筹码太多，不可能短时间内把货出完，就在朦朦胧胧的利好消息中给市场一个美好的期待，就在大家的期待中主力悄悄地卖出，这里就像温水煮青蛙一样，当向下的跳空缺口出现之日，也就是主力出货结束之日，也是青蛙动弹不得、死亡之日。

聪明的投资人在股价失去上涨的动力时、三根 K 线就判定了顶部，就会在第一时间卖出；

二流的投资人在股价向下击穿了 8 日均线时卖出；

三流的投资人直到向下的跳空缺口出现之日，才恍然大悟出局逃跑。

在这之后还不知道出局的人就是炒股还没有入门的人。

没有入门怎么办？毛泽东说："学习的敌人是自己的满足，要认真学习一点东西，必须从不自满开始。对自己，'学而不厌'；对人家，'诲人不倦'，我们应取这种态度。"在股市学习，首先要打好基本功；然后提升到更高的境界，就是学会正确地思维。思维的质量决定了交易的质量！正确的思维是正确交易的前提。具备了这两项，才可以在股市里谋生。

注意：在大幅上涨之后股价反弹出现半圆天井形态，这是主力维持股价在相对高位出货的一种形态，切不可抱有再涨的幻想。

实例一　600679 上海凤凰

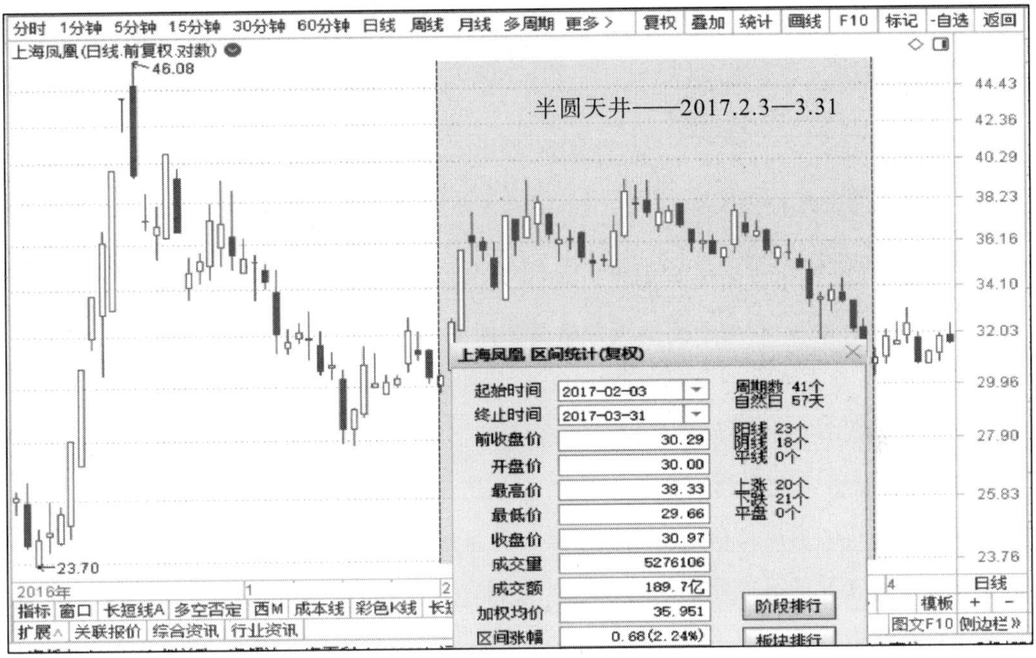

图 66—1　半圆天井

实例二　300757 罗博特科

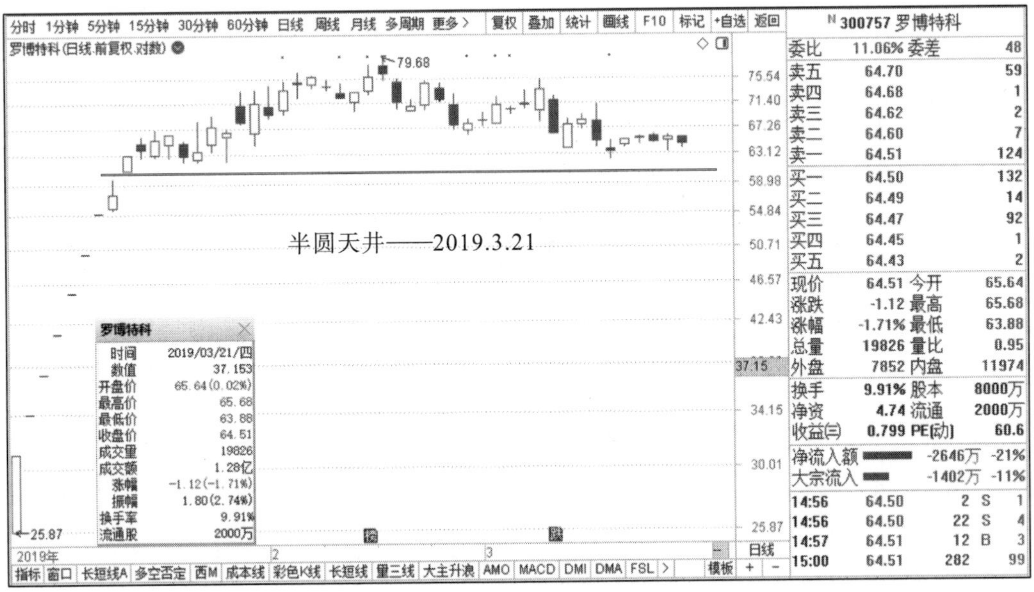

图 66—2　半圆天井

67. 三山：卖

经典原文

【三山】是指所形成的天井形态，如同三座高山。中间较为突出的是“三尊型”，它也称为“头肩顶”；它的中间的天井略高于两侧。

“三尊型”是东洋人的典型称谓，因为日本古时笃信佛教，中间一尊就是代表如来佛，左右分别代表普贤与文殊菩萨。“两尊型”俗称“M头”。

“M头”是价格上涨到一个头部之后，从这个头部开始下跌，接下来又涨回原本的头部价格附近，最后再从这个高档下跌，并且超过前一次的跌幅。

以上几种天井的形成期都相当的长，常常是在半年以上；一旦天井形成后，就预示着市场行情要反转向下了！

图-三山

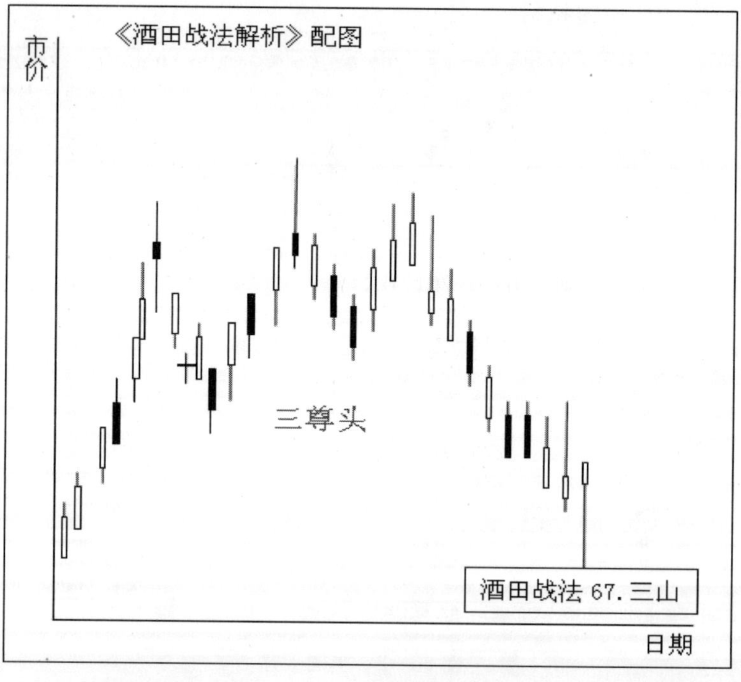

| 张华解析 |

《酒田战法》中的三山，就是西方技术分析所讲的头肩顶，这种形态出现之后，价格就会有较长时间的下跌，因为，主力在这里是分了三批将货出完了。

第一批出货，是在左肩完成的；

第二批出货，是在头部完成的，成交量最大；

第三批出货，是在右肩完成的。

在右肩后，当价格向下急跌穿过颈线、再回升时，股价也仅能达到颈线附近，然后再次下跌，宣告了头肩顶形态也就是三山形态的完成。其后的价格将走上长时间的下跌趋势。

在三山的每一个顶，持股的人都应该及时卖出。如果以前在这种形态出现时没有卖出，遭遇失败，请不要灰心，每一次失败都蕴涵着成功的种子。

实例一　002457 青龙管业

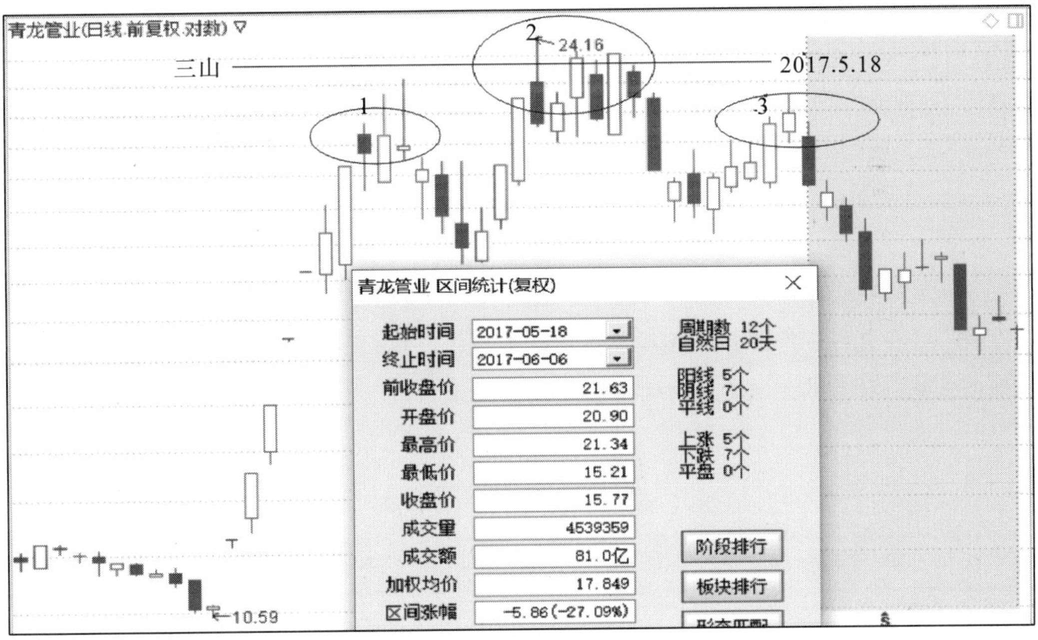

图 67—1　三山

实例二　300748 金力永磁

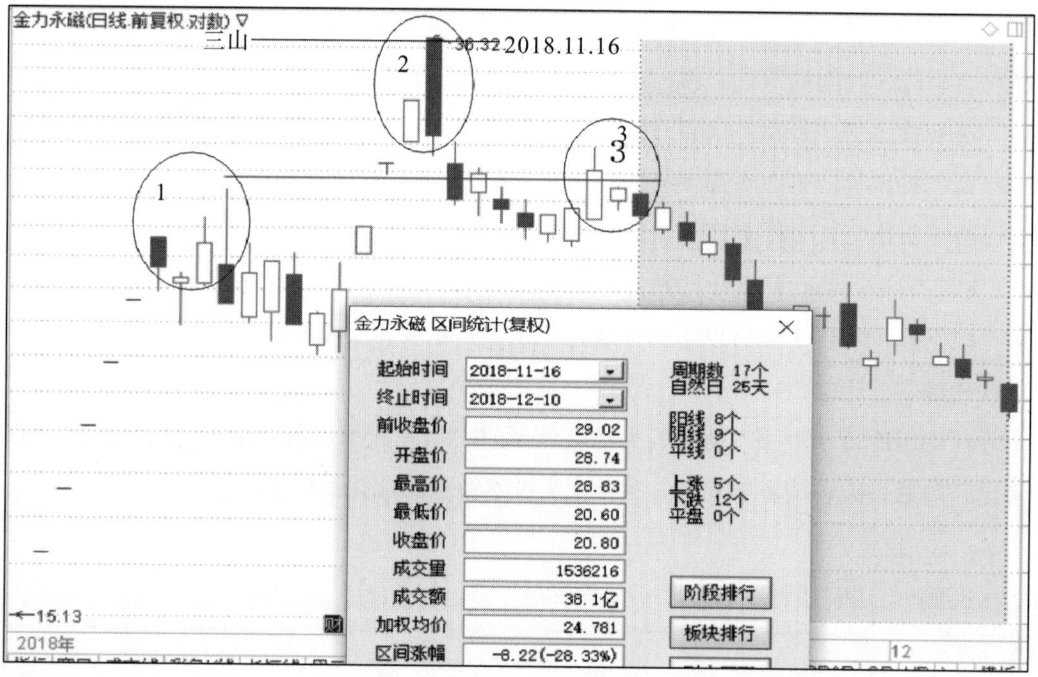

图 67—2　三山

看盘小技巧

运用切线理论要注意：切线为大家提供了很多价格移动可能存在的支撑线和压力线，这些直线有很重要的作用。但是，支撑线、压力线有被突破的可能，它们的价位只是一种参考，不要把它们当成万能的工具。

68. 三川：买

| 经典原文 |

【三川】是三山的相反形态，因为与三条河流相像而得名。“三川底”又称为“头肩底”，东洋人称为“倒三尊”。倒三尊的形成期相当漫长，通常须半年以上，才能看到漂亮的倒三尊。

“两川底”俗称为“W 底”，不论三川底或两川底或是锅底，一旦底部形成之后，就是市场行情就要反弹上升的征兆；因此，三川底就是上涨的讯号之一。

“W 底”是指价格下跌到一个底部，从这个底部开始上涨，接下来又跌回原来的底部价格附近，最后再度从这低档上涨，并且超过前一次的跌幅。

| 图–三川 |

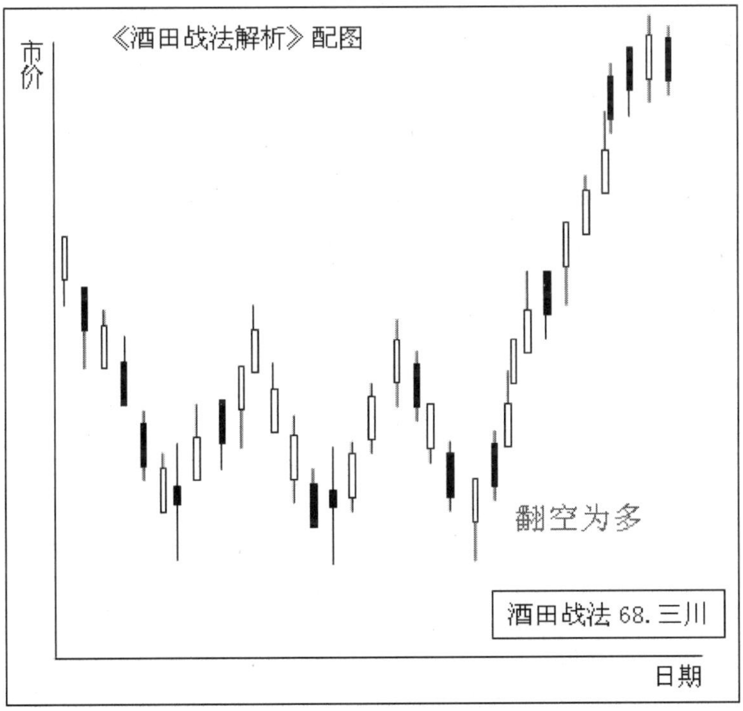

| 张华解析 |

与“三山”相反的形态是“三川”，《酒田战法》中的三川，就是西方技术分析所讲的头肩底。这是一种底部反转的经典形态，尤其是在经历了长时间的下跌趋势之后的底部区域出现后，上涨的概率最大。

特别在三川的底部向上涨升中，股价突破了 8 日均线，就是进场买进的关键时刻了；伴随着突破半年均量线的成交量，就是主力进场的最好证据。

在股市里，当需求大于供给时，价格的上涨是必然的；相反，当供给大于需求时，价格就会下跌。它与现实生活中的供求关系是相同的。

实例一　600614 鹏起科技

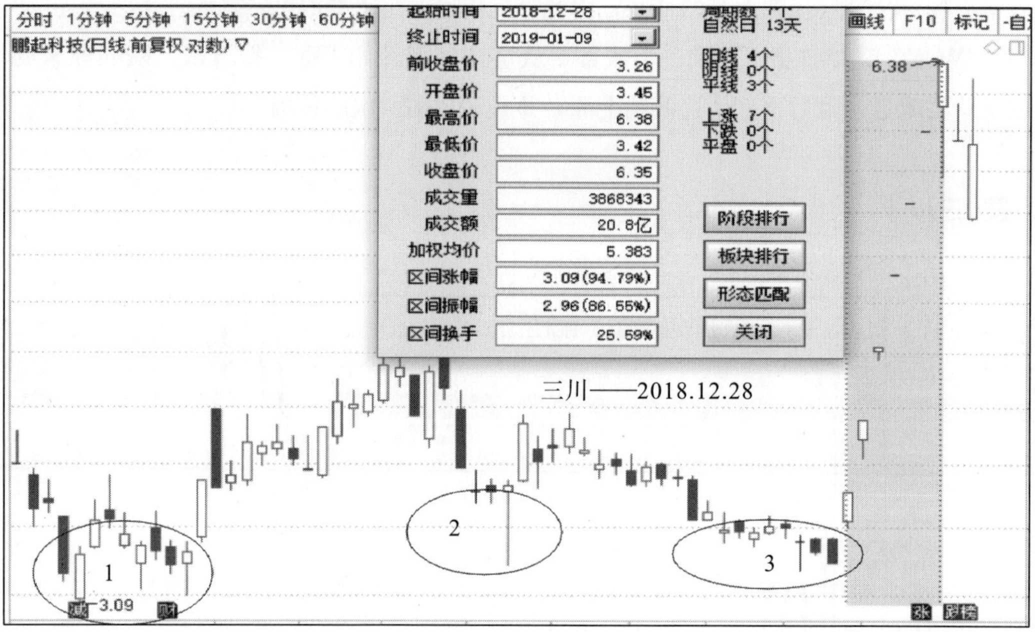

图 68—1　三川

实例二　002426 胜利精密

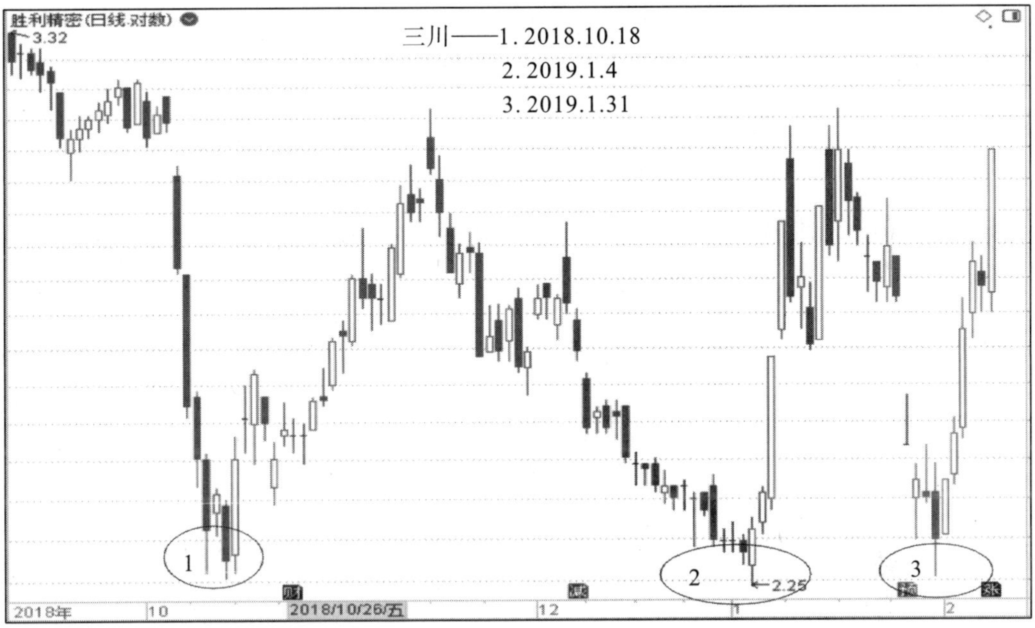

图 68—2　三川

69. 三兵：卖·买

经典原文

【三兵】三兵包括红三兵和黑三兵两种。本图中一并示之，前面所说的红三兵是大涨的讯号，相反，黑三兵却是大跌的讯号。

图中一开始就出现黑三兵，然后又重复出现两次黑三兵。因为图面日线短无法尽示其意，最后脱出牛皮档后出现红三兵，预示市场行情就要上涨！

图-三兵

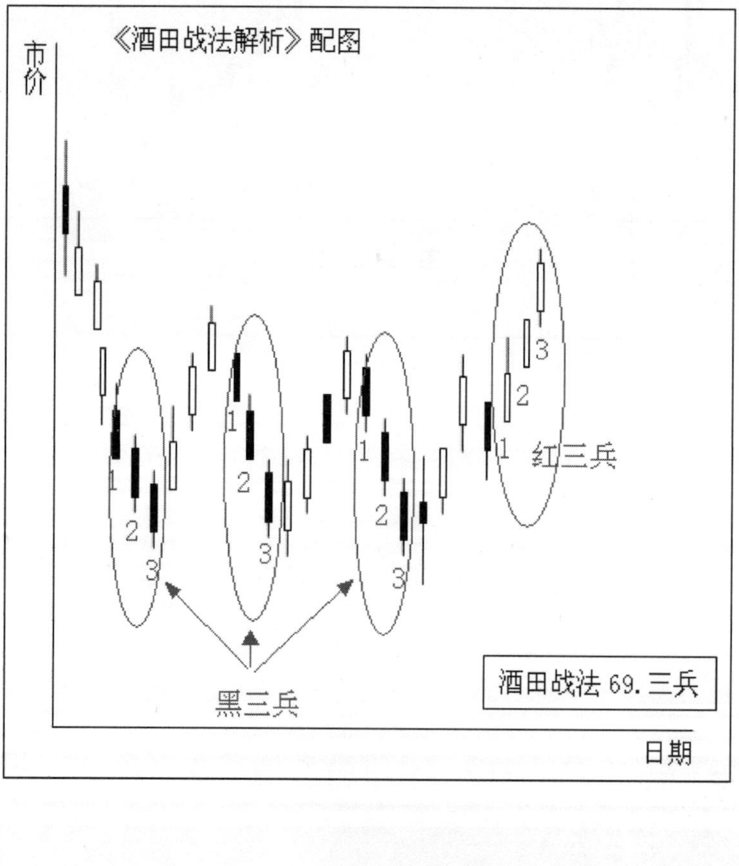

| 张华解析 |

在这里要注意的是三次黑三兵，下降的趋势没有再持续，这三次的黑三兵形成了三重底；之后形态反转、又出现了红三兵，在这里，红三兵突破了近期的波段高点，如果伴随着突破半年均量线的成交量、股价再突破了 8 日均线，就是进场买进的关键时刻了。这里的上涨已经是必然的趋势了。

操作股票时，在买和卖这个问题上，你绝对不要去征询任何人的意见，盘中的机会是稍纵即逝的；要在提高自己技术的基础上做出准确的判断，自己把握住买卖的时间。

70. 三空：卖·买

| 经典原文 |

【三空】三空有“上跳三空”和“下跳三空”两种。“上跳三空”表示市场行情将要大涨，“下跳三空”表示市场行情就要大跌；尤其是盘档的日期愈久，一旦出现跳空，威力将十分惊人。

不过，跳空如果出现“四次”，将引发高价警戒而回落。本图中的日线较短，仅能代表两个专有名词的象征而已；读者如查阅较长的日线图时，就能发现上下跳空的真正含意。

所谓上升窗口是指今日的最低点——高于昨日的最高点。也就是说，今日 K 线的下影线应该位于昨日 K 线的上影线之上，并且没有任何的重叠交集。

下降窗口是空头熊市的讯号，这表示市场下跌的力量在下降窗口出现之后，依旧强而有力，并且可以看成是价格反弹的压力区。

上升窗口则是多头连续的讯号；这表示市场上涨的力量在上升窗口出现之后，依旧强而有力。因此，当市场价格回落在上升窗口之时，应该看成潜在的支撑才是。

图-三空

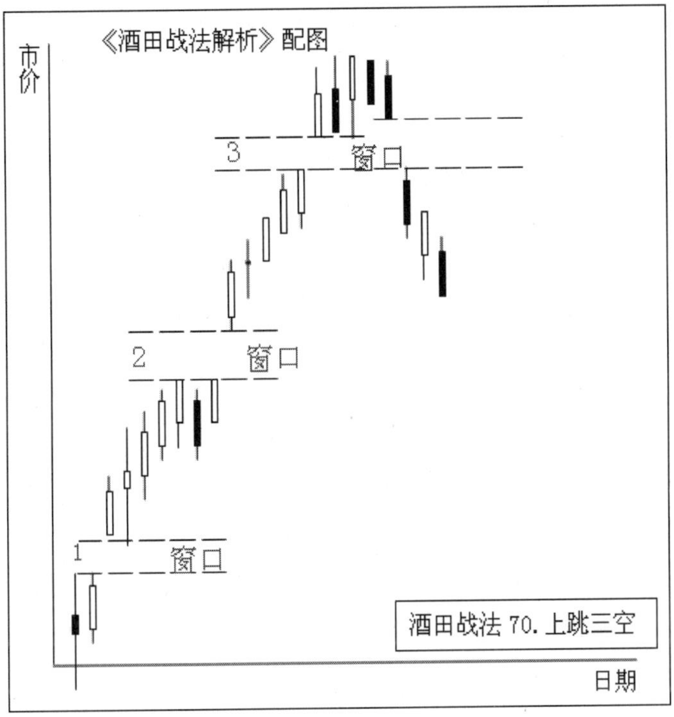
《酒田战法解析》配图
市价
3
窗口
2
窗口
1
窗口
酒田战法 70. 上跳三空
日期

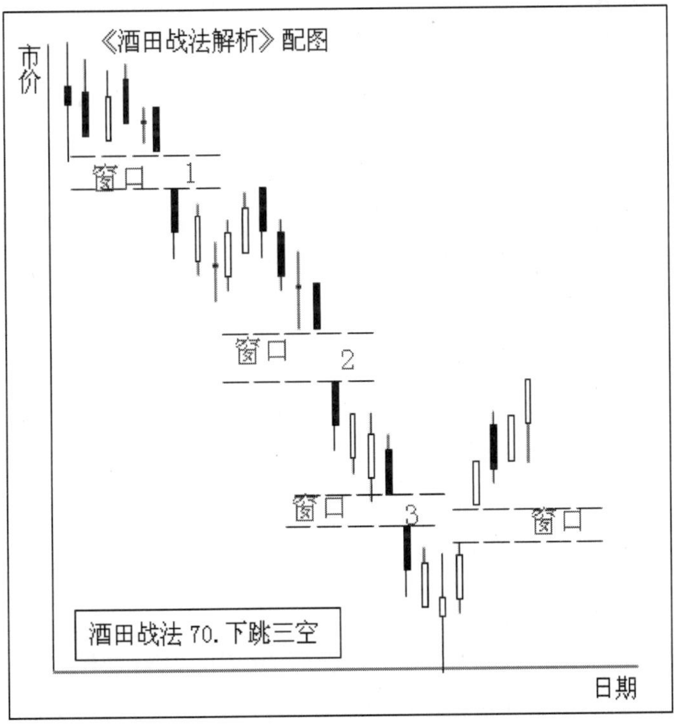
《酒田战法解析》配图
市价
窗口
1
窗口
2
窗口
3
窗口
酒田战法 70. 下跳三空
日期

丨张华解析丨

窗口的定义：两根 K 线之间，包括实体与上、下影线，也就是整个交易区间，都不能有任何一个地方重叠。

三个窗口，从一个大突破性的跳空开始计算，经常会出现上跳三空；三空只是一个代表性的词，不要局限于三个跳空，还有四空、五空或许更多的跳空。当最后不能再跳空则标志着多方力量的消耗殆尽，见顶 K 线一旦出现，就应该毫不犹豫地获利了结；许多时候上跳三空后行情反转，紧接着就是快速下落的走势。

上跳三空，也就是行情急速上涨的形态，往往是突发的利多消息，一日未能消化，造成三次跳空上涨，当连续出现到第三空之后，经常是一而再，再而衰，然后势力衰竭。大家不妨回顾一下《曹刿论战》。

《左传·庄公十年》讲述了曹刿在长勺之战中对此次战争的一番评论，并在战时活用“一鼓作气，再而衰，三而竭”的原理击退强大的齐军的史实。

在战胜齐军后，鲁庄公问取胜的原因。曹刿回答说：“作战，要靠勇气。第一次击鼓能振作士气，第二次击鼓时士气就衰弱了，第三次击鼓士气就衰竭了。他们的士气衰竭我们的士气正旺盛，所以战胜他们。（齐国是）大国，是很难推测的，害怕在那里有埋伏，我看到他们的车辙乱了，望见他们的军旗倒下，所以追赶他们。”

曹刿在战争中运用心理战，等到对方士气衰落，“敌竭我盈”的时候发动进攻，从而夺取了战争的胜利。我们遇到三空的时候不妨想想曹刿的理论，或许能提醒自己不要贪婪；当然，我们在市场中经常看到三空之后还有四空、五空、六空甚至七空的实例。跳空之后能否持续呢？鉴别的特征如下：

第一是实体与缺口的比例，实体越长、缺口越小，价格持续上涨的动能就越弱；

第二是上影线与实体的比例，上影线越长，价格持续上涨的动能越弱。

当在上跳三空后发现上述两个特征时，就要出局回避风险了。

下跳三空与上跳三空相反，也是急速向下跳空；当利空的消息突然出现后价格就会急速地向下跳空，形成向下突破的下跳三空，有时也不止三空就能止得住，也会出现连续的四空、五空、六空或者七空甚至更多的跳空。在这里特别要注意，下跌不止、底部不连续的放量，不要急于介入抢反弹。如果其后成交量放大，并且阳线也突破了 8 日均线时，不妨买进。

心理学家认为，人类的判断经常受到期待与欲望的影响而有所改变。特别是在下跌三空出现后，一些人老是期待着在这里能够反转而急于杀入，这是极端危险的。古人云："君子不立于危墙之下！"危险没有过去，就不要急于买进。

实例一　002346 柘中股份

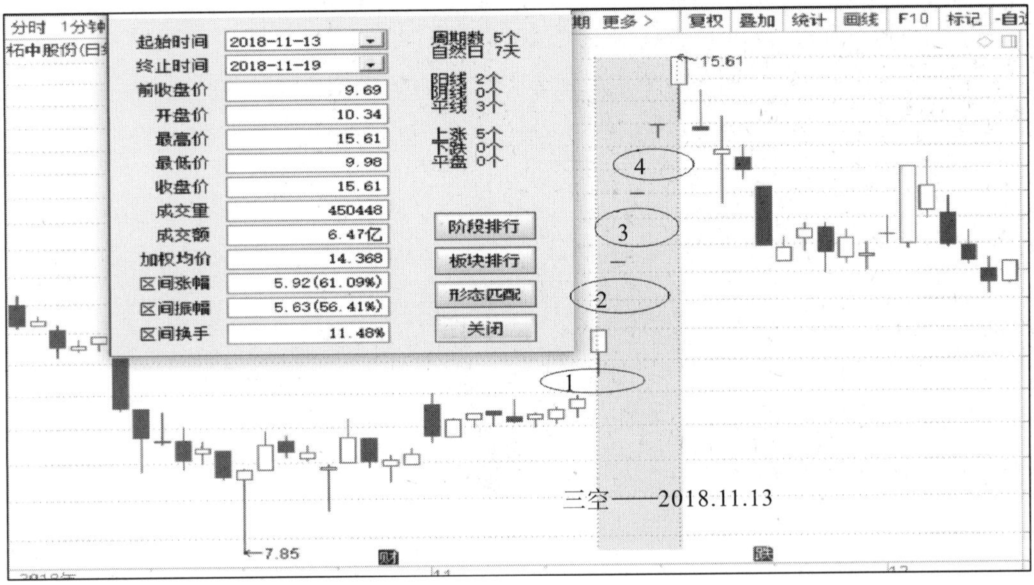

图 70—1　三空

实例二　300518 盛讯达

图 70—2　三空

多空分界线

这里讲的多空分界线是指后一根K线在前一根（涨跌幅度在5%以上，属标志性大阳线或大阴线）K线实体的中间点（不计算上下影线的长短）上下来分界的。后一根K线在前一根K线中心点之上，就属于多方市场；反之，后一根K线在前一根K线中心点之下，就属于空方市场。前一根K线的中心点是多空的分界线，对后市具有重要的意义。后一根K线是否突破前一根K线的中心点是行情逆转还是继续的标志。

K线包含了上下影线时，一般是这样判断多空力量的对比的：

如果前一根K线是阳线，当下一根K线在它的中心点至实体的收盘价区间运行，说明上涨在维持，多方略占上风；当下一根K线在它的中心点至上影线区间运行，说明多方占相对优势，后市继续上涨的动能很大；当下一根K线在它的实体的中心点至上影线以上位置运行，说明多方占绝对的优势，继续上涨的动能强烈。相反，当下一根K线在它的中心点至实体的开盘价区间运行，说明上涨难以继续，空方略占上风；当下一根K线在它的中心点至下影线区间运行，说明上涨开始逆转，空方占相对优势；当下一根K线在它实体的中心点至下影线以下运行，说明上涨已经逆转为下跌，空方占绝对的优势。

如果前一根K线是阴线，当下一根K线在它的中心点以上至实体的开盘价区间运行，说明下跌难以维持，多方略占上风；当下一根K线在它的中心点至上影线区间运行，说明下跌开始逆转，多方占相对优势；当下一根K线在它的中心点至上影线以上运行，说明下跌开始逆转为上涨，多方占绝对优势。相反，当下一根 K 线在它的中心点以下至实体的收盘价区间运行，说明下跌在继续，空方略占上风；当下一根 K 线在它的中心点至下影线区间运行，说明下跌动能很大，空方占相对优势；当下一根 K 线在它的中心点至下影线以下运行，说明下跌强烈，空方占绝对优势。

后一根 K 线应该以收盘价的位置与前一根 K 线相比较作为判断标准。

通过两根 K 线的比较，我们看到，后一根 K 线在前一根 K 线的中心点以上，“位置越高越看多，位置越低越看空”，这就是多空分界线给我们指明的方向。

无论是日线、周线、月线，还是 60 分钟、30 分钟 K 线，其研判的方法与日线是类似的。无论进行什么样的技术分析，都应当从短期图表开始过渡到长期图表。

71. 酒田战法：买·卖

| 经典原文 |

【酒田战法 71】日线如果三日连收阳线，可以买进；相反，如果连收三日阴线可以抛售。

| 图-酒田战法 71 |

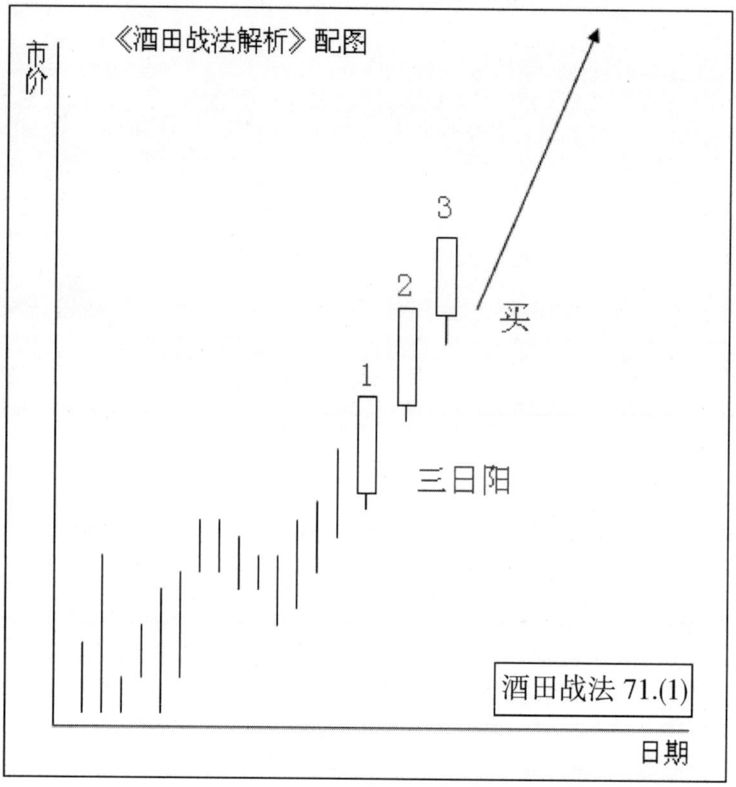

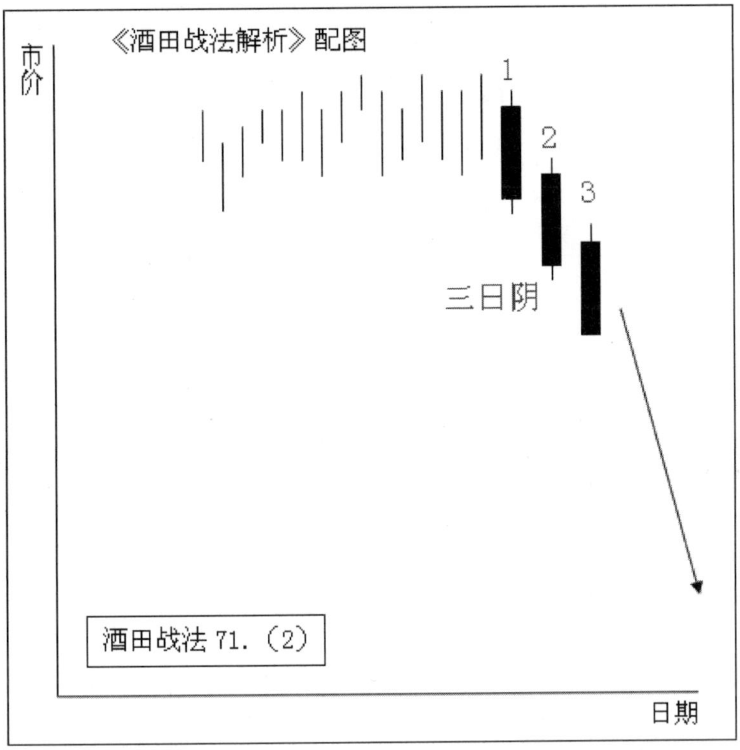

| 张华解析 |

这里的三日阳，是在突破前高之后上涨途中的连续上涨，这里买进就是在顺势交易；不过请注意，如果价格在突破前高点时又有成交量的配合，那么价格再突破了8日均线，就是一次买进的机会。在这个时候买进，往往会买在三日阳的前边；其后三日阳，就可坐享其成。

在股市这个非理性的市场里，我们如果把目标盯在上涨的股票上去挑选，就会看到艳阳天；我们如果一直回避下跌的股票，就不会受套牢的痛苦了。

三日阴是价格破位后的持续下跌，既然是下跌的趋势，卖出就是最好的选择。

请注意，当第一根阴线向下跌破横盘时的平台低点，就可以做空了。

特别是价格向下击穿了8日均线，就更不能持有了，是必须清仓出局的。

既然下跌的趋势已经显现，那么出局观望就是上策了。

不要执迷不悟在三连阴之后才抛售。

思想、观念比技术更重要，没有一个正确的思想、观念的指导，拥有的技术也不会是多么好的。思维的层次决定了做股票的层次，也决定了做人的层次。

72. 乱线：出场

| 经典原文 |

【酒田战法 72】“乱线”时市场走势十分险恶，都是例外，即有规则无用，价格不循正轨走势。

所谓“乱线”就是指市场的上下波动幅度甚大，上、下影线俱长；如果在三四天后，投资人仍然未能有所获利，应迅速出场为妙。

| 图-酒田战法 72 |

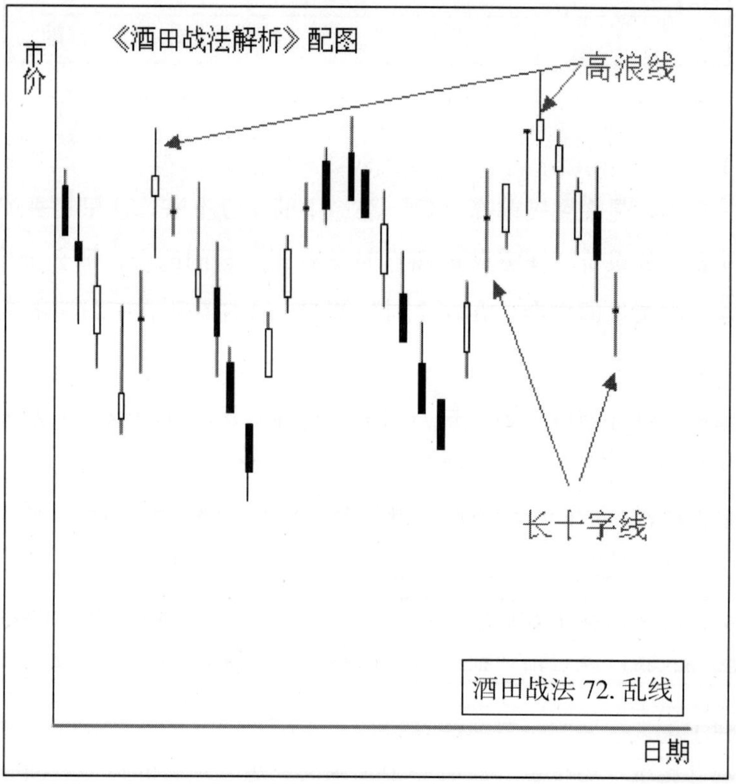

张华解析

这里的“乱线”，特指K线上下波动幅度很大、上下影线很长的形态；那是移动平均线技术分析还没有出现的时候。

在今天，我们可以用移动平均线这个平滑工具进行鉴别。当5、10、20、30、60、120、250日移动平均线彼此纠缠、上下交叉，也是“乱线”形态。

这两种“乱线”，就告诉我们市场走势十分险恶，不具备操作的前提，我们要坚决地回避看不出明显走势的品种，不参与它就是最明智的选择。

与“乱线”相反的是移动平均线多头排列得很顺、很流畅，那就是最佳的首选品种；凡是牛股、凡是能大涨的牛股，大部分都是把均线排顺之后才出现了主升浪。

喜欢主升浪的朋友，不妨看看四川人民出版社2019年出版的《猎取主升浪》（修订本）一书。在那本书中，我提出了主升浪的本质是主力加题材。如果我们看到了移动平均线多头排列很顺畅、价格又没有大涨的品种，再配合题材以及控盘的主力，那无疑是可以与浪共舞了。

实例一　002442 龙星化工

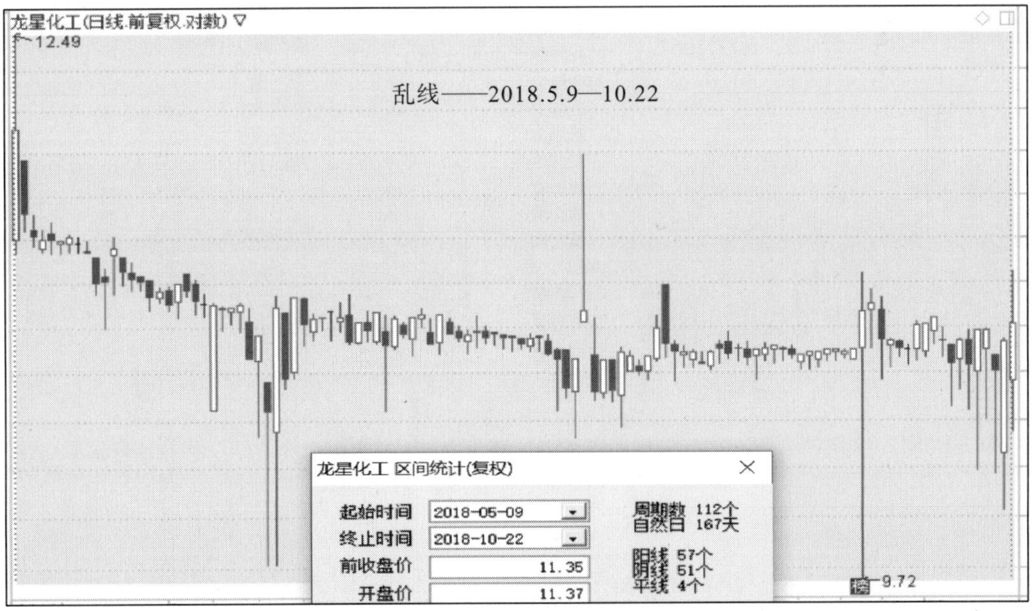

图72—1—1　乱线

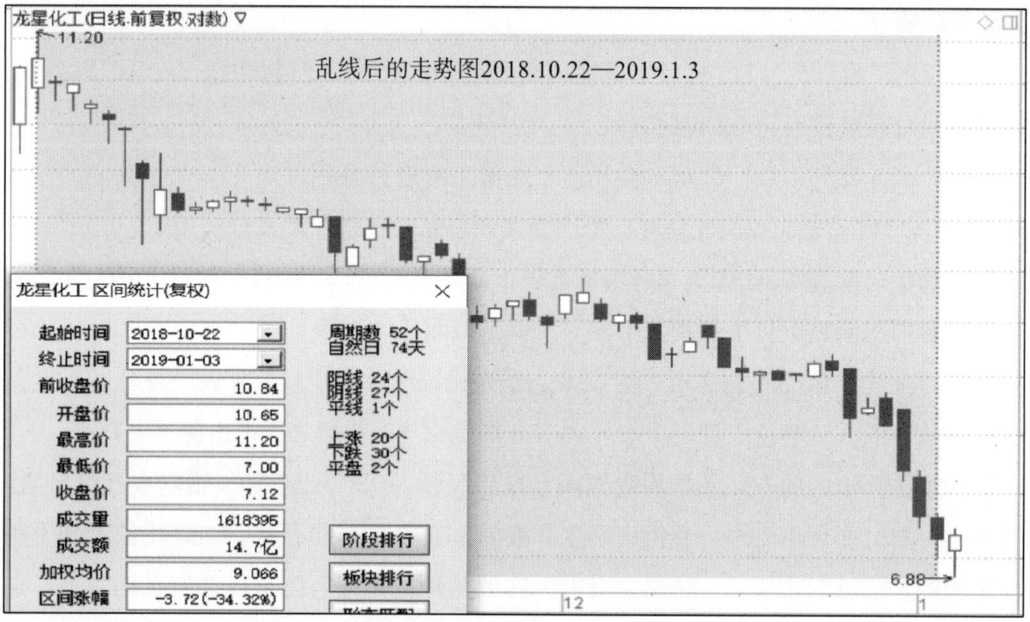

图 72—1—2　乱线后的走势

实例二　002252 上海莱士

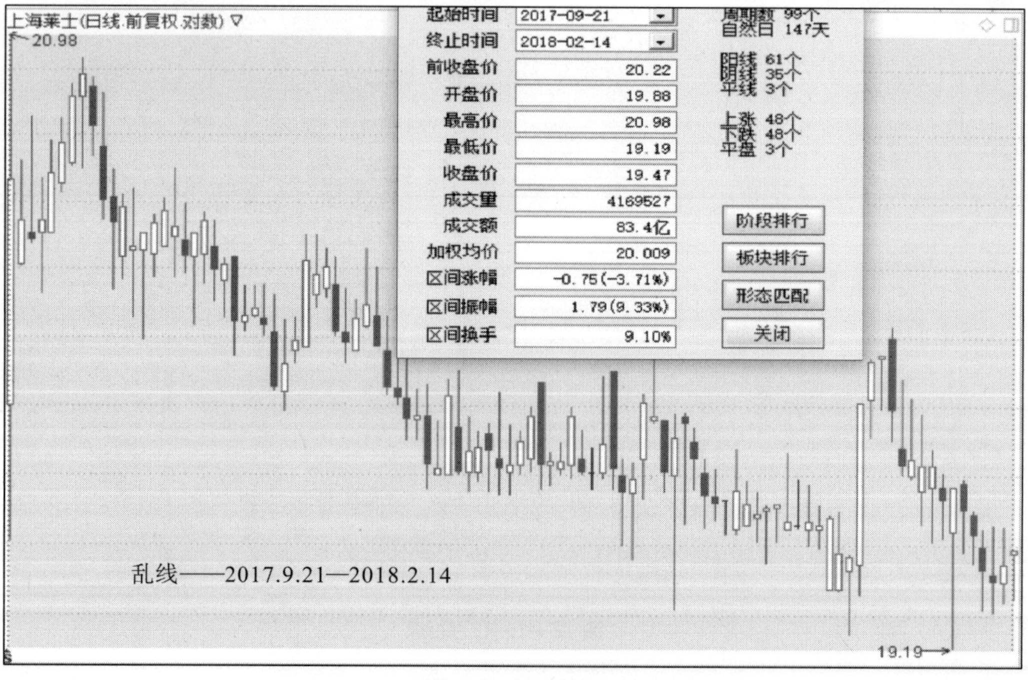

图 72—2—1　乱线

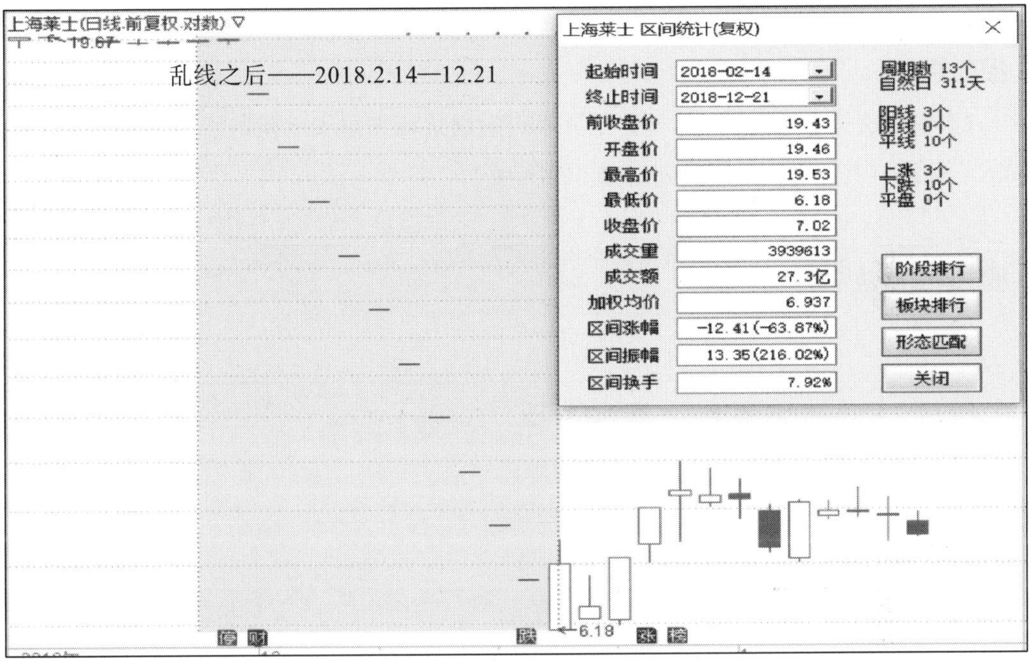

图 72—2—2　乱线后的走势

73. 酒田战法：出场

经典原文

【酒田战法 73】“摊平”时刻，千万不可勉强进场支撑买进或抛售；否则一旦行情崩溃，或往上直蹿时，必然遭到财富上的大败。

图-酒田战法 73

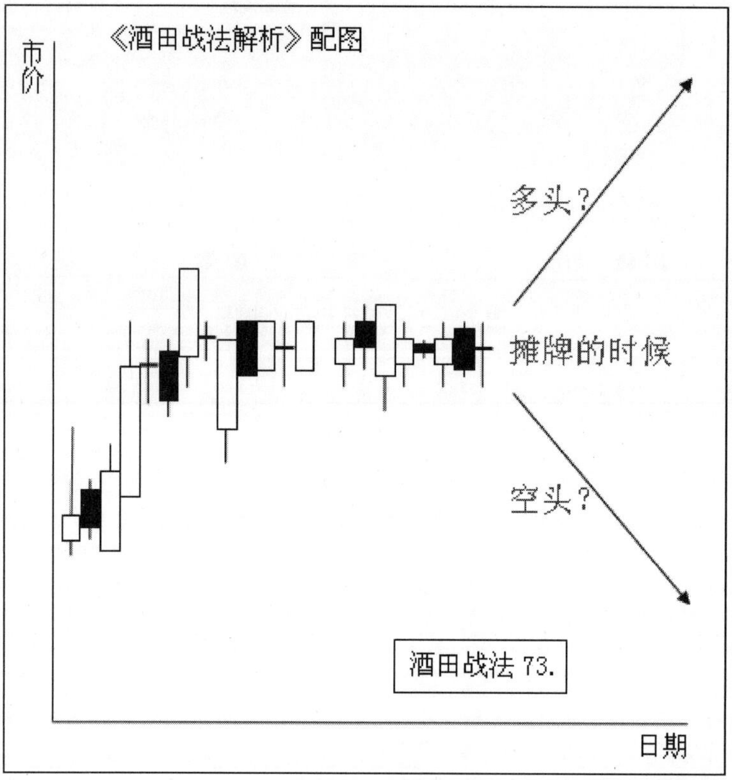

张华解析

《酒田战法》73 是价格在较长的时间里横向盘整，当方向没有做出明显选择的时候不要急于介入，要耐心地等待；

一旦市场做出了选择，然后参与其中才是最佳方案。

在股市里，不论做多、做空都有可能赚钱，唯有贪心者例外。

贪心者表现是多种多样的：

下跌时，老想抄底买到最低价；

上涨到了顶部，不想卖出，幻想卖到最高价；

盘整中，想提前待在其中守候待涨。

诸如此类都是贪心的缘故。炒股宛如照镜，可以反映出操作者的人生观。

74. 酒田战法：买·卖

| 经典原文 |

【酒田战法 74】连涨 8 天或 10 天的行情，这时必须注意到它的反转下跌。相反，如果连跌 8 天或 10 天，也必须注意到回档上升。

周线如连出 9 根阳线应高价警戒。

| 图-酒田战法 74 |

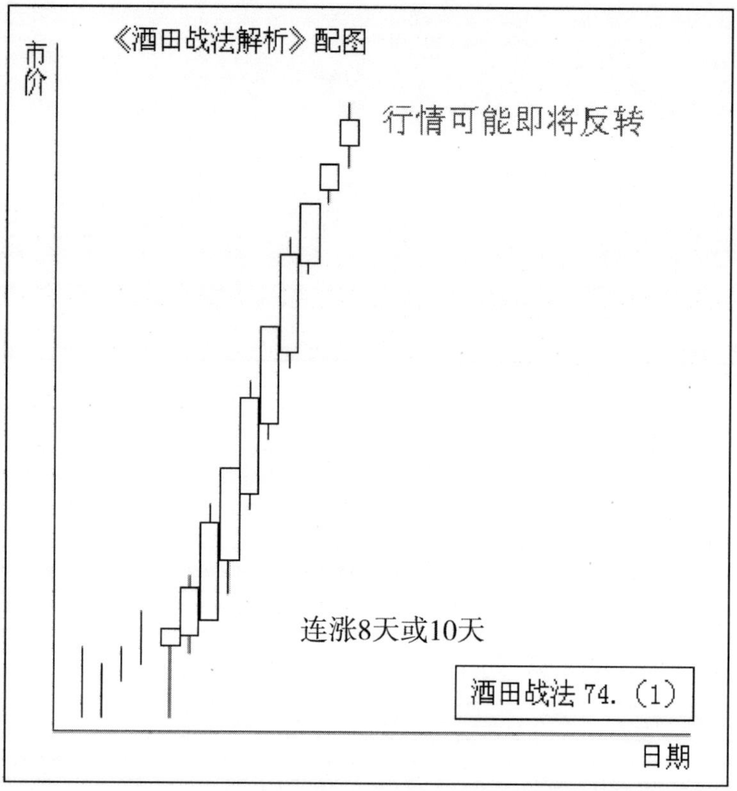

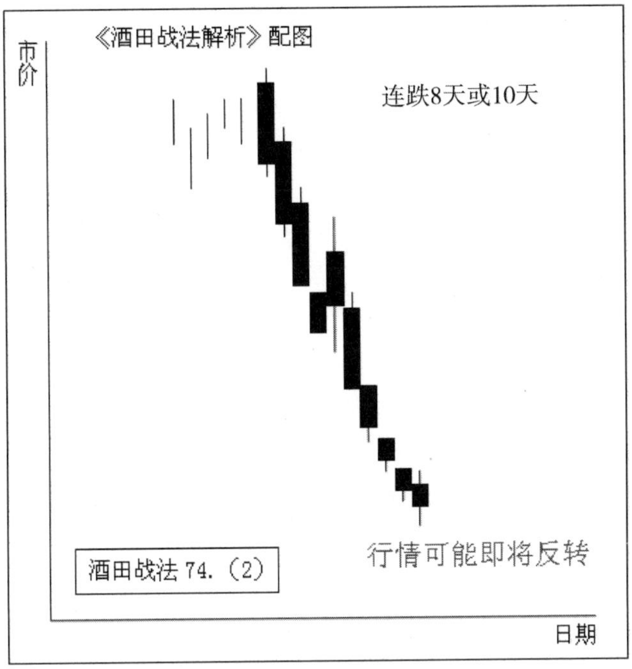

| 张华解析 |

《酒田战法》74 讲得明明白白、清清楚楚，我们唯有照办。

一波上涨，连涨 8 天或 10 天，行情有可能即将反转下跌，在这里如果放量滞涨，那无疑就是波段的顶部到了；势盛必衰，形露必败；故能因 K 线形态变化取胜者若神也！

杰西·利弗莫尔说："我赚到大钱的诀窍不在于我怎么思考，而在于我能安坐不动，坐着不动！明白吗？在炒股这行，能够买对了且能安坐不动的人少之又少，我发现这是最难学的。忽略大势，执着于股票的小波动是致命的，没有人能够抓到所有的小波动。这行的秘密就在于牛市时，买进股票，安坐不动，直到你认为牛市接近结束时再脱手。"

相反，一波连续的下跌 8 天或 10 天，行情可能即将反转，在这里是要等到真正的止跌反转形态出现时，方可参与。

多读经典书，读了经典书，不看股评、不听消息，也知道何时买卖、何时休息。经典书是每一位在股市里交易的人都应该读的，更应该牢记心中。遗憾的是许多人不知道什么是经典书。

实例一 999999 上证指数

图 74—1 上证指数

实例二 399001 深证成指

图 74—2 399001 深证成指

实例三　399005 中小板指

图 74—3　中小板指

实例四　399006 创业板指

图 74—4　创业板指

实例五　纳斯达克指数

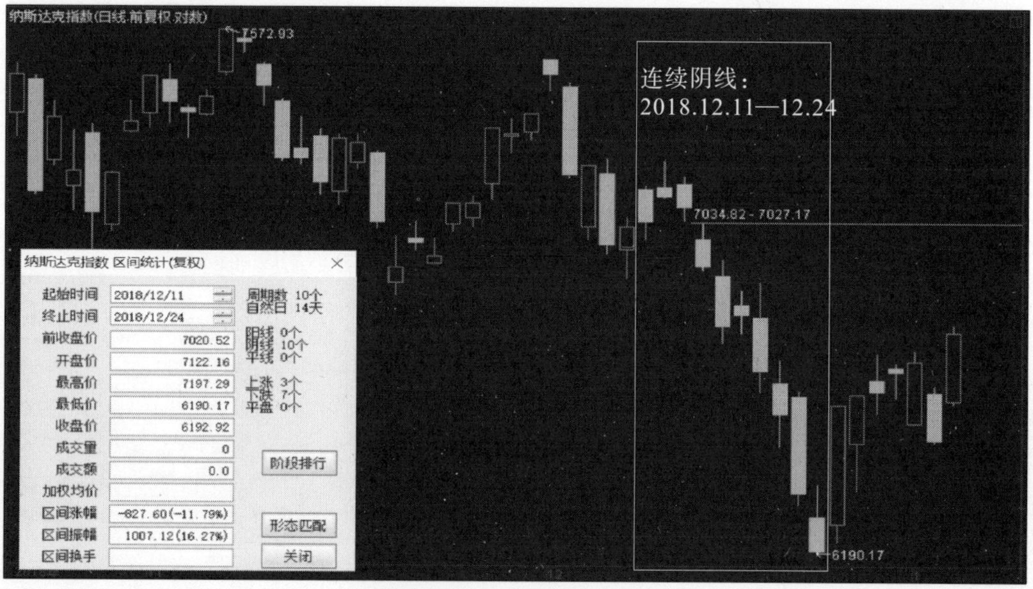

图 74—5　连续下跌

实例六　标普 500 指数

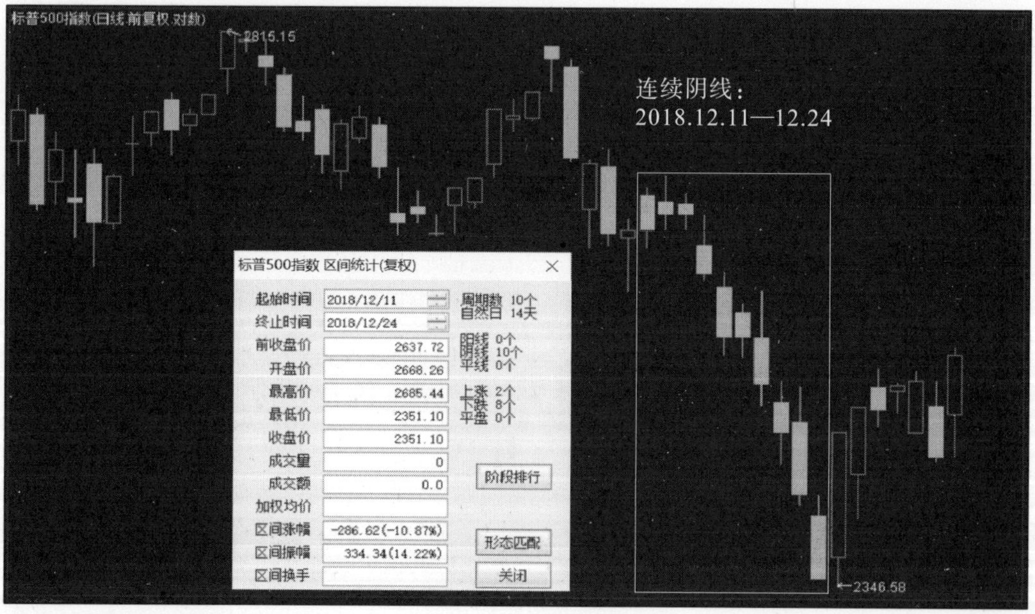

图 74—6　连续下跌

佛像的价值

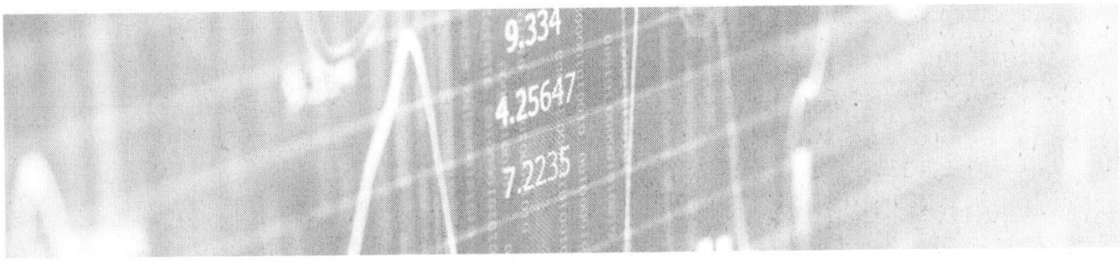

白马寺长老下山游说佛法，在一家店铺里看到一尊释迦牟尼像，青铜所铸，形体逼真，神态安然，长老大悦。若能带回寺里，开启其佛光，祭祀供奉，真乃一件幸事。可店铺老板要价 5000 元，分文不能少，加上见长老如此钟爱它，更加咬定原价不放。

长老回到寺里对众僧谈起此事，众僧很着急，问长老打算以多少钱买下它。长老说："500 元足矣。"众僧欷歔不止："那怎么可能?"长老说："天理犹存，当有办法，万丈红尘，芸芸众生，欲壑难填，得不偿失啊，我佛慈悲，普度众生，当让他仅仅赚到这 500 元!"

"怎样普度他呢?"众僧不解地问。

"让他忏悔。"长老笑答。众僧更不解了。长老说："只管按我的吩咐去做就行了。"

第一个弟子下山去店铺里和老板砍价，弟子咬定 4500 元，未果回山。

第二天，第二个弟子下山去和老板砍价，咬定 4000 元不放，亦未果回山。

就这样，直到最后一个弟子在第九天下山时所给的价已经低到了 200 元。眼见着一个个买主一天天下去、一个比一个价给得低，老板很是着急，每一天他都后悔不如以前一天的价格卖给前一个人了，他深深地怨责自己太贪。到第十天时，他在心里说，今天若再有人来，无论给多少钱我也要立即出手。

第十天，长老亲自下山，说要出 500 元买下它。老板高兴得不得了——竟然反弹到了500元！当即出手，高兴之余另赠佛龛台一具。长老得到了那尊铜像，谢绝了龛台，单掌作揖笑曰："佛法无边，凡事有度，一切适可而止啊！善哉，善哉……"

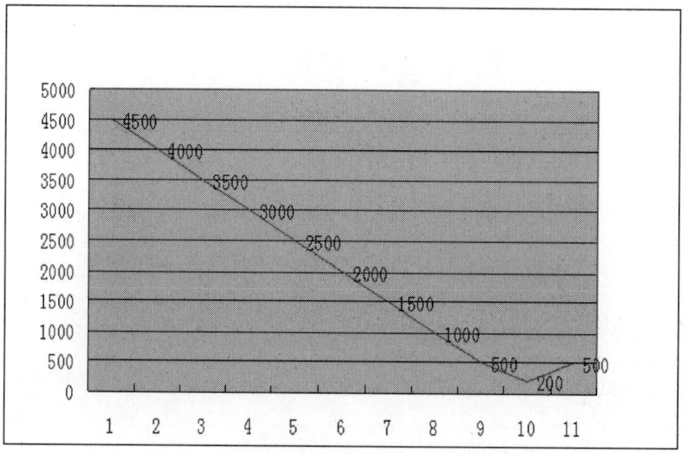

佛像的价值

看完这个故事，再看看《酒田战法》74（2），想一想，主力不砸盘，怎能骗得筹码？

75. 酒田战法：买·卖

| 经典原文 |

【酒田战法 75】遇到突然消息发生“跳空”上涨或是“跳空”下跌时，应顺势而进。但如果遇到突发消息时，只出现“连续线”的粘连情况时，则必须有所考虑。

| 图—酒田战法 75 |

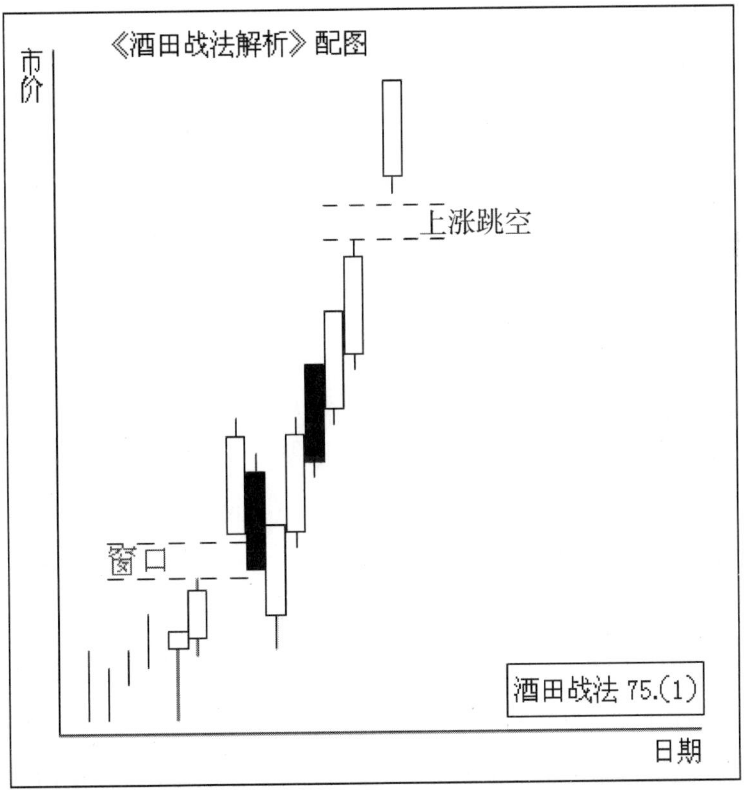

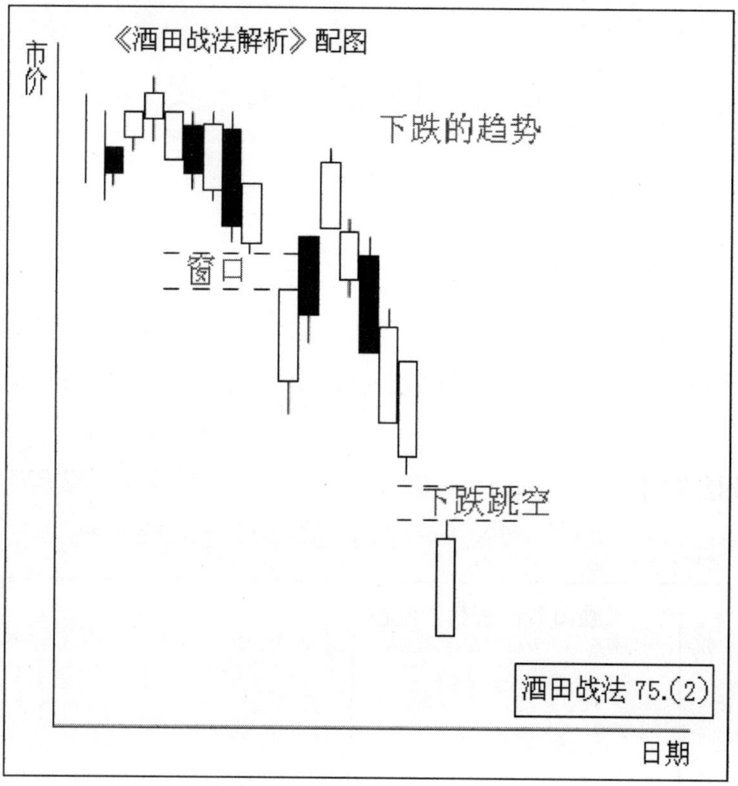

| 张华解析 |

这里的上涨跳空，是在前期窗口回补后的上升趋势中出现的，它是多方力量的再次爆发；前期的跳空回补，已经将不坚定的持有人清扫出局，在这里留下的都是坚定持有者，在这里买进就会与强者为伍，搭上顺风车，这正是“好风凭借力，送我上青云”。一般的投资者不善于跟进大幅上涨的股票，总觉得涨得高了，自己已经失去了前边的涨幅；他们把目标盯在那些没有上涨的股票上，想获得更大的利润，结果往往错失了良机，那些没有上涨的股票总是会折磨得他们最终失去耐心。

这里是价格的新高位，一般人恐惧的是顶部，而投资大师不是这样认为的。20 世纪最著名的股票投资大师杰西·利弗莫尔说：“价格就像所有的其他事情一样，会沿着抵抗力最小的路线进行，价格会走最容易走的路，因此，如果上涨的阻力比下跌的阻力小，价格就会上涨，反之亦然。”

当大家彻底理解了杰西·利弗莫尔上面那段话的精神后，就会对下跌跳空避而远之，不会去迎接这把从空中坠下的利剑了。

在图中，我们看到虽然价格向上回补了向下的窗口，但很快就继续向下运行，下跌的趋势没有改变，在这里，当下跌的价格击穿了 8 日均线，那就必须出局；在这时出局就会回避其后的下跌跳空。

但在实际的操作中，有些人在下跌开始套牢后，耐心十足，总想等待反弹回到成本的时候再卖出；一见下跌放缓，就试图买进“摊薄成本”，结果越买越多、越套越深，甚至有套三年、五年的人。但是在久套之后，身心备受摧残，一旦股价上涨触及自己的成本，就再也忍不住了，飞快地卖出；卖出后，眼睁睁地盯着一天比一天上涨更高的价格而捶胸顿足后悔终生。但愿你不是这样的人，这样的人还没有认识到学习的甜头。看看宋朝皇帝赵恒是如何说的：“富家不用买良田，书中自有千钟粟；安居不用架高堂，书中自有黄金屋；出门莫恨无人随，书中车马多如簇；娶妻莫恨无良媒，书中自有颜如玉；男儿若遂平生志，六经勤向窗前读。”

读书请牢记：“书山有路勤为径，学海无涯苦作舟。”读一遍没有理解，就读第二遍；第二遍没有理解，再读第三遍，直至读懂。不管读书有多困难，都要坚持下去。懂得了这个道理，就没有做不成的事。

76. 酒田战法：买·卖

经典原文

【酒田战法 76】低档连出三日“大阴线”可以买进。高档连出三日“大阳线”应迅速获利了结。

图-酒田战法 76

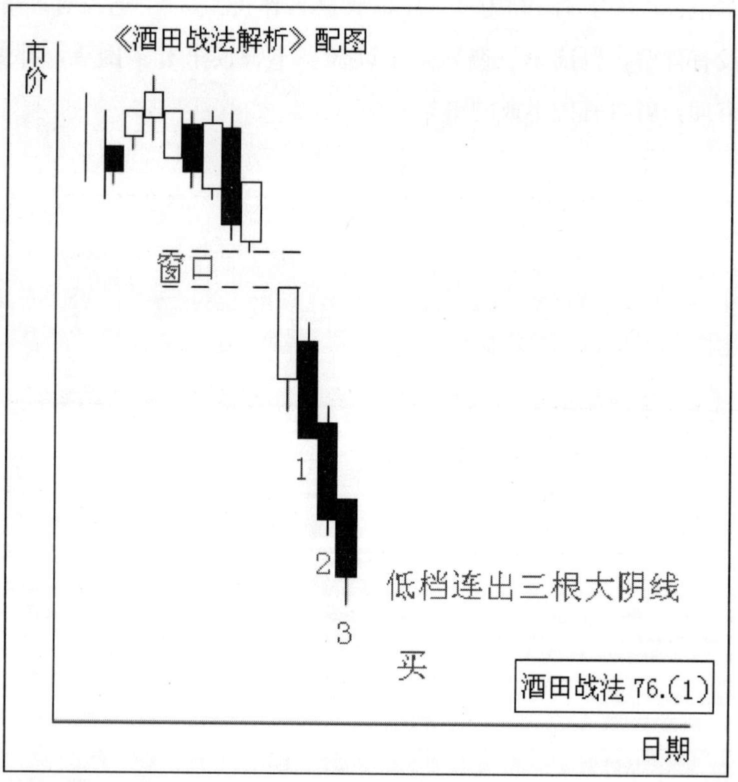

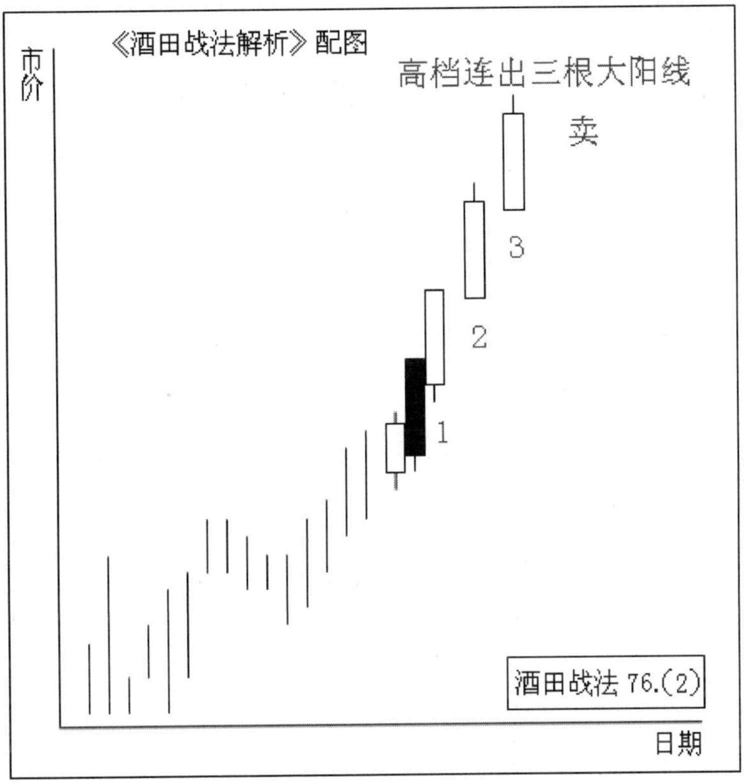

张华解析

注意，当最后的窗口是一个消耗性缺口后，再出现了低档的三根大阴线，那就是加速赶底时的快速下跌，这里可以在第三根阴线的尾盘适量买进，次日能够跳空高开乃至盘中突破了第三根阴线的最高价后又可适量加仓。

在高档出现了三根大阳线，经常会使多方的力量消耗过快，这里是否要获利了结，最好结合成交量、筹码、盘口进行综合判断，如果盘中主力没有出局，我们就不要过早地卖出。

77. 酒田战法：买

经典原文

【酒田战法 77】在上升的走势中，常出现回档三支或五支的现象，回档三支可以买进，回档五支应加码买进。

“筑底”是指长期下降趋势逐渐扭转为上升趋势的过程。方向的转变可能是在一瞬间发生，也可能花上中等或更长的时日才能完成。

“做头”是指长期上升趋势逐渐扭转为下降趋势的过程。方向的转变可能是在一瞬间发生，也可能花上中等或更长的时日才能完成。

图-酒田战法 77

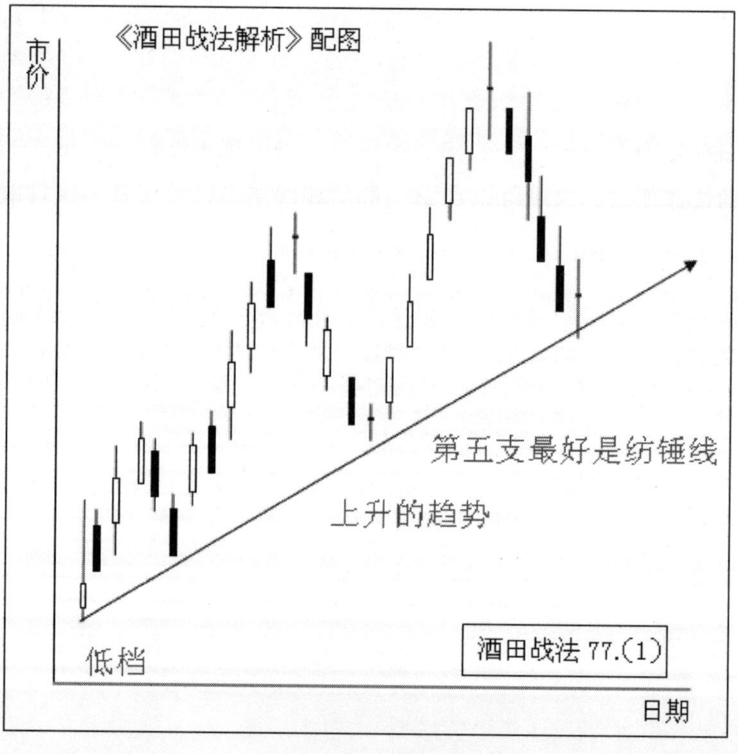

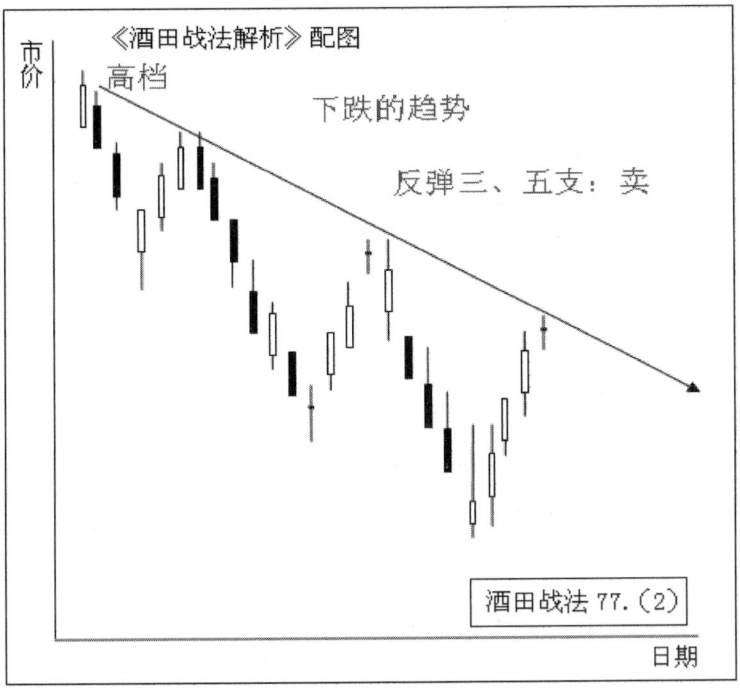

| 张华解析 |

如果把趋势线与《酒田战法》77 中回档三支或回档五支的现象结合起来，那无疑会十拿九稳、稳操胜券。

道氏理论在讲到如何发现牛市的到来时说："如果熊市中的次级上升运动在到达正常的顶点之后略有下跌却没有到达前一次的最低点，然后又反弹至超过前次反弹最高点的点位上，我们就可以确定地认为，一次无法判断其长度的基本的牛市已经形成了。"

在这个理论的指导下画趋势线会更好。画好趋势线后，在价格回调到趋势线附近止跌时，我们不妨买进一点，然后在 K 线止跌反转确认后再加仓。

这个理论是判断市场牛市的圣经，也是判断个股走牛的圣经，投资者理解了这种形态，就知道何时是进场的最佳时机了，谨记！谨记！

记住这个理论，你就不会在股市逆势中持有不动了！

记住这本《酒田战法解析》，你的投资生涯将从此改变。也许有人读一遍没有理解，不要怕，读书百遍，其义自现。

我们在下跌的趋势中，将趋势线与反弹三五根 K 线结合起来看盘，当价格反弹三根或五根受阻时卖出，将会卖到一个比较理想的价位。

78. 酒田战法：暂观

| 经典原文 |

【酒田战法 78】由底部上升，随即出现“大阳线”，应等连出三根后再买进为佳。相反，如果在天井高档下挫时，也应等三根大阴线连出时，再抛售。

| 图-酒田战法 78 |

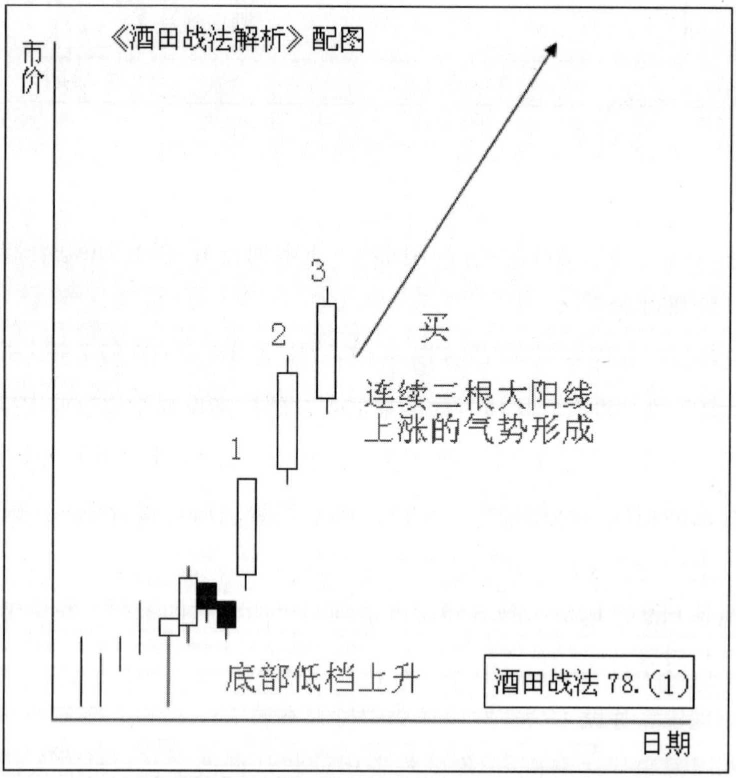

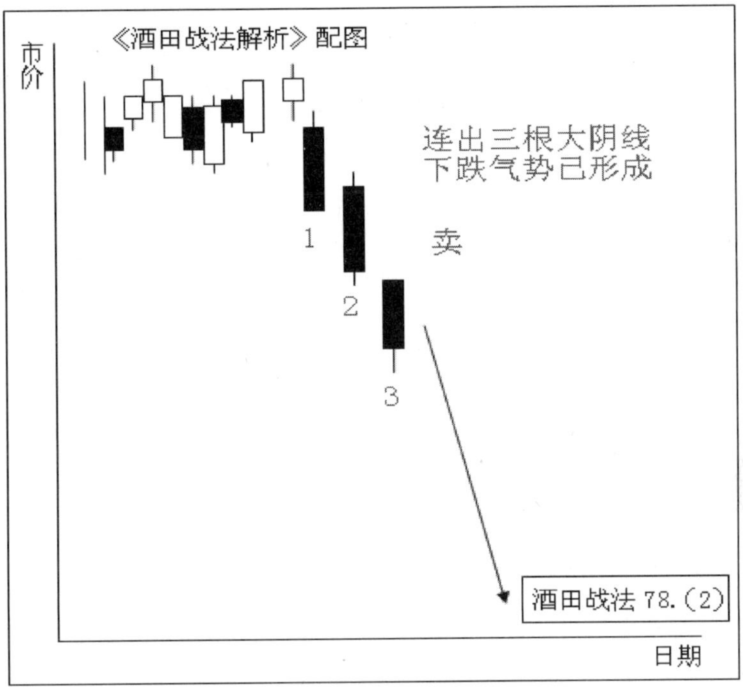

张华解析

如果在相对的阶段性底部出现大阳线，之后如果跳空，就可以适当跟进；如果不是跳空上涨，不要急于买进；在连出三根后——应该等其后的回档时买进为佳。

其实，操作股票时不要将目光仅仅盯在上涨的大阳线上，还要关注那些已经探底回升后、又一次洗盘后止跌反涨的 K 线，这样就会先行一步。炒股练到先知先觉时就达到了最高境界！

如果在阶段性的头部下跌，应结合成交量的大小来卖出。如果一根阴线伴随着巨量，最好当天出局。

如果大阴线击穿了 8 日均线，那就要出局，不要等到连出三根大阴线时才卖出。军事家有言："要进入战场之前，须了解如何退出战场。"每一位投资人操盘中都是一名指挥员，资金就是你的士兵；假如在一场战斗中失败了，也不能全军覆没，保存住实力，才会东山再起。

朋友，失败并不可怕！

最伟大的成功在于，面临失败时他们能坚持再迈出一步；祝愿你及时迈出走向成功的一步，这伟大的一步将会使你走向胜利！

79. 诱多线：卖

股价在连续大幅上涨之后，收出一根巨量十大阴线，次日股价不跌反而再度上涨，竟然拉出一个大阳线或者涨停板（如图 79—1 所示），这是盘中主力在诱多；在诱多线后股价会继续下跌，将许多误以为是“反包”的多方深套其中（如图 79—2 所示），其后一路下跌。我把这种 K 线组合称为“诱多线”。这也是我的发现，列在酒田战法 78 种形态之后，供大家参考。我认为一个人的价值，不在于他从社会取得了什么，而在于他为社会贡献了什么。

实例一　000971 高升控股

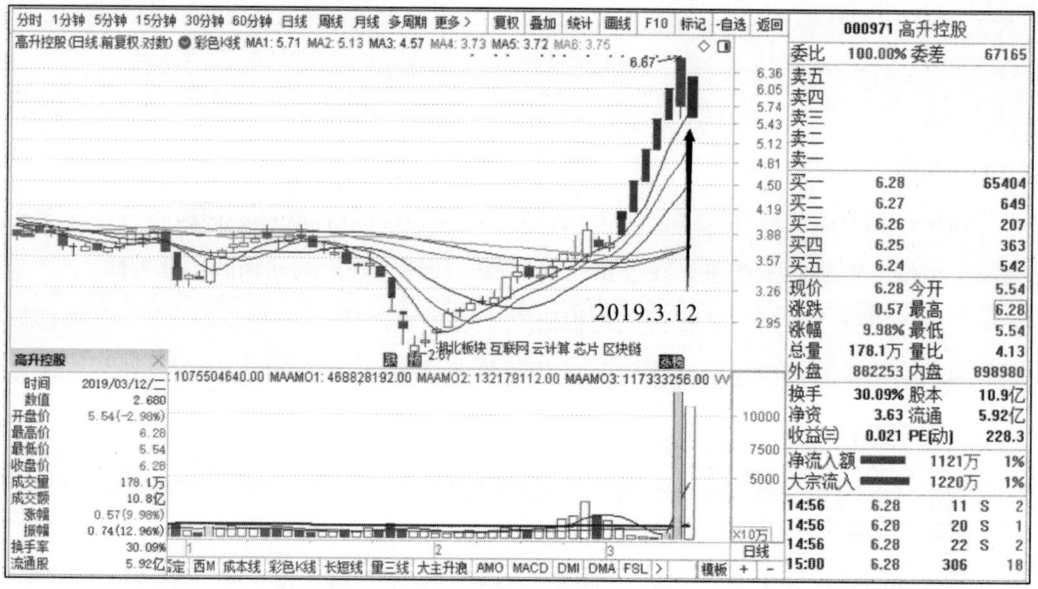

图 79—1—1　诱多线

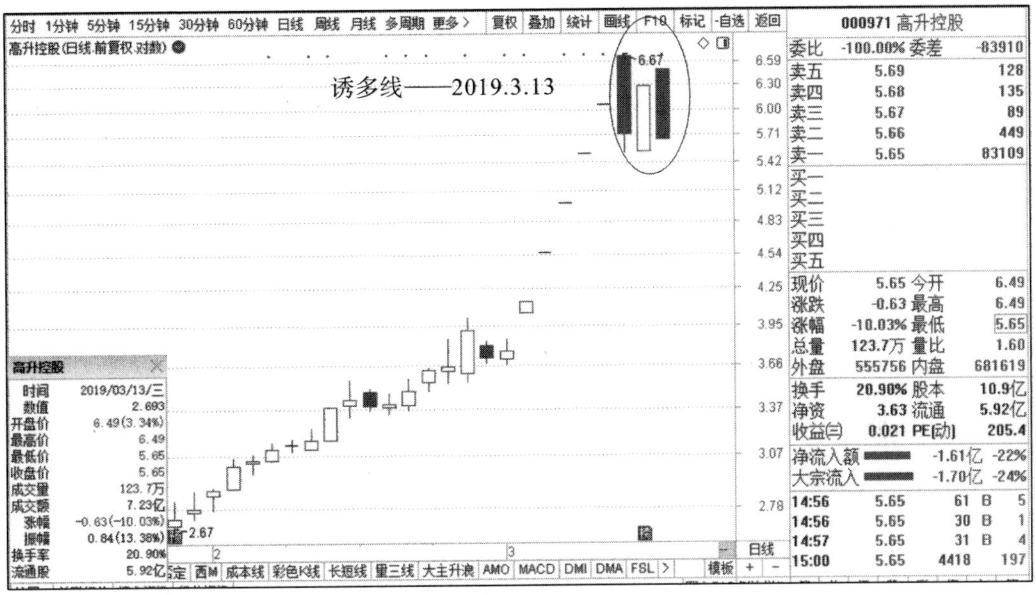

图 79—1—2　诱多线

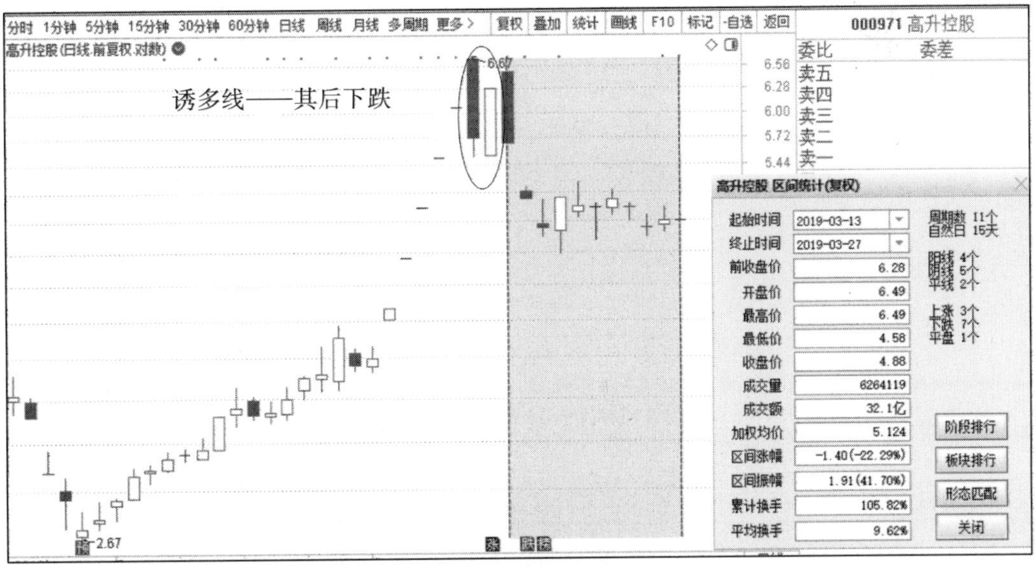

图 79—1—3　诱多线

实例二　000662 天夏智慧

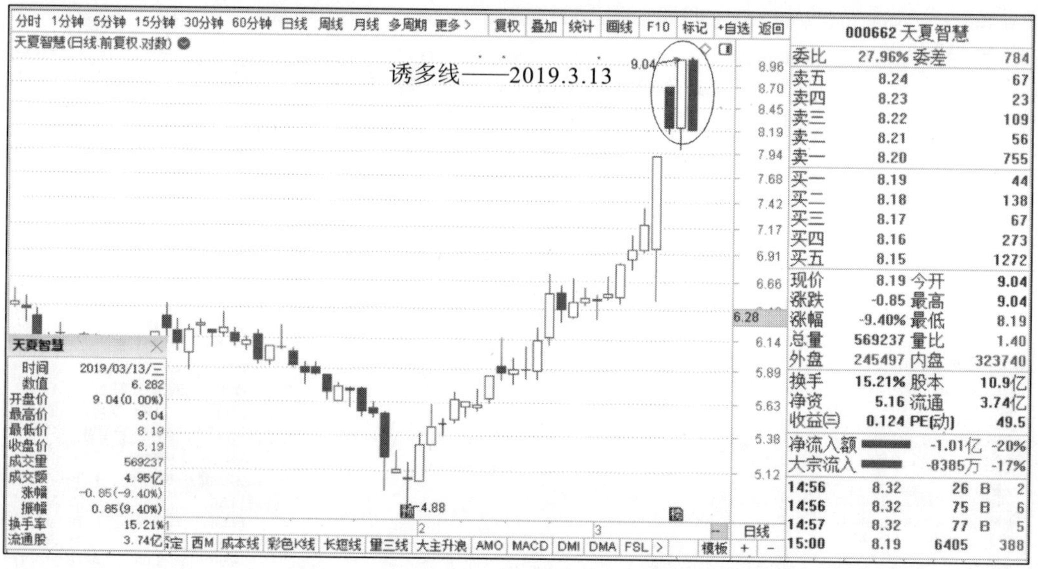

图 79—2　诱多线

实例三　000990 诚志股份

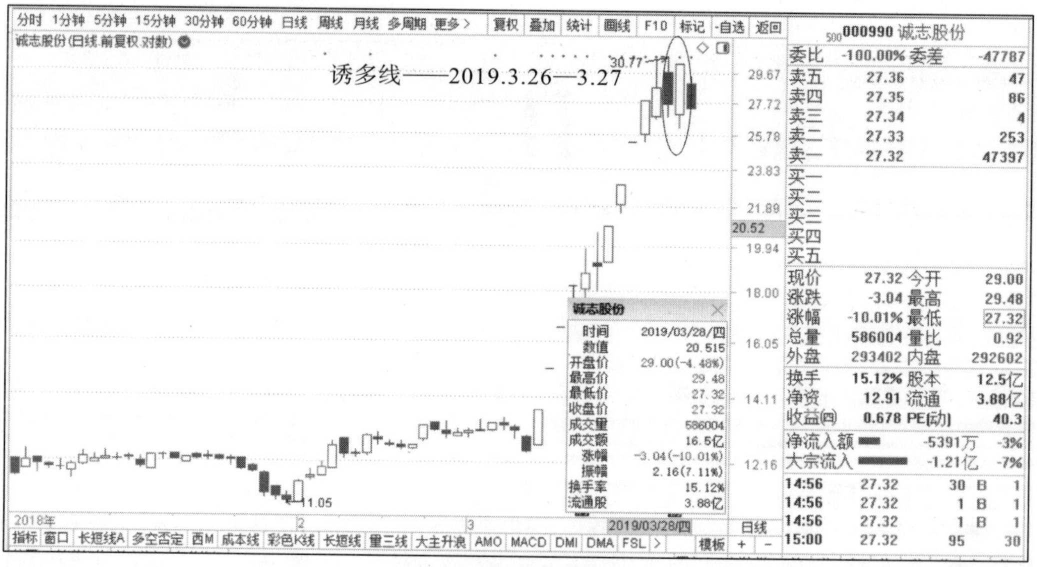

图 79—3　诱多线

炒股一定要透过分时看主力，透过价量形态看节奏，透过板块看地区，透过经济看政治，透过系统看灵魂，这才叫透过现象看本质。

天时、地利与人和

《孟子·卷四·公孙丑下》曰："天时不如地利，地利不如人和。

"三里之城，七里之郭，环而攻之而不胜。夫环而攻之，必有得天时者矣，然而不胜者，是天时不如地利也。

"城非不高也，池非不深也，兵革非不坚利也，米粟非不多也，委而去之，是地利不如人和也。

"故曰：域民不以封疆之界，固国不以山溪之险，威天下不以兵革之利。得道者多助，失道者寡助。寡助之至，亲戚畔之。多助之至，天下顺之。以天下之所顺，攻亲戚之所畔，故君子有不战，战必胜矣。"

孟子在这里说的天时，是指适宜作战的时令、气候；地利，指适宜作战的地理形势；人和，指人心所向、内部团结。

而在炒股中照样要讲天时、地利与人和，那么股市中的天时、地利、人和又是指什么呢？

在股市里，天时是指大盘的环境。大盘环境好，就是股市里的春天；大盘环境不好，千万不要逆势而为。逆势操作无异于刀口舔血、虎口拔牙。在股市里也要牢记"顺势者昌，逆势者亡"，一旦发现自己没有顺势，就要立即回头，改过自新。方向比速度更重要！

地利是指板块的热点。热点板块上涨时往往步调一致地在联动。热点板块反映了主力的真实意图，在股市只有紧跟热点板块，才可以赚到稳定的钱。错过了热门板块，就等于错过了一波行情；跟上了热门板块，就像进入快车道。这是在股市里赚钱的不二法门。一般来说，热点板块有大资金介入其中，有实质性的题材、概念或业绩提升作为依托。热点板块是否能延续关键要看有没有强大的政策基础以及近期出台的具体政策，没有这些持续性就差一些。

人和是指涨停板。那些受到各路资金追捧的涨停板不就是股市里的人和吗？特别是热点板块中的领头羊，强势股中的主升浪都是从涨停板开始的；在热点板块中找领头羊，尽早地参与其中，这里的人气最旺，人人都想追，稍一犹豫就错失良机。因此，你看一波行情发动时的领头羊涨得快、涨得早、涨得高，经常排在第一名，并且率先涨停板，且封得很死；其后连续地涨，正应验了“强者恒强”的规律。毫无疑问，上升最快最猛的股票就是好股票，因为投资的目的就是为了获利。这是在股市中赚钱的最大法宝。

我们的最终目标就是在环境向好的市场里，找到联动的热点板块，在热点板块里找到涨停板的领头羊进行操作。这才是真正的炒股。

如果炒股不注意大盘、板块、涨停板，是赢不到大利的！体会一下孟子这篇文章的思想，然后掌握《酒田战法解析》，修炼到“君子有不战，战必胜矣”的境界，则大功告成也。

关于天井与谷底

“天井”是日本技术分析的名词。当股价经过一波上涨后，出现阶段性的顶部，日本人把顶部形态分为四大顶部：一号天井，西方称为倒 V 字头；二号天井，西方称为 M 头；三号天井，西方称为头肩顶；高原天井，西方称之圆弧顶；相反，在阶段性底部，日本人把阶段性底部形态也分为四大底部：V 字底、W 底、三重底、锅底。

“牛皮”是日本人常用的一个概念，类似于西方的横向盘整，如高原天井的横向盘整、锅底的盘整都是如此。

如下图所示：

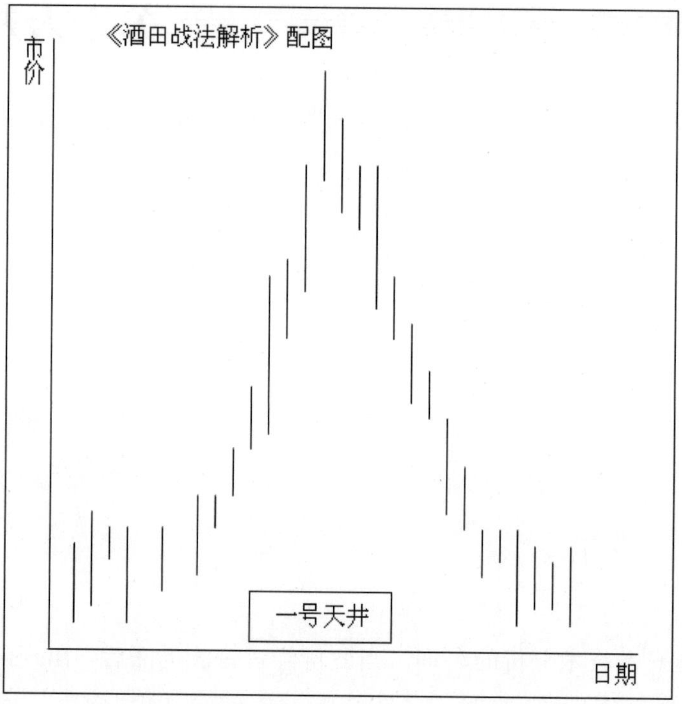
《酒田战法解析》配图
市价
一号天井
日期

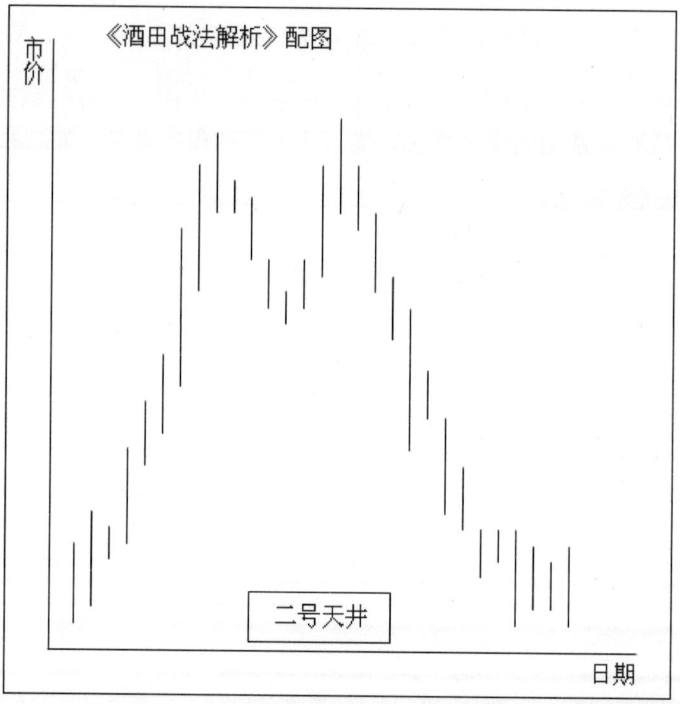
《酒田战法解析》配图
市价
二号天井
日期

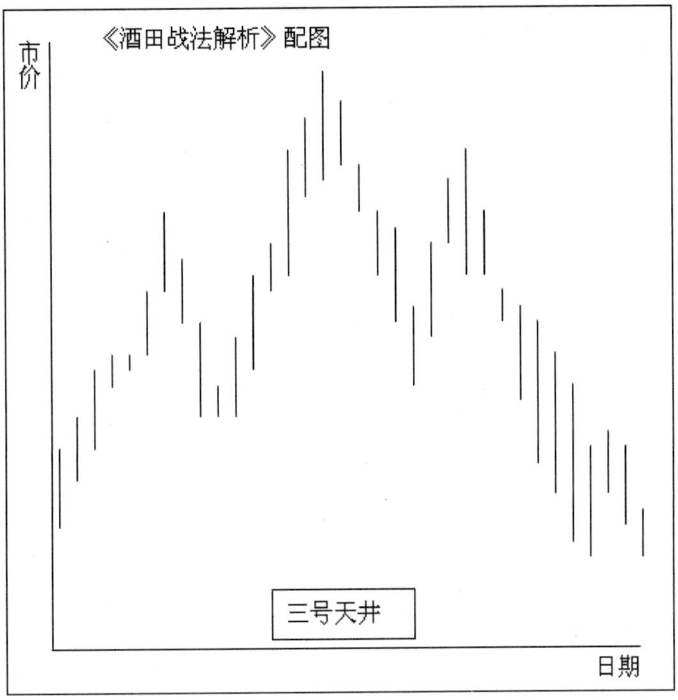
《酒田战法解析》配图
市价
三号天井
日期

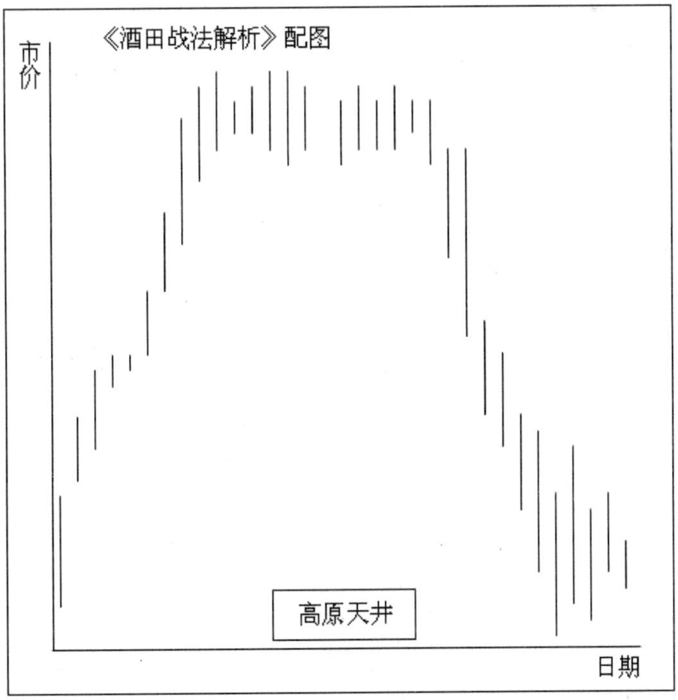
《酒田战法解析》配图
市价
高原天井
日期

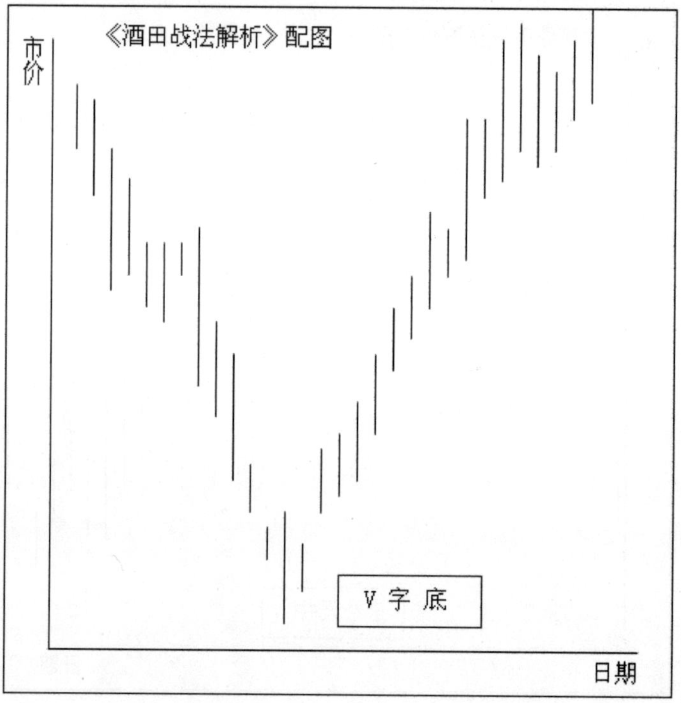
《酒田战法解析》配图
市价
V 字 底
日期

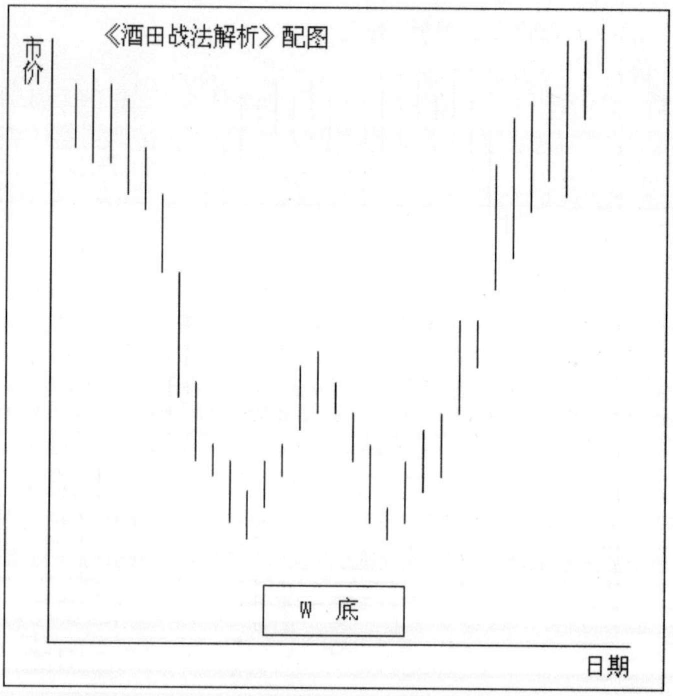
《酒田战法解析》配图
市价
W 底
日期

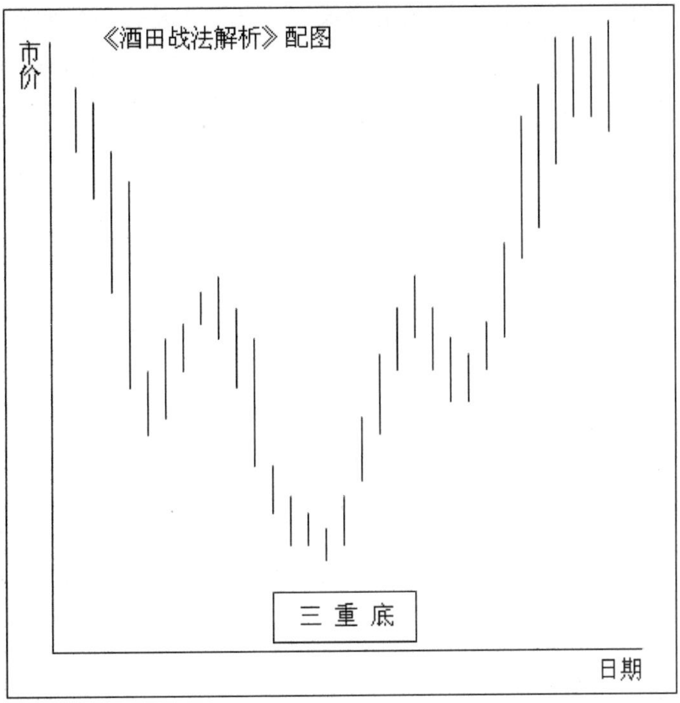
《酒田战法解析》配图
市价
三 重 底
日期

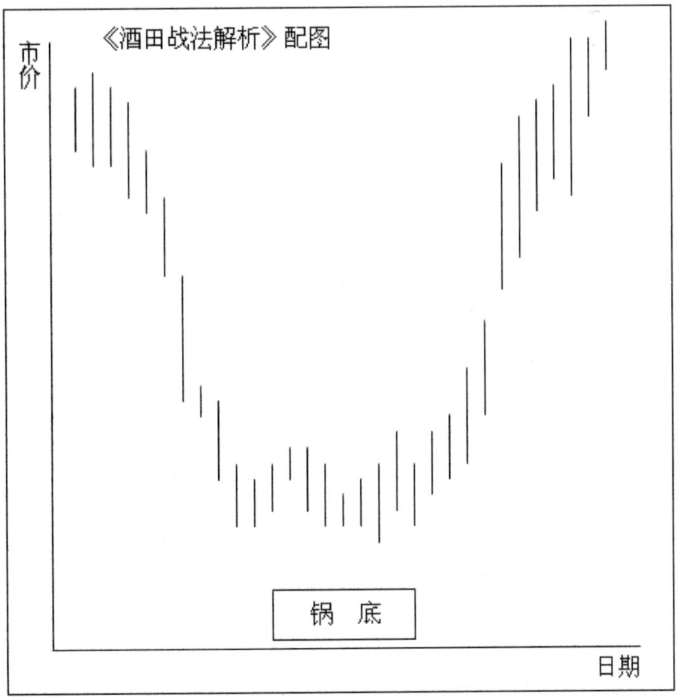
《酒田战法解析》配图
市价
锅 底
日期

四大顶部与四大底部是多根 K 线组合成大的图形形态，当我们分析股价的时候，不妨先缩图看看大的形态，这就是全局。然后再看当下的 K 线处在大的图形中的具体位置，这就是局部。只有处理好局部与全局的关系，才能做到心中有数；反之，只见树木，不见森林，就会迷失方向。

K线与波浪

K线理论诞生于日本，最经典的K线理论当属《酒田战法》。《酒田战法》的价值在于它长短不拘，波段操作，随机应变，随时掌握波段底部有利可图的投资机会，随时在波段顶部信号出现时胜利出局。那么，如何来研判波段？我们结合美国人艾略特的波浪理论，这个问题将迎刃而解。用波浪理论我们可以明确地知道目前股价是处在上升（或者下降）的尽头，还是处在上升（或者下降）的中途，结合K线形态给出的信号，可以更明确地指导操作。

《酒田战法解析》已经详细地介绍了酒田战法的79种形态，在这里，我们简明扼要地介绍一下波浪理论，以便我们在实践中能够将二者结合起来使用。

一、波浪理论的基本思想

艾略特最初提出波浪理论是受股价上涨下跌不断重复的启发，力图找出股价上涨与下跌的规律。艾略特认为，宇宙中任何自然现象的运动，在其长周期内都存在着一定的节奏，并不断地重复出现。所以股价的上涨和下跌也应该遵循周期发展的规律。

艾略特的波浪理论以周期为基础，一个较长周期的波浪运动，可以细分成多个小周期的小波浪，而小周期的小波浪又可再分割成更多的更小的小周期的小波浪。每个周期无论时间长短，都是以一种模式进行，即每个周期都是由上升（或者下降）的5波推动浪和下降（或者上升）的3波调整浪组成。推动浪包含3波上升浪和2波下跌浪，调整浪包含 2 波下跌浪和 1 波上升浪。当下跌浪的下跌幅度较小时，上升浪的上升幅度会较大；当上升浪的上升幅度较小时，下跌浪的下跌幅度会较大。在这 8 个过程完结以后，我们才可以说这个周期已经结束，将进入另一个周期。新的周期仍然遵循上述的模式。如果在一段时间内，波浪的模式没有定时重复出现，则表示波浪的运行方向已经改变。这就是波浪理论最核心的内容，也是艾略特对波浪理论最为突出的贡献。

二、波浪理论的主要原理

在中国证券业协会编写的《证券投资分析》教材里，从以下三个方面介绍了波浪理论考虑的因素：第一，股价走势所形成的形态；第二，股价走势图中各个高点和低点所处的相对位置；第三，完成某个形态所经历的时间长短。三个方面中，股价的形态是最重要的，是波浪理论赖以生存的基础。

高点和低点所处的相对位置是波浪理论中各个波浪的开始和结束位置（高点和低点的 K 线形态也是非常经典的）。通过计算这些位置，可以弄清楚各个波浪之间的相互关系，确定股价的回撤点和将来股价可能达到的位置。完成某个形态的时间可以让我们预先知道某个大趋势的即将来临。波浪理论中各个波浪之间在时间上是相互联系的，用时间也可以验证某个波浪形态是否已经形成。

以上三个方面可以简单地概括为：形态、比例和时间。这三个方面是波浪理论首先应考虑的，其中又以形态最为重要。

下面，我们看看波浪理论价格走势的基本形态结构。波浪理论认为，股价的变动以波浪的形式运动，且运动的节奏周而复始地向前发展。通常理解成 5 个推动浪及 3 个调整浪，彼此间不断循环交替。当 8 个过程一结束，一次大的循环就结束了，紧接着的是另一次大的循环。下图以上升为例说明这 8 个过程以及浪中有浪的模式：

在 5 个上升浪中，(1)、(3)、(5) 三个浪是推进浪，(2)、(4) 两个浪属于上升过程中的调整浪；在 3 个下降浪中，(a)、(c) 两浪属于下降过程中的推进浪，(b) 浪属于下降过程中的调整浪。5 个上升浪合在一起构成一个高一级的推进浪，3 个下降浪合在一起构成一个高一级的调整浪。这就是 8 浪循环的基本模式。

应该注意的是，一个完整的周期有上升趋势和下降趋势；而趋势是分层次的，处于层次较低的几个浪可以合并成一个较高层次的大浪，而处于层次较高的一个浪又可细分成几个层次较低的小浪 [如图中的虚线所示的 1、3、5 构成了实线所示的 (1)

浪，虚线所示的a、b、c构成了实线所示的（2）浪]。但无论趋势是何种规模，8浪的基本结构是不会变化的。

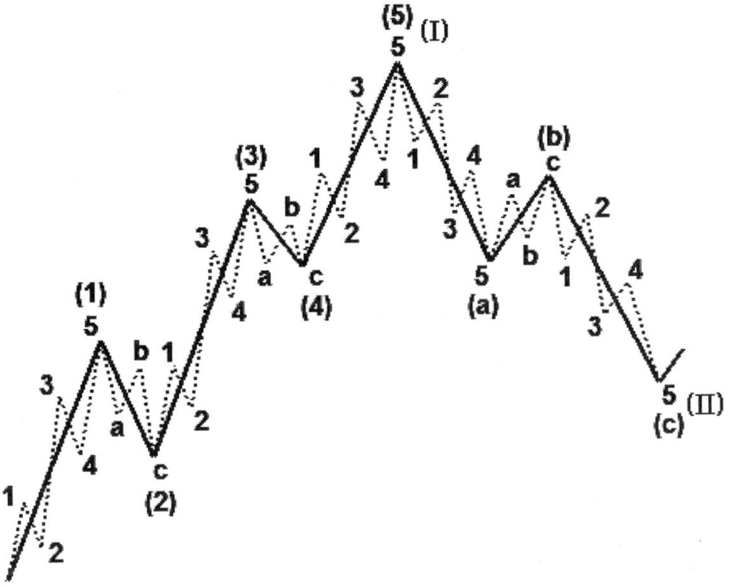

三、波浪理论的应用及其应注意的问题

第一，波浪理论的应用。我们知道了一个大的周期的运行过程，就可以很方便地对大势进行预测。首先，我们要明确当前所处的位置，结合《酒田战法解析》的K线形态（顶部形态计36种、底部形态计32种、多空分歧形态计4种、上升持续形态计9种、下降持续形态计13种），就可以明确是否到了阶段的顶部，或者到了阶段的底部，以及是在一波浪的运行途中。只要明确了当前的运行位置，结合K线形态给出的信号，我们按照波浪理论所指明的各种浪的数目就会很方便地知道下一步该干什么，我们踏着主力运行的节奏操作就不至于茫然不知所为。

第二，应用波浪理论应注意的问题。应用波浪理论不能教条，要知道，波浪理论对成熟的市场经济中的资本市场要比不成熟的资本市场效果要好，因为不成熟的市场受政策因素的影响较大；政策市场是不规范的市场，往往会出现违背自然规律的操纵。这也是在实盘中我们要因地制宜地灵活应用，千万不要教条地运用的原因。

数浪时，要注意：第四浪不能与第一浪重叠；第三浪绝不是推进浪中最短的一浪，而常常是最长的一浪；各种波浪形态交替出现，比如，当第二浪是平坦形调整浪时，第四浪往往会以曲折形调整浪的形态出现，反之亦然。

由于调整浪的变形会产生复杂多变的形态，波浪所处的层次又会产生大浪套小浪、浪中有浪的多层次形态，这些都会造成数浪的偏差。1972 年，在美国投资人年度研讨会上，詹姆士先生说过这样一句话："有一位天才，叫作艾略特，他发现了一套波浪理论。但是，这个理论需要天才才能理解。"各位朋友，学习波浪理论，理解波浪理论，结合 K 线理论，会使你的技术分析如虎添翼。

附 1
涨停板战法黄金忠告 100 条

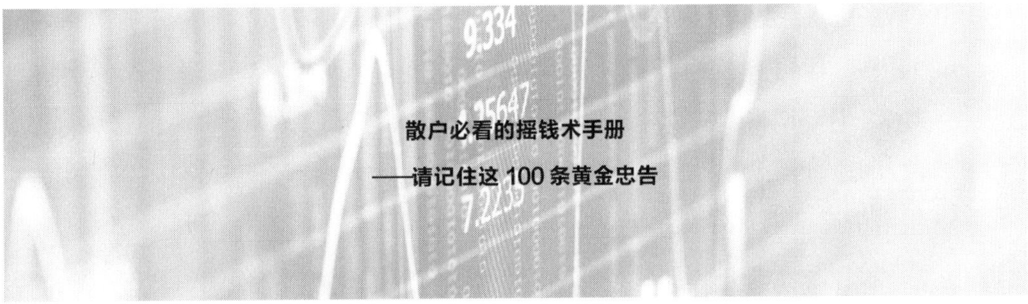
散户必看的摇钱术手册
——请记住这 100 条黄金忠告

1. 凡是股民、凡是想赚钱之人、凡是在股市里亏损之人，都可以看看“涨停板战法”系列丛书（《狙击涨停板》《猎取主升浪》《借刀斩牛股之酒田战法解析》《借刀斩牛股之 79 种经典实例》《主升浪之快马加鞭》《主升浪之巧取豪夺》），这是我在股市花费了 18 年的智慧结晶。
2. 一位老股民看了我的书后，于 2012 年 6 月 1 日感言：“《狙击涨停板》一书，使我茅塞顿开，十分惭愧炒股将近 20 年，一直不得要领，处于亏损状态，十分感谢先生给我指明了出路”（第三版修订结语中有感言原文截图）。《狙击涨停板》是我进股市 6 年后写的处女作，12 年后第三版修订系列丛书会更精彩。
3. 18 年过去了，我将自己的学习体会、操作盈利、亏损、感悟，理念、技术、纪律总结成“涨停板战法”第三版系列丛书，奉献给有缘分的你，愿你的炒股生涯从此改变。通读本书，结合你的实盘，学习你想拥有的理念、技术、纪律，才能提高你的操作技巧，或许你就是下一个百万富翁。我希望“涨停板战法”惠及成千上万的股民。
4. 如果你悟到了“涨停板战法”的精髓，你也许会像山东的快乐女士在 2013 年

1月1日那样感慨道："我聆听了您的理念、您的指教，这一切都铭记在我心里；不知不觉之中我进步了，我转变了，而且转变之大，我自己都不敢想象；我的亏损变成盈利，以至于每周最高达到百分之二十；老师，感谢您，永远难忘！终身感谢！"（第三版修订结语中有感慨原文截图）。

5. 如果你悟到了"涨停板战法"的精髓，你也许会像四川的雨飞先生在2015年5月感谢道："老师，你真的是我的大恩人，我11万炒到只有3万，看了你的书，我开窍了，目前刚上百万。一本书改变命运的故事，在我身上实现了"（第三版修订结语中有感谢原文截图）。
6. 如果你悟到了"涨停板战法"的精髓，你也许会像西安的一位读者在2017年2月4日感谢道："感谢张老师，我现在也有百万，从一个穷小子（从亏损到两万七）到百万；父亲一定要让我拜访您，一生才攒了两万元"（第三版修订结语中有感谢原文截图）。
7. 成功的人、感谢的人何止上述三位，截至2015年5月，仅在当当网就有1853条留言感谢，不一而足，略见一斑……（据四川美术出版社总编辑余其敏统计——见《主升浪之快马加鞭》序言）。
8. 朋友们，他们接受了我涨停板战法的"理念、技术、纪律"，他们都成了百万富翁。他们从2～3万元开始转折的；成功的人不是赢在起点，而是赢在转折点。
9. 股民都有赚钱的渴望，都希望以小博大；但许多股民心理有问题，看见股票上涨就害怕，股票下跌反而不慌了，正因为如此，有人炒股时间很长，却一直没有赚到大钱。
10. 涨停板战法，许多朋友看后感慨如醍醐灌顶；如果你亏损累累还不接受这个经过18年实战检验的能赚钱的战法，那你只能在亏损的道路上继续受煎熬——没有人能帮得了你。
11. 无数事实证明，有主力就有异动，有异动就有涨停板，有涨停板就有主升浪。因此，K线的异动，加上上市公司的风险提示公告，等于主力在说"此地无银三百两"。
12. 那些没有异动的股票，也可能没有主力的光顾，也可能主力在悄悄地建仓。既然它不异动，说明股价离上涨还远，说明没有重大利好，说明还不会飞速上扬，我们就没有必要守株待兔。

13. 缺口——是重大利好的先兆；洗盘——是主力在进一步抢筹的行为；不回补缺口——是多方力量强大的标记。
14. 狡猾的主力，以异动形态在建仓；以洗盘形态在恐吓散户；以反转形态在变向。实际上主力欲盖弥彰，他反向操作，散户就应反向利用。
15. 股市里什么都可以骗人，但资金骗不了人；只要我们紧跟主力资金的去向，我们就能把握股价涨跌的节奏，我们才能从股市里赚钱。
16. 主力在洗盘，那是在给你一次逢低买进的机会，只有看得懂的人才能把握这次机会；看不懂的人反而会惊慌失措，甚至落荒而逃。
17. 涨停板出现的位置不同，其性质也就不同。我把涨停板的位置与性质分为四种：吸货性质、突破拉升性质、出货性质、反弹自救性质；位置决定性质，性质决定成败。这就是规律。
18. 有主力才有涨停板，有主力才有主升浪。如果按照这个思路操作股票，也就不会滞留在无为的股票中去万般无奈地等待，自然就会选择主力已经启动正在上涨的股票去操作。
19. 主力并非慈善机构，在那些不具有突破拉升性质的涨停板，主力又设下了陷阱与圈套，专门等待着不读书、不学习、碰运气的赌徒，但愿你不是其中的一个。
20. 买股前的三个原则：(1) 不符合自己的赢利模式不买的原则；(2) K 线不反转不抄底的原则；(3) 股价不冲击涨停板不追涨的原则。
21. 买股后的两个原则：(1) 无条件止损原则；(2) 三天不涨停无条件卖出原则。
22. 股市大炒家杰西·利弗莫尔说过："我很早就发现华尔街没有什么新的东西，也不可能有什么新东西，因为股票投机历史悠久，今天在股市发生的一切都在以前发生过，也将在未来不断地发生。我进场之前就知道我判断正确的时候，我总会赚到钱。使我犯错误的是没有足够的毅力按计划做，即只有在先满足我入场条件时才入场……"这段话，在我看来今天依然非常实用。
23. 一切都是以时间、条件、地点为转移，所以《易经》教导人们"唯变所适"。
24. 股市里最大的错误是持有不涨的股票在"等"，等上涨、等解套。一个"等"字，错失了行情，错失了热点板块，错失了领头羊，更错失了赚钱的机会。一个"等"字，反映了理念的落后，思想的犹豫；一个"等"字，反映了执行纪律的不严格、不果断、优柔寡断。"等"——只能在痛苦中等待；

“等”——只能看着强势股的上涨而后悔莫及。“等”的结果就是遗憾！

25. 你改变不了股市，只能改变自己！你改变不了自己，只能备受痛苦的折磨。

26. 狙击涨停板一定要分清涨停板是何人所为，是主力机构？是一线游资？还是下流的骗子？下流的骗子最卑鄙，他们事先潜伏于某只股票中，然后通过各种渠道广为推荐，引诱买盘，推荐后该股涨停板；他们在涨停板上出货，次日该股不是冲高下跌，就是低开下跌。

27. 在股市大概有80％的人误以为涨停板难做而放弃了涨停板，实际结果却是80％的人在亏损的境况里难以自拔。

28. 假如你在股市亏损了、亏惨了，你应该反省自己做错了什么，并思考如何避免错误再次发生，而不是倔强地一而再、再而三地重复过去的错误。

29. 炒股能赚到钱的人，一定有做对的方法。失败了也有失败的原因；不放弃于一个已经失败的系统，如何能前进？

30. 不要放弃“涨停板战法系列”丛书——《狙击涨停板》《猎取主升浪》《借刀斩牛股之酒田战法解法》《借刀斩牛股之79种经典实例》《主升浪之快马加鞭》《主升浪之巧取豪夺》实战的智慧，在你没有稳定地赚钱之前，你将每天都要它的陪伴。每一章节里的每一理念、每一技术、每一纪律都对你有所裨益，尽管它们偶尔会让你看到自己昨天犯下的最愚蠢的错误。

31. 许多人看书往往是走马观花地看一眼，就自以为“懂”了，其实，一交易就检验了你是懂了还是一知半解，因为账户从来不说谎。

32. 凡是在股市里不能让你稳定地赚到钱的任何理论、任何理念、任何技术、任何纪律，都是无用的。有时候，正是那些无用的正确废话和虚幻的东西包围了你、充满了你的头脑，才使你在股市里亏惨了，甚至亏得一败涂地。不把它们像垃圾一样地清理掉，你还会在错误的道路上继续摔跟头。最后就是愧对父母、愧对老婆、愧对丈夫、愧对孩子，甚至走向自杀！

33. 主升浪最本质的东西，一个是主力，一个是题材；君不见，2017年4月上旬的雄安新区，2018年11月上旬的创投概念，这两个板块就把主升浪最本质的东西表现得淋漓尽致。我们要紧随热点，不要偏离。你每个交易日都要问问自己，今天的热点是什么？近期市场的主线是什么？哪个股票是龙头？到底是哪些票有机会参与？自己买的票是否在主流热点之内？非热点、非主线、非龙头的股票坚决不参与！

34. 有了主力，股价的运行就有了节奏；有了题材，主力就会借题发挥，掀起一波主升浪。题材是火，主力是风，火借风势，迅速燃起；风助火威，越烧越旺。

35. 市场中的领头羊告诉我们，无论是牛市、熊市，主升浪才是投资者资金增值的最佳区域。

36. 当你认识了主升浪，又能把握住自己的心理活动和行为，在主升浪启动时买入，在主升浪顶部及时出局；如影随形地跟上主力，那么，市场中最“牛”的“牛肉”将属于你。

37. 主力的心与资本家的心一样，甚至有过之而无不及，主力每一分钱的盈利，都是散户的血汗。当我们看到主力每一份辉煌的年报收入的时候，就会想到无数倾家荡产的散户。

38. 面对如狼似虎的主力，面对贪得无厌的主力，面对聪明超常的主力，我们想到的是如何利用他，而不能被他吃掉；利用他的智慧，他向哪里走，我们就在哪里等他，当他吃饱喝足之后，要启动主升浪的时候，猎取他的主升浪。

39. 如何止损？买进后请按你的成本设置止损！在你的成本之下3%～5%处设置止损。亏损千万不要超过5%!!! 股价一旦跌到止损价，就要无条件地执行这一止损原则。

40. 如果你还认识不了主升浪，希望你静下心来学习涨停板战法，这是引领通往主升浪的必由之路。

41. 猎取主升浪的原则：(1) 坚持量价线同步共振原则；(2) 坚持用周线选股原则；(3) 坚持日线分批买入的原则；(4) 坚持参考基本面的原则；(5) 坚持题材炒作的原则。

42. 保命原则：涨停板下跌5个点，获利了结；低开低走的股票要立刻抛弃，抛得越晚亏损越多！跌停板第一时间逃命，不慎买进了垃圾股，第二天果断卖出；如果你对垃圾股不断补仓，会越陷越深。

43. 下跌趋势一旦形成，将会熊途漫漫——在下跌趋势开始时，就要毅然决然地离开股市，然后放心地去干其他事情；直至下一波牛市来了再次进股市操作才是赢利之道。遗憾的是许多散户每个交易日都沉浸在股市中博弈。

44. 只有当管理层改变了思路、调整了政策的时候，政策底才会出现；只有当场外资金跑步进场了，牛市才会出现。

45. 炒股要把看盘乃至操作的重点放在寻找热点板块上，并且紧紧地跟上热点板块，这才是名副其实的炒股；否则就是炒自己，把自己炒到最后就是灰不溜秋、焦头烂额、无地自容。

46. 股价不是在暴跌中崩溃，就是在暴跌后反转！

47. 在阶段性底部、当我们在日线上看到成交量突破了 135 日均量线，就标志着主力资金开始活动了。

48. 美国最牛的基金经理彼得·林奇对投资者说："我投资组合里最好的公司往往是购买股票三五年之后才利润大增，而不是在三五个星期之后。"可以说这完全不适用中国股市！上证指数从 2007 年 10 月 16 日 6124.04 点到 2008 年 10 月 28 日 1664.93 点只用了 374 天、254 个交易日，仅仅 1 年就熊了；上证指数从 2015 年 6 月 12 日 5178.19 点到 2016 年 1 月 27 日 2638.30 点只用了 230 天、155 个交易日，不到 1 年就熊了。散户只有大傻瓜才相信价值投资。

49. 一些人拿来外国的价值投资理论，试图运用于中国的 A 股市场，那不是真正意义上的价值投资，充其量不过是披着价值投资的外衣，以净资产为参照的周期性投资而已，终究免不了周期性的恶性循环。

50. 10 年前我写过，"借壳上市、突发事件、题材与妖股、题材与市盈率、牛熊交替等等违背常理的事件，在股票市场这个历史的长河中，过去有过，现在正在演绎，今后还会出现——暴利经常是在违背常理中获得的"。

51. 恒立实业的基本面与其二级市场股价严重背离。从 2004 年至 2017 年，恒立实业主业已连续亏损 14 年。公司最新自查公告显示，2018 年前三季度虽然扭亏为盈，实现净利润 108.97 万元，但扣除非经常性损益的净利润为 −515.36万元，公司主业暂未有明显改善。但截至 2018 年 11 月 16 日，"妖股"恒立实业再封涨停，近 18 个交易日收获 14 个涨停，累计涨幅超 319%——这就是中国股市的特色！价值投资者看了只能说葡萄是酸的。

52. 人在不顺心的时候往往容易赌气，一气之下，失去理智，采取过激行动，从而错上加错，最终酿成大错；股市不是赌气的地方，更不能赌气用事；你越赌气，亏损越大，失败越大。

53. 卖油翁能将油一滴不漏地倒进油瓶、养由基射箭能百发百中、徐海东射击能弹弹十环，无一不是认真练习的结果。在股市，也同样需要长时间的练习。如果你学习不与操作结合起来，正像学习游泳，即使把游泳的教材背得再熟，下水后也会往下沉，甚至灌一肚子的水。

54. 无论是一根K线，还是两根、三根以至更多的K线，都是对多空双方斗争的一个描述，也都是由最后一根K线相对于前面的K线位置来判断多空双方力量的大小。

55. 当你读懂了K线、读懂了K线所包含的全部信息，才能摸清主力的真正动向，才能掌握主力拉抬打压的真实意图，其后再确定自己加入多方还是空方，最后再去操作也不迟，千万别似懂非懂去操盘，那样将会付出沉重的代价。

56. 当你知道了股价为何涨跌的那一刻，你无疑是开悟了。这个开悟，需要的是积累，要知道“积土而为山，积水而为海”。没有一定的积累，是很难开悟的。

57. 炒股要有耐心，要有自制力；缺乏耐心、缺乏自制力的人在操盘中往往表现出冲动、紧张、焦虑、烦躁不安，从而在形态没有确认之前就行动了，其结果常常是刚一交易完就后悔。天下没有卖后悔药的，医治后悔的良药就是：宁可错过，不可做错！

58. 进场前，先算好你愿意赔多少。一旦价格没有按照你的判断运行而下跌，就要止损，而不要随时再向下调整你的止损位——那是不遵守纪律的交易者。

59. 不了解经典的精髓，望文生义，会误入歧途。如果自己用，仅仅危害一人；如果传给别人，危害就更大了！学术的问题，来不得半点马虎，更来不得半点虚伪；马虎、虚伪，害己、害人、害大众。

60. 一些人经常抱着一路下跌的股票，期望它回到自己买进的价位，这是最愚蠢不过的事；最好是赶快脱手，分析自己失误在哪里，而不是急于换股票挽回损失；犯错误的原因没有找到，换的股越多，亏得也越多。

61. 一个人用自己的多少资金去买股票比较合适？有一个简单的算法就是：100减去你的年龄＝可以买股的资金。其余的资金只做稳定的投资，比如定存、买债券……方才安全。

62. 亏损是可怕的，但比亏损更可怕的是，亏损后依然没有找到出路。

63. 操作失败时，不要灰心，不要丧气，暂时的失败、暂时的挫折并不代表永远的失败。

64. 最伟大的成功在于，面临失败时他们能坚持再迈出一步！这一步将改变一个人的命运！这伟大的一步将会使你从成功走向胜利。

65. 必须形成自己的交易模式，且不要这山望着那山高。任何一种模式固定下来最终都能赢利，只是交易纪律要求你必须专心致志地掌握几种可靠的赢利模式。
66. 股票是有生命的东西，因其后面是人，在其生命之路没有轮回之前，路还会照样走下去，直至下一个轮回。
67. 炒股最高的境界往往不是看技术面，而是看超级做盘主力——如何和政府有效呼应。在市场特别危机的时候、在危及市场安全的时候、在需要领军人物出现的时候，领头股就会应运而生——回头看看 2017 年 4 月的雄安新区，再看看 2018 年 11 月的创投概念，你不能不幡然醒悟！要经常看那些强势品种的走势，看主力的手法，多思考资金参与的逻辑，使自己的思维贴近主力思维方向。
68. 股市里 80％的主升浪是从涨停板开启的，但要明白有 80％的涨停板是不能做的！有许多下流的游资专门用涨停板来割韭菜的！只有突破拉升性质的涨停板才能拉起主升浪。只有用赢家的思维方式去炒股，你才能成为赢家。
69. 股价的节奏是由量能波动的节奏来决定的，在盘中只要能看准成交量的变化、转折，就能把握住股价运行的节奏，量能波动的波峰、波谷就是成交量形态的核心所在。
70. 理论是灰色的，技术是死板的，只有当它们被实际地运用到具体的操盘中，才具有价值和生命力。
71. 熊市最大的风险就是满仓!!!
72. 只有认清错误，改正错误，才能改变自己的命运！
73. 在震荡市里只能小仓位（30％资金）进行实战演习，不断地实战、实战、再实战，演习、演习、再演习。从实战演习中不断积累自己的经验教训；通过实战演习练就一身过硬的操盘本领，为牛市的来临做好一切准备。
74. 什么是南辕北辙？在股市做错了方向就是南辕北辙。
75. 炒股就要炒热点板块中的领涨龙头，没有跟上领涨龙头，跟上龙二、龙三也可以；龙三以后的跟风股最好不要参与；千万不要背离当前市场的热点去参与非热点的股票！非热点的股票就像没有成熟的水果，吃到口里涩、酸、苦、无味……
76. 在自然界我们常说“种瓜得瓜，种豆得豆”，在你的炒股生涯中同样如此——你种下的是什么，得到的也就是什么。
77. 远离跌跌不休的股票，走进上涨的股票才是你炒股的重心。一个一心想抄底的人，往往看到的是一个底比一个底低——因为它在走下降趋势；相反，一个人总是选择关注上涨的股票，往往看到的是一波比一波高的走势——因为它是在走上升趋势。

78. 如何在盘中高抛低吸？可以用分时图做依据，如果盘中冲高大于2%，可以抛出一部分，待向下回调2%再接回来相同数量的股票——可以赚差价摊薄成本；此方法适合于盘整时候。

79. 获得财富有效的方法就是波段操作，不要被价值投资所误导。看看贵州茅台，从2015年8月25日的低点142.24元上涨到2018年6月12日的792.50元，区间1023天、681个交易日，两年零十个月，涨了441.04%！记住：这是中国股市的唯一！

80. 再看看恒立实业，一波上涨，从2018年10月19日到11月16日，29天，18个交易日，从2.42元上涨到10.48元，区间涨幅319.20%。个案吗？非也！2018年11月就成批出现，如弘业股份、张江高科、民丰特纸、市北高新、鲁信创投、大众公用……对比之下，傻瓜都知道何去何从了。

81. 游资、产业资本、几千万或几个亿的资金进入一只股票，短则三两天，长则一个月就巧妙获利出局了——他们获利的速度不值得学习吗？

82. 看看每个交易日，都有涨停板。你看重涨停板，涨停板就有价值；你没有看重涨停板，涨停板的价值就不属于你。

83. 只要有心，人人都可以狙击到涨停板；只要有心，人人都可以猎取到主升浪。我们需要的是对龙头股锦上添花，而不是对下跌股扶危济困。

84. 持有个股上涨超过3%后，就可以设置止盈了，股价回落危及3%盈利时要获利止盈。其后股价上涨，止盈点要不断上移，可以按最高价下跌5%～7%的幅度设置止盈，涨幅不断升高，则不断提高止盈价——这才叫“与浪共舞”。

85. 我们的理念：只选只跟强势生猛的主力，只等只做进入主升浪的股票。

86. 你在股市的命运就在于你关注的是什么主力、什么股票；跟不同的主力、操作不同的股票，就会有不一样的人生。

87. 你购买的股票就是一面镜子，可以显示出你的心理、喜好、胆量及其技术。

88. 点燃你对涨停板的热情，点燃你对主升浪的热情，任何阻碍都可以克服。

89. 一个有反省能力的人，才有改正自己错误的可能——请彻头彻尾地反省一下自己的错误。

90. 一个人最可悲的并不是输了，而是他本来会赢；可悲的是进错了庙、拜错了菩萨。

91. 从失败的困境中爬起来——那就不是失败，而是成功。

92. 古人云：“一个人的智慧胜过飞禽，就可以捉住飞禽；一个人的智慧胜过野兽，就可以猎得野兽；一个人的智慧胜过别人，就可以获得别人的服从。”要思考你的智慧如何才能胜过主力？

93. 有句话说得好：“时间就像一张网，你撒在哪里，收获就在哪里。”想想看，你都在哪里撒网了？又收获了什么？

94. 熊市里绝大部分的股票走势都是随风飘摇、杂乱无章，唯有休息才是最佳的选择。

95. 想与“牛股、妖股、龙头股”共舞，必须知道这些股涨跌背后的真相，知道它们背后的真相对投资者来说意义非凡，如果你能够透过表面现象看到它们的本质，你将收获不一样的东西——这就是改变命运的神秘力量。

96. 涨停板战法的重点：一是涨停板的主力，二是主升浪的题材，三是自己的想法。心理学有个著名的 ABC 理论，A 指事件的起因，B 是想法，C 是事件的结果。相同的 A 可能导致不同的 C，关键就在 B。

97. 当你的理念、技术、纪律同“牛股、妖股、龙头股”达到一致时，就会显示出巨大的价值，这个价值将会创造出巨大的财富。

98. 一个交易者，如果没有正确的理念、技术、纪律，就没有好的劳动成果。我把牛散之道用公式表示为：理念 40%＋技术 20%＋纪律 40%＝成功。

99. 做人要大气，要有大格局，要有大目标；做股票也一样，你的目标本质决定了你自身成就的大小，你格局的大小决定了你的活动范围，你的性格决定了你的执行力。

100. 什么是人生的主升浪？散户从几万做到百万、从百万做到千万、从千万做到上亿，三个高峰要一个高峰一个高峰地攀登，这才是做人生的主升浪——这个目标你必须非常清楚。能不能实现这个目标，全在你自己！你就是自己命运的主人。

这 100 条黄金忠告摘自“涨停板战法”系列丛书（《狙击涨停板》《猎取主升浪》《借刀斩牛股之酒田战法解析》《借刀斩牛股之 79 种经典实例》《主升浪之快马加鞭》《主升浪之巧取豪夺》）其中部分内容，看看原著，则别有洞天……

附 2
信件和 QQ 截图

我从千百封信件和 QQ 留言中选择了一些记忆深刻的信件和 QQ 留言截图，希望对大家有一个借鉴（相关信件我已做了回复与处理）。

这些信件和留言截图是他们用“心”来说的，我们也要用“心”来读、来思考；思考一下他人的真情实感，思考一下他人的所失所得，思考一下他人的所迷所悟；从而反思、反省、反悟；如此才能从他人的经历中迎来自己的一次破茧而出的升华，迎来自己一场炒股生涯华丽的蜕变。

第一节　读者五封来信——惨不忍睹

第一封来信：2011 年 3 月 23 日

张华老师：您好！

我很喜欢你的《狙击涨停板》和《猎取主升浪》两本书，经常反复阅读，对里面的理念和技术，都是反复模仿。我不知道如何面对这一切的时候，艰难而又迷惘。因为，我知道这世界没有救世主，一切都是自己酿成的。自作孽，不可活！这句话，确实写满了我的心灵。你的书我很喜欢看，也学习了很多民间股神的东西，我只想把自己的一些历程告诉你，或者可以给广大股友一个警示！

我出生于大山深处一个很贫困的家庭，初中考上中专之后，1998 年被分配在乡镇农业站，不甘于领每月 150 元的工资，外出闯荡，从北京到广州，再到深圳，从月薪 800 元到月薪 3000 元，从 1999 年奋斗到 2005 年，最后，回家乡考公务员，榜上有名后携怀孕的老婆和 5000 元积蓄回到了家乡，领取月薪 600 元的工资，做一个简单的公务员。很悲哀的是，在平淡生活中学会赌博的我，将5000元积蓄一分一分输光了。一次次翻本，一次次输光。最后，到2007年，我欠下了6万元的债务。

我开始戒赌，借来1万元学会炒股，当时是2007年的10月，我是10月17日正式开始买股，买的海南高速，6元多点，大盘运行到6030多点。我一路抄底，一路挨套，当时是在方正证券开户，手续费是千分之三。2008年上半年，国家开始出政策，可以办理公务卡、信用卡，我作为办公室主任，给工行、建行、农行等银行代理办公务卡、信用卡，我自己也分别办理了多张公务卡、信用卡。最开始，也就取现用于买股票，最多可以取6000元，后来，发展到套现买股票，先套1万、2万，最后，自己的卡全部都套完了，炒股的水平有限，经常是亏多赢少，钱慢慢缩水了。开始借卡套现，最高套取了15万元。先后读了国内您的书，杨百万、徐文明、宏皓、只铁等人的书，国外的《股票作手回忆录》《短线狙击手》《股票技术分析》等书籍，自己也逐步训练技术，仔细研读，并跑去深圳听秦国安的涨停板战法的课。这几年，从当当网买书，大概就买了3000多元。

2009年开始有点盈利，买了中国服装、领先科技、上海辅仁、熊猫烟花等股票的主升浪，都赚了10%以上的盈利，因为换了证券公司开户，有些交割单已经打印不出来了。但由于都是信用卡套现，百分之一的手续费，有时候要超过时间，3万元要收500多元的利息。我从2008年到现在，已经套现超过200万元，手续费和利息都超过了3万元。钱多了，不会止损，亏起来也吓人，我记得是7块高点买精伦电子，5块多止损，没有自己的止损线，亏了30%。短线炒作，手续费也很惊人，我自己套现了15万，赚赚亏亏，总的来说是亏。因为没有做中线和波段的机会，到时间要还信用卡的款项，到2009年底，我盘点最后仅仅剩下了3万元，有时候生活费也从这里开支。

我开始有点害怕，这条路走下去，能不能走通？2010年3月，我开始涉足高利贷，月息3分的借了石某和李某15万，月息5分的借了鞠某5万，依旧没有盈利，因为经历了4月、5月、6月的大跌。到8月，25万元还剩下8万，我只好用住房公积金贷款10万，把鞠某5万的高利贷还了，把李某10万的高利贷还了5万，用余下的8万元炒作。

由于利息的滚动和炒股的失利，2010年10月的时候，只剩下3万元，我只好再次借下了雷某10万元4分的高利贷、鞠某5分的高利贷6万，还款李某3分的高利贷5万，用余下的13万炒作，其间炒作了鼎立股份、金山开发、荣盛股份，有亏，有盈利。可是，昨天再看，两个账户里只有5.3万元。

总的算来，现在还借了月息3分的高利贷张某和石某的10万，月息2分的高利贷2

万，月息 5 分的高利贷鞠某 6 万，月息 4 分的高利贷雷某 7 万，信用社欠下了 5 万元，月息 1 分，信用卡 12 万，住房公积金 10 万，合计欠款 52 万元，每月利息高达 10400 元。

作为月薪只有 699 元的公务员，年底 1.2 万元的津贴，老婆没有上班，孩子读幼儿园。工资卡都上交给了妻子管理，用作生活费，没有住房在县城租房 300 元一月。2005 年在乡镇工作，2009 年 3 月开始被借调至县城机关，工资稍微高点，年底有 2 万左右的津贴。老婆依旧带孩子，没有上班，也没有收入。

每天昏昏沉沉，老婆还不知道这件事，只晓得我炒股，因为没有上班，很少问我的盈利状况，偶尔问，我说赚了点，不多。真的是沉重的枷锁，有时候，我想了断了自己，可是，年幼的孩子，逐渐苍老的父母还窝在大山里，老婆怎么办？炒股，我认为自己还有些技术，但不成熟，心理压力也大，操作上不能允许有半点失误，到了预定的时间要还信用卡，资金只能用于短线操作，很不划算。2010 年，我买了丽江旅游、领先科技，都是停牌的时候买的，都没有买全仓，赚了 30%左右就走了，但中间分别停牌了一个月。最近，也成功狙击了成城股份、安纳达、深国商等股票，但只赚到 10 多个点的样子。算算只有 4 个月的时间了，我的钱就会被利息吞噬得一干二净，真到了走投无路的时候，我想，也许，生命只能结束了。因为，这一切的苦果，都是自己酿成的。因为，我周边的朋友，没有一个人有这么多钱来支持我，能够帮助我的唯一的路，就是离开这个世界。

如果，还有来世，我想我不会炒股票，我会带着我的老婆和孩子，过平静一点的生活，没有房没关系，没有钱也没关系，只要能过日子就可以了。炒股的初衷，也是想尽早还债，也是想尽早可以买上房子，可是，这条路，却将我拉向了一个漩涡、一个万劫不复的漩涡。

我本来不想把这件事告诉任何人，但我认为你是真诚的，是可信的。我决定写下这封信，写下这段文字，我也终于明白那些炒作期货和股票跳楼的人，因为，我现在的心境和他们是一样的。灰色，混沌，好像看不见世界里有任何的光线。整夜整夜，都在失眠。还要用平静的心，面对同事，面对家人，尤其是自己活泼可爱的女儿，还得逗她开心。为了完成工作任务，自己得没日没夜地加班，还被评为了优秀工作者。

4 个月，120 天，很简单，我会平静地面对这一切！

感谢您的书给予我的知识。

如果，这世界有谁能支持我 52 万，我想用一生来偿还，因为我的工作可以让我每年收入 3 万元左右，我用 25 年来偿还，也可以加上适当的利息，自己过简单一点的生活。请求张老师想办法给予帮助或者牵线搭桥给予高手拜师学艺。

如果，4个月以后，我还能看到你的书，我想我会很感激这个世界。

一个失足于股票仅仅只有4个月生命的人

2011年3月23日

第二封来信：2011年11月4日，上午10：31

张华老师你好：

首先向老师说声对不起，打扰了！恳请老师帮我代操作，我的资金量很少，才5万元了，但愿老师不会嫌弃。希望得到老师真诚的帮助，以解我的燃眉之急。先谢谢老师了！

我是个公务员，在没有做一点准备的情况下于2007年底2008年初进入股市，当时被社会上赚钱效应影响和自己苦于无处投资，急于解除自身债务的情况下，东挪西借了20万投入股市（都有利息的钱），结果全赔了，现在债连本金竟然翻倍高达40多万，压得我实在喘不过气来。这几年的生活可想而知，倍受煎熬，真的可以说是痛苦不堪，但这几年的经历也让我收获不少，认知不少。这些年在老师的书籍的指导下，一路蹒跚行走至今，略有感悟，但终难形成一个稳定的获利方法。这几年走过的那些大黑马我都没能发现，我想我要实现稳定的获利还有相当一段路要走，但迫于还钱的压力，实在没有时间再允许我慢慢地前行。所以恳求老师帮我代为操作实现更快的获利，解救我的燃眉之急，也可以说是解救我的人生，这一步至关重要，我只要实现20万的获利，那么我就可以让自己慢慢地松口气，也就可以心平气和地操作。本想亲自去找老师学习培训，但苦于资金只有一点点，我都没办法去，等我资金宽裕点了，我一定会去聆听老师的教诲，这是我一直以来的想法。也希望得到老师长期的指导，自己孤独的求索着实成长缓慢。我的手机号：×××。

恳请老师指点！我将终身感激！

第三封来信：2012年1月11日，18：25：32

张老师，您好，很冒昧打扰您了，我不想给您添麻烦，但是我现在很迷茫，想请您给我指点迷津。虽然我不认识您，但我看过您的两本书《狙击涨停板》和《猎取主升浪》，也是在看了这两本书后，辞了工作开始专门做股票。我姓肖，只是一个股市里的小散户，西安人，今年36岁，给你写这些话的时候我心情很沉重，甚至绝望。我想过自杀，但是我真的很不甘心，我渴望成功，渴望让我父母、孩子都过上更好的生活，但是今年5月以后股票就一直在赔，自己的6万赔得只有2万了，8月又借了6万结果到11月只剩下了2万，12月底2万给人还了，现在没一分钱了，外边还欠4万。我知道您会笑我，我也一直在反省为什么老是赔钱，我现在终于想明白了，一是我没有按您书上说的操作，大盘下跌时没有空仓；二是我的心态不好，不能见好就收。可是现在想通了又有什么用呢？我不敢给媳妇说，更不敢给父母说，我害怕我媳妇知道了会绝望，会和我离婚。她很贤惠，很顾家，我很爱她。还有我的孩子，他那么可爱，我舍不得他。我父母年纪也都不小了，怕他们受不了打击。我不想让他们担惊受怕。一到晚上我就做噩梦，成夜成夜地睡不着，我不知道以后的路在哪里。但我不甘心就这样失败，我渴望成功，我渴望在股市走出一条路，我渴望让家人过得更好。我绝不能这样失败。我想借钱继续做股票把赔的再挣回来，可是到现在也没借到钱，朋友都不宽裕。我真的有些绝望了，不知道该怎么办了，我一辈子就这样完了吗？我不甘心，真的不甘心，可我真的不知道该怎么办了，张老师，您能给我指点一下出路吗？

流泪盼回复，万分感谢您！

肖××2012－1－11

第四封来信：2012年2月1日，21：57：29

张老师您好：您所著的《猎取主升浪》我看了不少于十遍，受益匪浅，您让我学会了忍耐，教会了我怎样做一个有耐心的猎人，谢谢您！我很想背着行囊去找您，跟您学习，拜您为师！我很久没有操作了，只是观望，因为从周线来看，之前的行情个人感觉一直是向下的趋势，风险大于机会，所以，我几乎没有操作。我坚持每周选一遍股，就是把全部A股的周均价线、量、均量线结合来看，一个个地翻看，几乎占去我整个周末的时间，一直没有发现目标，春节假期我发现了600100和002026，我目前还在等待，计划是，逢低逐步建仓，一旦放量涨停突破整理格局，我就加仓到70%。我个人重点关注600100，我计划如果这是一只活跃的、有前途的好股的话，我今年就做这一只，反复波段操作，键盘中T+0，还恳请老师万忙之中给予建议！！祝愿老师您：龙年好运连连！好梦圆圆！身体健康！全家和睦!！静等您的建议！谢谢您，张老师！

香港．龙××2012－2－1

第五封来信：2012 年 2 月 5 日，21：55

新年快乐

尊敬的张华老师，您好：

我怀着激动的心情给你写这封信，之所以说激动原因有两个：

一是，您写的《狙击涨停板》我读后受益匪浅，是我入股市以来所学的最好的有关股市方面的书。

二是，书看到一半时，我看到了您的 QQ 号，我抱着试试看的想法加了您的 QQ，根本没指望能加上，您一定非常忙，而且书出版也三年了，QQ 还会在吗？可没想到真加上了。感到又高兴又惶恐。

从 QQ 您对我的回应，我既看到您渊博的知识、高超的技术，更看到您对普通的小散股民的关心、爱护、负责任。可那天书还没读完，今天刚一看完，我马上给您写信。

“记住这本书，将会使你受益终生”，这是我读了这本书后最感触的一句话。

我是一名小散，年纪较大，前年入市，去年退休，在家炒股，结果惨不忍睹，为此，我读了好些书，参加了无数的讲座，每天听股评至深夜，现在只听声音就能知道是谁在讲评了（国内的著名业内人士，首席等）。每看一本书，我就照着试验几次，十次输九次，所以越陷越深。但是我知道，这是我学艺不精的后果，这种学费是必须要交的。一次，我在听课时见别人拿着您的书讨论，他们对您的书倍加赞赏，我也想办法拿到了书，一看就被吸引住了。您的书主题突出，语言精练，观点精辟，分析丝丝入扣，特别好记，使我换了角度想问题。虽然没实践，但我确实有眼前一亮的感觉，感到我在股市有希望了。

从现在开始我要按照书中要求：学习、思考、提高、逐步达到超越自我、掌握先进武器，建立适合自己的赢利模式。

如您不嫌麻烦，我将定期向您汇报我的实践情况，寻求您的帮助。可以吗？

另外，书中有二处没有看懂，请教一下：

1. “绝对成本均线”的含义是什么，怎么表述？

2. 第六章“涨停板分析重点”中第 1 节“涨停板的位置与性质”，举例：“新钢股份”的股价在 9 月 28 日创新高，筹码主峰转移到了上面，此后股价一路下跌。基本面分析中 6 月 30 日和 9 月 30 日的十大流通股东发生变化分析，这两种分析我没看懂：9 月 28 日起下跌，30 日各基金还在，不是把基金自己套住了吗，之后成交量萎缩得厉害，主力怎么出来呢？我以前吃过不少这方面的亏，找主力就看十大股东构成，所以向您请教。

啰啰嗦嗦说了这么多，占用您的宝贵时间。

新股民、老学生马××

2012.02.05 21：55

第二节　QQ 留言截图——言为心声

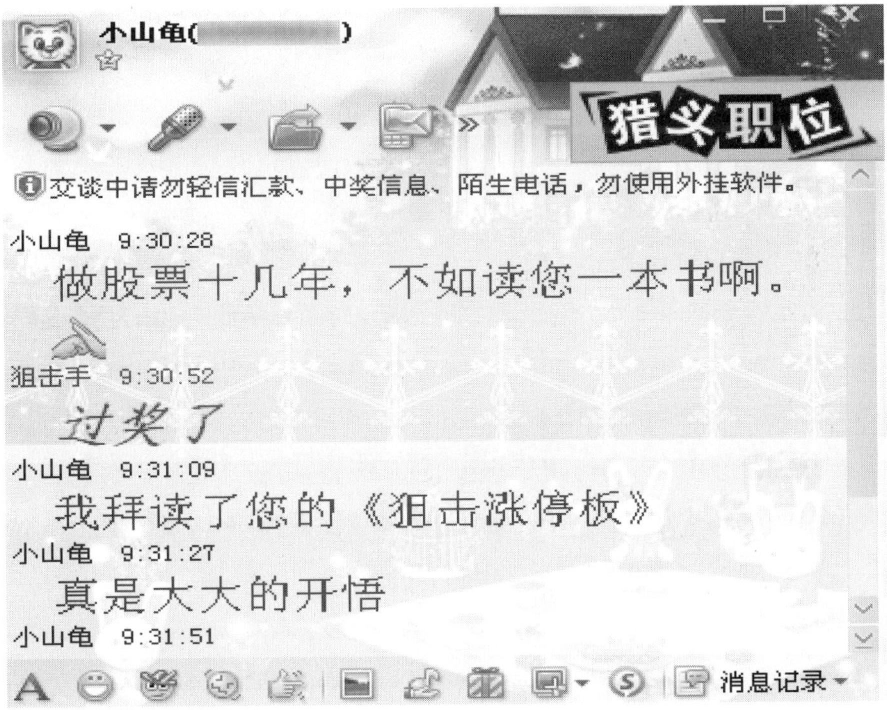
小山龟()
猎头职位
交谈中请勿轻信汇款、中奖信息、陌生电话，勿使用外挂软件。
小山龟 9:30:28
做股票十几年，不如读您一本书啊。
狙击手 9:30:52
过奖了
小山龟 9:31:09
我拜读了您的《狙击涨停板》
小山龟 9:31:27
真是大大的开悟
小山龟 9:31:51
消息记录

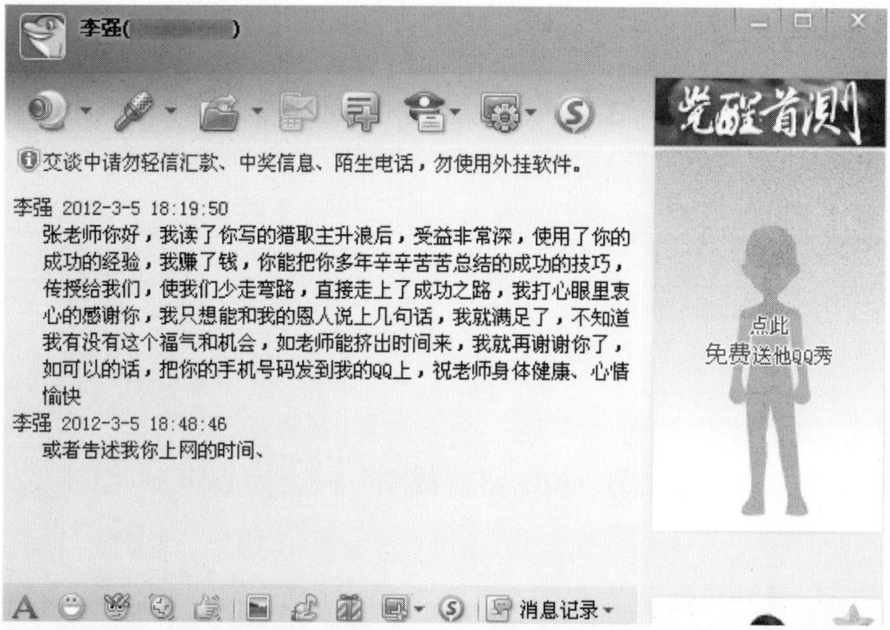
李强([redacted])
觉醒首测
交谈中请勿轻信汇款、中奖信息、陌生电话，勿使用外挂软件。
李强 2012-3-5 18:19:50
张老师你好，我读了你写的猎取主升浪后，受益非常深，使用了你的成功的经验，我赚了钱，你能把你多年辛辛苦苦总结的成功的技巧，传授给我们，使我们少走弯路，直接走上了成功之路，我打心眼里衷心的感谢你，我只想能和我的恩人说上几句话，我就满足了，不知道我有没有这个福气和机会，如老师能挤出时间来，我就再谢谢你了，如可以的话，把你的手机号码发到我的QQ上，祝老师身体健康、心情愉快
李强 2012-3-5 18:48:46
或者告述我你上网的时间、
点此
免费送他QQ秀
消息记录

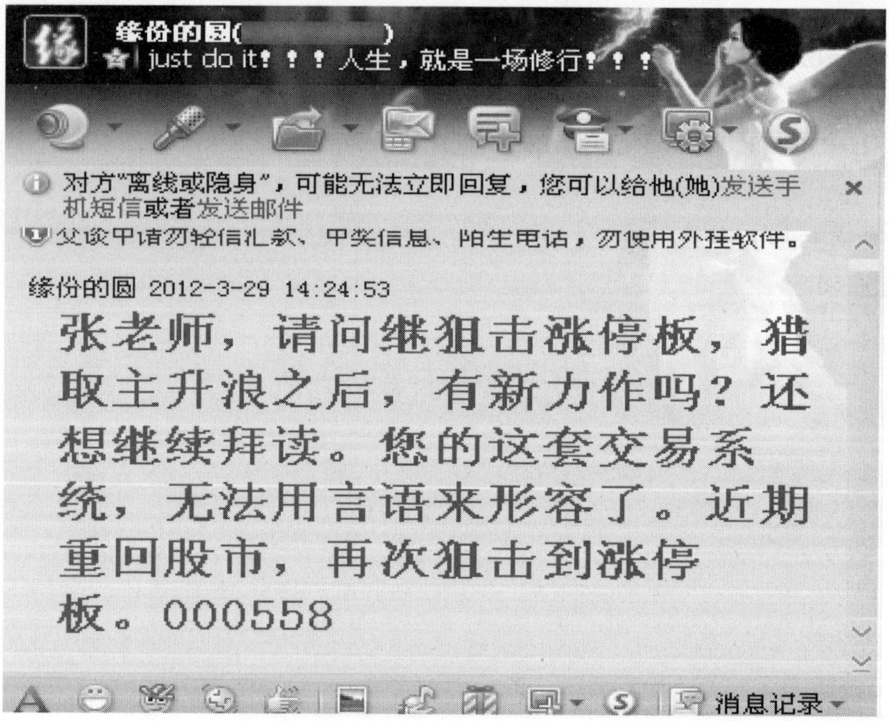
缘份的圆([redacted])
just do it！！！人生，就是一场修行！！！
对方"离线或隐身"，可能无法立即回复，您可以给他(她)发送手机短信或者发送邮件
交谈中请勿轻信汇款、中奖信息、陌生电话，勿使用外挂软件。
缘份的圆 2012-3-29 14:24:53
张老师，请问继狙击涨停板，猎取主升浪之后，有新力作吗？还想继续拜读。您的这套交易系统，无法用言语来形容了。近期重回股市，再次狙击到涨停板。000558
消息记录

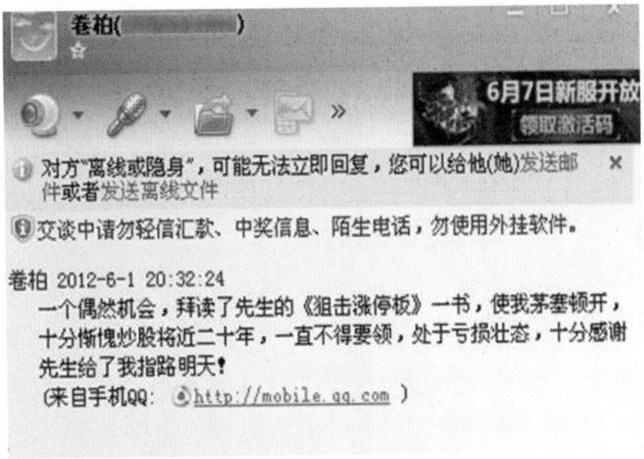
卷柏(
6月7日新服开放
领取激活码
对方"离线或隐身"，可能无法立即回复，您可以给他(她)发送邮件或者发送离线文件
交谈中请勿轻信汇款、中奖信息、陌生电话，勿使用外挂软件。
卷柏 2012-6-1 20:32:24
一个偶然机会，拜读了先生的《狙击涨停板》一书，使我茅塞顿开，十分惭愧炒股将近二十年，一直不得要领，处于亏损壮态，十分感谢先生给了我指路明天！
(来自手机QQ: http://mobile.qq.com)

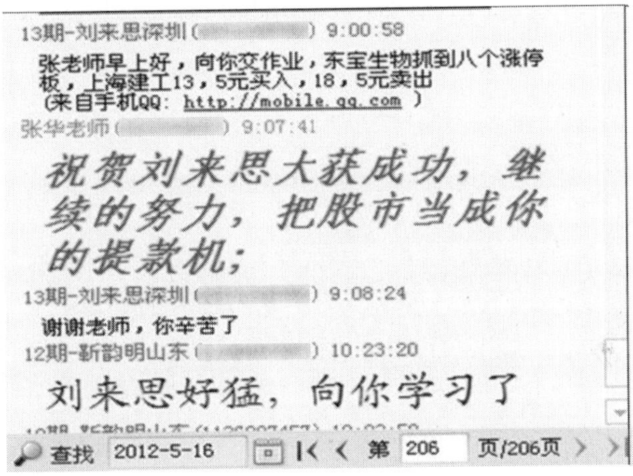
13期-刘来思深圳 ( ) 9:00:58
张老师早上好，向你交作业，东宝生物抓到八个涨停板，上海建工13，5元买入，18，5元卖出
(来自手机QQ: http://mobile.qq.com)
张华老师 ( ) 9:07:41
祝贺刘来思大获成功，继续的努力，把股市当成你的提款机；
13期-刘来思深圳 ( ) 9:08:24
谢谢老师，你辛苦了
12期-靳韵明山东 ( ) 10:23:20
刘来思好猛，向你学习了
查找 2012-5-16 第 206 页/206页

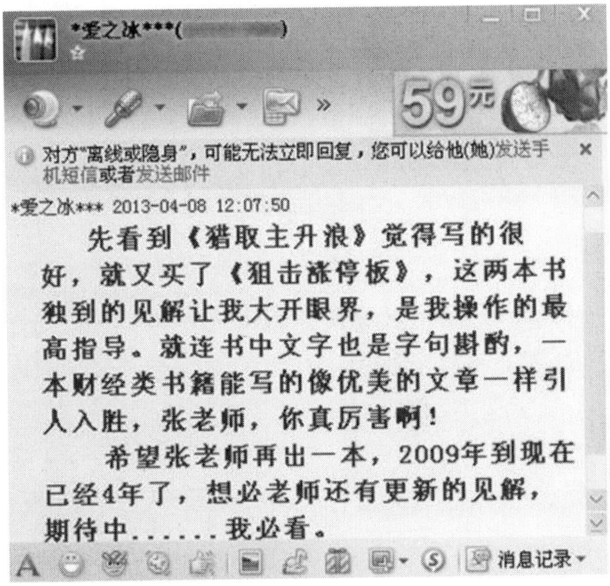
*爱之冰***(
59元
对方"离线或隐身"，可能无法立即回复，您可以给他(她)发送手机短信或者发送邮件
*爱之冰*** 2013-04-08 12:07:50
先看到《猎取主升浪》觉得写的很好，就又买了《狙击涨停板》，这两本书独到的见解让我大开眼界，是我操作的最高指导。就连书中文字也是字句斟酌，一本财经类书籍能写的像优美的文章一样引人入胜，张老师，你真厉害啊！
希望张老师再出一本，2009年到现在已经4年了，想必老师还有更新的见解，期待中……我必看。
消息记录

查找 2013-01-01 更多

范围：最近一周 内容： 确定

我聆听了您的理念，您的指教

快乐 16:16:23

这一切都铭记在我心里

快乐 16:17:13

不知不觉中我进步了，我转变了，而且转变之大，我自己都不敢想象

快乐 16:18:04

我的亏损变成盈利，以至于每周最高达到百分之二十

快乐 16:18:29

老师，谢谢您，永远难忘！终身感谢！

聊天 相册 文件 应用

曹港峰——东莞( ) 2014-01-04 4:20:28

横跨2013—2014年的大制作：如果以一部电影来形容的话，那就是张华系编剧，《狙击涨停板》《擒取主升浪》《借刀斩牛股》是剧本、片内容是趋势、量、价、线、筹、盘口。异动、洗盘、止跌、反转、上涨、突破是主角；k线是众配角。而片筹十分丰厚短时间内300279和晶科技大升百分之30几还有空间。而我能成为张华老师弟子而开心：因张华老师教导我们是实战中的真知卓见，使我在人生的某一个阶段留下亮点，连睡觉都笑醒啊…哈哈哈，真是无法形容感激之情。我借几句词来表达一下现在的心情：大鹏一日同风起、神剑在手钱作舟、冷眼应对作儒者、顺流逆流枕无忧！！！！！！！！！最后在2014年马年祝张华老师身体健康、天天好心情；时刻带领师兄、师弟们狙击涨停板、擒取主升浪、斩牛股创新高、寻突破。也希望张华老师的新作能加上我的发言谢谢、哈哈哈2014年1月4日4时20分有感而发。

朱月友——韶关( ) 2014-01-04 8:17:49

阿鹏-深圳( ) 2014-01-04 9:17:43

4点多还没睡觉啊

张 华( ) 13:34:40

601766	中国南车	2.81	36.60
601186	中国铁建	2.57	24.37

注意反弹出局

张 华( ) 13:34:42

以上分析，仅供参考！买卖自定，盈亏自负！（五矿证券金田主升浪理财中心）

张 华( ) 13:36:02

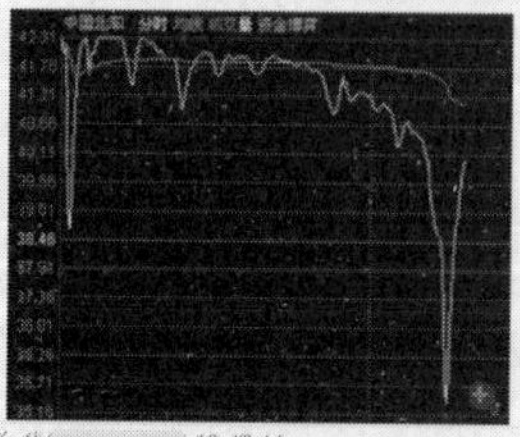

张 华( ) 13:47:44

中国南车出了吧？

2015-04-20

狙击手( ) 14:46:21

罗班长卖出了——中国南车——程小辉卖出了没有？

罗文军( ) 14:51:22

这种妖股的卖出方式太经典了，好像这些股的操盘手都是张老师教的啊

李牧峰( ) 14:52:25

班长是T的还是卖的？

罗文军( ) 14:53:51

卖

狙击手( ) 14:58:28

主力一个晚上没睡好就是想利用降准大撤退，小散一个晚上没睡好就是想利用降准大干一把

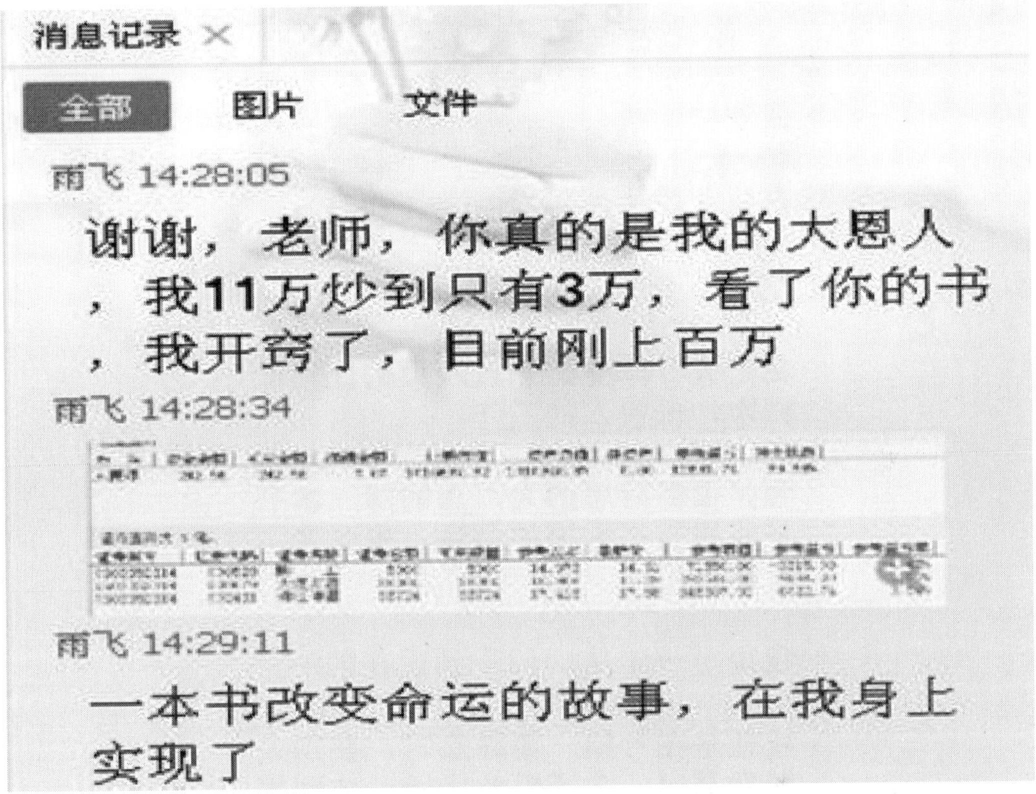
消息记录 ×

全部　图片　文件

雨飞 14:28:05

谢谢，老师，你真的是我的大恩人，我11万炒到只有3万，看了你的书，我开窍了，目前刚上百万

雨飞 14:28:34

雨飞 14:29:11

一本书改变命运的故事，在我身上实现了

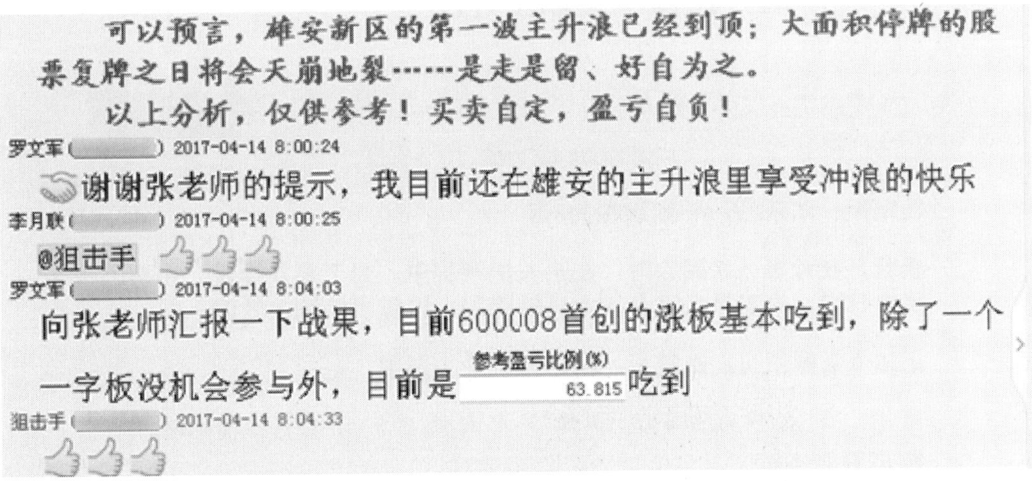
可以预言，雄安新区的第一波主升浪已经到顶；大面积停牌的股票复牌之日将会天崩地裂……是走是留、好自为之。

以上分析，仅供参考！买卖自定，盈亏自负！

罗文军([redacted]) 2017-04-14 8:00:24

谢谢张老师的提示，我目前还在雄安的主升浪里享受冲浪的快乐

李月联([redacted]) 2017-04-14 8:00:25

@狙击手

罗文军([redacted]) 2017-04-14 8:04:03

向张老师汇报一下战果，目前600008首创的涨板基本吃到，除了一个一字板没机会参与外，目前是 参考盈亏比例(%) 63.815 吃到

狙击手([redacted]) 2017-04-14 8:04:33

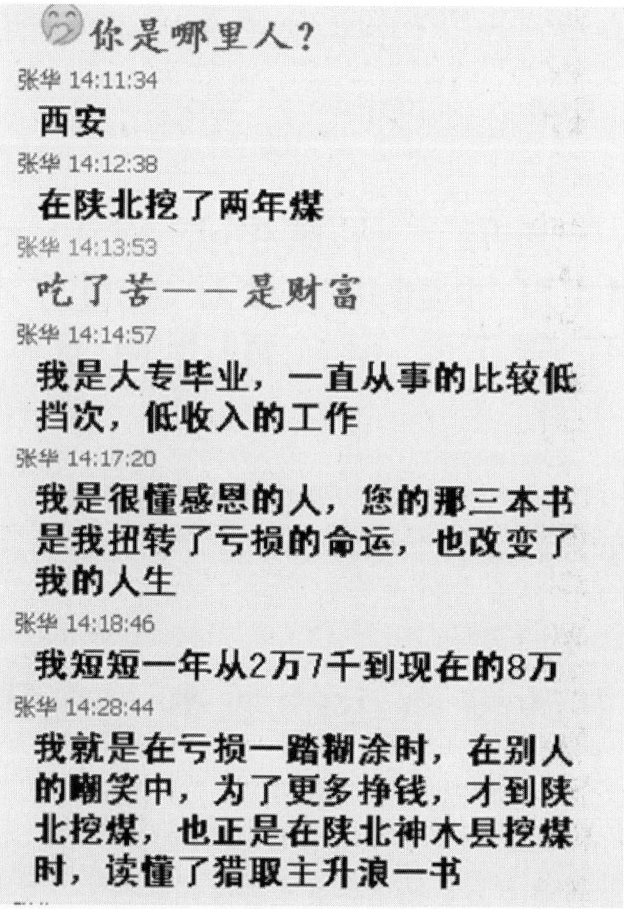
你是哪里人？
张华 14:11:34
西安
张华 14:12:38
在陕北挖了两年煤
张华 14:13:53
吃了苦——是财富
张华 14:14:57
我是大专毕业，一直从事的比较低挡次，低收入的工作
张华 14:17:20
我是很懂感恩的人，您的那三本书是我扭转了亏损的命运，也改变了我的人生
张华 14:18:46
我短短一年从2万7千到现在的8万
张华 14:28:44
我就是在亏损一踏糊涂时，在别人的嘲笑中，为了更多挣钱，才到陕北挖煤，也正是在陕北神木县挖煤时，读懂了猎取主升浪一书

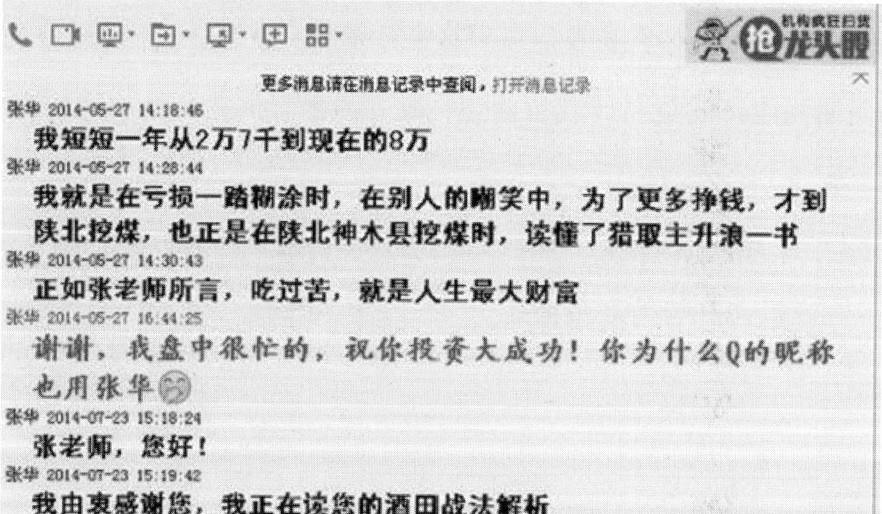
更多消息请在消息记录中查阅，打开消息记录
张华 2014-05-27 14:18:46
我短短一年从2万7千到现在的8万
张华 2014-05-27 14:28:44
我就是在亏损一踏糊涂时，在别人的嘲笑中，为了更多挣钱，才到陕北挖煤，也正是在陕北神木县挖煤时，读懂了猎取主升浪一书
张华 2014-05-27 14:30:43
正如张老师所言，吃过苦，就是人生最大财富
张华 2014-05-27 16:44:25
谢谢，我盘中很忙的，祝你投资大成功！你为什么Q的昵称也用张华
张华 2014-07-23 15:18:24
张老师，您好！
张华 2014-07-23 15:19:42
我由衷感谢您，我正在读您的酒田战法解析

三亚学院

狙击手 2017-05-24 13:26:12

刘江龙 2017-05-24 13:28:08

还是要感谢张老师，我现在也有百万，从一个穷小子

狙击手 2017-05-24 13:28:57

祝你取得更大的收获

张华() 2018/11/16 11:11:14

股市里最大的错误是持有不涨的股票在“等”，等上涨、等回本。一个“等”字，错失了行情，错失了热点板块，错失了领头羊——更错失了赚钱的机会。一个“等”字，反映了理念的落后，思想上的犹豫；一个“等”字，反映了执行纪律的不严格、不果断，优柔寡断。“等”——只能在痛苦中等待，“等”——只能看着强势股的上涨而后悔莫及。

licy() 2018/11/16 11:11:31

峰回路转() 2018/11/16 11:12:03

云中谁寄锦书() 2018/11/16 11:12:23

老师技术最硬，绝无马后炮。。记得宁德电池当时高位破位，老师及时提示风险撤离，后由近95到60。。。

衷心感谢

凤凰涅槃 梧桐() 2018/11/16 11:31:02

老师不但股票牛，看盘点评犀利，而且文采飞扬，大家风范！！！

心随() 2018/11/16 12:03:58

牛市来了，拿好票票，不要见好就跑了，熊市的思维开始犯错

心随() 2018/11/16 12:04:28

老师牛，长生厉害

云中谁寄锦书() 2018/11/16 12:13:15

放眼望去，整个全国多如牛毛的大v牛人，能让我们赚钱，不亏的又有几人？只有张老师最硬正，彻底佩服！

云中谁寄锦书() 2018/11/16 12:13:56

有同感的举手

黑鹰的梦想—飞翔() 2018/11/16 12:15:24

必须举手

行者 无疆() 2018/11/16 12:19:37

老师的技术牛　只能模仿如何超越呢？ST股纷纷涨停把领导的脸打的啪啪滴

水到渠成<> 2018/11/16 12:32:59

@张华 我又要来表扬老师了，不得不表扬。老师：犀利的赚钱专家，德高望重的恩师。

[illegible] 2018/12/3 9:12:23

股市于我于众人有太多的血泪故事，今又缘遇恩师，我有救了，我家有救了，我重又看到了前方我的曙光！！！

张华 2018/12/3 11:05:31

希望你能详细的写写你的血泪故事——要真实感人

[illegible]018/12/3 12:12:42

恩师，十五年前，我正青春壮年，因文化低、家境不好，因而从食品店小生意做起，赚的没日没夜辛苦钱，被庸师引导进入股市，所赚钱投入股市，越亏越多，越亏多越投入想翻本，导致生活秩序被完全打乱，我本是个孝顺的人，可我对不起从小带我长大的不是亲的但就是亲的已过逝的外婆！对不起父亲，对不起读大学的孩子，她住校用的钱只有别人家孩子的一半不到(仅够维持伙食，孩子读大学几年，说食堂楼上的是火锅稍贵点，她从没去过，每学期拼命去拿学校资助金及奖励金！可他她们都不知道，我从楼上掉下来摔昏都不舍得去多看！几年下来都浅睡眠！牙齿也因此老上火，四十来岁已开始掉牙，还有很多的压抑无法在此一一细说，我也没向别人吐露过，谁人理解，今恩师问起，心中的苦向倾倒下，舒服些，因为恩师非一般人，在新华书店看到您的最初两本书时，我就认定这是股票几千本书海中的两本珍宝，按照理论确也赚到一些钱，所以称您为恩师，不是随口乱叫，更非拍马屁！经2016、6、15股灾又大亏一场，又元气大伤，唉，余下的人生想和家人过得开心点，能有机会和他她们聊聊我之前的种种怪异为什么，怎么会是那样的！最好能赚点余钱送些给一些真的须要一点钱就能改善一些问题的苦难人，有的人真的是太需要钱了啊

[illegible] 2018/12/3 12:20:11

每想起女儿在学校同我说的食堂楼上从没去过，我的心就滴血，她想吃的，只是懂事不去！想起对家老人的一些愧对，

第三节　2018 年 11 月的来信——走向正道

第一封来信：2018 年 11 月 13 日

张老师，我是你的学生。

记得今年大概是 7 月左右参加你的课程的，我是个完完全全的小白，大概开户有 3 年多，但是基本没有怎么炒股，去年架不住诱惑，一个做私募的朋友又天天喊我赶快进来抄底。我思考着，赚点外快也不错，既然专业人士都进来了，那肯定可以买买买了。

本来投入了 10 万，断断续续地又转了一些钱进来，然后当然转得多亏得也多……

今年年初查看账户的时候吓坏了，不敢再瞎折腾瞎操作，今年您问我的时候，确实大概亏损了 20％多，学习回来第一个月又一通胡乱操作，我记得 8 月亏损蛮多的，等下我截图出来。

后来我仔细看了您给的教程，断断续续又看了您的几本宝典，获益匪浅，这两三个月感觉有点要顿悟不顿悟的感觉，我很乐观地认为我会顿悟的，哈哈哈，别笑话我。

这三个月 9、10、11 月市场腥风血雨，但是慢慢开始赢利，心情巨好，有了盈利，学习也有劲儿。

感谢您把我带上正轨，也感谢您给我一套好的理念。

全新好，我陆陆续续加到了满仓，今天涨停，开心～

同时还感谢我们浙大班的各位师兄，谢谢大家对我的指导，爱你们，么么哒～

第二封来信：2018 年 11 月 28 日

张老师　您好：

几年前，一个偶然的机会，在书店里看到您的作品——《狙击涨停板》，随手翻看了一下立即就被书里的内容深深地吸引住了，平生第一次在书店里站着看了三个小时书也没有觉得累。马上就买了一套您的作品——《狙击涨停板》跟《猎取主升浪》（最初只出了这两本书）。就感觉这套书的内容通俗易懂，知识点很全面。后来一年以后无意中在深圳当面碰到您本人，我还请您在书上给我签名了，并且报名参加了您的学习班。当时我就每周五、六晚上，利用陪孩子去周末补习的时间带着您的书及您的教材从头到尾一个字不落学习体会，这个过程风雨无阻地一直坚持了一个学期（半年）。拿着您的书翻来覆去地看，每次都有不同的体会，每周都在书上做了一些学习的标记跟体会，可惜买的这第一套书后来给朋友借走了，不然真的可以跟有缘的朋友们来分享。您书中跟课堂上的关于涨停板分类的一些小的细节真的很好用（当然一定是要同学们去用心去体会去悟才会有感觉的），比如说 T 字板、阴阳板、除权板，等等，这些都是很好用的。我学习 T 字板时记得当年都是刚开始每天晚上都找出这些板了，然后第二天观察成功率以及第二天的走势总结，模拟了 100 次以上后慢慢地就来实盘打板验证，从而对这个手法的技巧跟要诀以及注意的一些事项都有了一个总体的认知以及大概率的保证，这时也慢慢地提高了自己的自信心了（比如 2018 年 11 月 8 日打的 T 字板 600128 弘业股份后连续 4 天收获 40%就是用的这个招数）。您的阴阳板战法到现在 10 年了，现在比较流行的名字变成了反包战法，您又一次走到了市场的前面 N 多年。

当然股票操作考查的是操作者的一个交易的系统，不只是一个点，所以在您的后期的书中又学习了《借刀斩牛股之酒田战法解析》，这本书也是很好，详细地介绍了 78 种形态，这本书就像是我们小时候学生时代中的《新华字典》一样啥都有。我基本上把这书里的常用形态都做了笔记并且背出来了，同时用在平常的操作中。前一段在跟老师您聊天中无意知道您也操作了 000007 全新好这个票，我的买点跟老师您是同一天，即 2018 年 10 月 19 日，当时的操作逻辑就是看到这只股票的形态是一个 W 底的突破径线，所以就在 6.6 元左右分批买入，当天收获涨停板，持有到 10 月 24 日我们伟大的习总书记到深圳来视察这天的下午，我挂单 8.88 元出货，三四天收获 34%，完全跟老师的节奏是不谋而合、同步操作，呵呵。在互相不见面的电脑后面，我们师徒都在同一只股票里冲浪，这太让我开心了！

谢谢老师教了我们这么实用的技术，最后祝老师身体健康!!!

您的学生　罗文军
2018—11—28

第三封来信：2018 年 11 月 30 日

我的股市向导——张华

1999 年我开始进入股市，到 2016 年，我的股票账户巨额亏损。多年的经历让我深切体会到，炒股是技术活。我遍寻可读之书，蜡烛图、江恩理论、名家大作等不计其数。我经常和身边的、网上的股民交流，拜师学技。还参加了一些 QQ 群、微信群。时间花了不少，学费也交了不少，还是没能止住股票账户不断亏损的势头。我无法面对父母妻儿，无法向借钱给我的亲朋好友交代，我失望、沮丧、焦虑，自杀的念头一直在心头萦绕，情绪十分低落。

2016 年 12 月，我在天津图书大厦，见到了张华老师的著作《狙击涨停板》。翻阅几页，我凭感觉断定：这才是我日思夜想要阅读的指导炒股书籍，作者张华老师就是我梦寐以求的股市向导！

我反复研读《狙击涨停板》，深入了解了 K 线的异动、洗盘和反转的规律，对涨停板位置、性质、走势判断有了较为准确的认识，特别是对狙击涨停板的时机和位置等实战技巧都有了深刻的领悟。此后，我陆续购买并阅读了张华老师的《猎取主升浪》《借刀斩牛股之酒田战法解析》《借刀斩牛股之 79 种经典实例》以及最新出版的《主升浪之快马加鞭》。直到现在，我只要有空，就反复阅读张老师这几本书，每一遍都有新的体会。

我把读张老师的书和股市操作实践紧密结合在一起，仅今年我就先后操作了中国软件、正元智慧、沃森股份、全新好、永清环保、摩恩电气等多只股票，我终于扭转了股票账户亏损的势头，开始挣钱了！

我由衷感谢张华老师！感谢张老师无私地将自己多年炒股经验及体会通过文字传达给我及千千万万散户读者！张老师说过："你改变不了股市——只能改变自己！你改变不了自己，只能备受痛苦的折磨。"我相信我找到了改变自己的途径，我找到了医治我痛苦的灵丹妙药，这就是以张华老师为股市向导，读张华老师的书，一辈子做张老师的学生。我一定会因此成为张老师所说的能在股市稳定赚钱的成功者！

江苏省徐州市　陈××

2018 年 11 月 30 日

尊敬的张华老师：

您好，我是您忠实的读者！

2018 年 6 月，我偶然在一家书店发现您的著作《主升浪之巧取豪夺》，买回家后仔细研读了一遍，竟有相见恨晚的感觉，书里强调的理念、纪律、技术让我茅塞顿开，我找到了这些年不能赢利的根本原因，明白了今后股票操作的根本原则。于是，我又一口气读了您的全部著作：《狙击涨停板》《猎取主升浪》《借刀斩牛股之酒田战法解析》《借刀斩牛股之 79 种经典实例》《主升浪之快马加鞭》，并且一有空就反复研读，期望掌握每个操作要领。您的著作体系可以这样概括（个人浅见）："三大纪律、八项注意"是股票操作的战略指导思想，而"紧跟热点、狙击涨停板、猎取主升浪"是股票操作的具体战术运用，是一个有灵魂、有理念、能实战的操作体系。2019 年 3 月 23、24 日两天，我有幸参加了您的培训班，当面聆听您的教导，理清了一些似是而非的思路，解决了一些平时操作中的困惑，真可谓受益终生。您的人品受到所有学员的高度称赞，您把学员当作亲人、知心朋友，手把手传授了我们许多在其他地方无法学到的实战技艺，令人茅塞顿开。您还当场向每一位学员赠送了您的最新力作《狙击涨停板》（第三版），以便学员继续结合课堂讲解深入领会。

短短两天的学习结束了，接下来，我要把学到的东西应用到实战中去，借用您的话说："学好没学好，用股票账户来验证。"我深信，在不久的将来，我和我的同学们的股票账户都会是"红彤彤"的一片。期待下次培训课上继续当面聆听您的精彩讲解！

再次谢谢您！

您的学生　重庆学员　杨××
2019 年 3 月 26 日

北京大学股票投资学高级研讨班
北京大学体育馆
张华

张华教授北京大学股票投资学高级研讨班——深圳站
citibank

张华老师2010. 6. 20在
中国人民大学授课
国人民大学证券操盘实战研修班第二期开学典礼

浙江大学-证券市场实战操作高级班第四期

中国人民大学
RENMIN UNIVERSITY OF CHINA
张华老师 在中国人民大学证券操盘实战研修班 精彩授课
中国人民大学证券操盘实战研修

中国人民大学
证券操盘实战研修班（第二期）张华老师
惊心动魄的实盘操作
中国人民大学证券操盘实战研修班

中银财富管理
中国银行

张华教授北京大学股票投资学高级研讨
北京大学
33 / 36

深圳、东莞、广州学员合影留念

后记：创造奇迹

《酒田战法》作为重要的投资圣经在海外翻译、在网络流传、在一些书中被引用，舛误甚多，至今尚未得到较好的校正，给读者带来诸多不便与误导。为此，我选择一珍藏本为底本，参考尽可能多的版本，对该书进行严肃认真地整理、解析。另外，《酒田战法》侧重于K线形态的研判，没有结合移动平均线、趋势线、成交量的综合研判，留下了一段空白。我在《酒田战法解析》中将这些技术工具与《酒田战法》的图形结合起来思考分析，为读者提供了一个较为完善的版本，从而帮助大家准确地理解其中精髓，促进大家提高炒股的技术分析能力与思考能力。我们只有把前人的知识不断改进、创新，站在巨人的肩膀上，才会看得更远。黑格尔指出："人们在进行工作以前，必须对用来工作的工具，先行认识，假如工具不完善，则一切工作，将归徒劳。"所以怀特海才认为："所有的工具中最伟大的工具是思维的工具，思维工具是器中之大器。"这里给大家提供的是经典的思维模式与工具。在股市里，有技术，还要有正确的思维，正确的思维是正确交易的前提，思维的质量决定了交易的质量。当你在正确思维的指导下，掌握了K线图这个各种技术分析里最重要的图表分析技术的精髓，又能将各种技术分析方法进行综合研判，那么你就是在股市里借刀斩牛股、创造奇迹的人。

《酒田战法》有四大顶部与四大底部形态；在《酒田战法》78种形态中，顶部形态计35种，底部形态计32种，多空分歧形态计4种，上升持续形态计9种，下降持续形态计13种。这大大小小的93种K线形态，是每一个在股市里操作的人都应该了解乃至掌握的。炒股不懂酒田战法，就好比做数学题不懂加减乘除一样，其结果可想而知。掌握了这93种形态，掌握了它们与"趋势线、移动平均线、支撑线与阻力线、黄金分割线、百分比线"这些技术工具的综合使用，集中精力研究强势主力的操盘规律，你就可以发现市场中许多买卖的机会。机会只属于有准备的人。你准备好了去学习炒股中的“加减乘除”吗？假若没有准备好，有可能经常在亏损中煎熬，在亏损中无法面对家人，在亏损中自责、彷徨。与其在股市里备受折磨、丧失财富、虚度年华，还不如准备好了再去操作也不迟。从这个意义上来讲，凡是准备炒股的人，凡是已经进入股市的人，凡是在股市里失败的人，凡是想使自己变得聪明而有智慧的人，凡是没有读过《酒田战法解析》的人，都应该好好地阅读《酒田战法解析》。它将帮助你打下坚实的基础，就像地基的深度决定楼房的高度一样，你的基础越深，你准备得越好，机会才会垂青你。那时候，你就会庆幸自己早早地读到了这本对“两个世纪半的技术分析圣经”的解析，它会让你学会借主力之力达到自己的目的。

《酒田战法解析》得到四川美术出版社余其敏总编辑的大力支持，四川人民出版社王定宇主任为该书的出版付出了辛勤的劳动，并提出了宝贵的修改意见和建议，使我感荷良深，在此深表谢意。

在这里，深深地感谢阅读过我《狙击涨停板》《猎取主升浪》两本书的读者对我新作的喜爱！是你们的厚爱才使那两本书连续畅销，四川人民出版社也是连续8次印刷。

在这里，我还要感谢为本书校订、打印付出了辛勤劳动的李雪梅、张译元、张译匀。她们牺牲了节假日的休息，夜以继日地工作，才使得本书迅速完稿。

由于水平所限，书中难免会出现缺点与不足，欢迎广大读者批评指正，在这里先谢谢大家！

文学家爱默生说：“假如有缘，我们就会相遇。”在这里，让我借用他的思想说：通过本书，我们已经相遇；假如有缘，我们还能再相会。

最后，让我用尼采的话结束这本书的写作：“在所有写就的著作里，我只喜爱作者用鲜血写成的。用鲜血写成的著作，你将体验到，鲜血即思想。”

张　华　2013年1月于深圳

第三版修订结语

——实现目标

人生要有目标，有了目标就有了方向，有了目标就有了动力。

在上小学五年级时我给自己定了个目标——写书；

在进股市时我给自己定了个目标——实现财务自由。

炒股第四年，我靠自己的智慧实现了财务自由，一方面靠的是我独立创造的涨停板战法系统；另一方面是我遇上了2015年的大牛市，机遇好。

炒股第六年我完成了写书的目标——《狙击涨停板》出版发行了。这本书一经面世，深受读者朋友的喜爱，竟然成了股市里的畅销书，开始连续几年出版社每年重印两次，后来每年都在重印，10年里重印了十几次。2019年在四川人民出版社编审王定宇女士的说服下，进行了第三版的修订，我相信它会让更多的朋友走上财务自由之路。

截至目前我一共写作出版了六本书。

《狙击涨停板》是“涨停板战法”系列著作之一，这本书写了我的三个重大发现。第一个是成交量的性质与形态理论，有人看到这个理论后建议我在下一次重印时把它删掉（不是不好，而是太好了，他不希望更多的人学会运用它）；我既然写出来，就是希望帮助更多的读者，三次再版、十几次重印我都没有删掉。后来有人仿照这个理论修改了数据并写进了自己的书。第二个是涨停板的位置与性质理论“涨停板的位置决定性质，性质决定成败”，理解了它，你抓的都是主升浪。第三个是股价见顶的三个信号理论；书中重点介绍了狙击涨停板综合分析方法和我的五个赢利模式。这五个赢利模式，我总结了6年公之于世，再经过市场这十多年的验证，充分证明它非常经典。公之于世的10年之内，几乎每年都有这样的形态出现，请读者自己搜索检验，只不过是熊市少一些、牛市多一些而已；行情一好、政策给力，就会批量出现。如2018年

11 月上旬就非常多，因为它是市场心理、主力心理、游资心理、散户心理的共振才形成的。第三版修订中大量的图例就是 2018 年 11 月的截图。这本书给许多读者带来翻天覆地的变化，他们学会了赢利；其中一个读者在 2015 年 5 月告诉我，“老师，你真的是我的大恩人，我 11 万炒到只有 3 万，看了你的书，我开窍了，目前刚上百万……一本书改变命运的故事，在我身上实现了”（见《主升浪之快马加鞭》第 233 页）。

《猎取主升浪》是“涨停板战法”系列著作之二，本书从周线的角度论述了猎取主升浪的技术，竟然被北京、杭州的某些私募当成了操盘的原则。在这本书里，写了我的第一个预言“随着创业板的推出，今后题材概念股的炒作，将会在股市里掀起一波又一波的主升浪”（见前言 3 页）；一位读者告诉我，他花了一年的功夫读懂了这本书，并把目标锁定在创业板，2015 年他从一个被亲戚朋友们当成劝诫朋友不要炒股的反面教材变成了百万富翁……他告诉我，他的父亲工作一生才攒了两万元。

《借刀斩牛股之酒田战法解析》是“涨停板战法”系列著作之三，告诉大家学习经典、牢记经典，才不会走弯路；这次修订，实例图形遵循“选近不选远、宁缺毋滥”的原则，大多选择 2018 年 11 月创投概念板块以及 2017 年雄安新区板块部分形态符合的个股；我希望炒股的朋友能把经典形态读牢记心中、最好背过。我的学生罗文军说：“这本书就像是我们小时候学生时代中的《新华字典》一样啥都有。我基本上把这本书里的常用形态都做了笔记并且背出来了，同时用在平常的操作中。”在书中你会发现许多牛股的走势图，也许你曾经在股市里与它们擦肩而过，当时不识庐山真面目，看了这本书许多人会恍然大悟。

《借刀斩牛股之 79 种经典实例》是“涨停板战法”系列著作之四，用事实告诉了大家经典之树是长青的。在这本书中写了我的第二个预言，那是 2014 年 1 月，我在书中写道“新的一波牛市即将来临”（见 258 页），2014 年 7 月——牛市来临，一波牛市大涨直至 2015 年 6 月 14 日。

《主升浪之快马加鞭》是“涨停板战法”系列著作之五，这本书旨在介绍我的理念与技术，并做了一个完整的勾勒；在这本书中记录了我的第三个预言“2015 年 6 月 14 日下午我预测上证指数将大幅下跌”（见 210 页）。6 月 15 日，上证指数开始下跌……

《主升浪之巧取豪夺》是“涨停板战法”系列著作之六，主要论述了我的操盘纪律，当然也包含思维理念，包含技术分析；在这本书中是这样界定其所占之百分比例：理念 40%＋技术 20%＋纪律 40%＝成功。

朋友们，这六本书独立成篇、自成体系，从方方面面阐述了涨停板战法的理念、技术与纪律，它们是我在实盘中的总结，也是我学习经典的结晶；写作是我的爱好，总结经验与大家分享是我的品德。希望能帮助更多有缘分的朋友实现人生的三大梦想（见《主升浪之巧取豪夺》222 页）。

在“涨停板战法”系列丛书第三次再版之时，我做出第五个预言：“今后的科创板将会出现许多黑马，将是涨停板的主战场。一旦科创板的主升浪启动，则是股市里又一次暴利的机遇”。

不看实战家的书你会错过书中的黄金，而错过则是永远的遗憾！

在这里我衷心地感谢四川人民出版社编审王定宇女士对“涨停板战法”系列丛书的精心策划、辛勤编排、认真校对，使“涨停板战法”系列丛书再次走向有缘分的你；也感谢你的阅读，更希望给你带来财富！

最后我要感谢为本书校订、打印付出了辛勤劳动的李雪梅、张译元、张译匀。她们牺牲了节假日的休息，夜以继日地工作，才使得本书迅速完稿。我还要感谢马祥、赵刚及许多亲朋好友对我生活的关心、工作的支持帮助，使我有时间、有精力专心致志于股票的操作与图书的写作。

如果读者需要联系我，可以扫以下二维码加我微信。

张　华

2019 年 3 月第三版修订于上海·国际财富中心